DIE TOLSTOIS

ANNE EDWARDS

DIE TOLSTOIS

Krieg und Frieden in einer
russischen Familie

SCHERZ

Für Monica McCall,

deren Enthusiasmus mich immer wieder an den Erfolg
meiner Arbeit glauben ließ und deren Vertrauen es mir
möglich machte, dies Buch zu vollenden.

Zweite Auflage 1985
Einzig berechtigte Übersetzung
aus dem Englischen von R. E. Heinz.
Titel des Originals: »Sonya. The Life of Countess Tolstoy«.
Copyright © 1981 by Anne Edwards.
Gesamtdeutsche Rechte beim Scherz Verlag Bern, München, Wien.
Alle Rechte der Verbreitung, auch durch Funk, Fernsehen,
fotomechanische Wiedergabe, Tonträger jeder Art und
auszugsweisen Nachdruck, sind vorbehalten.
Schutzumschlag von Graupner und Partner.

INHALT

Leo Tolstoi und sein Lieblingsbruder Nikolai († 1860) im Jahre 1851.

Ein Todesfall in Astapowo

Im Jahre 1910 konnte man oft hören, Rußland habe zwei Zaren – Nikolaus II. und Leo Nikolajewitsch Tolstoi. Doch Anfang November zeigte sich, daß es bald nur noch einen Herrscher im Land geben würde. Der zweiundachtzigjährige Tolstoi lag auf der Bahnstation eines Dorfes mit Namen Astapowo an der Strecke von Rjasan zum Ural im Sterben. Seine Frau Sonja, die er nach achtundvierzig Ehejahren wenige Tage zuvor verlassen hatte, traf in einem Sonderwagen ein und sah durch ihr Abteilfenster Hunderte von lodernden Fackeln im mitternächtlichen Dunkel.

Der sonst menschenleere Bahnsteig war voller Leute, die auf neue Nachrichten über das Befinden des großen Tolstoi warteten. Als die Gräfin aus ihrem Eisenbahnwaggon stieg und in den frostigen Nachtwind trat, suchten ihre Blicke über Tausende von zerlumpten Bauern hinweg, die wehklagend und betend Nachtwache hielten, das Stationshäuschen. In der Ferne standen um kleine Feuer herum Panjewagen. Sonja erkannte den Magistratsbeamten von Tula, einige frühere Schüler Tolstois und viele Grundbesitzer. Die Menge wirkte wie eine große Familie, die sich versammelt hatte, um dem Sterben ihres Patriarchen beizuwohnen. Auf die Meldung von Tolstois schwerer Erkrankung hin hatten der Zar und seine Gemahlin ihren Deutschlandbesuch abgebrochen und waren in den Winterpalast zurückgekehrt. In der ganzen Welt berichteten die Zeitungen über den Todeskampf des Mannes, den viele, in Rußland wie im Ausland, als Heiligen und Propheten verehrten.

Sonja waren alle zuwider – vom Zaren bis zum geringsten Muschik. Nur sie kannte Tolstoi. Sie hatte ihn mit achtzehn Jahren geheiratet, und seitdem war er ihre ganze Welt. Eine große Leidenschaft hatte sie verbunden. Dreizehn Kinder hatten sie gehabt und sechs von ihnen begraben. Diese Menschen hatten keine Ahnung, wie sehr sie einst einander geliebt, wußten nichts von Sonjas Hingabe an sein literarisches Genie. Die Menge verurteilte sie, weil angeblich sie es war, die Tolstoi an den Rand des Grabes gebracht hatte; man hielt sie für eine grausame, halbverrückte Gefängniswärterin, deren sich der Dichter am Ende seines Lebens in einem letzten heroischen Kraftakt entledigt hatte. Wie sollten diese Fremden auch begreifen, daß sie ein Teil, ein bedeutender Teil jenes Mannes war, den sie so verehrten, da er selbst sich diese Tatsache doch nie eingestanden hatte? Sie erkannte voll Bitterkeit, daß sie stets im Schatten Tolstois gelebt hatte, weil dieser Mann, der fanatisch an die Gleichheit aller Menschen glaubte, den Frauen nie gleiche Rechte und Menschenwürde zugebilligt hatte.

Als Sonja, die sich auf ihre Tochter Tanja und ihre beiden jüngsten Söhne Andrejuschka und Mischa stützte, von den Zeitungsreportern erkannt wurde, fielen sie mit Fragen über sie her; in der Nähe kurbelten sogenannte kinematographische Berichterstatter zum ersten Mal Filmaufnahmen eines kulturellen Ereignisses von weltweitem Interesse. Sonja war nachlässig gekleidet. In ihren großen, tiefliegenden, dunklen Augen waren Qualen zu lesen, ihr aristokratisches Gesicht mit der feinen Haut wirkte verhärmt und verkrampft. Sie ignorierte die Fragen, die man ihr zurief: »Warum haben Sie versucht, sich zu ertränken, Gräfin Tolstoi?« – »Warum hat der Graf Sie und Ihr gemeinsames Zuhause verlassen?« Das Geraune der Menge verwirrte und ängstigte die Gräfin so sehr, daß sie einen durchdringenden Schrei ausstieß. Gendarmen bemühten sich, die Menschenmasse abzudrängen. Der Arzt und die Krankenschwester, die sie von daheim, aus Jasnaja Poljana, mitgebracht hatte, versuchten, sie in den Zug zurückzubringen. Doch sie riß sich los, ging auf das armselige Bahnhofsgebäude zu und erreichte schließlich die hölzernen Eingangsstufen.

Weil Tolstoi erklärt hatte, er wolle seine Frau nicht sehen, kamen eine Krankenschwester und der Stationsvorsteher auf die kleine Veranda heraus, um ihr den Zutritt zu verwehren. Da verließ sie die fast übermenschliche Kraft, die sie aufgebracht hatte, um bis hierher zu gelangen. Plötzlich war sie viel älter als sechsundsechzig; eine zusammengesunkene, zitternde, gebrochene Frau. Sie hatte sich auf den Weg nach Astapowo gemacht, obwohl ihr sterbender Mann sie verstoßen und die Kinder ihr davon abgeraten hatten, obwohl sie von den meisten von ihnen verraten und von der Welt verleumdet worden war. Ihre unerschütterliche Liebe und Entschlossenheit hatten sie von ihrem eigenen Krankenlager bis zur Tür dieser Hütte geführt; sie war so weit gereist und wurde nun einfach abgewiesen. Tanja hielt ihre Mutter um die Taille, damit sie nicht stürzte, und der Arzt ergriff ihren Arm. Sonja schwankte und blickte verzweifelt um sich, doch wegbringen ließ sie sich nicht. Weil man befürchtete, sie könnte so laut schreien, daß es drinnen zu hören wäre, erlaubte man ihr, durch das

Fenster des Häuschens zu schauen. Da sie kaum größer als anderthalb Meter war, mußte sie sich auf die Zehenspitzen stellen.

Das Haus des Bahnhofsvorstehers hatte zwei kleine Zimmer. In dem einen saßen die drei ältesten Söhne von Leo und Sonja und ihre jüngste Tochter Sascha um einen großen, runden Tisch. Hinter ihnen standen verschiedene Leute, die Sonja nicht kannte. Im anderen Zimmer lag Tolstoi auf einem schmalen Bett. Eine trübe Petroleumlampe, die auf dem Nachttisch in einem Durcheinander von Arzneifläschchen stand, erhellte den Raum. Sonja wußte, daß er über vierzig Grad Fieber hatte, sein Puls jedoch kräftig war. Jeder wußte das. Berichte über seinen Zustand wurden beinahe stündlich veröffentlicht. Doch sie war nicht vorbereitet auf den Ausdruck des Sterbens auf seinem Gesicht. Sonja begann zu weinen, und Tanja versuchte abermals, sie wegzuzerren. Man gab ihr zu verstehen, daß sie sich beherrschen müsse, wenn sie noch länger am Fenster bleiben wolle, und sie holte tief Atem, rang nach Fassung. Jetzt erkannte sie Dr. Dušan Makovický, Tolstois Arzt, der sich über das Bett beugte und den Puls des halb Bewußtlosen kontrollierte. Die Gestalt aber, die auf der anderen Seite des Zimmers aus dem Dunkel trat, das war *Tschertkow*! Wladimir Tschertkow, den sie für den Mann hielt, der schuld daran war, daß Tolstoi sich von ihr abgewandt hatte.

Sonja bekam vor Empörung und Schmerz fast keine Luft mehr und wandte sich ab. Der Arzt und die Krankenschwester stützten sie, während Tanja, Mischa und Andrejuschka um sie herum eine Kette bildeten. So wurde sie langsam zu dem Zug zurückgeführt, der ihr als Unterkunft dienen sollte, bis Tolstoi Astapowo lebendig oder tot wieder verließ. Sie bewegte sich durch die Menge wie ein kleines, verwundetes Tier. Laut fluchend trieb der Magistratsbeamte von Tula die Menschen weg, die sie umdrängten. Sonja griff nach seiner Hand, bevor man ihr in den Zug half. Hinter den geschlossenen Vorhängen ihres Abteils war sie endlich vor den Neugierigen geschützt, aber sie war auch getrennt von Tolstoi. Wie war er in dieses abgelegene Dorf gelangt? Wie konnte er sterben und sie nicht an seiner Seite haben wollen? Durch die geschlossenen Wagenfenster hörte Sonja das Gemurmel der betenden Freunde und der Fremden, die allesamt ihrem Mann in seinen letzten Augenblicken näher waren als sie.

Man muß vielleicht zum Anfang zurückgehen, um all das verstehen zu können.

Es war im Jahre 1856, als Graf Leo Nikolajewitsch Tolstoi, ein schlanker, stattlicher junger Mann, in einem dürftig möblierten Zimmer mit ansehen mußte, wie sein älterer Bruder Dimitri an Schwindsucht starb. Der einst so glückliche Junge, mit dem zusammen er aufgewachsen war, hatte sich in eine hagere, leichenblasse Gestalt verwandelt, die nach saurem Schweiß und bitteren Arzneien roch. Seine dunklen Augen, die in dem eingefallenen Gesicht riesig groß wirkten, waren von tiefer Verwirrung erfüllt. Mascha, die pockennarbige Prostituierte, die seine Geliebte gewesen war, sprach ihm mit trauriger Zärtlichkeit Mut zu. Leo Tolstoi aber empfand, während er bei seinem sterbenden Bruder saß, nichts als Entsetzen. Er wußte, daß sie einander ähnlich waren; beide neigten sie zu extremen Reaktionen: Sie gerieten nur zu schnell von der Tugend zum Laster, vom Guten zum Bösen. Mascha brachte Dimitri eine kleine Ikone, und als seine knochige Hand sie umschloß, murmelte er fiebernd ein Gebet.

Ohne den Bruder sein Mitgefühl spüren zu lassen, verabschiedete Leo sich rasch und kehrte in die glänzende Welt von St. Petersburg zurück, wo die Stimmen und das Lachen der aufregendsten und schönsten Frauen dieser Stadt seine Tage und Nächte erfüllten. Petersburg war im Winter, wenn die kaiserliche Familie dort residierte, voll prickelndem, unbeschwertem Leben; durch die breiten Prachtstraßen fuhren farbenfroh geschmückte Troikas, und der Klang der Schlittenglocken schwang in der Luft. Am linken Ufer der eisglitzernden Newa marschierten die Garderegimenter in ihren prächtigen Uniformen; eines in Rot-Weiß, ein anderes in Grün und Weiß und ein drittes in leuchtendem Blau mit Weiß. Tolstoi hatte eben seinen ersten großen literarischen Erfolg errungen und wurde jeden Abend zu Diners, Soireen und Bällen eingeladen. Trotzdem fühlte er sich so allein wie nie zuvor. Drei Wochen nach seinem letzten Besuch bei Dimitri erfuhr er, daß der Bruder gestorben war. Fortan verfolgte ihn das Bild von Dimitri auf seinem Totenbett. Von einem Gefühl »des Entsetzens über die Unergründlichkeit, Nähe und Ausweglosigkeit des Todes« ergriffen, erkannte er die Notwendigkeit, sein Leben zu ändern. Er schwor sich, nie wieder dem Glücksspiel zu frönen, nie mehr ein Tingeltangel oder ein Bordell zu betreten. Er war entschlossen, von nun an ein anständiges, sinnvolleres Leben zu führen – und eine Frau zu suchen, die dieses Leben mit ihm teilen wollte.

Er war ruhelos, reizbar, ja streitsüchtig, und alles langweilte ihn. Da sich in seiner Gesellschaft kaum noch jemand wohl fühlte, nahmen die Einladungen ab. Er dachte schon daran, ins Ausland zu reisen, doch mit den ersten Anzeichen des Frühlings in den Alleen und Gärten von Petersburg wechselte seine Stimmung. Er entschloß sich, auf sein Gut Jasnaja Poljana zurückzukehren, das 180 Werst südlich von Moskau lag. Dort würde jetzt neues Leben aus der Erde sprießen, und er wäre der Welt seiner Kindheit nahe.

Nachdem er sich von seiner engsten Vertrauten in Petersburg, seiner charmanten, schönen Kusine, der Gräfin Alexandra Andrejewna Tolstaja, verabschiedet hatte, nahm er den Zug nach Moskau. Die Fahrt dauerte dreißig Stunden. Tolstoi hatte das Abteil für sich allein und las oder machte Eintragungen in sein Tagebuch; zwischendurch aß er die Mahlzeiten, die ihm sein Diener brachte. Unter seinen Füßen lag ein luxuriöser karminroter Teppich, und sein Sitz war weich gepolstert.

In Moskau spazierte er durch die Gärten der kleinen Eremitage, schaute den jungen Schlittschuhläufern zu und besuchte Freunde. Als er gerade nach Jasnaja Poljana weiterreisen wollte, traf er zufällig die Fürstin Alexandra Obolenskaja, in die er einmal verliebt gewesen war, und er verlängerte seinen Aufenthalt. Obwohl sie inzwischen verheiratet war, ließ sie sich auf einen recht leidenschaftlichen Flirt mit dem Grafen ein. Die Prinzessin war sechs Jahre älter als er und eine elegante, reife Frau mit goldenem Haar und lilaschimmernden Augen. Tolstoi vermerkte in seinem Tagebuch, sie sei »die charmanteste Frau, die ich je getroffen habe: das feinsinnigste künstlerische Naturell, gleichzeitig das moralischste«.* Glücklicherweise mußte er weder die Moral der Prinzessin noch seine eigene auf die Probe stellen, denn sie reiste bald zu ihrem Gatten nach Petersburg.

Leo war in seltsam gehobener Stimmung, so, als hätte er einen Sieg über eine seiner zahlreichen Schwächen errungen. In dieser Verfassung begegnete er einem alten Freund, Kostja Islawin, und ging auf dessen Vorschlag ein, gemeinsam Islawins Schwester zu besuchen. Sie besaß ein kleines Landhaus in Pokrowskoje, weniger als eine Stunde Fahrt von Moskau entfernt. Tolstoi kannte die schöne, dunkelhaarige Ljubow Islawina mit ihren auffallend tiefschwarzen Augen seit seiner Kindheit. Sie hatte einen älteren, streng dreinblickenden deutschen Arzt namens Behrs geheiratet, und ihr Haus war voller ausgelassener Kinder. Wenn Tolstoi in Moskau war, besuchte er die Familie regelmäßig; er war von jeher gern mit Kindern zusammen, und die fröhlichen jungen Behrs mochte er besonders.

Als der zweirädrige Einspänner über die tief ausgefahrene Straße holperte, sprachen Tolstoi und Kostja gutgelaunt über alte Zeiten. Der vertraute Geruch feuchter Erde, die von der Frühlingssonne erwärmt wurde, stieg von den Feldern auf, und am klaren Himmel zwitscherten die Lerchen.

---

* Die bibliographischen Angaben zu den im Buch erwähnten bzw. zitierten Werken sind dem Literaturverzeichnis S. 377 ff. zu entnehmen.

*Das Tolstoi-Haus in Jasnaja Poljana, in dem heute das
Tolstoi-Museum untergebracht ist.*

ERSTER TEIL

1856–1862

Warten auf das Glück

Zu jener Zeit herrschte im Haus der Rostows eine amouröse Atmosphäre, wie sie für Familien mit sehr jungen, charmanten Mädchen charakteristisch ist. Jeder junge Mann, der das Haus betrat und diese für Eindrücke empfänglichen, lächelnden jungen Gesichter sah (die wahrscheinlich ihr eigenes Glück zum Lächeln brachte), das geschäftige Treiben um sich herum wahrnahm, plötzliches Losbrechen von Gesang und Musik und das unzusammenhängende, doch freundliche Geplapper junger Mädchen hörte, die zu allem bereit und voll Hoffnung waren, hatte dieselbe Empfindung: Er teilte mit den jungen Leuten im Haus der Rostows die Bereitschaft, sich zu verlieben und auf das Glück zu warten.

Tolstoi, *Krieg und Frieden*

I

Im Spätfrühling des Jahres 1856 verließen die Behrs wie jedes Jahr
Moskau und zogen in ihr Landhaus in Pokrowskoje, das zwölf Werst
außerhalb der Stadt lag. Die große Familie – mit sieben lebhaften Kindern – und ihre Bediensteten hatten sich kaum eingerichtet, als schon
die ersten Gäste eintrafen. Ljubow Alexandrowna Behrs war eine elegante Frau mit außergewöhnlichem Charme, die geistreiche Freunde,
anregende Konversation und amüsanten Klatsch schätzte; doch im
Mai jenes Jahres war sie mit sich selbst uneins und spürte auch eine
seltsame Unruhe in ihrer Familie. Sogar der brummige Dr. Behrs
merkte, daß in seinem Haus Veränderungen vor sich gingen. Seine
drei Töchter wuchsen heran und wurden sich ihrer Weiblichkeit immer stärker bewußt. Die mittlere von Dr. Behrs Töchtern, Sonja Andrejewna, beunruhigte den Vater am meisten. Für ein Mädchen, das
in drei Monaten erst zwölf Jahre alt wurde, war sie schon überra-
schend weit entwickelt, und sie wußte sehr wohl um ihre Reize. Mit
ihren großen, schwarzen Augen und dem sinnlichen Mund war Sonja
eine zu auffallende Erscheinung, als daß man sie einfach nur hübsch
hätte nennen können. Manchmal schien sie verträumt, dann wieder
war sie so voller Leben, daß ihr nicht eben damenhaftes Lachen im
ganzen Haus zu hören war.

Sie liebte das Landhaus, in dem sie im Sommer 1844 zur Welt gekommen war. Es war hell und geräumig, hatte einen großen Garten
und verborgene Winkel, wo sie allein sein konnte. Ihre Eltern sowie
zwei ihrer Brüder und deren Hauslehrer bewohnten Zimmer im Parterre, das auch ein nettes Gästezimmer, einen großen, sonnigen Salon
und ein riesiges Eßzimmer umfaßte. Im Obergeschoß gab es ein Kinderzimmer für die beiden kleineren Jungen und ihr Kindermädchen,
Räume für die Dienerschaft und die Gouvernante sowie ein großes,
helles Schlafzimmer, das Frau Behrs »das Zimmer der drei Jungfern«
nannte, denn es wurde von ihren Töchtern bewohnt. Sonjas um zwei
Jahre ältere Schwester Elisabeth – kurz Lisa genannt – hatte ernste,

dunkelbraune Augen und Haare von der Farbe reifen Weizens, doch ihr mühsames Lächeln »verlieh ihrem Gesicht einen leicht verkrampften und deshalb unschönen Ausdruck«. Sonja hatte wenig mit ihrer zurückhaltenden und verschlossenen Schwester gemein. Poesie langweilte Lisa. Kleine Kinder brachten sie zur Verzweiflung. Die neunjährige Tanja, der Irrwisch der Familie und Sonjas Lieblingsschwester, brachte Lisa manchmal zur Raserei. Ansonsten ließ sie ihrem Temperament viel seltener freien Lauf als Sonja.

Trotz der ländlichen Freuden von Pokrowskoje sehnte Sonja sich diesmal nach Moskau zurück, wo die Vorbereitungen für die Krönung Zar Alexanders II. begonnen hatte. In Pokrowskoje beschäftigten sich ihre Eltern und deren Gäste derweil mit »der Frage aller Fragen, dem Übel aller Übel, dem größten aller Mißgeschicke Rußlands – der Leibeigenschaft und ihrer Zukunft«. Fast alle stimmten mit der Ansicht des seit einem Jahr regierenden Zaren überein, daß früher oder später die Leibeigenschaft abgeschafft werden müsse. Sonja begriff sehr wohl, wie sich dies auf die gesellschaftliche und finanzielle Position ihres Vaters auswirken könnte. Er war kaiserlicher Hofarzt mit ansehnlichem Gehalt und einem guten Einkommen aus seiner Privatpraxis, er hatte eine Dienstwohnung im Kreml und ein Haus auf dem Lande – und gegenwärtig besaß er zehn Leibeigene. Wenn sich nun die Gesellschaftsordnung durch die Abschaffung der Leibeigenschaft grundlegend änderte, dann würde das auch für seine Stellung tiefgreifende Folgen haben. Diese Diskussionen der Erwachsenen wurden oft abrupt unterbrochen, wenn eines der Mädchen den Raum betrat. Sonja war die sensibelste von den drei Schwestern und stand ihrer Mutter am nächsten. Sie wußte, daß es Ljubow Alexandrownas sehnlichster Wunsch war, jeder ihrer Töchter zu einer guten Partie zu verhelfen, sie in den Adel von St. Petersburg einheiraten zu sehen und nicht etwa in die Bourgeoisie von Moskau, die Welt ihres Mannes. Sie glaubte, darauf ein Anrecht zu haben, da sie doch selbst adliger, wenn auch illegitimer Abstammung war als eines der sechs Kinder der Fürstin Koslowskaja und ihres Liebhabers Alexander Islenjew. Da Fürst Koslowski seiner ungetreuen Gemahlin die Scheidung verweigerte, konnten die Kinder des Paares jedoch nie den Namen ihres Vaters tragen. Statt dessen erhielten sie alle den Namen Islawin.

St. Petersburg war die Residenzstadt des Zaren und der Mittelpunkt der russischen Aristokratie. Moskau dagegen war kaum mehr als ein rund um den Kreml zu groß gewordenes Dorf. Das Wasser wurde dort noch immer in Fässern herbeigeschafft, und die Straßen waren schmutzig und schlecht beleuchtet. Viele Familien hielten Kühe, Pferde, Maultiere, Hunde, Hühner und Enten auf ihren Hinterhöfen, und diese Tiere verirrten sich oft auf die Straße. Die Menschen lebten einfach und auf eine unbekümmerte Art. Jeder kannte jeden. Die bürgerliche Mittel- und Oberschicht und der Adel pflegten ungezwungenen Umgang. Die strikten Klassenunterschiede, die für die Gesellschaft von St. Petersburg so kennzeichnend waren, gab es in Moskau nicht.

In der Kreml-Wohnung der Behrs herrschte ein stetes Kommen und Gehen von Freunden und jungen Leuten, und es war nicht ungewöhnlich, daß Gäste sich monatelang ohne Unterbrechung dort aufhielten. In ihrem Sommerquartier in Pokrowskoje schien sich dieser Wirbel von Aktivitäten noch zu verstärken, und von all den Freunden, die zu Besuch kamen, schätzte Sonja den Grafen Tolstoi am meisten. Für das junge Mädchen war er eine romantische Erscheinung, und die phantastischen Gerüchte, die am Samowar über ihn verbreitet wurden, faszinierten das Mädchen. Es hieß, er führe ein turbulentes, manchmal skandalöses Leben. Oft trat im Salon der Behrs plötzliche Stille ein, wenn die Kinder mitten in Berichte über seine Eskapaden hereinplatzten. Sonja hatte immerhin erfahren, daß er einen beträchtlichen Teil seines Grundbesitzes und das große Hauptgebäude in Jasnaja Poljana – sein mütterliches Erbe – beim Spiel verloren hatte. Daß er trotz seiner leichtsinnigen, ja verwerflichen Lebensweise bei den Behrs ein stets willkommener Gast war, verdankte er seiner Gutmütigkeit im Umgang mit den Kindern und nicht zuletzt einfach seiner außergewöhnlichen Persönlichkeit.

Es herrschte deshalb im Sommerhaus der Behrs allgemein freudige Erregung, als Ljubow Alexandrowna Ende Mai von ihrem Bruder Kostja die Mitteilung erhielt, daß er mit Graf Tolstoi auf einen kurzen Besuch nach Pokrowskoje kommen werde. Drei der kleinen Jungen rannten dem der Kutsche entsteigenden Gast entgegen, zogen ihn an den Armen und versuchten gleich, ihn zum Mitspielen zu überreden. Und Tolstoi versprach den Buben sofort, er werde mit ihnen später Bockspringen üben, wenn sie ihm vorher nur eine kleine Erholungspause gönnten nach der unbequemen Fahrt. Zufrieden mit diesem Versprechen, liefen sie wieder fort, und Tolstoi betrat das Haus, um die Eltern zu begrüßen.

Da die Bediensteten noch in der Kirche waren, bat Ljubow Alexandrowna die Töchter, den Tisch zu decken und das Mittagessen aufzutragen. Während diese sich an die Arbeit machten, bemerkte Tolstoi, wie Sonja seit seinem letzten Besuch aufgeblüht war. Die Konversation bei Tisch war fröhlich und neckend, doch sobald die Gesellschaft sich in den Salon begeben hatte, wandte sich das Gespräch unvermeidlich der Belagerung und dem Fall von Sewastopol zu. Tolstoi hatte sich mit sechsundzwanzig Jahren im November 1854 den Truppen in der von den Türken belagerten Garnison von Sewastopol angeschlossen. Er hatte dies in patriotischer Hochstimmung getan und geglaubt, der russische Vorstoß durch die Krim in Richtung Balkan und Bosporus werde zu »einem weiteren Kapitel im heroischen Kampf der Zivilisation gegen die Barbarei«. Er erzählte den Behrs, die Soldaten hätten bei seiner Ankunft glühende Kampfbegeisterung gezeigt. »Als Admiral Kornilow seine Truppen inspizierte, grüßte er sie nicht mit ›Auf eure Gesundheit, Burschen!‹, sondern rief ihnen zu: ›Wenn es ans Sterben geht, werdet ihr dann tapfer sterben?‹ Und die Soldaten riefen im Chor zurück: ›Wir werden tapfer sterben, Euer Exzellenz, hurra!‹«

Als Tolstoi ein Jahr später Sewastopol wieder verließ, hatten einhunderttausend Soldaten dieses Versprechen gehalten. Schon lange zuvor war seine patriotische Begeisterung gestorben – abgetötet von der blutigen Realität des Krieges und der Erkenntnis, daß Tausende hungernder Männer im Stich gelassen worden waren von einer Regierung, die nicht willens oder nicht fähig war, ihnen Entsatz zu schikken. Seine erste Beschreibung der belagerten Stadt, *Sewastopol im Dezember 1854,* war erfüllt von Vaterlandsliebe und Bewunderung für den Heldenmut der Soldaten, doch in dem darauffolgenden Essay, *Sewastopol im Mai 1855,* stand für ihn etwas anderes im Mittelpunkt: die traurige Wahrheit. »Der Zeitgenosse«, Rußlands führende progressive Zeitschrift, hatte diese Sewastopol-Skizzen veröffentlicht. Die erste hatte allgemeinen Beifall gefunden, wogegen die zweite, die erst nach einschneidenden Änderungen durch den Zensor erscheinen durfte, scharf angegriffen wurde. Man warf Tolstoi vor, er habe Rußlands tapfere Offiziere lächerlich gemacht. »Und jetzt stehe ich anscheinend unter scharfer polizeilicher Überwachung wegen meiner Schriften. Ja, so viel zum Thema ›Wahrheit im Krieg‹!« rief er aus.

Sonja, die dabeisaß und den kleinen Stjopa auf dem Schoß hielt, zog das Baby so plötzlich an sich, daß es aufschrie. Der Gedanke, daß der Graf – ein Graf, der Bücher schrieb, der ein tapferer Offizier war und die Menschen und das Leben liebte – unter Polizeiaufsicht stand, entsetzte sie. Tränen füllten ihre Augen, und Tanja legte den Arm um die zitternden Schultern ihrer Schwester.

Ljubow Alexandrowna bemühte sich, die Runde wieder in frohe Stimmung zu bringen. Sie fragte deshalb nach dem Lied *Der achte September,* von dem es hieß, Tolstoi habe es geschrieben.

»Ein großer Teil des Liedes wurde von Soldaten gedichtet. Ich bin also nicht der alleinige Verfasser«, sagte Tolstoi bescheiden.

»Bitte singen Sie es«, bettelten die Kinder.

Ihr Onkel Kostja mit dem blonden Bart und den leuchtenden Lapislazuli-Augen setzte sich theatralisch ans Klavier. Er spielte zuerst einige donnernde Akkorde und gab dann seinem Freund das Zeichen zum Einsatz. Aber Tolstoi weigerte sich.

»Tanja wird singen, wenn Sie ihr den Text beibringen«, schlug Sonja rasch vor und schob die jüngere Schwester nach vorn.

Tanja lernte schnell die erste Strophe auswendig und sang dann im Duett mit Tolstoi, wobei sich ihr bemerkenswertes musikalisches Talent zeigte. Der Text war bissig und witzig. Alle lachten und verlangten eine Wiederholung, doch Tolstoi winkte ab und bestand darauf, daß Kostja jetzt einige Walzer und Mazurkas von Chopin spielte. Er hörte zu und lächelte versonnen. »Erinnern Sie sich, Ljubow Alexandrowna, wie wir zu diesen Melodien tanzten, als wir jung waren?«

»Natürlich«, antwortete sie leise.

Sonja war überrascht. Sie wußte natürlich, daß ihre Mutter achtzehn Jahre jünger war als ihr Vater, doch war ihr nie bewußt gewesen, daß der faszinierende Graf Leo Tolstoi nur achtzehn Monate jünger war als ihre Mutter. Konnte es wirklich stimmen, daß ihre besorgte Mutter einst frohgemut und unbeschwert mit dem Grafen getanzt hatte, daß ihre Hand auf seiner Schulter, seine Hand an ihrer Taille gelegen hatte? Je länger Sonja darüber nachdachte, desto weniger verwunderte sie diese Vorstellung. Obwohl ihre Mutter die Kinder selten liebkoste, hatte Sonja schon immer gespürt, daß Ljubow Alexandrowna hinter ihrem kühlen Äußeren ein zartfühlendes, verständnisvolles Herz besaß und ein poetisches, empfindsames Naturell, das ihrem eigenen glich. Ljubow bedeutete »Liebe«; und Sonja schien, daß dieser Name gut zu ihrer Mutter paßte. Sie brachte es selten über sich, die Kinder zu bestrafen. Sie ermutigte vielmehr jedes ihrer Kinder, seine eigene Persönlichkeit und seine besonderen Talente zu entwickeln.

Während Sonjas Kindheit war Tolstoi häufig Gast der Familie gewesen, aber dies war der erste Besuch, den sie ausführlich in ihrem Tagebuch festhielt. Sie befand sich in einem für melodramatische Eindrücke sehr empfänglichen Alter und kannte niemanden, dessen Ruhm sich mit dem des dichtenden Edelmannes hätte messen lassen. Der Graf war ganz anders als die mageren, bleichen, nachdenklichen jungen Männer, von denen sie bis dahin geträumt hatte. Mit seinem durchdringenden Blick und seiner ungewöhnlichen Energie wirkte er wie einem gewagten französischen Roman entsprungen, etwa dem Buch der berüchtigten George Sand, das sie gerade heimlich las.

Ja, wie die Rostows in Tolstois zukünftigem Meisterwerk *Krieg und Frieden* hatten die jungen Leute im Hause der Behrs begonnen, die »Bereitschaft« zu zeigen, »sich zu verlieben und auf das Glück zu warten«. Und zwischen einem sehr lebensfrohen, weltgewandten Grafen und einem sehr sensiblen zwölfjährigen Mädchen hatte eine entscheidende Begegnung stattgefunden.

2

Obwohl Sonja ein begeisterungsfähiges und energisches Mädchen war, eine rasche Auffassungsgabe besaß und bei weitem das intelligenteste Kind der Behrs war, neigte sie auch zu Launenhaftigkeit und Exaltationen. »Arme Sonja«, hörte sie einmal ihren Vater zu ihrer Mutter sagen, »sie wird nie ganz glücklich sein.«

Sonja war sich nicht sicher, worin »Glück« bestand. Aber nichts bereitete ihr mehr Freude als ein Gedicht oder ein Roman, der sie zu Tränen rührte. Sie war leidenschaftlich veranlagt, und die erotischen Gefühle, die das jetzige Stadium des Heranwachsens mit sich gebracht hatte, begriff sie nicht; sie fand sie beängstigend und niederdrückend. Das vertraute sie jedoch keinem Menschen an – nur ihrem Tagebuch.

Jener Sommer des Jahres 1856 brachte ihr indessen tatsächlich fast ungetrübtes Glück. Sie und Tanja und ihr Bruder Sascha, der dem Alter nach zwischen den beiden Mädchen stand, bildeten ein unzertrennliches Dreigespann, das vor jugendlichem Übermut nur so sprühte und sich die Tage mit Streichen und Spielen vertrieb. Die Freuden jener Sommertage kamen Sonja noch vollkommener vor, wann immer sie sich an den Besuch des Grafen Tolstoi erinnerte.

Sie las seine *Knabenjahre* und *Kindheit* zum zweiten Mal, und ihre großen, dunklen, leicht kurzsichtigen Augen flossen über von Freudentränen. *Le Comte*, wie Graf Tolstoi meist genannt wurde, wenn man von ihm sprach, hatte Verständnis für die Jugend. Eigentlich war er der einzige Erwachsene, der Verständnis hatte. Sie fragte sich, ob er wohl an seine eigene Jugend gedacht hatte, als er schrieb: »Wenn es nach der Wirklichkeit ginge, gäbe es kein Spiel, und gäbe es kein Spiel mehr, was bliebe dann übrig?«

Die letzten Tage jenes idyllischen Sommers wurden getrübt durch einen Streit der Eltern über Saschas Zukunft. Sollte man ihn zum Kadettenkorps schicken, oder sollte er noch eine Weile zu Hause bleiben? Sascha war noch nicht elf, und Dr. Behrs war der festen Überzeugung, er sei zu jung, um von daheim wegzugehen. Ljubow Alexandrowna dagegen fand, ihr ältester Sohn müsse so früh wie möglich in den Genuß der gesellschaftlichen und erzieherischen Vorzüge des Korps kommen – und sie behielt die Oberhand.

Sonjas großes Glücksgefühl verwandelte sich in Furcht und Niedergeschlagenheit. Man hatte ihr erzählt, daß die Knaben im Kadettenkorps streng behandelt würden, daß sie wegen jeder Kleinigkeit Prügel erhielten. Sie weinte sich in den Schlaf, aber sie hätte nie gewagt, über ihre Sorge um den Bruder mit den Eltern zu sprechen. Als Sonja dann am Morgen des 11. August zum Frühstück nach unten kam, sah sie, daß Sascha einen Blouson mit weißem Kragen trug und man sein goldbraunes, lockiges Haar glatt zurückgekämmt und pomadisiert hatte. Ihr über alles geliebter Sascha würde abreisen, sobald die Gebete gesprochen waren, die ihm in seinem neuen Lebensabschnitt Segen bringen sollten, und sie konnte nichts tun, um diese Trennung abzuwenden. Am meisten überraschte sie, daß ihr Bruder sich freute. Sogar die Ermahnung seiner Mutter, »klettere nicht auf Bäume, wälze dich nicht im Gras, sonst verdirbst du deinen Anzug«, nahm er mit erschreckender Gleichgültigkeit hin.

Im Laufe des Morgens waren Onkel Kostja sowie der Priester und Diakon aus Pokrow eingetroffen, und die ganze Familie, samt dem kreischenden Stjopa, versammelte sich im Salon zum Gottesdienst. Anschließend begleiteten Sonja und Tanja Sascha, als dieser sich von der Dienerschaft verabschiedete; sie zögerten den Gang zu der bereitstehenden Kutsche so lange wie möglich hinaus. Schließlich war nichts mehr zu machen. Sascha war entschlossen, tapfer und männlich zu sein. Er küßte seiner Mutter galant die Hand; Ljubow Alexandrowna umarmte ihn und machte über seinem Kopf das Kreuzzeichen. Dann drehte er sich langsam um und ging auf seine Schwestern zu. Die Familie Behrs betrachtete Küsse als einen Ausdruck übertriebener Sentimentalität und behielt sich diese Geste für feierliche Anlässe vor. Da Sascha und die Mädchen nie voneinander getrennt gewesen waren, hatten sie sich nie geküßt. Sascha küßte deshalb etwas verlegen jede seiner Schwestern, drehte sich dann auf dem Absatz seiner polierten, quietschenden Stiefel um und kletterte in die offene Kutsche; dort saß er steif neben seinem Onkel und hielt den Blick strikt nach vorn gerichtet.

Als die Kutsche anfuhr und Staubwolken aufwirbelte, fing Tanja an zu weinen.

»Benimm dich doch nicht wie ein kleines Kind«, wies ihre Mutter sie zurecht. »Euer Vater wartet in Moskau auf ihn. Und schließlich wird Sascha ja wieder heimkommen. Los, beschäftigt euch mit irgend etwas.« Ljubow Alexandrowna wandte sich schnell um und ging ins Haus, denn sie mußte selbst gegen die Tränen ankämpfen. Von den drei Töchtern begriff nur Sonja, wie sehr ihre Mutter litt. Zwischen ihnen hatte es immer eine ganz besondere, wortlose Beziehung gegeben. Ihre Mutter verabscheute es, ihre Verletzlichkeit und ihre geheimen Gefühle offen zu zeigen, und Sonja fürchtete sich ebenfalls davor.

Für Sonja war die schönste aller Familiengeschichten jene vom ersten Zusammentreffen ihrer Eltern. Ihre Mutter war im Alter von fünfzehn Jahren an einer sogenannten »Gehirnentzündung« erkrankt und schwebte in Lebensgefahr. Jeden Arzt aus Tula und Umgebung hatte man schon an ihr Krankenbett gerufen, aber ihr Zustand besserte sich nicht. Dann hörte Ljubows Vater, Alexander Islenjew, ein gewisser Dr. Behrs, Hofarzt des Zaren und seiner Familie, habe in Tula Station gemacht; er befinde sich auf dem Weg zu seinem Freund, dem jungen Schriftsteller Iwan Turgenjew. Islenjew bat ihn, nach seiner Tochter zu schauen, und nachdem Andrej Gustavowitsch Behrs die schöne junge Patientin untersucht hatte, dachte er nicht mehr an eine Weiterreise. Beinahe einen Monat lang wachte er fast ständig an Ljubows Bett, und während sie gesundete, verliebten sich die Fünfzehnjährige und der grauhaarige, sympathische Arzt ineinander. Doch eine Heirat mit einem Bürgerlichen deutscher Abstammung, der angeblich auch ein wenig jüdisches Blut in den Adern hatte, kam, nach Meinung der Eltern, für ein junges Mädchen aus dem Provinzadel nicht in Frage, selbst für das unehelich geborene Fräulein nicht. Außerdem war da noch das Altersproblem. Dr. Behrs war dreiunddreißig und damit achtzehn Jahre älter als Ljubow. Am meisten entrüstet zeigte sich die Großmutter. »Als nächstes wirst du deine Töchter Musikern zur Frau geben!« rief sie ihrem Sohn zu.

Doch Ljubow Alexandrowna hatte ihre Wahl getroffen und ließ sich nicht umstimmen. Mit sechzehn wurde sie getraut, und sie war kaum dreißig, als Sonja am 22. August 1856 ihren zwölften Geburtstag feierte, zu dem sich viele Freunde und Nachbarn in Pokrowskoje versammelten. Am Tag danach fuhr die Familie Behrs nach Moskau. Die Krönung des Zaren rückte näher, und sobald man sich in der Wohnung im Kreml wieder eingerichtet hatte, mußten festliche Kleider und Umhängetücher genäht und anprobiert werden. Während der Woche hatte Sonja viele Unterrichtsstunden bei ihren Hauslehrern für Deutsch und Französisch; außerdem übte sie fleißig Klavier und half ihrer Mutter bei der Versorgung der jüngeren Kinder. Samstags gab es Tanzstunde mit Lisa, Warja und Nikolai, den Kindern von Graf Tolstois Schwester Maria Nikolajewna. Der Nachmittagstee wurde stets in dem hellerleuchteten Salon serviert; ihre Mutter saß neben dem summenden Samowar und goß den Tee ein. Alle unterhielten sich auf französisch, da Ljubow Alexandrowna

Wert darauf legte, daß die Formen der vornehmen Gesellschaft gewahrt wurden.

Sascha kam bald zu einem ersten Besuch nach Hause und brachte einen Kameraden mit: Mitrofan Andrejewitsch Poliwanow. Der große, blonde, intelligente Kadett war drei Jahre älter als Sascha und Sohn eines wohlhabenden Grundbesitzers. Als Sonja spürte, daß der junge Poliwanow sie musterte, erwiderte sie beherzt seinen Blick. Poliwanows goldenes Haar glänzte unter dem silbernen Kandelaber, und als er sich dann zur Seite wandte, um eine Frage von Lisa zu beantworten, leuchtete sein feines aristokratisches Profil im Kerzenschein. Poliwanow hatte etwas ungewöhnlich Anziehendes und kam Sonjas träumerischem Idealbild von einem Verehrer sehr nahe – dabei war er ein völlig anderer Typ als Leo Nikolajewitsch Tolstoi.

Am Morgen des Krönungstags war die Luft klar und frostig; die Sonnenstrahlen brachten alle Zaunpfähle zum Glitzern. Der gepflasterte Hof vor der Wohnung der Behrs war mit gelben und orangefarbenen Eichenblättern bedeckt. Eine frische Brise wehte durch das offene Fenster des Mädchen-Schlafzimmers. Sonja wachte als erste auf. Es war fünf Uhr, und um acht Uhr sollte sich das Ehepaar Behrs mit den älteren Töchtern zu den Feierlichkeiten am Roten Treppenaufgang einfinden. Die alte Gouvernante hatte die Festgarderobe der Mädchen bereitgelegt. Nie hatten sie etwas Hübscheres getragen als diese feinen Kleider aus pastellfarbener Seide, obwohl die Röcke zur Enttäuschung der Schwestern kurz waren und auf diese Weise anzeigten, daß sie die Kindheit noch nicht hinter sich gelassen hatten. Sonja war jedoch viel zu sehr auf das Krönungsgewand der Zarin Maria Alexandrowna gespannt, um lange über ihr eigenes Kleid nachzudenken.

Sonjas dichte, dunkelbraune Haarflechten waren mit Blumen besteckt; ihren Kopf erfüllte die Vorfreude auf die Pracht der Krönung. Die Erwachsenen hingegen waren beglückt über das Krönungsmanifest des Zaren. Für die ärmsten Untertanen waren die Steuern gesenkt, Steuerschulden in Höhe von vierzig Millionen Rubel dem Volk erlassen worden. Die Wehrpflicht wurde für drei Jahre aufgehoben, die literarische Zensur gelockert. Studenten waren an den Universitäten wieder ohne Beschränkungen zugelassen. Sondersteuern für Juden wurden abgeschafft. Polnische Adlige aus den Westprovinzen sollten innerhalb Rußlands frei reisen dürfen. Für politische Gefangene war eine großzügige Amnestie vorgesehen. Die hohe Paßgebühr, die unter Nikolaus I. eingeführt worden war, sollte künftig wegfallen; dadurch konnte eine größere Zahl von Russen als bisher Auslandsreisen unternehmen. Es sah wahrhaftig so aus, als sei Rußland auf dem besten

Wege zu Liberalisierung und allgemeinem Wohlstand. Wenn die Behrs jedoch die Bemerkungen von Lord Granville gehört hätten, dem Sonderbotschafter der Königin Victoria bei den Krönungsfeierlichkeiten, dann wären sie wohl weniger optimistisch gewesen. Granville behauptete nämlich, der neue Zar sehe zwar »intelligent und liebenswürdig« aus, doch verfüge er über »wenig Intellekt und Charakterstärke«. Er sei »voll guter Absichten, aber etwa so fest wie Wasser«.

Der Iwanowskajaplatz im Kreml war schon voller Menschen, als die Behrs einer der Wachen in ihren herrlichen rot-weiß-goldenen Uniformen ihre Einladungskarten vorzeigten. Neu erbaute Tribünen bedeckten jede verfügbare Fläche zwischen dem Roten Treppenaufgang und den fünf schönen, weißen Kirchen mit ihren glitzernden Zwiebeltürmen. Die Mädchen betrachteten entzückt die anderen Teilnehmer an den Feierlichkeiten: Perser mit schwarzem Fes, Türken mit roten, Husaren mit goldenen Helmen und in edle Pelze gehüllt, Usbeken mit farbenfrohen Turbanen, Sibirier mit großen, breitkrempigen Hüten und Kaukasier in scharlachroten Mänteln, die bis zum Boden reichten. Ein Baldachin mit gelben, weißen und schwarzen Straußenfedern an der Spitze wurde an die unterste Stufe des Roten Treppenaufgangs getragen. Ein wildes Freudengeschrei erhob sich, als das kaiserliche Paar oben auf der Treppe erschien. Der junge Zar sah wirklich blendend aus in seiner blauen Uniform mit dem breiten, roten Band über der Brust, und die Zarin trug ein prächtiges Gewand aus weißem Satin mit Goldbesatz. Die Jubelrufe schwollen noch an, als sie die Stufen herabschritten und dann unter dem Baldachin auf die Uspenski-Kathedrale zugingen. Sie hielten am Eingang inne zur Salbung mit heiligen Ölen und betraten dann die Kirche, gefolgt von einem Zug ausländischer Würdenträger und Hofbeamter, unter ihnen das Ehepaar Behrs. Die Töchter hatten mit ihrer Gouvernante auf der Tribüne bleiben müssen. Sonja ließ sich später von ihrer Mutter jede Einzelheit der Zeremonie so oft schildern, bis sie sich alles unauslöschlich eingeprägt hatte. Sie sah im Geist, wie dem Zaren die juwelenbesetzte Robe um die Schultern gelegt wurde; sie sah, wie er sich die Krone aus Gold und Diamanten aufs Haupt setzte, nachdem sie von den Priestern gesegnet worden war. Sie wußte, daß er dann mit einem Zepter und einem Globus in den Händen einen Augenblick auf seinem Thron Platz genommen hatte, um sich zur Krönung der Zarin sogleich wieder zu erheben – dabei setzte er seine Krone kurz auf ihr Haupt und tauschte sie gegen die kleinere Krone der Zarin aus.

Kirchenglocken und Kanonendonner hallten durch den Kreml, als Zar und Zarin aus der Kathedrale schritten; ihre Kronen funkelten in der Morgensonne. An der Spitze des Festzugs gingen sie von Kirche zu Kirche am Kremlplatz und wurden in jeder von Priestern gesegnet.

Aber Sonjas phantasievolle Träumereien beschränkten sich nicht auf die Pracht der Krönung. Die Erinnerung an Poliwanows schönes Profil geisterte mindestens ebenso oft durch ihre Gedanken. Dabei vermischten sich in ihren Tagträumen rätselhafterweise zwei Gestalten: Wann immer sie sich das Bild des jungen Kadetten ins Gedächtnis rief, nahm es in ihren Gedanken die Züge des Grafen Tolstoi an.

3

Tolstoi besuchte die Familie Behrs, wann immer er sich in Moskau aufhielt, und oft kam er unerwartet, manchmal nachmittags, manchmal abends, und er verbrachte stets genausoviel Zeit mit den Kindern wie mit den Eltern. Die Mädchen schienen alle »ein bißchen verliebt« zu sein in ihn, und ihre offenkundige Zuneigung beflügelte seine Phantasie.

Er behandelte Sonja jetzt nicht mehr wie ein Kind, sondern als eine intelligente junge Frau. Er sprach mit ihr über ihre Mutter und erwähnte, daß sie als Mädchen Sonja sehr ähnlich gewesen sei. Er erkundigte sich nach ihrer Lektüre und ihren Plänen und bot ihr seinen Rat an. Eines Abends bat er sie, das Adagio aus Beethovens *Mondscheinsonate* für ihn zu spielen. Nachdem er ihr dann versichert hatte, aus ihr könne eine gute Pianistin werden, analysierte er sorgfältig ihr Spiel und erläuterte ihr sowohl ihre Schwächen als auch ihre Stärken. Man konnte sich gut mit ihm unterhalten, doch sein Kommen und Gehen löste in Sonja zwiespältige Gefühle aus. Er war für sie nicht länger der Graf, der sie mit kindlichen Spielen unterhalten hatte; dafür besaß sie jetzt einen teilnahmsvollen, vertrauten Freund. Sie konnte nicht begreifen, weshalb diese Veränderung sie beunruhigte und warum seine Blicke manchmal in ihr das Gefühl einer seltsam angenehmen Verlegenheit hervorriefen.

Sie wurde mit jedem Tag hübscher, und viele der jungen Männer, die Sascha vom Kadettenkorps mit nach Hause brachte, waren entzückt von ihr, so auch der Student Wassili Iwanowitsch Bagdanow, der den Sommer des Jahres 1857 mit den Behrs in Pokrowskoje verbrachte und den Mädchen bei ihren Aufsätzen half. Er gehörte schon bald zur Familie, aber die meiste Zeit verbrachte er mit Sonja, schenkte ihr Gedichtbände und rezitierte für sie Abschnitte aus Turgenjews Werken. Einmal ergriff er impulsiv ihre Hand und drückte einen Kuß darauf.

Sonja fuhr schockiert zurück. »Wie können Sie es wagen!« rief sie, rannte zu ihrer Mutter und erzählte ihr den Vorfall.

»Du bist selbst schuld«, sagte ihre Mutter ungerührt. »Nimm dir ein Beispiel an Lisa. Der passiert so etwas nicht.«

»Lisa ist wie ein Felsblock; sie hat nie mit jemand Mitleid!« antwortete Sonja. »Aber mir tat er leid, als er mir erzählte, daß sein kleiner Bruder operiert werden mußte. Deshalb hat er es auch gewagt, mich zu küssen.«

Zu Poliwanow fühlte sich Sonja ein Jahr nach ihrem ersten Zusammentreffen immer noch hingezogen. Von all den jugendlichen Gästen kam er am häufigsten, und es war offensichtlich, daß er Sonjas Zuneigung erwiderte.

Während Sonja ihren ersten Flirt hatte, gestand Tolstoi einem Freund, er sei »reif für die Ehe«, und fügte hinzu: »Wenn Sonja sechzehn wäre und nicht vierzehn, würde ich sofort um ihre Hand anhalten.« Im Hause Behrs hatte indessen niemand den Eindruck, Tolstoi habe zu einer der Töchter eine besondere Zuneigung gefaßt. Er war einfach ein guter Freund der Familie, der mit jungen Leuten besser umgehen konnte als die meisten Männer seines Alters.

Obwohl seine Schwester Maria Nikolajewna immer noch äußerst besorgt war wegen seiner Vorliebe für Zigeunerinnen, seiner Spielleidenschaft und seiner übrigen Extravaganzen und befürchtete, er sei bereits ein eingefleischter Junggeselle, versuchte Tolstoi, der sein Leben grundlegend geändert hatte, wirklich ernsthaft, die geeignete Ehefrau zu finden. Es hatte in jüngster Zeit einige Bekanntschaften gegeben, die gesellschaftlich akzeptabel waren, aber keine hatte Bestand gehabt.

Aber natürlich drehten sich seine Gedanken nicht nur um Frauen. Als Zar Alexander II. im Frühjahr 1856 die historische Ankündigung gemacht hatte, Änderungen im System der Leibeigenschaft seien von absoluter Notwendigkeit, war Tolstoi sich der Ungerechtigkeit dieser Knechtschaft schmerzlich bewußt geworden. Er hatte seine dreihundertneun männlichen Leibeigenen zusammengerufen und ihnen erklärt, daß auf dem Gut schwere Hypotheken lasteten. Er könne ihnen daher die Freiheit nicht sofort gewähren; und selbst wenn er es könnte, wäre Freiheit ohne Land für sie ein Unglück. Statt dessen sollte jeder Haushalt zwei Hektar Land erhalten, und zwar ein Zehntel davon als Geschenk. Jeder Haushalt würde dann die neun Zehntel der ihm zustehenden Fläche durch Zahlungen von je zwanzig Rubel jährlich während der nächsten dreißig Jahre kaufen. Auf diese Weise würde die Hypothek abgetragen werden, die auf dem Besitz lag – und das Land ihnen gehören. Sie wären dann wirklich frei.

Zu Tolstois Verblüffung wiesen die Leibeigenen sein Angebot verächtlich zurück. Sie lebten in der verwegenen Hoffnung, der Zar werde bei seiner Krönung den Leibeigenen die Freiheit *und* obendrein noch all das Land schenken, das sie bebauten. Sie dachten deshalb, der Graf wolle sie übers Ohr hauen und sie dieser zu erwartenden Vorteile berauben.

Tolstoi war bitter enttäuscht, daß sein Vorschlag zurückgewiesen worden war, und setzte von nun an alles daran, das Vertrauen seiner Leibeigenen zu gewinnen. In Moskau ließ er sich nur noch selten sehen. Fünf Monate verließ er das Gut nicht und verbrachte die Tage meist auf den Viehweiden und in den Ställen. Als der nächste Frühling kam, hatten seine Leibeigenen sich daran gewöhnt, daß ihr Herr durch Schlamm und schmelzendes Eis ritt und wie sie einen einfachen Tuchmantel trug. Er arbeitete auf den Feldern mit seinen Leibeigenen und ließ sich häufig etwas von ihrem Mittagessen abgeben. Es gelang ihm jedoch trotz allem nicht, das Mißtrauen der Bauern zu besiegen.

In jenen Monaten vernachlässigte Tolstoi seine literarischen Interessen keineswegs. Im Gegenteil, er schrieb *Jünglingszeit* zu Ende und begann mehrere Geschichten und Dramen; er las unter anderem Werke von Dickens und Goethe und hielt seine Gedanken und Aktivitäten in seinem Tagebuch fest. Wenn er schrieb, wurde er von seiner Haushälterin Agatha Michailowna umsorgt, die schon als Dienstmädchen seiner Großmutter nach Jasnaja Poljana gekommen war, und von seiner geliebten alten Tante »Toinette«, wie er seine entfernte Kusine Tatjana Alexandrowna Ergolskaja nannte. Sie war nach Jasnaja Poljana gekommen, um die fünf kleinen Kinder ihres Vetters Nikolai Tolstoi aufzuziehen, als deren Mutter gestorben war. Leo hatte nie eine andere Mutter gekannt als Tante Toinette, und er fühlte sich dieser freundlichen, guten Frau bis zu ihrem Tod tief verbunden.

Während dieser Zeit machte Tolstoi auch eine tiefgreifende innere Wandlung durch. Die Unmoral in den Dörfern der Umgebung entsetzte und faszinierte ihn zugleich. In seinem Tagebuch notierte er die lasterhaften Beziehungen einer »vermögenden Frau mit ihrem Lakaien, eines Bruders mit seiner Schwester, eines Vaters mit der Frau seines Sohnes«. Seine eigenen sexuellen Abenteuer mit Landmädchen, Nachbarsfrauen und Bauernweibern erfüllten ihn mit Ekel vor sich selbst; er gewann die Überzeugung, daß nur die Ehe ihn vor einem Luderleben retten könne. Die Frauen in heiratsfähigem Alter, denen er in Moskau und St. Petersburg begegnete, waren ihm jedoch alle »zu weltlich«. Er entschloß sich daher, lieber in seiner näheren Umgebung zu suchen, und fing an, der hübschen zwanzigjährigen Waleria Wladimirowna Arsenjewa den Hof zu machen. Aber die Romanze endete schon nach wenigen Monaten.

Tolstoi tauschte nun das blaue, wollene Bauerngewand, das er in Jasnaja Poljana trug, doch wieder gegen die eleganten Anzüge, die der französische Schneider Charmeur, einer der besten in Moskau, für ihn angefertigt hatte, und machte sich auf den Weg in die Stadt. Er besuchte die Familie Behrs häufiger und hatte eine kurze Affäre mit einer zum dritten Mal verheirateten Baronesse.

Im Januar 1857 verließ er Moskau in deprimierter, zynischer Stimmung und begab sich auf eine Reise durch Westeuropa. Die in Paris lebenden russischen Aristokraten nahmen ihn nur allzugern unter ihre Fittiche, und er verbrachte in ihrem Kreis zwei unbeschwerte Monate. Dann, eines frühen Morgens Ende März, wurde er durch Zufall Augenzeuge einer Hinrichtung. Es war für Tolstoi ein abscheuliches Schauspiel. Keiner der Kriegsgreuel im Kaukasus und auf der Krim hatte ihn so tief erschüttert. Es gab »überhaupt nichts Majestätisches« an der »kunstvollen, eleganten Maschine«, wie er die Guillotine beschrieb. Seinem Freund, dem Kritiker Wassili Petrowitsch Botkin, versicherte er: »Ich werde so etwas nie mehr ansehen, und ich werde niemals irgendwo irgendeiner Regierung dienen.«

Plötzlich war Paris unerträglich geworden für ihn. Am darauffolgenden Tag reiste er nach Genf, wo sich seine Lieblingskusine, die Gräfin Alexandra Andrejewna Tolstaja, aufhielt. Er fuhr mit der Bahn, aber die französischen Züge hatten nichts vom Luxus der russischen; Tolstoi schrieb an Turgenjew, ein französischer Zug stehe »zu einer Reise im selben Verhältnis wie ein Bordell zur Liebe; genauso nützlich, aber genauso voller menschlicher Mechanik und tödlicher Monotonie«. Von der Schweiz indessen war Tolstoi so angetan, daß er über zwei Monate dort blieb. Anschließend wollte er noch die Niederlande, London, Rom, Neapel und Konstantinopel besuchen, doch angesichts verheerender Verluste am Roulettetisch in Baden-Baden sah er sich Anfang Juli gezwungen, die Heimreise anzutreten. Und wenn ihn nicht das übliche Pech im Spiel dazu veranlaßt hätte, dann gewiß die bestürzende Nachricht, die er zur gleichen Zeit erhielt. Denn als er gerade beim Packen war, traf ein Brief von seinem Bruder Sergej ein, der ihm mitteilte, ihre Schwester Maria habe sich von ihrem Mann, dem Vetter Walerian Petrowitsch Tolstoi, wegen seiner Untreue getrennt und erklärt, sie wolle »nicht in seinem Harem die Obersultanin sein«.

Sonja erfuhr von dieser Tragödie zuerst durch Gerüchte und Andeutungen, dann durch die Tränen ihrer Freunde, der Kinder von Maria. Das Wort »Scheidung« hörte man im Hause der Behrs sonst selten. Was Sonja jedoch viel mehr aus der Fassung brachte als diese traurige Geschichte, waren die dauernden Klagen ihrer Mutter, daß ihre Schwester Lisa »mehr passende junge Männer« treffen sollte. Denn so oft mögliche Freier in Betracht gezogen wurden, bekam Dr. Behrs einen seiner Wutausbrüche und Lisa Weinkrämpfe – nicht so sehr aus Scham über die allzu eifrigen Bemühungen ihrer Mutter als aus tiefer Besorgnis, daß die Streitereien ihrer Eltern ebenfalls zu einer Scheidung führen könnten. Lisa vertraute Sonja an, sie hätte nichts dagegen, »mehr passende junge Männer« zu treffen, wenn nur der Familienfrieden wiederhergestellt würde.

Sonja hingegen hoffte, daß die Eltern möglichst lange brauchen würden, um einen passenden Ehemann für Lisa zu finden, denn es war Brauch, daß die älteste Tochter zuerst verheiratet werden mußte, und sobald Lisa verheiratet war, würde sich die Mutter sogleich auf die Suche nach Freiern für die zweite Tochter machen. Sonja fand diesen Gedanken unsagbar niederdrückend. Die Ehe war eine ernste Angelegenheit – das Ende romantischer Träumereien und jugendlicher Unbeschwertheit. Wenn sie sich schwärmerischen Gedanken an Poliwanow hingab oder an einen reiferen Mann wie Tolstoi dachte, bedeutete dies noch lange nicht, daß sie bereit war, einen von beiden zu heiraten.

Im Jahre 1858 war die hübsche, temperamentvolle Sonja die attraktivste der drei Schwestern. Tanja war »ein spitzbübisches Mädchen . . . ein Kosak«, während Lisa von kühler, scheuer Noblesse war. Aus den Nesthäkchen würden zusehends Schwäne, stellte Tolstoi fest, der die Familie Behrs in jenem Jahr oft besuchte. Wenn er zu Gast war, schienen alle im Haus guter Laune zu sein, und die Mädchen wetteiferten um seine Aufmerksamkeit. Er sprach mit Lisa über Literatur, spielte mit Sonja Klavier oder Schach und trug Tanja – die er immer noch als Kind behandelte – auf seinem Rücken umher oder gab ihr Rätsel zu lösen auf. Im Gegensatz zu den meisten anderen Gästen mußte man Tolstoi nicht im Salon unterhalten. Ihm gefiel es, sich im Haus zu bewegen, als wäre er ein Familienmitglied.

Immer deutlicher erkannte er Sonjas besondere Ausstrahlung. Natürlich war sie sich ihrer Wirkung noch nicht so recht bewußt, doch gerade das machte ihren außergewöhnlichen Charme aus; ihre kindliche Unschuld »zusammen mit der schlanken Schönheit ihrer Figur« faszinierten ihn. Er wurde angezogen von »dem Ausdruck in ihren Augen – milde, ruhig und wahrhaftig – und vor allem von ihrem Lächeln, das ihn in ein Märchenland führte, in dem er sanft und voll

Zärtlichkeit wurde wie manches Mal, so erinnerte er sich, in seiner frühen Kindheit«. Doch in Tolstois Zaubergarten saß eine Kröte. Der junge, gutaussehende Poliwanow war ebenfalls zum »Familienmitglied« avanciert. Er zeigte Sonja offen, wie sehr sie ihm gefiel, und sie hatte Tolstoi in aller Unschuld ihre Gefühle anvertraut und ihm erzählt, wie anziehend sie Poliwanow fand. Obwohl Tolstoi wußte, daß die beiden nicht alt genug waren, um einander bindende Versprechungen zu machen, überfiel ihn in der Gegenwart des jungen Mannes nun stets eine auffallende Gereiztheit, und er begann, Ausflüge ohne Poliwanow zu organisieren. Er begleitete Sonja, Tanja und Sascha auf langen, ermüdenden Spaziergängen zu historischen Stätten in Moskau, so daß die drei sich bei der Rückkehr kaum noch auf den Beinen halten konnten.

Wenn Leo von den Behrs in die Abgeschiedenheit von Jasnaja Poljana zurückkehrte, fühlte er sich so allein wie nie zuvor in seinem Leben. Er kam zu dem Schluß, daß er dringender denn je eine Gefährtin brauchte – »nicht für Ausschweifungen, sondern wegen der Gesundheit« –, und begann ein Verhältnis mit Aksinja Basikina, einem Bauernmädchen, dessen Mann in der Armee diente.

Aksinja war »einfach, anspruchslos, sauber und sah nicht schlecht aus, mit glänzenden schwarzen Augen, einer tiefen Stimme, einem frischen, starken Geruch und vollen Brüsten, die ihren Schürzenlatz anhoben«. Alles an ihr wirkte anziehend, und obwohl er es für verwerflich hielt, eine seiner Bäuerinnen zu verführen, konnte er der Versuchung nicht widerstehen. Sie liebten sich oft im Hasel- und Feldahorngebüsch, wo sie den Blicken der Bauern entzogen waren, die auf den Feldern arbeiteten, und doch im Sonnenschein liegen konnten.

»Heute, in dem großen, alten Wald. Ich bin ein Narr, ein Rohling. Ich bin verliebt wie nie zuvor im meinem Leben. Habe keinen anderen Gedanken«, schrieb er im Mai 1858 in sein Tagebuch.

Dennoch quälten ihn Schuldgefühle, weil Aksinja seine Leibeigene war und ihn deshalb nicht abweisen konnte. Bei jedem Zusammentreffen mit ihr gelobte er, es werde das letzte Mal sein. Doch sobald er sie nur sah, war es wieder um ihn geschehen. Er fühlte sich ganz in ihrer Macht, und diese Schwäche bereitete ihm zusammen mit einem ständig wachsenden Bewußtsein der Schuld und Scham die größten Seelenqualen, die er je durchlitten hatte. Er fing an, seine »niedrigsten Regungen« in seinem Tagebuch niederzuschreiben, vielleicht, um den Grund für seine Besessenheit entdecken zu können, vielleicht auch, um sein Gewissen durch das Festhalten aller Missetaten zu besänftigen. Im Juli 1858 gebar Aksinja ihren gemeinsamen Sohn Timofej.

Tolstoi blieb von da an so oft und so lange wie möglich von Jasnaja Poljana weg. Im Herbst nahm er an einer Bärenjagd in Wolotschok bei Petersburg teil. Er wurde vom einem riesigen Bären angefallen und zu Boden geworfen, kam jedoch wie durch ein Wunder ohne ernstliche Verletzungen davon. Weihnachten verbrachte er in Moskau, und am Neujahrstag 1859 schrieb er in sein Tagebuch: »Ich muß heiraten – dieses Jahr oder nie.«

Mehr denn je war er davon überzeugt, daß eine Ehe mit einer standesgemäßen Frau ihn vor seinen niedrigen Instinkten schützen würde. Doch nach seiner enttäuschenden Erfahrung mit Waleria Arsenjewa war er fast allen Frauen gegenüber mißtrauisch. Während der letzten Wochen seiner Liaison mit Waleria hatte er sie grundlos beschuldigt, einem anderen Mann zu viel Entgegenkommen gezeigt zu haben; er hatte mit ihr gebrochen, weil sie nicht willens war, sich so zu ändern, wie er es für nötig hielt, wenn aus ihr eine Gräfin Tolstoi werden sollte.

In seinem letzten Brief an sie hatte er zugegeben, daß er ein Egoist sei, und kategorisch festgestellt, die Frau, die er heirate, müsse »sich anstrengen, um mit mir mitzuhalten«. Doch in den zwei Jahren seit seinem Bruch mit Waleria hatte er keine Frau gefunden, die diese Herausforderung annehmen konnte oder wollte. Es gab nur eine, die er nach seinem Bilde formen und erziehen konnte: Sonja. Doch dazu würde er Zeit brauchen, und im Winter 1859 hatte er das Gefühl, diese Zeit nicht mehr zu haben und mit seinen erst dreißig Jahren bald ein alter Mann zu sein.

Er entschloß sich, in jenem Winter nicht nach Jasnaja Poljana zurückzukehren, sondern die ihm treu ergebene Kusine Alexandra in St. Petersburg zu besuchen. Sie war elf Jahre älter als er und eine der hübschesten, faszinierendsten Frauen, die er je kennengelernt hatte. Jahrelang hatten sie einander die geheimsten Regungen anvertraut, und manchmal hatte er geglaubt, er sei ein wenig verliebt in sie. Andererseits gefiel ihm die Vorstellung einer Freundschaft zwischen Mann und Frau, die nicht auf Sexualität beruhte, so sehr, daß er sich selbst überwand und die Beziehung zu Alexandra von körperlichem Verlangen freihielt. Alexandra respektierte dieses stillschweigende Übereinkommen, obgleich sie aus ihrer großen Bewunderung für Tolstoi kein Hehl machte. Nachdem er einige Monate in Petersburg die Theater besucht und in der Gesellschaft die Runde gemacht hatte, sehnte er sich nach Hause zurück und machte sich auf den Weg nach Moskau.

Im Spätfrühling hatte eine neue Idee Besitz von ihm ergriffen. Was nützte es, Bücher und Artikel zu schreiben, die neun von zehn Russen

nicht lesen konnten? Er wollte in Jasnaja Poljana eine Dorfschule einrichten und den Kampf gegen das Analphabetentum aufnehmen. Er
stattete einen großen Raum im Obergeschoß seines Hauses mit Bän-
ken und Schultafeln aus; und als der Sommer zu Ende ging, hatte er
zwanzig Schüler.

Plötzlich spürte er neue Energien in sich. Die Kinder und der Unterricht nahmen fast seine ganze Zeit in Anspruch, und er war nicht
mehr verrückt nach Aksinja. Selbst die Arbeit an einem neuen Roman, *Die Kosaken*, stellte er zurück, ebenso die Angelegenheiten seines Gutes. Und auch seine Heiratsgedanken schob er vorerst beiseite.

Dann wurde sein Bruder Nikolai im Juni 1860 von einer schweren
tuberkulösen Erkrankung heimgesucht. Tolstoi war zutiefst beunruhigt. Dimitris schrecklicher Anblick auf dem Totenbett verfolgte ihn
immer noch. Aber Dimitri war das schwarze Schaf der Familie gewesen, und Sergej war ein Luftikus. Nikolai jedoch, den ältesten der vier
Brüder, hatte Leo immer am liebsten gehabt. Er vertraute seine Schule
deshalb einem jungen Universitätsstudenten an, der sein Assistent geworden war, als die Schülerzahl wuchs. Dann schifften Leo Nikolajewitsch, seine Schwester Maria und deren drei Kinder sich am 2. Juli
in St. Petersburg ein, um ihren kranken Bruder zur vielleicht lebens-
rettenden Kur in Bad Soden zu begleiten.

4

Am 17. März 1861, einem strahlenden Sonntag, ließ Alexander II.,
jetzt im sechsten Jahr seiner Herrschaft, von den Kanzeln aller Kirchen der Hauptstadt die lang erwartete Befreiungsproklamation ver-
lesen. Nach dem Gottesdienst nahm der Zar eine Militärparade ab;
in seiner Galauniform auf einem riesigen Rappen sitzend bot er einen
prachtvollen Anblick. Schließlich wandte er sich mit lauter Stimme
an die versammelten Massen: »Jahrhundertelanger Ungerechtigkeit
habe ich ein Ende gesetzt. Ich erwarte vom Adel Opfer . . . der getreue Adel wird sich um den Thron scharen.« Die Bauern, die die Straßen füllten, brachen in Hurrarufe aus. Das Manifest war ein schwieriges Dokument; die Landleute, die es gehört oder gelesen hatten, ver-
standen es nur zum Teil. Zwei Punkte waren ihnen jedoch klar: Die
völlige Freiheit würde erst in zwei Jahren kommen, aber ihr Sklaven-
dasein hatte ein Ende.

Leo Tolstoi in den ersten Jahren seiner Ehe mit Sonja (1868).

Den ganzen Tag standen jubelnde Massen vor dem Palast. Überallhin wurde der Zar von einer Menschenmenge begleitet, die ihn hochleben ließ und seine Großmut bejubelte. Dieser Jubel war jedoch nicht von langer Dauer. In den folgenden Wochen und Monaten begriffen die Bauern, daß ihnen die Proklamation zwar die Freiheit geschenkt hatte, nicht aber die Mittel, um sich eines freien Lebens erfreuen zu können.

Sechzig Prozent von ihnen erhielten nicht genug Land, um sich und ihre Familien ernähren zu können. Alle Bauern verloren das Gewohnheitsrecht, Bau- und Brennholz in den Wäldern ihrer früheren Herren zu sammeln; die Nutzung der Weiden und Wiesen wurde ihnen verwehrt. Am meisten hatten jedoch die im Haushalt beschäftigten Leibeigenen zu leiden. Ihnen stand es jetzt frei, ihre frühere Herrschaft zu verlassen und anderswo Beschäftigung zu suchen. Einige waren dazu in der Lage, doch die Mehrzahl sah einem elenden Leben in Armut entgegen. Die Hausbediensteten waren eher Sklaven als Leibeigene gewesen, dazu meist Waisen, Witwen und geistig zurückgebliebene Unglückliche samt ihren ehelichen und unehelichen Nachkommen. Zu dieser Klasse gehörten außer Lakaien, Dienstmädchen, Köchen, Kutschern, Stallburschen und Gärtnern besonders viele alte Männer und Frauen, die nicht mehr richtig arbeiten konnten. Sie hatten bisher eine monatliche Zuteilung an Nahrungsmitteln als Gnadenbrot sowie einen jährlichen Bekleidungszuschuß erhalten. Die »Befreiung« stürzte sie in bittere Not.

Tolstoi war noch im Ausland, als die Proklamation des Zaren bekanntgemacht wurde. Er war mit dem sterbenden Nikolai von Bad Soden nach Frankfurt gereist, dann nach Hyères an der Südküste Frankreichs. Wie sein Bruder Dimitri war Nikolai langsam und qualvoll dahingesiecht, bis er am 20. September 1860 in Leos Armen starb. »Nichts in meinem Leben hat mich je so erschüttert«, schrieb er seinem alten Freund, dem Dichter Afanasi Afanasjewitsch Fet.

Nach seiner Rückkehr nach Rußland im April 1861 widmete Tolstoi sich ganz seiner Bauernschule und seiner schriftstellerischen Arbeit. Obwohl er die Leibeigenschaft schon immer verurteilt hatte, behandelte er seine nun befreiten Bauern zwar fair, aber nicht gerade freigebig. Er überließ ihnen gerade nur so viel Land, wie das neue Gesetz vorschrieb, und strich ihnen alle Anrechte auf Brennholz und Wild aus seinen Wäldern sowie auf Fische aus seinen Gewässern. Tolstois frühere Leibeigene, mehr als dreihundert an der Zahl, erhielten etwa ein Sechstel seines Grundbesitzes, wovon der größte Teil sumpfig war. Tolstoi mußte seinen Bediensteten jetzt einen geringen Lohn zahlen, aber da er nun weniger Land besaß, wurden auch seine Steuern niedriger, und außerdem mußte er nicht mehr für die Ernährung und Bekleidung der Bauern aufkommen. Trotzdem wurde er wegen seiner Schule und seiner Schriften von den anderen Grundbesitzern in der Provinz Tula als gefährlicher Radikaler angesehen.

Die Bauern von Jasnaja Poljana hatten nie übertriebene Hoffnungen gehegt, und auch ihre Befreiung brachte sie Tolstoi nicht näher. Nur zu den Kindern bestanden freundschaftliche Beziehungen. Mit denen, die seine Schule besuchten, rutschte er die steilsten Hügel auf seinem Besitz herunter, tollte er im Schnee herum, spielte er Ball; er wanderte mit ihnen durch die Wälder und Wiesen, wobei er den Kindern die Natur nahe brachte, oder er saß mit ihnen auf der Terrasse und erzählte phantastische Geschichten.

Da die Bauern jetzt eigenes Land zu bestellen hatten, konnten sie auf dem Besitz des Grafen nicht mehr so viel arbeiten, und Tolstoi mußte der Bewirtschaftung seiner Felder mehr Zeit und Kraft widmen. Er sah ein, daß er Jasnaja Poljana wohl kaum verlassen konnte, bevor die Ernte eingebracht war.

In Tante Toinettes Gesellschaft fühlte er sich wohl, und in jenem Frühjahr brauchte er keine andere Gefährtin. Abends saß er in seinem blauen, wollenen Kittel in einem bequemen Sessel im Salon, und sie sprachen über Philosophie, Tante Toinettes Lieblingsthema. Als fromme Kirchgängerin sprach sie mit ihm nie über religiöse Dinge, weil sie wußte, daß seine unorthodoxen Ansichten sie nur aus der Fassung brachten. Sie liebte Leo Nikolajewitsch wie einen Sohn, und wenn sie von seinem Verhältnis mit Aksinja erfahren hätte, wäre sie betrübt gewesen, aber sie hätte kein Wort darüber verloren. Tolstoi hatte Aksinja Arbeit im Haus gegeben. Er behandelte sie auf eine herrische, schroffe Art, ließ jedoch den kleinen Timofej, der schon fast drei Jahre alt war, immer in der Nähe seiner Mutter spielen. Aksinja schickte sich ohne Klagen in ihr Los, und die Ähnlichkeit zwischen dem Kind und Tolstoi war noch niemandem aufgefallen.

Ende Mai ernannte der Gouverneur der Provinz Tula Tolstoi zum Friedensrichter; er sollte mithelfen, Streitigkeiten zwischen den befreiten Bauern und ihren früheren Herren beizulegen. Die Grundbesitzer reagierten auf diese Ernennung mit lautstarkem Protest. Obwohl Tolstoi gelobt hatte, nie wieder für irgendeine Regierung zu arbeiten, nahm er diese Aufgabe sehr ernst, wobei er sein leicht aufbrausendes Naturell oft nicht zügeln konnte. Ende Juni 1861 schrieb er in sein Tagebuch: »Das Amt des Friedensrichters hat mich mit allen Grundbesitzern endgültig entzweit und meine Gesundheit anscheinend endgültig ruiniert.«

Das Unterrichten der Kinder blieb weiterhin seine Lieblingsbeschäftigung. Durch Nikolais Tod wieder einmal überdeutlich an seine eigene Sterblichkeit erinnert, brütete er oft stundenlang vor sich hin und hatte, obwohl im Grunde gesund und kräftig, ständig Verwesungsgeruch in der Nase. Seine düstere Stimmung hellte sich nur auf, wenn er mit den jungen Leuten zusammen war. Da er eine Einmischung der Regierung befürchtete, beschaffte er sich von den Behörden in Tula eine offizielle Genehmigung für seine freie Schule. Während ein Schulhaus mit drei Räumen gebaut wurde, hielt er den Unterricht oft im Gras unter einem Apfelbaum ab. Bevor der Sommer zu Ende ging, war das Schulhaus fertig. Tolstoi und die beiden jungen Männer, die als seine Assistenten arbeiteten, zogen mit ihren Klassen in das Gebäude ein. Es gab keine Schulpflicht; der Besuch stand allen frei und war kostenlos. Über der Tür hing ein Schild, auf dem stand: »Kommt und geht, wann ihr wollt.« Die Kinder waren im Alter von sieben bis dreizehn Jahren; es wurde von acht bis zwölf und von drei bis sechs Uhr unterrichtet.

Stolz schrieb Tolstoi an seine Kusine Alexandra: »Der Unterricht geht oft nach Schulschluß noch eine Stunde oder länger weiter, weil es unmöglich ist, die Kinder aus der Schule zu schicken – sie wollen weitermachen. Viele verweilen sogar noch bis in den späten Abend und verbringen die Nacht in einer Hütte im Garten.«

Als nach der Ernte in der Landarbeit eine kurze Ruhepause eintrat, beschloß er, eine pädagogische Zeitschrift herauszugeben, und schrieb eifrig Artikel dafür. In dieser gestärkten Geistesverfassung nahm er seine Besuche in Moskau wieder auf und verbrachte viel Zeit bei der Familie Behrs, wo seine Schule und seine Veröffentlichungen auf großes Interesse stießen.

Lisa, die literarisches Talent zeigte, schrieb Artikel für seine Zeitschrift. Tolstois beiläufige Bemerkung gegenüber seiner Schwester – »Ich mag die Familie Behrs besonders gern, und wenn ich jemals heirate, dann nur in diese Familie« – schien dem Klatsch recht zu geben, der seinen Namen immer wieder mit der ältesten Tochter der Behrs in Zusammenhang brachte. Die Damen in Ljubow Alexandrownas Zirkel waren überzeugt, le Comte habe die Absicht, Lisa zu heiraten. Die anderen Mädchen waren schließlich noch Kinder. Le Comte mußte in Lisa verliebt sein! Warum sollte er sonst die Familie Behrs so häufig besuchen? Sogar Maria Nikolajewna gab der Verbindung ihren Segen und sagte: »Sie wird eine vorzügliche Ehefrau abgeben.«

Lisa, die neunzehn und damit heiratsfähig war, schienen diese Spekulationen zunächst nicht zu berühren. Als Tolstoi in jenem Winter aber immer öfter zu Besuch kam, bemerkten ihre Schwestern, daß eine deutliche Veränderung mit ihr vorging. Sie hatte jetzt die Angewohnheit, sich lange und genau im Spiegel zu betrachten, interessierte sich mehr für modische Kleidung, achtete sehr auf ihr Haar und war freundlicher zu ihren Schwestern.

Sonja lachte sie aus und schrieb neckische Gedichte über ihr liebeskrankes Aussehen. Lisa ließ sich von diesen Scherzen nicht aus der Fassung bringen. Sie hatte sich zum ersten Mal verliebt und hörte gleichmütig zu, als Sonja sie daran erinnerte, daß sie Tolstoi bis vor kurzem für einen recht unattraktiven Mann in fortgeschrittenem Alter gehalten hatte. All das ließ Lisa kalt. Sie hatte begonnen, sich ein Leben als Gräfin Tolstoi vorzustellen.

Es war ein schöner Maitag, und im Hause Behrs herrschte großes Durcheinander. Man wollte am kommenden Morgen nach Pokrowskoje aufbrechen und war überall am Packen. Mitten in dieses Tohuwabohu hinein platzte unangemeldet Tolstoi mit seinem Diener Alexej Stepanowitsch und zwei seiner Lieblingsschüler. Die Familie Behrs, wie immer über das Erscheinen des Freundes entzückt, verschob daraufhin ihre Abreise um drei Tage.

Tolstoi war von seiner Arbeit als Friedensrichter erschöpft, über den wachsenden Widerstand gegen seine Schule bekümmert; und als Folge davon hatte sich sein Gesundheitszustand verschlechtert. Mehrere Monate lang schon machte ihm ein Husten zu schaffen, und er befürchtete, ebenfalls an Tuberkulose zu leiden. Dr. Behrs beruhigte ihn, riet jedoch zu Erholung und einer Kumyß-Kur. Tolstoi entschloß sich deshalb, in den Kaukasus zu reisen, dem Ursprungsland dieses heilsamen Getränks aus vergorener Stutenmilch. Doch zuvor genoß er noch einmal drei Tage lang die geradezu überschwengliche Gastfreundschaft der Behrs. Beim Abendessen saß Lisa neben ihm, lächelte kokett und sprach mit unnatürlich sanfter Stimme, während Sonja und Tanja einander vielsagende Blicke zuwarfen.

Die Konversation drehte sich um die Probleme ihres Besuchers: Die Grundbesitzer in Tula beschwerten sich fortwährend, Tolstois Urteile als Friedensrichter seien nur für die Bauern vorteilhaft. Bei den professionellen Schulmännern war er als »pädagogischer Nihilist« – was im damaligen russischen Sprachgebrauch soviel wie Revolutionär hieß – verschrien und seine Schule als »jüdische Synagoge oder Zigeunerlager«. Man behauptete, er stelle nicht nur für das traditionelle Erziehungswesen eine Gefahr dar, sondern auch für die Autorität des Staates, weil die Freiheit, die er in seinem Klassenzimmer gewähre, an Anarchie grenze.

Während Tolstoi mit düsterer Miene über diese Angriffe sprach, war Sonja ungewöhnlich still. So oft er in ihre Richtung schaute, wandte sie den Blick ab. Tanja entging dies nicht, und sie bemerkte auch, wie Sonjas Lippen bebten und ihre Wangen erröteten, wenn ihr eine Frage gestellt wurde und sich aller Augen, auch Tolstois, auf sie richteten.

Im späteren Verlauf jenes Abends begleitete Tolstoi das Ehepaar Behrs und die Töchter ins Theater. Ljubow Alexandrowna sorgte dafür, daß Lisa neben ihm saß; den jüngeren Schwestern war klar, daß ihre Mutter alles versuchte, eine Heirat in die Wege zu leiten. Daß Tolstoi einen kühleren Eindruck machte als sonst, schrieben alle Anwesenden seinem schlechten Gesundheitszustand zu. Nach der Theatervorstellung, den Erfrischungen und einer hitzigen Debatte über die Aufführung verabschiedete sich Tolstoi; er hustete stark und sah im trüben Licht des Abends bleich und schrecklich elend aus.

Ljubow Alexandrownas hartnäckige Ehevermittlungsversuche hatten Dr. Behrs wieder in Wut versetzt. Den ganzen Abend über hatte er an seinem Bart gezupft, eine Geste, die seiner Familie schwere Verärgerung signalisierte. Nach Hause zurückgekehrt ging er mit seiner Frau hart ins Gericht. Dr. Behrs liebte seine drei Töchter und widmete allen dieselbe Aufmerksamkeit und Zärtlichkeit, obwohl man Tanja für seinen Liebling hielt. Er sagte seiner Frau offen, daß er Tolstoi respektiere und für einen ehrenwerten Mann halte, andererseits aber im Zweifel sei, daß der Graf wirklich ernste Absichten habe. Es sei dieses neue Freiheitsgefühl, das es Lisa erlaube zu glauben, sie könne sich in jeden verlieben und jeden heiraten. »Und was ist, wenn unsere Lisa sich in einen Mann verliebt hat, der gar nicht daran denkt, sie zu heiraten?«

»Warum sollte er dann sonst so oft ins Haus kommen?« fragte seine Frau zurück.

»Er war immer häufig zu Gast bei uns. Muß denn die neue Rolle unserer Tochter als junge Frau, die unbedingt heiraten will, etwas daran ändern? Im übrigen ist er viel zu alt für sie.«

»Nicht älter als du warst, als wir uns verliebten.«

»Aber ich hatte kein so wildes Leben geführt wie der Graf«, sagte er in einem entschiedenen Ton, der die Diskussion beendete. Der Arzt hatte in der Tat ein scharfsichtiges Urteil gefällt. Denn schon früher, am 22. September 1861, hatte Tolstoi in sein Tagebuch geschrieben: »L [isa] B [ehrs] reizt mich; aber sie ist nicht die Richtige. Sie besteht nur aus Vernunft und hat keine Gefühle.«

Sonja hatte den Streit ihrer Eltern mit angehört. Ihr Herz klopfte heftig, und sie verbrachte an jenem Abend lange Zeit im Gebet, wobei ihr immer wieder Tränen in die Augen stiegen. Ohne mit Tanja zu sprechen, stieg sie ins Bett. Die beiden Mädchen lagen schweigend da, bis Tanja sich nicht mehr bezähmen konnte und flüsterte: »Sonja, liebst du *le Comte*?«

»Ich weiß nicht.« Sonja seufzte tief. »O Tanja, ich muß immer daran denken, daß zwei seiner Brüder an Schwindsucht gestorben sind!«

»Na und?« erwiderte Tanja. »Er hat eine ganz andere Konstitution. Du kannst dich darauf verlassen, daß Papa das besser versteht als wir.«

Sonja schluchzte leise. Ihr Herz war schwer, ihr Kopf durcheinander. Und was ist mit Poliwanow? fragte sie sich. Und was wird aus Lisa?

Sobald Tolstoi in den Kaukasus abgereist war, machten sich die Behrs auf den Weg nach Pokrowskoje. Sonja starrte aus dem Fenster der Kutsche, während ihre Mutter und Lisa über die gesellschaftliche Saison im Herbst sprachen – und einen Aufenthalt beim Großvater der Kinder, Alexander Islenjew, auf dessen Gut, das nur ein paar Werst von Jasnaja Poljana entfernt lag. Da würde sich gewiß Gelegenheit ergeben, *le Comte* endlich einmal in seinem eigenen Haus zu besuchen. Diese Aussicht wirkte auf Sonja ausgesprochen euphorisierend.

Sonja war fast achtzehn, und wenn Lisas Erwartungen sich erfüllten, würde sich ihre Mutter demnächst den »Arrangements« für sie zuwenden. Der Gedanke entsetzte sie. Denn der einzige Mann, den sie heiraten wollte, war Leo Nikolajewitsch, darüber war sie sich klargeworden. Wenn er Lisa nimmt, was wird dann aus dir werden? fragte sie sich. Sie war nicht religiös genug, um Nonne zu werden, und sie liebte Luxus und Eleganz sowieso viel zu sehr, als daß sie die Freuden der Welt zugunsten eines bescheidenen Lebens im Kloster hätte aufgeben mögen. Sie konnte sich aber auch nicht ausschließlich dem Schreiben widmen, da ihre Familie es nicht billigen würde, daß sie die Literatur zu ihrem Beruf machte.

Solche Grübeleien hielten Sonja jedoch nicht davon ab, sich an dem ausgelassenen Treiben im sommerlichen Pokrowskoje zu beteiligen. Jeden Sonntag war das Haus voller Gäste; oft versammelten sich mehr als zwanzig zum Abendessen. Ein Besucher – Nil Alexandrowitsch Popow, Professor für russische Geschichte an der Universität Moskau – erschien besonders häufig. Er war ein Junggeselle von neunundzwanzig Jahren, hatte ernste, graue Augen und einen blassen Teint. Er wohnte in einem Sommerhäuschen nur eine Meile von Pokrowskoje entfernt und war von Sonja offensichtlich sehr angetan. Sie fand ihn interessant, und seine Geschichten über Rußlands Vergangenheit gefielen ihr. Obwohl sie ihn nicht eigentlich ermunterte, fühlte sie sich durch sein ernsthaftes Werben geschmeichelt. Er war schließlich ein distinguierter »besserer Herr« und füllte zudem diese seltsame Leere in ihrem derzeitigen Leben aus.

Tolstoi fühlte sich durch die Kur gestärkt und verlängerte seinen Aufenthalt im Kaukasus. Seine Schwester Maria hielt sich den Sommer über bei Tante Toinette in Jasnaja Poljana auf, und er war zuversichtlich, daß dort alles seinen geregelten Gang nahm. Er wußte nicht, daß die Geheimpolizei den Verdacht hegte, in Jasnaja Poljana befinde sich eine illegale Druckerpresse zur Herstellung von regierungsfeindlichen Flugblättern. Die Polizei beschloß, gegen Tolstoi vorzugehen, und am 13. Juli rasten drei mit Offizieren besetzte Troikas auf den Gutshof. Allen Bewohnern verbot man, das Haus zu verlassen, dann wurden die Räumlichkeiten durchsucht – ohne der Familie zu sagen, wonach man eigentlich suchte. Nach der Durchsicht von Tolstois gesamten Tagebüchern und Briefen, einschließlich seiner Privatkorrespondenz, verkündete ein Oberst dann, es sei nichts Verdächtiges gefunden worden, und befahl seinen Leuten, das Haus wieder zu verlassen.

Als Tolstoi von seiner Schwester in einem Brief von der Polizeiaktion erfuhr, kehrte er sofort nach Jasnaja Poljana zurück. Nachdem er sich vergewissert hatte, daß die Familienangehörigen gesund waren und im Haus kein Schaden angerichtet worden war, fuhr er nach Moskau, um dem Zaren ein Protestschreiben zu überreichen. Dann kam er nach Pokrowskoje, um Dr. Behrs aufzusuchen und sich bestätigen zu lassen, daß seine Gesundheit wiederhergestellt sei. Er hatte zugenommen, eine frische Gesichtsfarbe bekommen, und er hustete nicht mehr. Sonja hatte ihn aber noch nie so erregt gesehen. Er schritt im hellen Salon auf und ab »wie eine dunkle Gewitterwolke, die schnell über den Sommerhimmel zieht«. Die gesamte Familie Behrs einschließlich der kleinen Kinder saß gespannt auf den Sofas, Sesseln und Hockern und hörte seinem zornigen Bericht über den Vorfall zu.

»Die Polizeibeamten fielen gegen Mitternacht über mein Haus her!« rief er. »Meine Tante und Maria wollten gerade zu Bett gehen. Die Polizei verlangte die Schlüssel zu allen Schränken und Kommoden, zugleich nach Wein und Essen. Sie durchstöberten alle Räume, alle Schübe und fanden natürlich nichts von dem, was sie erwartet hatten. Aber damit nicht genug – einer der Beamten wollte mein Schreibpult öffnen, und weil ich den einzigen Schlüssel dazu immer bei mir trage, brach er das Schloß auf! Dann lasen sie sich in Marias Gegenwart meine privaten Tagebücher und meine persönlichsten Briefe laut vor . . . Durch das, was sie getan haben, ist mein Name entehrt worden! . . . Ich kann in Rußland nicht mehr leben! Ich muß alles zurücklassen und ins Ausland gehen!«

»Nein!« protestierte Dr. Behrs. Er stand auf und trat vor Tolstoi. »Das geht alles vorüber, und Sie müssen hierbleiben und es durchstehen!«

»Ja, Sie müssen bleiben!« bat auch Sonja.

»Ich bin sicher, alles wird bald schon wieder vergessen sein«, fügte Lisa ziemlich kühl hinzu.

Einige Tage danach tauchte Tolstoi wieder in Pokrowskoje auf, um ihnen mitzuteilen, der Zar habe ihm durch einen Adjutanten eine Entschuldigung zukommen lassen, worin er sein Bedauern »über diesen unglücklichen Vorfall« ausdrücke. Obwohl der Himmel bedeckt war und die Straßen nach anhaltendem Regen morastig, schlug Tolstoi, der seine Verbitterung und seinen Zorn loswerden mußte, einen Spaziergang vor. Sonja, Tanja, Petja, Popow, ein Student und Tolstoi zogen gemeinsam los.

Als der Graf und Sonja einmal ein Stück vor den anderen hergingen, fragte er sie, ob sie ein Tagebuch führe. Sonja erwiderte, sie mache das seit ihrem elften Lebensjahr. »Und was haben Sie in letzter Zeit sonst noch alles getan?« erkundigte er sich.

»Ich habe an einer Erzählung gearbeitet, aber sie ist noch nicht fertig.«

»An einer Erzählung? Wie sind Sie denn auf die Idee gekommen? Worüber schreiben Sie?«

»Oh, sie handelt von unserer Familie«, gab sie zögernd zu.

»Und wer hat sie bisher gelesen?«

»Ich habe sie Tanja vorgelesen.«

»Würden Sie sie auch mir . . .«

»O nein, das geht nicht!« sagte sie atemlos. Im selben Moment holte Lisa die beiden ein, und die Unterhaltung wandte sich weniger persönlichen Themen zu.

Als sie zurückkamen, erwartete Frau Behrs sie auf der Terrasse, Tolstoi eilte zu ihr und erklärte vergnügt: »Ljubow Alexandrowna, ich bin gekommen, um Ihnen mitzuteilen, daß Ihre Töchter wohlerzogene junge Damen sind.«

Als Tolstoi zu erzählen begann, hatte Sonja ständig Angst, er könnte erwähnen, daß sie sich beide eine Zeitlang allein unterhalten hatten. Sie geriet trotz des warmen, sanften Südwindes ins Frösteln und ging hinein, um einen Schal zu holen. Tolstois Blicke folgten ihr. Als sie zum Tee herunterkam, ging er mit langen, ungeduldigen Schritten im Wohnzimmer auf und ab, als wäre es sein Haus und sie seine *Tochter* – oder seine *Frau*? Als er sie sah, blieb er stehen, setzte sich und nahm aus Ljubow Alexandrownas Hand eine Tasse dampfenden Tee entgegen. »Wie angenehm und gemütlich es hier doch ist«, bemerkte er. Als Popow auf der Bildfläche erschien, warf Tolstoi ihm einen mißbilligenden Blick zu.

Noch am selben Abend gab Sonja ihm die Erzählung zu lesen. Sie handelte von drei Schwestern, von denen zwei in denselben Mann, eine romantische Gestalt namens Dublitski, verliebt waren. Sonja, Lisa, Tanja und ihre Mutter waren in der Beschreibung nur leicht abgewandelt. Die Geschichte endete mit dem Eintritt der mittleren Schwester in ein Kloster, wodurch sie der älteren die Heirat mit dem Mann ermöglichte, den sie beide liebten. Wenn die Geschichte Personen und Begebenheiten auch stark vereinfachte, war sie doch sehr gekonnt geschrieben. Tolstoi verwendete später viel von Sonjas Porträt der Tanja – auch den für sie gewählten Namen Natascha – in *Krieg und Frieden*. Am nächsten Morgen behauptete er zwar, er habe die Erzählung nur überflogen, in Wirklichkeit hatte sie ihn jedoch so aufgewühlt, daß er eine schlaflose Nacht verbrachte. Sie fühlte sich also zu ihm hingezogen, wie er gehofft hatte. Und wie er vermutet hatte, glaubte Sonjas Familie, er hätte ein Auge auf Lisa geworfen. Am meisten zu schaffen machte ihm Sonjas Charakterisierung von Dublizki, für den ganz offensichtlich er selbst Modell gestanden hatte. Dieser Dublizki war zwar energisch und intelligent, doch bereits »in mittleren Jahren und ziemlich unattraktiv« – eine Beschreibung, die Tolstoi irritierte und verletzte.

Für Sonja war die Nacht ähnlich unruhig verlaufen. Es schien ihr unvorstellbar, daß ihre Schwester nicht bemerkt haben sollte, daß zwischen dem Grafen und ihr an jenem Nachmittag etwas Seltsames, Unausgesprochenes geschehen war. In ihrem Tagebuch hielt sie das Erlebnis fest und ging auf jedes seiner Worte ein. Sie fragte sich, ob sie wohl zu Recht vermute, er könnte sich zu ihr hingezogen fühlen. Voller Freude bekam sie mit, wie Tolstoi ihrer Mutter vor der Abreise das Versprechen abnahm, auf der Reise zum Islenjew-Gut mit den Mädchen auch nach Jasnaja Poljana zu kommen.

5

Obwohl Sonja ihre Hoffnungen und Sehnsüchte weiterhin in ihrem Tagebuch festhielt, zögerte sie zum ersten Mal, mit Tanja darüber zu sprechen. Nachdem ihre Schwestern eingeschlafen waren, setzte sie sich ans Fenster und starrte zum Mond hinauf. Sie las Tolstois Erzählung *Familienglück*, die er drei Jahre zuvor veröffentlicht hatte, und spazierte – wie Maria Alexandrowna, die siebzehnjährige Hauptfigur

– allein im Garten umher. Es kam ihr unheimlich vor, daß *le Comte* Pokrowskoje als Schauplatz seiner Erzählung gewählt hatte, und sie war erstaunt, wieviel Einfühlungsvermögen er für die Träume und Phantasien einer jungen Frau besaß.

Alle waren begeistert, als Ljubow Alexandrowna Anfang August verkündete, es sei nun Zeit, den Großvater zu besuchen. Unterwegs würden sie die Fahrt in Jasnaja Poljana unterbrechen, um *le Comte* und seine Schwester Maria zu besuchen. Zuerst ging es zurück nach Moskau, wo die sechssitzige Kutsche auf sie wartete, die sie nach Tula bringen sollte. In der langweiligen Provinzhauptstadt übernachteten sie bei Ljubow Alexandrownas älterer Schwester Nadeschda und brachen anderntags erst nach Jasnaja Poljana auf, als der Abend schon nahte. Nachdem sie den Wald von Sajeska hinter sich gelassen hatten, konnten sie bereits die Felder und Anhöhen von Jasnaja Poljana sehen. Es war Sonjas erster Besuch bei Tolstoi, das erste Mal, daß sie sein Land erblickte. Es sah ganz anders aus als die intensiv genutzten Felder von Pokrowskoje. Hohes Gras verfing sich in den Radspeichen, als die Kutsche sich dem Haus näherte, und überall lag der herrliche Duft frisch gemähter Wiesen in der Luft.

»Ich seh schon das Haus!« schrie der Bruder.

»Wo? Wo?« fragte Sonja. Die hereinbrechende Dunkelheit und die Birken, deren Zweige vor ihnen über die Straße hingen, entzogen das Anwesen ihrem Blick.

»Hinter dem Torbogen dort.«

Endlich konnte Sonja ein großes Holzhaus ausmachen. »Was? Gibt es hier denn keine Laternen?!« rief sie. Der Bruder lachte sie aus, doch ihre Schwestern waren genauso erstaunt wie sie. Die Moskauer hielten Pokrowskoje für eine ländliche Idylle, aber in Wirklichkeit war der Ort eher städtisch. Es gab zwar viele Bauernhöfe, doch standen an allen Hauptstraßen Laternen, und die kleineren Straßen, die zu den Einfahrten der Sommerhäuser führten, waren bei Nacht ebenfalls gut beleuchtet.

Tolstoi, seine Schwester und seine Tante kamen heraus, um die Gäste zu begrüßen. Maria Nikolajewna umarmte Ljubow Alexandrowna, und die beiden Frauen tauschten lachend Erinnerungen an vergangene Zeiten aus, denn sie kannten sich seit ihren Kindheitstagen.

»Erinnerst du dich an unser altes Haus, Ljubotschka?« fragte Maria Nikolajewna.

»Natürlich!« rief Ljubow Alexandrowna. »Als wir uns Jasnaja Poljana näherten, sah ich die Stelle, wo es damals stand, und es tat mir richtig weh, dort eine leere Fläche zu sehen.«

In Tolstois Augen trat ein gequälter Ausdruck, den nur Sonja zu bemerken schien. Bis vor einigen Jahren hatte nicht weit von hier ein größeres und vornehmeres Haus gestanden, in dem alle Tolstois zur Welt gekommen waren. Der Graf hatte es verkaufen müssen, um seine Spielschulden zu bezahlen, und der neue Besitzer hatte das Haus an einen anderen Ort versetzt.

Als die Diener das Gepäck der Besucher hineintrugen, sagte Tante Toinette in bestem Französisch:

»Sonja gleicht Ihnen sehr, Ljubow Alexandrowna, und Tanja erinnert mich an ihre Großmutter, die Fürstin Koslowskaja.« Aus den Augenwinkeln musterte sie auch Lisa, doch über die älteste der drei Schwestern äußerte sie sich nicht.

Tolstoi wirkte rührend, ja fast ein bißchen lächerlich, wie er so herumrannte, um das Abendessen in Auftrag zu geben und seine Gäste in die ihnen zugedachten Zimmer zu dirigieren. Er hatte zwar gehofft, die Behrs würden seine Einladung annehmen, ihren Besuch jedoch erst in ein bis zwei Wochen erwartet.

Das Haus war für Sonja eine arge Enttäuschung. Es war altmodisch und bescheiden – in einigen Räumen sogar ärmlich – möbliert. Es gab weder einen richtigen Salon noch Gästezimmer. Tolstoi quartierte die Schwestern zusammen in einem großen Raum im Parterre ein, der einst als Lagerraum gedient hatte. Die dicken Eisenringe zum Aufhängen von Sätteln und frischem Fleisch hingen immer noch an der Decke. An den Wänden standen zwei Sofas und eine kleine Chaiselongue, alle weiß gestrichen und mit blau-weiß gestreiftem Segeltuch überzogen, der Tisch in der Mitte war aus grobem Birkenholz. Leo Nikolajewitsch trug einen Kasack mit Ledergürtel und wirkte darin kaum mehr wie *le Comte*. Er stand unbeholfen da und sah zu, wie Sonja und Tante Toinettes Zofe Dunjascha die Sofas in Betten verwandelten. Als sie damit fertig waren, fragte Dunjascha: »Und das dritte Bett?«

»Warum nicht den Sessel nehmen?« schlug er vor, und während Dunjascha einen Stuhl an die kleine Chaiselongue schob und so eine weitere Liegestatt schuf, faltete er ungeschickt ein Leintuch auseinander. Sonja schaute etwas betreten zu, war aber gleichzeitig überrascht, wie schnell sich in dem unwohnlichen Raum eine gemütliche Atmosphäre verbreitete.

Der kleine, schielende Diener Alexej Stepanowitsch deckte gerade den Tisch für das Abendessen, als Sonja durchs Eßzimmer in ein kleines Gesellschaftszimmer ging, von dem eine Flügeltür auf einen Balkon führte. Sonja trat hinaus, und wenige Augenblicke danach folgte ihr der Gastgeber. Sie spürte seine Gegenwart, bevor sie überhaupt wußte, daß er es war, der da hinter ihr stand. Sie fühlte »etwas Leidenschaftliches, bisher nicht Erlebtes«.

»Was machen Sie denn hier so allein?« fragte er.

»Ich genieße die Aussicht«, erwiderte sie und schaute auf die immer dunkler werdenden Felder.

»Wie heiter und klar Sie doch sind«, sagte er. Sie redeten ein paar Minuten miteinander, aber Sonja wußte später nicht mehr, worüber sie eigentlich gesprochen hatten. Es schien ihr, als seien plötzlich beide »in denselben Traum geraten«.

Beim abendlichen Tee waren auch drei der Lehrer aus der Schule von Jasnaja Poljana anwesend. Sonja war stiller als sonst und begab sich schon bald in ihr behelfsmäßiges Schlafzimmer. Sie machte es sich auf dem Sessellager bequem und mußte noch lange an das Leuchten auf Tolstois Gesicht denken, als er sie aus der Kutsche steigen sah, an seine Befangenheit, als er ihr Bett zurechtmachte, und an die sanft forschende Art, mit der er sie den ganzen Abend angeschaut hatte.

Am nächsten Morgen fühlte sie sich so glücklich wie noch nie. Leo Nikolajewitsch erwartete die drei Schwestern voll Ungeduld auf der Terrasse. Zuerst zeigte er ihnen die Schule. Dann ließ er eine große zweispännige Kutsche vorfahren, die sie zu einem Picknick mit zwei Nachbarsfamilien in den Wald von Sajeska bringen sollte.

»Möchten Sie mit mir reiten?« fragte er Sonja, als ein edler Schimmel für ihn gesattelt wurde.

Sie trug ein wogendes gelbes Kleid, das mit schwarzem Samt besetzt war. »Gern, aber ich habe kein Reitkleid mitgebracht«, erwiderte sie.

»Das macht nichts«, meinte der Graf, und schon wurde eine schöne graue Stute mit einem Damensattel aus dem Stall geführt. »Hier gibt es keine Villen; nur die Bäume des Waldes werden Sie sehen«, sagte er und half ihr beim Aufsteigen.

Sie ritten zusammen vor der langen, schmalen Kutsche her, in der die übrigen Teilnehmer der Landpartie saßen. Maria Nikolajewna stieß einen kleinen Schrei aus, sooft die Kutsche durch ein Schlagloch rumpelte. Lisa saß steif da und war wütend, daß Sonja und nicht sie mit dem Grafen ritt. Natürlich wäre sie in ihrem schönen Kleid nie aufs Pferd gestiegen; sie fand Sonjas Benehmen höchst unschicklich.

Sonja aber verschwendete keinen Gedanken an Garderobevorschriften. Dieser »Tag war anders als alle, die sie je zuvor erlebt hatte. Er war von Zauber erfüllt.« Der Weg schlängelte sich durch einen jahrhundertealten Eichenbestand zu einer breiten Wiese am Waldrand. Dort hielt die Gruppe an, und Decken und Picknickkörbe wurden ausgebreitet. Leo Nikolajewitsch glühte vor Lebensfreude; er bestand darauf, daß alle, auch Ljubow Alexandrowna und Maria Nikolajewna, auf einen der Heuhaufen kletterten und hinunterrutschten. Dann stimmte er voller Begeisterung Lieder an, und alle sangen, von seiner fröhlichen Laune angesteckt, mit.

Am nächsten Morgen verließen Ljubow Alexandrowna und ihre Kinder Jasnaja Poljana, um den Großvater zu besuchen. Zuvor mußten sie jedoch Leo Nikolajewitsch versprechen, auf dem Rückweg nach Moskau wieder vorbeizukommen.

Sonjas Großvater Alexander Islenjew sah genauso aus, wie Tolstoi ihn in *Kindheit* beschrieben hatte – ein großer, stattlicher Mann, der »die Angewohnheit hatte, mit der einen Schulter zu zucken«. Der »seltsame, leichtfüßige Riese zwinkerte fortwährend mit den Augen, seine Nase war groß und gebogen, sein Kopf fast ganz kahl; außerdem sprach er mit einer Art Lispeln. Er war jedoch ein eleganter Mann von fürstlicher Haltung und natürlichem Charme, den er sofort wirken ließ.« Er begrüßte seine Tochter voller Wärme, nannte seine Enkeltöchter »die jungen Damen aus Moskau« und tätschelte ihre Wangen. Auch seine zweite Frau, Sofja Alexandrowna, umarmte die Kinder herzlich. Sie war in ihrer Jugendzeit für ihre Schönheit berühmt gewesen und heute noch eine hübsche Frau mit dunklen, ausdrucksvollen Augen. Die drei Töchter aus dieser Ehe – Olga, Aglaja und Natalia, die Halbschwestern von Ljubow Alexandrowna waren – eilten herbei, um die »Nichtchen« zu begrüßen.

Das zweistöckige Haus war imposant, aber altmodisch. Im Gegensatz zu Tolstoi waren die Islenjews auf Gäste eingestellt. Sonja und ihre Schwestern wurden nach oben geführt in ein großes Zimmer, in dem drei Betten mit Baldachinen standen. Am Abend sang der Großvater Zigeunerlieder und begleitete sich dazu selbst auf der Gitarre. Zigeunermusik sei voll Leben, erklärte er, während er bei Beethoven-Sonaten stets einschliefe.

Am nächsten Morgen weckte Tanja ihre Schwestern mit der Nachricht: »Der Graf kommt!«

»Nein! Wirklich?« fragte Lisa, die sofort wach war.

»Kommt er allein oder mit Maria Nikolajewna?« wollte Sonja wissen.

»Allein. Er hat seinen Schimmel genommen!«

Die beiden Mädchen zogen sich rasch an und rannten hinunter, um Tolstoi zu begrüßen.

»Als ich das letzte Mal bei Ihnen war, gingen wir auf die Wolfsjagd. Erinnern Sie sich?« sagte er gerade zu ihrem Großvater.

»Aber wir ließen den Wolf entkommen!« lachte Islenjew. »Wie lange haben Sie bis hierher gebraucht?«

»Drei Stunden! Es war so heiß, daß ich das Pferd im Schritt gehen ließ.«

Seine Augen suchten Sonja, und selbst als er die anderen begrüßte, schaute er weiter sie an. Sonja blieb das natürlich nicht verborgen, sie wurde lustig und lebhaft, und ihre Wangen röteten sich. Islenjew und seine drei Enkeltöchter begleiteten Tolstoi, als er einen Rundgang über das Gelände des alten Gutes vorschlug.

Im Laufe des Morgens nahm Olga Alexandrowna ihre junge Nichte Tanja beiseite. »Sag mir, Tanja«, fragte sie, »warum hat Lisa mir anvertraut, Leo Nikolajewitsch habe die Absicht, sie zu heiraten, wenn mir meine eigenen Augen ganz etwas anderes erzählen?«

Tanja wußte keine Antwort, aber die Frage bedrückte sie während des ganzen Tages und dämpfte ihre Vorfreude auf die Soiree, die für den Abend geplant war.

An jenem Abend verwendete Sonja besondere Sorgfalt auf ihre Toilette. Sie trug ein weißes Kleid und war besonders stolz auf ihr malvenfarbenes *suivez-moi*, eine Rosette auf der Schulter mit langen Bändern, die über den Rücken fielen. Sie war als letzte fertig und kam allein die breite Holztreppe hinunter, wobei sie spürte, wie aller Augen auf sie gerichtet waren. Ihr Großvater empfing sie am Fuß der Treppe, legte seine Hand auf ihren Arm und begann, sie mit seinen Gästen bekannt zu machen.

Fast alle Familien aus der Nachbarschaft waren anwesend – die älteren Gutsherren, die mit Alexander Michailowitsch Whist spielen wollten, ihre Gattinnen und ihre Töchter, alle zu ländlichen Schönheiten herausgeputzt. Die meisten der jungen Männer waren Soldaten eines Regiments, das nicht weit entfernt sein Quartier hatte. Mehrere Gäste lösten sich am Klavier ab und spielten modische Tänze. Noch bevor ihr Großvater sie allen vorgestellt hatte, wurde Sonja schon um einen Walzer gebeten und drehte sich auf der Tanzfläche. Ihre Augen strahlten, als sie Leo Nikolajewitsch entdeckte, der bei einer Gruppe von Damen stand, aber unverwandt in ihre Richtung schaute. Nach dem Tanz ging sie zu ihm.

»Sie sehen sehr elegant aus!« sagte er.

»Tanzen Sie denn nicht?« fragte sie.

»Oh, nein. Dazu bin ich zu alt.«

Sie vertieften sich in ein Gespräch über die Rechte und Pflichten der Frauen, und Ljubow Alexandrowna mußte geradezu dazwischenfahren, um die beiden zu trennen. Widerwillig tanzte Sonja den letzten Kotillon mit einem jungen Offizier. Nach dem Abendessen wurde Tanja gebeten, ein Lied zu singen. Sie weigerte sich schüchtern, rannte lachend aus dem Raum und versteckte sich im Spielzimmer. Sekunden später hörte sie Schritte, und weil sie glaubte, jemand wolle sie zum Singen zurückholen, schlüpfte sie unter die Flügeldecke, die bis auf den Boden herabhing.

Sonja und *le Comte* traten ein und setzten sich an den Spieltisch, auf dem noch die Kerzen brannten.

»Ich muß gehen«, sagte Sonja verwirrt und wollte aufstehen. »Meine Mutter wird sich über mich ärgern. Sie sagte, ich solle auf mein Zimmer gehen und mich von der Fahrt ausruhen.«

»Gehen Sie nicht. Bleiben Sie, Sonja Andrejewna«, sagte er in recht feierlichem Ton.

»Schade, daß Sie morgen schon wieder fort müssen«, sagte Sonja, um die merkwürdig gespannte Atmosphäre aufzulockern.

»Meine Schwester ist allein. In ein paar Tagen wird sie ins Ausland reisen.«

»Fahren Sie mit ihr?«

»Nein. Ich wollte schon, aber ich kann jetzt nicht.«

»Wir sollten in den Salon zurückgehen.« Sonja stand wieder auf.

»Warten Sie noch einen Moment, Sonja Andrejewna!«

Er nahm ein Stück Kreide, wischte zuerst ungeduldig den letzten Spielstand aus, der auf dem Tischbelag verzeichnet war, und fing dann an, etwas zu kritzeln. »Versuchen Sie zu lesen, was ich schreibe. Ich schreibe jedoch nur die Anfangsbuchstaben der Wörter.«

Sonja setzte sich wieder. Ernst und innerlich erregt wie er, schaute Sonja zu, und all ihre Gedanken und Gefühle konzentrierten sich auf die Kreide und die große rötliche Hand, die sie festhielt. Dann quietschte die Kreide abschließend auf. Beide schwiegen, während Sonja die Buchstaben studierte.

»I. J. & I. V. n. G. e. m. n. z. d. a. m. U. z. G.«

Mit seiner Hilfe fing sie an, den Satz zu entziffern.

»Ihre Jugend und Ihr . . . Verlangen . . . nach Glück . . .«

»Weiter, weiter«, trieb er sie an.

». . . erinnern mich . . . nur zu deutlich . . . an meine . . . Unfähigkeit zum Glücklichsein«, las sie vor. Sie schien, wie sie später schrieb, »jedes Gefühl für Zeit und Wirklichkeit verloren zu haben; es kam mir vor, als könne ich in jenem Augenblick alles erfassen, alles verstehen, sogar das Unbegreifliche begreifen«.

»Wir wollen es noch einmal versuchen«, sagte er mit bebender Stimme und schrieb: »I. F. h. f. V. ü. m. & I. S. L. K. S. m. n. z. m. I. S. T. d. s.?«

48

Ohne viel Hilfe las sie rasch: »Ihre Familie hat falsche Vorstellungen über mich und Ihre Schwester Lisa. Können Sie mich nicht zusammen mit Ihrer Schwester Tanja davor schützen?«

Tolstoi schien nicht einmal verwundert, daß sie seine Gedanken so leicht hatte lesen können. Die Geistesverfassung der beiden »war derart gespannt und exaltiert, daß uns beide nichts zu überraschen schien«.

Plötzlich tauchte Ljubow Alexandrowna in der Tür auf.

»Da bist du! Geh sofort zu Bett!« schimpfte sie. Sonja sagte hastig Gutenacht, folgte ihrer Mutter ins Vestibül und rannte nach oben.

Im Schlafzimmer war niemand außer ihr; sie öffnete ihr Tagebuch und schrieb die Sätze nieder, die sie entziffert hatte. Sie wußte, daß zwischen ihr und dem Grafen etwas Ernstes, Wichtiges vorgefallen war, und sie »verschloß darin, was noch niemand wissen durfte«.

Später schlüpfte Tanja leise ins Zimmer, aber erst am Morgen gestand sie Sonja, daß sie sich im Spielzimmer versteckt und die Unterhaltung mit Tolstoi mitangehört hatte. Sie dachte, Sonja würde ihr böse sein, doch Sonjas Augen strahlten freudig, als sie die Hand ihrer Schwester ergriff.

Tanja sah an jenem Tag Lisa weinend am Fenster ihres Zimmers sitzen. »Tanja«, sagte sie schluchzend, »Sonja nimmt mir le Comte weg. Wie sie sich herausgeputzt hat; diese Blicke, die sie ihm zuwirft; wie sie sich bemüht, mit ihm allein zu sein – was sie damit beabsichtigt, ist sonnenklar.«

Tanja konnte nicht viel sagen, um ihre Schwester zu trösten. Aber in der gleichen Nacht, als Sonja und Lisa schliefen, schlich sie ins Zimmer ihrer Mutter hinunter. »Ich muß mit dir reden, Mama«, begann sie. »Du, Papa und Lisa – ihr seht die Dinge nicht, wie sie wirklich sind.«

»Was für Dinge? Wovon sprichst du?«

»Von le Comte natürlich. Du denkst, er hat die Absicht, Lisa zu heiraten, aber er liebt Sonja«, platzte sie heraus.

Ljubow Alexandrowna schwieg einen Augenblick. Obwohl das eigentlich kein Thema war, das sie mit ihrer sechzehnjährigen Tochter erörtern wollte, drang sie weiter in Tanja und gewann die Überzeugung, daß diese die Wahrheit gesagt hatte. Diese Enthüllung hielt Ljubow bis spät in die Nacht hinein wach. Als älteste Tochter sollte Lisa der Tradition gemäß zuerst heiraten; außerdem war sie in Tolstoi verliebt. Dr. Behrs würde nie das Glück der einen Tochter für das der anderen opfern.

Als die Behrs einige Tage später wieder nach Jasnaja Poljana kamen, unterschied sich dieser Besuch stark von ihrer ersten, fröhlichen Ankunft. Lisa war nervös, verkrampft und reizbar, Tanja unruhig, Ljubow Alexandrowna auffallend reserviert – nur Sonja war guter Laune; aber dieses Mal betrachtete sie Jasnaja Poljana mit einem ganz neuen Blick.

Das Haus brauchte dringend einen neuen Außenanstrich. Abgesehen von der Auffahrt zur Veranda war das Grundstück um das Haus herum nicht gemäht worden. Es gab keine Blumenbeete und gepflegte Wege. Überall wucherte Unkraut.

Obgleich Tolstoi sich diesmal offenbar bemüht hatte, sein Heim für die Gäste nett herzurichten, störte Sonja erneut die primitive Einrichtung. Die ungestrichenen Fußböden waren schadhaft, und es gab keine schönen Teppiche wie im Haus des Großvaters oder in der Wohnung der Eltern im Kreml.

Sonja wußte wohl, daß die Zugehörigkeit zum Adel nicht unbedingt bedeutete, daß man reich war. Aber sie konnte auf schöne Dinge nur schwer verzichten, auf samtene Vorhänge, edles Porzellan, Gemälde und feingeschnitzte Möbel. Natürlich war Leo Nikolajewitsch Junggeselle, und das Haus hatte ihm nie so viel bedeutet wie sein Land, das Schreiben und seine Schule. Wie konnte man von ihm erwarten, daß er sich um das Anlegen von Blumenrabatten kümmerte, wenn er die Getreideaussaat überwachen mußte? Da er so viele Pflichten auf sich geladen hatte, wie konnte er auch noch die Aufgaben einer Frau erledigen?

Trotz allem gefiel Sonja das Haus aber. Schon weil man von jedem Fenster eine herrliche Aussicht hatte. Was das Haus brauchte, waren ein großer Salon, vielleicht ein neuer, breiter Treppenaufgang und mehrere elegante Möbelstücke aus Frankreich und Italien.

Am nächsten Morgen kam die große Kutsche, mit der sie nach Moskau zurückfahren sollten, aus Tula. Maria Nikolajewna hatte sich entschlossen, mit ihnen zu reisen. Die Familie verabschiedete sich von Tante Toinette, und Sonja machte sich auf die Suche nach Leo Nikolajewitsch. Sie fand ihn auf dem kleinen Balkon, wo sie bei ihrem ersten Besuch zusammengetroffen waren.

»Ich komme mit Ihnen«, sagte er einfach. »Wie kann ich jetzt in Jasnaja Poljana bleiben? Es würde mir so leer vorkommen.«

Die Kutsche hatte sechs Plätze – vier im Innern und zwei auf dem Bock. Tolstoi schwang sich auf den Bock, und weil Tanja erkältet war, beschloß man, daß Lisa und Sonja ihm abwechselnd Gesellschaft leisten sollten. Eingehüllt in ihren Mantel setzte Sonja sich gleich als erste zu Tolstoi. Er erzählte ihr lange Geschichten über den Kaukasus, die Schönheit seiner Berge und die Zeit, die er dort in früheren Jahren verbracht hatte. Als die Nacht hereinbrach, hielten sie vor dem

Gasthaus in Serpuchow, um zu Abend zu essen. Lisa nahm Sonja beiseite und verlangte zornig den Platz neben dem Grafen. Eilends beruhigte Ljubow Alexandrowna die beiden und ordnete an, Sonja *müsse* von jetzt an im Innern sitzen. Als sie aber wieder einstiegen, hob Leo Nikolajewitsch Sonja einfach auf den Bock. Lisa war wütend, konnte aber nichts machen.

Während in der vollbesetzten Kutsche alle schliefen, redete Tolstoi die ganze Nacht lang. Sonja nickte ab und zu ein, wurde indessen immer wieder von seiner sanften Stimme und seinem Lachen geweckt.

Am frühen Morgen hielt die Kutsche bei einem Gasthaus kurz vor Moskau an. Lisa beklagte sich laut: »Es ist so stickig in der Kutsche. Ich möchte lieber draußen sitzen.« Dann fuhr sie den Rest der Strecke neben einem schweigsamen Tolstoi.

Nach einem Tag Aufenthalt in Moskau reisten Ljubow Alexandrowna und ihre Kinder weiter nach Pokrowskoje. Tolstoi nahm sich in Moskau im Haus eines deutschen Schuhmachers ein Zimmer, doch schon nach wenigen Tagen erschien er im Sommerhaus der Behrs. Er lud die Mädchen ein, mit ihm nach Moskau zu fahren, um die Militärmanöver anzusehen, denen der Zar beiwohnen würde.

Ljubow Alexandrowna verweigerte ihre Zustimmung. Sie meinte, es wäre höchst unschicklich für ihre Töchter, allein mit Tolstoi auszugehen. Tolstoi ließ sich von ihrer frostigen Haltung nicht beeindrukken und kam fast jeden Tag nach Pokrowskoje. Obwohl Ljubow darauf achtete, daß Sonja und Tolstoi keine Gelegenheit erhielten, unter vier Augen miteinander zu sprechen, verbrachten sie doch in Gesellschaft der anderen viele frohe gemeinsame Stunden.

Sonja schien es, als habe sich ihr ganzes Leben verändert. »Ein starkes Gefühl grenzenloser Freiheit« erfüllte sie. Später schrieb sie: »Ich schien jene letzten Tage meiner Mädchenjahre in einem seltsamen Zustand innerer Erleuchtung zu verbringen, als wäre plötzlich meine Seele erweckt worden.«

Da der Zar und die Zarin jetzt in Moskau residierten, hatte Sonja sich angewöhnt, aus Spaß die Kaiserin zu spielen. Oft sagte sie in gebieterischem Ton: »Wenn ich erst Zarin bin, dann werde ich dies und jenes tun.« Eines Tages, als das Pferd von Dr. Behrs Einspänner bereits ausgeschirrt worden war, sprang sie in die Kutsche und rief: »Wenn ich erst Zarin bin, fahre ich nur noch in solchen Einspännern herum!«

Als Tolstoi das hörte, packte er die Deichsel der kleinen zweirädrigen Kutsche und rief: »Ich werde meine Kaiserin spazierenfahren!« Er zog kräftig an und lief im Trab die Straße hinunter.

»Halt! Halt! Das ist zu schwer für Sie!« rief Sonja. Endlich hielt er an, und beide schüttelten sich vor Lachen.

Kurz darauf saßen sie wieder mit den anderen Familienmitgliedern zusammen. Es machte den beiden aber anscheinend wenig aus, daß sie nicht allein sein durften. Sie hatten jenen Punkt erreicht, wo ein Blick oder eine Berührung mindestens so viel ausdrückten wie Worte unter vier Augen. Lisa gab sich immer noch falschen Hoffnungen hin, und Ljubow Alexandrowna wollte allen gegenteiligen Anzeichen zum Trotz nicht wahrhaben, daß ihr alter Freund an Sonja und nicht an Lisa interessiert war. Nur Sascha und Tanja sahen und begriffen, was vor sich ging. Als die beiden einmal allein waren, fragte der Bruder: »Tanja, was sollen wir nur mit Lisa machen? *Le Comte* geht ihr offensichtlich aus dem Weg. Ich würde gern mit ihr reden und ihr die Wahrheit sagen.«

»Lieber nicht!« warnte Tanja.

»Also gut, aber wie steht es dann mit Sonja? Poliwanow wird bald herkommen.«

Sie verstummten verwirrt angesichts dieser Welt der erwiderten und unerwiderten Liebe, die sie zum ersten Mal erlebten.

Spät in der Nacht, als er nach einem Abend in Pokrowskoje auf sein Zimmer in Moskau zurückgekehrt war, machte Tolstoi eine Eintragung in sein Tagebuch.

23. August 1862

Übernachtete bei den Behrs. War für ein Kind! Oder keines mehr? Die Verwirrung ist groß. Oh, wenn ich mich doch nur zu einer klaren und ehrlichen Position durchringen könnte! . . . Ich habe Angst vor mir selber. Was, wenn auch dies nur das Verlangen nach Liebe, nicht aber wirkliche Liebe ist? Ich versuche, nur ihre Schwächen zu sehen, aber trotzdem hält es an. Sie ist doch noch ein Kind!

8. September

Mein Gott! Wie engelsschön und unglücklich wäre Lisa als meine Frau!

9. September

Wollte arbeiten, konnte aber nicht. Statt dessen schrieb ich ihr [Sonja] einen Brief, den ich aber nicht absenden werde. Moskau verlassen kann ich nicht, ich kann es nicht . . . Bin erst um 3 Uhr eingeschlafen. Ich träumte und quälte mich wie ein sechzehnjähriger Junge.

12. September

Den ganzen Tag umhergetrieben . . . Ich liebe, wie ich nie geglaubt hätte, daß man lieben könnte. Ich bin von Sinnen, ich erschieße mich, wenn das so weitergeht. War am Abend bei ihnen. Sie ist in jeder Hinsicht wundervoll. Und ich bin ein abscheulicher Dublitski. Hätte vorher auf der Hut sein müssen. Jetzt kann ich nicht mehr einhalten . . . Ja. Morgen vormittag gehe ich zu ihnen. Es gab Gelegenheiten, aber ich habe sie nicht genutzt. War schüchtern, hätte es einfach sagen sollen. Wie gern ginge ich auf der Stelle zurück und sagte alles in aller Gegenwart. Herr, hilf mir.

13. September

Jeden Tag denke ich, ich kann nicht länger leiden und gleichzeitig glücklich sein, und jeden Tag komme ich mehr von Sinnen. Bin wieder voll Sehnsucht, Reue und Glück fortgegangen. Morgen gehe ich hin, sobald ich aufgestanden bin, und sage alles oder erschieße mich.

Die Behrs waren wieder im Kreml. Der 17. September, der Feiertag der Heiligen Märtyrer, war sowohl Sonjas Namenstag wie auch der ihrer Mutter, und ein großes Fest war geplant. Am Abend zuvor hatte ein zutiefst erregter Tolstoi plötzlich in der Tür gestanden. Da Sascha mit drei Freunden vom Kadettenkorps zu Hause war, herrschte überall reges Treiben, und Sonja war mit häuslichen Aufgaben beschäftigt. Tolstoi schritt im vorderen Gesellschaftszimmer ungeduldig auf und ab, und als Sonja endlich den Raum betrat, verlangte er, daß sie mit ihm ein Klavierduett spielen und Tanja dazu für die jungen Leute singen sollte.

Sonja setzte sich neben ihn. Während sie Tanja begleiteten, flüsterte er ihr zu, er müsse ihr unbedingt mitteilen, was er für sie empfinde. Sie spielte vor Schreck falsch und hielt inne. »Weiter! Weiter!« befahl er. Und während sie weiterspielte, sagte er mit sanfter Stimme: »Ich liebe Sie.«

Sonja schrieb später: »Meine Hände zitterten auf den Tasten, als ich zum zehnten Mal dieselbe Melodie, den *Kußwalzer*, spielte.«

Als dieses musikalische Zwischenspiel beendet war, folgte er ihr ins Zimmer ihrer Mutter, wo sie sich einen Umhang holte.

»Ich wollte mit Ihnen sprechen«, sagte er, »aber ich brachte es nicht fertig. Hier ist ein Brief, den ich schon einige Tage in der Tasche herumtrage. Lesen Sie ihn. Ich warte hier auf Ihre Antwort.«

Er drückte Sonja den Umschlag in die Hand; sie drehte sich um und rannte in das Zimmer, das sie mit ihren Schwestern teilte. Sie war erleichtert, daß niemand dort war, schloß die Tür und riß den Brief auf.

Sonja Andrejewna! Ich ertrage es nicht länger. Seit drei Wochen sage ich mir jeden Tag: »Heute werde ich sprechen!« Und doch gehe ich immer wieder fort, mit derselben Sehnsucht, Reue und Angst und mit demselben Glück im Herzen. Jede Nacht lasse ich das Vergangene an mir vorüberziehen und stelle mir die quälende Frage: Warum habe ich nicht längst mit Ihnen gesprochen, und was würde ich gesagt haben, wenn ich gesprochen hätte? Ich nehme diesen Brief mit, um ihn Ihnen zu überreichen, falls mir wieder der Mut fehlen sollte. Ich habe den Eindruck, man glaubt in Ihrer Familie fälschlicherweise, ich sei in Lisa verliebt. Das ist nicht wahr . . .

Ich schrieb auf den Tisch: »Ihre Jugend und Ihr Verlangen nach Glück erinnern mich nur zu deutlich an meine Unfähigkeit zum Glücklichsein.« Aber schon damals, und nachher, belog ich mich selbst. Damals hätte ich noch alles abbrechen und wieder in meine Klause zu einsamer Arbeit zurückkehren und in ihr aufgehen können.

Jetzt kann ich es nicht mehr. Ich fühle obendrein, daß ich in Ihrer Familie Verwirrung gestiftet habe und daß Ihre freundschaftliche Neigung zu mir, die einem guten, ehrenwerten Mann galt, ebenfalls dahin ist. Ich kann nicht fortgehen, wage aber auch nicht zu bleiben. Sie sind ein aufrichtiger, ehrlicher Mensch; sagen Sie mir doch, Hand aufs Herz und ohne Übereilung (um Gottes willen ohne Übereilung!), was ich tun soll.

Wollen Sie meine Frau werden? Wenn Sie aus ganzem Herzen ohne Bedenken *ja* sagen können, dann tun Sie es, doch wenn Sie auch nur den leisesten Zweifel haben, dann sagen Sie *nein*. Um des Himmels willen, prüfen Sie sich gut. Es wird mir schrecklich sein, ein *Nein* zu hören, aber ich mache mich darauf gefaßt und werde die Kraft finden, es zu ertragen. Wenn ich aber als Gatte von Ihnen nicht so geliebt werden würde, wie ich Sie liebe, so wäre das ebenfalls furchtbar!

Gerade als Sonja zu Ende gelesen hatte, kam Lisa ins Zimmer. Sonja drückte die losen Blätter an ihr Herz.

»Was ist los?« fragte Lisa.

»*Le Comte m'a fait la proposition*«, erwiderte Sonja, und ihre dunklen Augen leuchteten.

Bevor Lisa etwas sagen konnte, öffnete sich die Tür wieder, und Ljubow Alexandrowna trat ein. Sie wollte ihre Töchter an einige unerledigte Arbeiten erinnern, doch als sie deren Erregung bemerkte, fragte sie sofort: »Was ist geschehen?«

Das Glücksgefühl in ihrem Herzen gab ihr Mut, und mit fester

*Leo Tolstoi und Anton Tschechow (1895) – die beiden größten
russischen Schriftsteller ihrer Zeit.*

Stimme sagte Sonja: »*Le Comte* hat mich gebeten, ihn zu heiraten, und ich liebe ihn von ganzem Herzen.« Lisa stand reglos da; sie war so geschockt, daß sie kein Wort herausbrachte.

Ljubow Alexandrowna hatte die Situation rasch erfaßt.

»Willst du *le Comte* wirklich heiraten?« fragte sie.

»Ja«, antwortete Sonja und gab ihr den Brief.

Als Ljubow Alexandrowna ihn las, zitterte ihre Hand. Sie legte den Brief beiseite und stand einen Augenblick schweigend da. In gefaßtem Ton sagte sie dann: »Also geh und gib ihm deine Antwort.«

Sonja stürzte aus dem Zimmer und eilte die Treppe hinauf; atemlos rannte sie ins Schlafzimmer ihrer Mutter. Tolstoi stand in einer Ecke wartend an die Wand gelehnt. Sonja ging auf ihn zu, und er ergriff ihre Hände

»Nun?« fragte er.

»Natürlich – *ja*!« rief sie.

Hand in Hand verließen sie das Zimmer und gingen in den Salon, wo die Mutter, Tanja, die kleineren Jungen sowie Sascha und seine Freunde ihnen gratulierten. Lisa war verständlicherweise nicht anwesend, und Dr. Behrs war von seinen Verpflichtungen bei Hofe noch nicht zurückgekehrt.

Als er von der Verlobung erfuhr, verweigerte er zunächst seine Zustimmung zu der geplanten Heirat. Erst als Lisa ihrem Vater »mit bemerkenswertem Edelmut und Takt« erklärte, daß »sich niemand dem Schicksal in den Weg stellen könne«, und versicherte, daß sie Sonja alles Glück wünsche, da *le Comte* nun mal seine Wahl getroffen habe, gab Dr. Behrs schließlich widerstrebend seine Einwilligung.

Im Laufe des Vormittags sprach Tolstoi bei den Behrs vor, um mit Dr. Behrs zu sprechen. Als er nervös im vorderen Gesellschaftszimmer auf und ab ging, hörte er »schnelle, leichte Schritte über das Parkett trippeln«, und zu seiner Freude stürzte Sonja ins Zimmer. Er dachte nicht mehr an Dr. Behrs; er war berauscht von ihrer Nähe und dem unbeschreiblichen Glück, in ihren dunklen Augen das Glänzen der gleichen Liebe zu sehen, die »auch sein eigenes Herz erfüllte. Sie blieb so dicht vor ihm stehen, daß sie ihn berührte. Sie hob die Arme und legte ihre Hände auf seine Schultern.« Er küßte sie, und mit glühendem Gesicht und funkelnden Augen sagte sie ihm, daß ihre Eltern eingewilligt hätten. Sie habe auf sein Kommen gewartet, um ihm diese Nachricht als erste überbringen zu können.

Die Tür zu Dr. Behrs Arbeitszimmer öffnete sich, und ein Diener hieß die beiden eintreten. Ljubow Alexandrowna stand an der Seite ihres Gatten. Sonja lief zu ihr und umarmte sie. Der Arzt gratulierte dem zukünftigen Ehemann seiner Tochter reserviert, aber freundlich.

»Wann soll denn die Vermählung sein?« fragte Ljubow Alexandrowna.

»Wann?« meinte Tolstoi errötend. »Gleich morgen!«

»O nicht doch, *mon cher*! Was für ein Unsinn! Da wäre erst noch die offizielle Verlobung, und Karten müssen verschickt werden«, rief Ljubow Alexandrowna.

»Nun gut, nächste Woche.«

»Er scheint völlig verrückt zu sein«, sagte Dr. Behrs mit trockenem Lachen.

»Warum denn nicht nächste Woche?« fragte Tolstoi und packte Sonjas Hand.

»Was für eine Idee!« sagte Ljubow, die seine Ungeduld amüsierte. »Und die Aussteuer?«

Tolstoi entsetzte die Vorstellung von umständlichen Vorbereitungen, aber da er sah, daß auch Sonja die Frage der Aussteuer wichtig schien, sagte er nichts.

Schließlich wurde der 23. September als Hochzeitstag festgelegt, obwohl Ljubow erklärte, nur ein Wunder könne es ermöglichen, bis dahin die Hochzeitskarten pünktlich zu verschicken, die Aussteuer zusammenzustellen und das Fest richtig vorzubereiten. Nur ein Mann von Tolstois Elan und Überredungskunst konnte die Eltern der Braut dazu bringen, einer Verlobungszeit von nur einer Woche zuzustimmen.

An jenem Nachmittag trafen ab zwei Uhr Gäste ein, um Ljubow Alexandrowna und Sonja zum Namenstag zu gratulieren. Wie so oft waren Lisa und Sonja gleich angezogen, und beide hatten das Haar hochgesteckt. Tanja, die mit ihren sechzehn Jahren noch als Backfisch galt, mußte zu ihrem Mißvergnügen ein kurzes Kleid anziehen und das Haar offen tragen.

Ljubow Alexandrowna verkündete den Gästen: »Sie dürfen uns auch zur Verlobung unserer Tochter gratulieren!« und sorgte dadurch für ein peinliches Mißverständnis. Denn bevor sie noch hinzufügen konnte, um welche Tochter es sich handelte, eilten viele auf Lisa zu, um sie zu beglückwünschen. Als sei die Verwirrung noch nicht groß genug, erschien im gleichen Augenblick Poliwanow, der in seiner Gardeuniform wie ein junger Dandy aussah. Als er vor einem Spiegel stehenblieb und mit seinen schlanken, weißen Fingern sein Blondhaar glättete, trat Sascha schnell auf ihn zu, und Tolstoi beobachtete genau, wie bestürzt Sonjas Verehrer dreinschaute, als er die Neuigkeit erfuhr. Er verließ den Raum und das Haus gleich darauf, ohne sich zu verabschieden.

An jenem Abend war auch Leos älterer Bruder Sergej Nikolajewitsch von den Behrs zum Abendessen eingeladen worden. Die Brüder sahen sich so ähnlich, daß das Dienstmädchen, das Sergej die Tür geöffnet hatte, aufgeregt verkündete: »Graf Tolstoi ist eingetroffen, aber mit dunklerem Haar!« Sergej Nikolajewitsch besaß einen ausgeprägten Sinn für Humor, einen wachen Verstand und viel Charme. Er stand im Ruf, es noch toller zu treiben als sein jüngerer Bruder früher. Sonja war deshalb ziemlich bestürzt, als sie bemerkte, wie er es auf einen Flirt mit Tanja anlegte. Sie hielt seine Annäherungsversuche für geschmacklos – nicht nur wegen des Altersunterschieds; schließlich war allgemein bekannt, daß er seit Jahren ein Verhältnis mit einer Zigeunerin hatte, dem mehrere Kinder entstammten. Sergej Nikolajewitsch machte kein Geheimnis daraus, daß ihm die jüngste Tochter der Behrs gefiel. Nach dem Abendessen sagte er lächelnd zu seinem Bruder und Sonja, wenn sie ihre Hochzeit noch eine Weile aufschieben würden, könnten vielleicht beide Schwestern gemeinsam heiraten.

Seit das Ehepaar Behrs in die Hochzeit eingewilligt hatte, wurde Tolstoi zwischen Ekstase und Angst hin und her gerissen. Sonjas strahlende Jugend und ihre klaren, treuen Augen brachten ihm seine eigene dunkle Vergangenheit schmerzlich ins Bewußtsein. Sie sah so unschuldig, so rein aus, und es gab so vieles an ihm, was sie nicht wußte. Sollte er sie heiraten, ohne ihr gesagt zu haben, daß er ein Agnostiker war, daß er mit Dutzenden von Frauen geschlafen hatte, daß er den größten Teil seines Erbes verspielt hatte? Und wenn er es sagte, wie würde sie darauf reagieren? Würde sie sich weigern, ihn zu heiraten? Allen Zweifeln und Ängsten zum Trotz beschloß er, daß sie *alles* wissen müsse. Damit sie sicher sein könne, daß er nichts verschwieg, würde er ihr sein Tagebuch zu lesen geben. Und am nächsten Morgen überreichte er Sonja, nachdem er Dr. Behrs' Erlaubnis eingeholt hatte, die Bände, die seine Lebensgeschichte enthielten. Weder Sonjas Vater noch Tolstoi selbst schienen sich überlegt zu haben, welche Wirkung diese freimütige Chronik auf eine romantische junge Frau haben mußte, die eben erst achtzehn geworden war. Sonja hatte natürlich dies und jenes über die Abenteuer ihres Zukünftigen flüstern hören und nahm das Tagebuch daher etwas zögernd entgegen.

»Sie werden mich heiraten, wie ich auch sein mag?« flehte er.

»Ja!« versicherte sie ihm.

Er war erleichtert und fragte noch, wo sie nach der Hochzeit hingehen wolle – eine Weile bei den Behrs in Moskau bleiben, ins Ausland reisen oder direkt nach Jasnaja Poljana. Sie antwortete »nach Jasnaja Poljana«, weil sie überzeugt war, ihm damit eine Freude zu bereiten. Und sie hatte recht. Er war glücklich, daß sie ihr Eheleben *zu Hause* beginnen würden.

An jenem Abend ging Sonja gleich nach dem Essen auf ihr Zimmer und begann mit der Lektüre des Tagebuchs. Zuerst war sie ängstlich, dann fasziniert, schockiert und schließlich entsetzt. Sie wußte, daß er ein Vermögen verspielt hatte, doch die erotische Seite seines Lebens war ihr praktisch unbekannt gewesen. Und nun entdeckte sie weniger als eine Woche vor ihrer Hochzeit, daß der Mann, den sie liebte, mit allen möglichen Frauen geschlafen hatte – mit Zigeunerinnen und Huren; mit Frauen, die Freundinnen ihrer Mutter waren, sogar mit seinen Leibeigenen. Jede Begegnung hatte er schriftlich festgehalten! Und er hatte sogar ein uneheliches Kind mit einer verheirateten Bauernmagd.

Als Tolstoi am nächsten Morgen kam, wartete Sonja im vorderen Salon allein auf ihn. Erst als er ihr verweintes Gesicht und die wissenden, traurigen Augen sah, wurde ihm klar, wie verheerend der Bericht über seine ausschweifende Vergangenheit auf sie gewirkt haben mußte, und er erkannte, daß es falsch gewesen war, sie über sein Vorleben aufzuklären.

»Nehmen Sie diese abscheulichen Bücher zurück!« rief sie und schob die Notizbücher, die vor ihr auf dem Tisch lagen, weit von sich. »Warum haben Sie sie mir gegeben?«

Er erklärte ihr, daß sie das Schlimmste über ihn von ihm selbst erfahren sollte, daß es zwischen ihnen nie Geheimnisse oder Betrug geben dürfe. Während er sie um Verständnis bat, starrte er sie voller Verzweiflung an und war sicher, sie verloren zu haben.

Als Sonja seine Qual sah, überkam sie zärtliches Mitleid. »Letzten Endes war es doch richtig! Aber es ist abscheulich, abscheulich!«

Er ließ den Kopf sinken und flüsterte: »Werden Sie mir verzeihen?«

»Ja, ich habe Ihnen verziehen, aber es ist abscheulich!« wiederholte sie. Doch sie hatte nicht die Wahrheit gesagt. Sie konnte ihm nicht verzeihen, daß er mit der Frau eines seiner eigenen Bauern geschlafen hatte, daß er sich vor Verlangen nach ihr verzehrt, daß er mit ihr ein Kind gezeugt hatte. Sie war entsetzt bei dem Gedanken, seine frühere Mätresse und das uneheliche Kind in dem Haus vorzufinden, das sie mit ihm ein Leben lang teilen sollte . . .

Brautführer sollte Fjodor Iwanowitsch Timirjasew sein, ein alter Freund, der damals Untersuchungsrichter im Kreml war. Von ihm erfuhr Tolstoi, er müsse für die Trauung eine Bescheinigung vorweisen, daß er am Abendmahl teilgenommen habe. Als Agnostiker war Tolstoi über diese Auflage empört, suchte aber dennoch einen Priester auf und erhielt das notwendige Dokument, nachdem der Priester ihn gesegnet und ihm die Absolution für die Sünde des Zweifelns erteilt hatte.

Die Tage vor der Hochzeit waren voll hektischer Aktivität, ein Gast löste den anderen ab. Als immer mehr Hochzeitsgeschenke eintrafen, wurde die Eingangshalle fast unpassierbar. Der Bräutigam hatte eine prachtvolle Kutsche gekauft, eine Fotografie von Sonja bestellt, von sich selbst eine Aufnahme machen lassen und seiner Verlobten eine Diamantbrosche geschenkt. Von Dr. Behrs bekam sie eine goldene Halskette mit einem Medaillon, das Leo Nikolajewitschs Porträt aufnehmen sollte. Schneiderinnen kamen in aller Frühe und blieben bis Mitternacht. Sonja und ihre Mutter durchkämmten sämtliche Modegeschäfte und bemühten sich, die Aussteuer in aller Eile zu vervollständigen.

Am 23. September, dem Tag der Hochzeit, erschien Tolstoi unerwartet am frühen Morgen im Hause der Behrs. Er befand sich in einem Zustand äußerster Erregung und wollte unbedingt Sonja sprechen. Als ihm die bestürzten Bediensteten mitteilten, es sei gegen jeden Brauch, daß der Bräutigam die Braut am Tag der Hochzeit vor der Trauungszeremonie sehe, drängte er sich an ihnen vorbei und eilte in Sonjas Zimmer. Tanja war bei ihr, doch als sie sah, in welcher Verfassung Tolstoi sich befand, entfernte sie sich sofort. Die Verlobten standen einander gegenüber in einem Durcheinander von Schrankkoffern, Reisetaschen und verstreuten Habseligkeiten. Als er an Sonjas leidenden Gesichtsausdruck beim Wegschieben der Tagebücher gedacht und sich mit dem gutaussehenden, jungen Poliwanow verglichen hatte, waren ihm schreckliche Zweifel gekommen, ob es richtig sei, dieses vollkommene, keusche, schöne junge Geschöpf zu heiraten. Mit Verzweiflung in der Stimme stieß er hervor: »Ich bin gekommen, um zu sagen, daß es noch nicht zu spät ist . . . Dieser ganzen Sache kann immer noch ein Ende gesetzt werden!«

Sonja schwankte, und Tolstoi ergriff ihren Arm, damit sie nicht zu Boden fiel. Sie starrte ihn entgeistert an. »Was soll das? Was ist los?«

Er sei ihrer nicht wert, rief er. Sein Gewissen habe ihn gezwungen, sie zu bitten, sich den bevorstehenden Schritt noch einmal zu überlegen. Sie könne ihn nicht mehr lieben, da sie nun wisse, wie er bisher gelebt habe. Sie könne keinen häßlichen alten Mann mit verfaulenden Zähnen lieben. Er raste weiter, ergriff ihre Schultern und starrte ihr in die Augen. Dann sank er plötzlich kraftlos in sich zusammen und wandte sich niedergeschlagen ab.

»Ich werde natürlich unglücklich sein«, murmelte er dumpf. »Sollen die anderen doch sagen, was sie wollen. Nichts ist schlimmer als das Unglück . . . Jedenfalls sollte es besser jetzt geschehen, solange noch Zeit ist!«

Sonja war zutiefst erschrocken. »Soll das heißen, Sie würden die ganze Hochzeit absagen?« fragte sie.

»Ja, wenn Sie mich nicht lieben.«

»Sind Sie wahnsinnig? . . . Was haben Sie denn? Sagen Sie mir alles!«

»Ich denke, Sie können mich nicht lieben. Aus welchem Grund sollten Sie mich denn lieben?«

»O Gott, was soll ich nur machen?« Sonja weinte.

»Was habe ich getan!« keuchte Tolstoi. Er kniete vor ihr nieder und küßte ihre Hände.

Ljubow Alexandrowna, der man vom unschicklichen Eindringen des Bräutigams berichtet hatte, eilte sofort in Sonjas Zimmer, um ihn zum Gehen zu bewegen. Dort fand sie ihre Tochter in Tränen aufgelöst.

»Sie haben sich einen schönen Zeitpunkt ausgesucht, um sie aus der Fassung zu bringen!« rief Ljubow. »Heute ist ihre Hochzeit, und es ist sowieso schon alles sehr anstrengend, und da steht sie nun und weint!«

Tolstoi ging weg, nachdem Sonja ihm versichert hatte, daß sie ihn liebe, ihn wirklich heiraten wolle und Poliwanow bestimmt keine Träne nachweine.

Die Trauung sollte um 8 Uhr abends in der Maria-Geburts-Kirche im Kreml stattfinden. Um 6 Uhr halfen Tanja und die Brautjungfern Sonja in ihr Hochzeitskleid. Es war aus zartem Tüll, wie die Mode es verlangte, hatte vorn einen Ausschnitt, hinten jedoch einen Stehkragen, und die langen Ärmel waren mit Rüschen besetzt. Tanja half mit, Sonjas dichtes, schwarzes Haar herzurichten, und steckte den langen, hauchdünnen Schleier und den Kranz aus frischen Blumen fest.

Um 7 Uhr war Sonja angekleidet und wartete, wie es Brauch war, auf den Brautführer, der ihr melden sollte, daß der Bräutigam sich vor der Kirche befinde. Eine Stunde später war Timirjasew immer noch nicht eingetroffen, und Sonja war außer sich. Nach Leo Nikolajewitschs seltsamem Verhalten am Morgen war sie sicher, daß er nicht kommen würde. Zum ersten Mal spürte sie jene Angst, die sie ihr ganzes Eheleben lang begleiten sollte: Was tue ich, wenn ich seine Liebe verliere? Ich werde sterben.

Die große Uhr in der Eingangshalle schlug die halbe Stunde. Vor dreißig Minuten hätte die Trauung beginnen sollen. Sonja dachte an die versammelten Gäste, die bestimmt unruhig wurden und über den sich anbahnenden Skandal tuschelten. Plötzlich stürmte Tolstois Diener herein, der kurzsichtige kleine Alexej Stepanowitsch. Ganz außer Atem erklärte er, daß sie beim Packen vergessen hätten, ein Hemd für die Hochzeit bereitzulegen. Und was noch schlimmer war: Graf

Sergej Nikolajewitsch hatte die Koffer seines Bruders bereits nach Jasnaja Poljana mitgenommen, wo er im Haus Vorbereitungen für die Ankunft des Brautpaares treffen wollte. Die Geschäfte waren am Sonntag natürlich geschlossen. Schließlich traf um 9 Uhr Timirjasew ein und teilte mit, man habe ein Hemd aufgetrieben und Tolstoi warte vor der Kirche. Da erlitt Dr. Behrs einen plötzlichen Schwächeanfall, und obwohl er sich nicht in ernster Gefahr befand, beschloß Ljubow Alexandrowna, bei ihm zu bleiben.

Sonja fuhr mit Leo Nikolajewitschs Tante Pelagia und ihrem kleinen Bruder Wlodni zur Kirche. Er hielt die Ikone der heiligen Sophia, die ihre Mutter vor der Abfahrt gesegnet hatte. Sonja weinte leise vor sich hin, aber ihre Tränen versiegten, als sie die hell erleuchtete Kirche erblickte. Der Bräutigam erwartete sie vor dem Tor. Er nahm Sonja bei der Hand und führte sie wortlos zum Altar, während der Chor *Komm, o Heiliger Geist* anstimmte.

Hunderte von flackernden Kerzen spiegelten sich in den vergoldeten Rahmen der Ikonen, dem Silber der Leuchter und Kerzenhalter und auf den Bodenplatten. Die höhlenartige Kirche erstrahlte in Karmesinrot und Gold und schien »von Licht überflutet« zu sein. Über dreihundert Gäste hatten sich versammelt und erwarteten das Brautpaar. Die Damen trugen reichbestickten Brokat, leuchtenden Samt und feinen Satin; die Schultern und Arme waren frei, und in den kunstvollen Frisuren steckten Blumen; mit behandschuhten Händen hielten sie juwelenbesetzte Fächer. Die Herren trugen elegante Fräcke und weiße Krawatten oder farbenprächtige Galauniformen.

Vor dem Altar angekommen, wandte Tolstoi die Augen nicht mehr von Sonja. Unter dem fließenden Schleier und den weißen Blumen war ihr Haar hoch aufgetürmt. Ihr langer Hals wurde vom Stehkragen ihres Kleides aufs schönste eingerahmt, und ihre Taille wirkte auffallend schlank. Was ihre Schönheit jedoch am meisten zur Geltung brachte, waren nicht die Blumen, nicht der Schleier oder das Pariser Hochzeitskleid, sondern die aufrichtige Liebe, die aus ihren Augen sprach.

Auf Ljubow Alexandrownas eindringliche Bitte hin hatte Sonja eingewilligt, daß Poliwanow und Lisa bei der Trauungszeremonie mitwirken durften. Doch nun fürchtete die Braut, daß sie mit diesem Zugeständnis einen Fehler begangen hatte. Poliwanows Gesicht zeigte keine Gefühlsregung, um so heftiger dagegen das des Bräutigams, der von der Teilnahme des »Nebenbuhlers« nicht in Kenntnis gesetzt worden war. Sonja spürte, daß Leo wütend war. Die Mutter hatte nun mal gewollt, daß der junge Mann an der Zeremonie teilnehme, um allem Klatsch ein Ende zu bereiten, bei einer so eiligen

Hochzeit könne etwas nicht stimmen. Kein Mann, so argumentierte sie, würde bei einer Trauung assistieren, die seine Ehre verletzte. Ihre Sorge um den äußeren Schein mochte verständlich sein, doch verriet ihre Forderung einen bestürzenden Mangel an Feingefühl. Poliwanow war vierzehn Jahre jünger als der Bräutigam. Er war größer und schlanker und hatte schöne, weiße Zähne. Der hübsche Bursche zog die Blicke aller jungen Frauen auf sich, und die meisten wußten, daß er für Sonja jene Leidenschaft der ersten Liebe empfunden hatte, die Tolstoi ihr nicht geben konnte.

Nachdem Sonja und der Graf ihre gegenseitigen Gelübde abgelegt hatten, sprach der Priester das Schlußgebet und gratulierte dann dem vermählten Paar. »Küssen Sie Ihre Gemahlin; küssen Sie Ihren Gamahl!« sagte er und nahm ihnen die Kerzen aus den Händen. Tolstoi küßte Sonja sanft auf die Lippen. Dann nahm er sie bei der Hand und führte sie durch das Spalier der Gäste aus der Kirche.

In ihr Tagebuch schrieb Sonja später: »Unsere Trauungszeremonie wird durch die Schilderung der Hochzeit von Lewin und Kitty in *Anna Karenina* wahrheitsgetreu wiedergegeben. Leo Nikolajewitsch hat nicht nur das äußere Zeremoniell treffend gezeichnet, sondern auch den psychologischen Prozeß in der Seele Lewins. Ich hatte in den letzten Tagen so viel Aufwühlendes erleben müssen, daß ich wie gelähmt unter der Brautkrone stand. Ich fühlte, daß sich etwas Unausweichliches, Unwiderrufliches vollzog. Es geschah, was geschehen mußte.«

Man fuhr zu einem kleinen Hochzeitsempfang und zum Abendessen in die Wohnung der Behrs zurück. Etwa eine Stunde später ging Sonja auf ihr Zimmer und zog das neue, dunkelblaue Reisekleid an. Die sechsspännige Kutsche stand bereit; Sonjas glänzende, schwarze Schrankkoffer mit ihrer neuen Garderobe waren schon auf dem Dach verstaut. Ljubow Alexandrowna machte sich überall zu schaffen und bestand darauf, daß alle ein Gebet für eine glückliche Reise sprachen. Dr. Behrs schützte Krankheit vor und zog sich in sein Arbeitszimmer zurück. Es war klar, daß er zwar seine Einwilligung, aber noch lange nicht seinen Segen gegeben hatte. Die Bediensteten eilten herbei, um Lebewohl zu sagen; und während Lisa hemmungslos weinte, umklammerte Tanja ihre Schwester lange und wollte sich nicht von ihr trennen.

Kurz bevor Sonja die Kutsche bestieg, warf sie die Arme um die Mutter und schluchzte. Ljubow Alexandrowna blieb gefaßt, doch als Sonja schließlich ihren Platz neben ihrem Gatten eingenommen hatte und noch einmal hinauswinkte, stieß Ljubow ein durchdringendes Schluchzen aus, das das Mahlen der Wagenräder und das Klappern der Pferdehufe übertönte. Ein herbstlicher Regen prasselte auf das Dach der Kutsche, und in den Pfützen auf der Fahrbahn spiegelte sich das trübe Licht der Straßenlaternen. Sonja saß zusammengekauert in einer Ecke und weinte; sie war erschöpft und fühlte sich nach dem tränenreichen Abschied von ihrem Elternhaus sterbenselend.

Tolstoi wußte nicht, wie er sie trösten sollte, und als ihr Weinen kein Ende nehmen wollte, wurde er ärgerlich. Selbst als kleines Kind Waise geworden, erschien ihm Sonjas Abschiedsschmerz unverständlich. »Wenn dir der Weggang von deiner Familie so viel Kummer bereitet, kannst du mich nicht besonders lieben«, bemerkte er bitter.

Sie hatten Moskau verlassen und fuhren jetzt durch stockfinstere Nacht. Weder der Mond noch die Sterne waren zu sehen, und es gab auch keine Straßenlaternen mehr. Sonja hatte sich ausgeweint und lauschte nun traurig auf den Regen, der an die Fenster der Kutsche klatschte. Weit von ihr, in der anderen Ecke, saß ihr Gatte kerzengerade da. Sie fühlte sich von seiner Gegenwart irritiert. Plötzlich rückte er näher, und seine Hände glitten über ihren Körper. Sonja fuhr zurück, und als er nicht von ihr abließ, wehrte sie seine Liebkosungen heftig ab, woraufhin er sich ruckartig wieder von ihr abwandte.

Sie hielten zum Übernachten in Birjulewo an. Das Eintreffen eines adligen Paares in einer herrlichen sechsspännigen Kutsche erregte einiges Aufsehen; sie bekamen eine große, voll eingerichtete Suite. Sonja kauerte in einer Sofaecke, als der Diener den dampfenden Samowar hereinbrachte.

»Nun zeig mal, daß du hier die Herrin bist«, sagte Tolstoi. »Komm, schenk den Tee ein!«

Sie gehorchte, aber ihre Hand zitterte, als sie ihm seine Tasse reichte. Sie saßen im Halbdunkel, denn es brannten nur wenige Kerzen. Er ergriff ihre Hände, und in diesem Augenblick merkte Sonja, daß die Furcht, die sie in der Kutsche verspürt hatte, in Wirklichkeit eine neue Art von Liebe war – stärker als die bisherige und zugleich ernster. Tolstois dreiste und unsanfte Annäherungsversuche wies sie in jener Nacht zum zweiten Mal zurück.

Über diesen Abend schrieb Sonjas frischangetrauter Ehemann nur Andeutungen in sein »ekelhaftes Tagebuch«: »Sie ist weinerlich. In der Kutsche. Sie weiß alles, und es ist einfach . . . Aber sie hat Angst.«

ZWEITER TEIL

1862–1865

Etwas Wunderbares geschieht

Sie litt, klagte, triumphierte in ihrem Leiden, genoß
und liebte es. Er sah, daß in ihrer Seele etwas Wunderbares geschah, doch er konnte nicht begreifen, worin
es bestand. Es entzog sich seiner Vorstellung.

Tolstoi, *Anna Karenina*

Sonja Tolstoi mit ihren beiden ersten Kindern
Serjoschka und Tanja (1867).

6

Die Fahrt von Birjulewo nach Jasnaja Poljana dauerte fast einen Tag. Der Regen hatte am nächsten Morgen zwar aufgehört, aber es war trüb und grau, und das Geräusch der Pferdehufe, die in die feuchte Erde klatschten, war trostlos eintönig. Während der Fahrt erzählte Leo Nikolajewitsch Sonja von den Bediensteten, die ihr zur Verfügung stehen würden, von den Bauern im Dorf und den Nachbarn, für die er im allgemeinen nicht viel übrig hatte. Er sprach über seine Pläne für den Gutshof, die Probleme mit seiner Schule, den Widerstand gegen seine Zeitschrift und wie schwierig es war, Zeit zum Schreiben zu finden. Sonja hörte still zu; sie brachte es nicht fertig, so offen zu reden wie sonst oder gar ihren Mann beim Vornamen zu nennen.

Es war schon Abend, als sie sich Jasnaja Poljana näherten. Sonja drückte das Gesicht ans Fenster und versuchte angestrengt, das Haus hinter den Bäumen, die den überwachsenen Fahrweg säumten, zu erspähen. Als die Kutsche ruckartig anhielt, half ihr Leo Nikolajewitsch aus dem Wagen und eilte die Stufen zur Eingangstür hinauf. Tante Toinette stand unter einer flackernden Laterne und hielt eine Ikone der heiligen Jungfrau in die Höhe. Neben ihr stand Sergej Nikolajewitsch mit einem Laib Brot und einem Salzfäßchen, dem traditionellen Begrüßungsgeschenk für ein neuvermähltes Paar. Das alte Tantchen, Leo Nikolajewitsch und sein Bruder lächelten alle, als Sonja auf sie zukam. Tante Toinette hielt ihr die Ikone entgegen, und Sonja verneigte sich tief. Während sie sich langsam wieder aufrichtete, küßte sie zuerst die Ikone, dann die Mitglieder ihrer neuen Familie. Nach dieser schlichten traditionellen Zeremonie betrat die kleine Gruppe bewegt das Haus.

Das nicht sehr zahlreiche Hauspersonal begrüßte Sonja in der vorderen Diele: Dunjascha, das große, kräftig gebaute Dienstmädchen; Alexej Stepanowitsch, der winzige Kammerdiener; Nikolai Michailowitsch, der ältliche Koch, der Flöte spielte und zu viel trank – selbst bei diesem wichtigen Anlaß schien er unsicher auf den Beinen zu stehen; und der arme geistesschwache Aljoscha Gorschok, der Gehilfe des Kochs. Tante Toinettes ergebene Kammerzofe, die bescheidene, ebenfalls etwas zurückgebliebene Aksinja Maximowna, die sich immer in unmittelbarer Nähe ihrer Herrin aufhielt, brachte einen unbeholfenen Knicks zustande. Agatha Michailowna, die brave Haushälterin, die den Haushalt seit Tolstois Kindheit führte, versicherte Sonja, das übrige Gesinde – das den Kutscher Indjuschkin, Stallburschen, Putzfrauen, Näherinnen, Wäscherinnen und Botenjungen umfaßte – werde der Gräfin am folgenden Tag seine Aufwartung machen. Die freundliche, fast sechzigjährige Agatha Michailowna war eine vom Alter gebeugte Frau mit großen, ausdrucksvollen Augen. In ihrer Jugend ging das Gerücht, sie sei das uneheliche Kind eines Tolstoi. Ihre besondere Liebe galt den Tieren – und zwar allen! Sie stellte sogar in Untertassen Milch für Mäuse, Fliegen und Spinnen hin und beherbergte in ihrem muffigen, vollgestopften Zimmer eine kaum überblickbare Anzahl junger Hunde und Kätzchen.

Sonja wußte bereits, daß Jasnaja Poljana kein Palast war, aber das völlige Fehlen von jeglichem Luxus war ihr vor einem Jahr nicht so kraß aufgefallen wie jetzt. Die Möbel waren hart und einfach, die Räume nur durch Palmölkerzen beleuchtet, und man mußte warme Hausschuhe tragen, weil keines der Schlafzimmer mit Teppichen ausgelegt war. Vom Glanz des ursprünglichen Gebäudes mit seinen weißen Säulen, den sechsunddreißig Zimmern und dem großen Treppenaufgang zeugten nur noch zwei kleine Seitenflügel, die durch einen Hof getrennt waren, wo einst das Haupthaus die Verbindung hergestellt hatte. Im einen Flügel war die Schule untergebracht, der andere Flügel sollte von nun an Sonjas Heim sein.

Nach einem kurzen Rundgang wurde im Speisesalon ein leichtes Abendessen auf schlichtem Geschirr serviert. Feines Porzellan gab es nicht.

Nach dem Essen versammelte sich die Familie im Gesellschaftszimmer. An den Wänden hingen überall Ahnenporträts. Leo Nikolajewitsch zeigte ihr seinen Großvater mütterlicherseits, den Fürsten Nikolai Sergejewitsch Wolkonski, mit seinen dichten, buschigen Augenbrauen, der steifen grauen Perücke und der eleganten roten Robe. Er hatte einst Jasnaja Poljana erbaut. An der gegenüberliegenden Wand hing ein Porträt von Leo Nikolajewitschs Großvater väterlicherseits, Ilja Andrejewitsch Tolstoi, einem plumpen, arrogant aussehenden Mann, der seine Wäsche zweimal im Jahr zur Reinigung und Pflege nach Holland schickte und darauf achtete, daß nur französischer Wein und böhmisches Kristall auf seine Tafel kamen.

Wenn der düstere Gesellschaftsraum dem hellen Salon der Behrs auch nicht im mindesten glich, so war die Unterhaltung doch ebenso lebhaft wie in Moskau. Tante Toinette, deren zartes Gesicht vor Aufregung gerötet war, plauderte in perfektem Französisch drauflos. Leo Nikolajewitsch erzählte wortreich von der Hochzeit. Nach etwa einer Stunde zog Tante Toinette sich zurück – nicht ohne die beiden vorher gesegnet zu haben. Tolstoi erhob sich aus seinem Sessel und nahm Sonjas Hand. Sie bliesen die Kerzen aus und gingen ins Schlafzimmer.

Als Willkommensgruß für Sonja standen dort Schalen mit wilden Herbstblumen. Sie blickte sich um, drehte den Docht der modernen Öllampe herunter, die für den besonderen Anlaß ihrer Ankunft aufgestellt worden war, und begann sich hinter einem Wandschirm auszuziehen. Sie fröstelte, als sie auf dem kalten, bloßen Boden stand; und als sie ins Bett stieg, sah sie zu ihrer Überraschung, daß Leo Nikolajewitsch statt eines Kissens ein hartes Lederpolster benützte, das aussah, als stamme es aus einer Kutsche. Er sagte, er möge weder Federbetten, weil sie meist zu weich seien, noch das Gewebe der Leinenüberzüge.

Die erste gemeinsame Nacht in Jasnaja Poljana sollte ihre eheliche Beziehung auf viele Jahre hinaus prägen. Der unglückliche Vorfall in der Kutsche und die Enttäuschung der Hochzeitsnacht waren vergessen. Nach einem sanfteren, einfühlsameren Annäherungsversuch von Tolstoi gab Sonja sich ihm vertrauensvoll, ja rückhaltlos hin, viel leidenschaftlicher, als sie selbst es sich vorgestellt oder ihr Mann erwartet hatte.

Am nächsten Morgen schrieb Tolstoi in sein Tagebuch: »Unvorstellbares Glück! Ich vermag es nicht zu glauben, daß dies ein Leben lang andauern kann!« Drei Tage danach teilte er seiner Kusine Alexandra in St. Petersburg mit: »Ich habe bis zu meinem vierunddreißigsten Jahr gelebt und nicht gewußt, daß man so lieben und so glücklich sein kann.«

Tolstoi mußte sich eingestehen, daß er Sonja längst nicht so gut kannte, wie er geglaubt hatte. Auch ihre Rolle als Hausherrin meisterte sie hervorragend, doch Tolstoi bedrückte es beinahe zu sehen, daß sie sich hingebungsvoll mit so banalen Dingen beschäftigte wie Möbel umstellen, den Wäschevorrat überprüfen, Blumenbeete anlegen und Anweisung geben, keine Abfälle auf die Felder in der Nähe des Hauses zu werfen. Als er sie aber in die Scheune mitnahm, damit sie beim Melken zuschauen konnte, war sie vom Geruch der Kühe fast ohnmächtig geworden. Obwohl es ihn etwas verdroß, daß seine Gattin als Städterin das Vieh, das ihm so viel bedeutete, wenig mochte, reagierte er mit liebevoller Nachsicht. Schließlich war sie »ein prächtiger Vogel, der in dieses recht karge Heim geflogen war, und sie belebte alles durch ihre Gegenwart«. Ihre Leidenschaft im Bett verblüffte ihn, er war erstaunt über diese völlige Hingabe, und die Begierde, die sie in ihm weckte, beunruhigte ihn geradezu.

Am selben Tag, an dem Tolstoi an seine Kusine Alexandra schrieb, verfaßte Sonja einen Brief an ihre Schwester Tanja:

Wie geht es Dir, meine liebe Tatjanka? Manchmal bin ich ganz traurig, weil Du nicht hier bist. Gewiß, mir geht es ganz wunderbar, aber noch besser wäre es, wenn ich Deine Nachtigallenstimme hören und mit Dir wie früher zusammensitzen und plaudern könnte . . . Noch bin ich ein wenig fremd hier. Es kommt mir immer noch sonderbar vor, daß Jasnaja jetzt mein Zuhause ist.

Gestern saßen wir oben zum ersten Mal um den Samowar und nahmen den Tee ein, wie es zum glücklichen Familienleben gehört. Tantchen freut sich so, Serjoschka [Sergej Nikolajewitsch] ist so nett, und für Ljowotschka [Tolstoi] fehlen mir die Worte. Mir wird angst und bange, weil er mich so heftig liebt. Warum eigentlich, Tatjana?

Was glaubst Du: Wird er vielleicht einmal aufhören, mich zu lieben? Ich fürchte mich, an die Zukunft zu denken. Jetzt kann ich nicht mehr schwärmen wie einst in meiner Mädchenzeit – ich sehe meinen Lebensweg vorgezeichnet und habe Angst, etwas zu verderben. Aber was soll's, mein Kleines, Du verstehst das noch nicht; erst wenn Du verheiratet bist, wirst Du's verstehen . . . Noch ist nicht alles an seinem Platz, ich muß mich um ein paar Kleinigkeiten kümmern, aber ich finde es ganz lustig, sich nach und nach häuslich einzurichten. Tanja, mein Herzchen, schick mir unbedingt meine kurzen Pelzstiefel, ich vermisse sie sehr. In hohen Stiefeln kann man hier nicht gehen, und der Frost wird nicht lange auf sich warten lassen. Oh, und dann habe ich noch meinen Puder vergessen; hier ist keiner zu haben, und deshalb nach Tula zu schicken, lohnt nicht. Du kannst alles zusammen mit der Mitgift senden. Aber bitte nicht vergessen, Kleines – ich brauche diese Dinge.

Nun adieu, mein Liebes. Wir haben uns selten geküßt, aber jetzt kann ich nicht anders – ich sende Dir einen langen Kuß. Ljowotschka möchte Dir auch schreiben, und ich muß für ihn Platz lassen.

Zum ersten Mal unterschreibe ich gewichtig als   Deine Schwester
Gräfin Sonja Tolstaja

28. September 1862

Tolstoi fügte hinzu:

Solltest Du diesen Brief je verlieren, reizende Tanetschka, werde ich Dir das mein Leben lang nicht verzeihen. Tue mir einen Gefallen: Lies den Brief und schick ihn mir zurück. Begreifst Du, wie wunderbar und rührend das alles ist – die Gedanken über die Zukunft und den Puder? Ich bin schon traurig, wenn dieses kleine Teilchen von ihr sich von mir entfernt hat . . .
Heute trägt sie ein Häubchen mit karmesinroten Bändern – nicht übel. Heute früh spielte sie die Hausherrin – und sie machte ihre Sache blendend. Das liegt ihr. Leb wohl! Bei diesem Brief spüre ich, wie leicht es mir fällt und wie vergnüglich es ist, Dir zu schreiben. Ich werde Dir oft schreiben. Ich weiß, daß Du es, genau wie Sonja, gern hast, wenn man Dich liebt. Deshalb schreibe ich Dir.

L. Tolstoi

Zu Sonjas Enttäuschung interessierte sich ihr Mann nicht für die Haushaltsangelegenheiten, sondern widmete sich fast ausschließlich dem Gut und den Landarbeitern. Er stand früh auf, zog einen leinenen Kasack, weite Hosen und Arbeitsstiefel an, und wenn sie erwachte, war er immer schon fort. Die ersten paar Tage kehrte er zum Frühstück zurück. Sie waren dann allein, und er berichtete von allem, was sich auf den Feldern tat, und sie lachten zusammen über die köstlich übertriebenen Geschichten, die er über die Arbeiter zum besten gab. Sein Anblick und seine Stimme erfüllten sie mit ungeheurer Freude, die nur wenig von der Einsicht geschmälert wurde, daß sie die Begeisterung nicht zu teilen vermochte, mit der er über die Landwirtschaft sprach. Mit jedem neuen Tag wuchs ihre Eifersucht auf die Stunden, die er ohne sie verbrachte. Er schenkte ihr ein neues Tagebuch und bestand darauf, daß jeder lesen sollte, was der andere schrieb; als Eheleute dürften sie keine Geheimnisse voreinander haben. Sonja stimmte zu; es machte ihr kaum etwas aus, daß er ihre Eintragungen las, aber sie sträubte sich dagegen, sein Tagebuch in die Hand nehmen zu müssen, dieses abscheuliche Ding, das sie an seine Aufzeichnungen über seine »lasterhafte Vergangenheit« erinnerte. Obwohl sie in seiner Gegenwart ihre depressiven Anwandlungen zu verbergen suchte, trug sie ihre düstersten, bedrückendsten Gedanken freimütig in ihr Tagebuch ein. Ihm blieb es überlassen, die Augenblicke gemeinsamen Gefühlsüberschwangs festzuhalten. Nach zwei Ehewochen schrieb er:

Ich liebe sie bei Nacht oder am Morgen. Wenn ich aufwache und merke: Sie schaut mich liebend an. Niemand, und ich am wenigsten, hält sie davon ab, mich auf ihre Weise zu lieben, wie sie es versteht. Ich liebe sie, wenn sie sich zu mir setzt, und wir wissen, daß wir einander so sehr gernhaben, wie wir nur können. Dann fragt sie plötzlich: »Ljowotschka, warum baut man Schornsteine so gerade?« oder »Warum haben Pferde ein so langes Leben?« . . . Ich liebe sie, wenn sie sich über mich ärgert und ihren Unmut auch gleich, manchmal etwas schroff, äußert: »Laß mich in Ruhe, du langweilst mich.« Im nächsten Moment lächelt sie mich schüchtern an . . . Ich liebe sie, wenn sie wie ein kleines Mädchen wirkt in einem gelben Kleid, ihren Unterkiefer vorschiebt und mir die Zunge zeigt. Wenn sie den Kopf in den Nacken legt, liebe ich ihr ernstes, verängstigtes, kindliches und leidenschaftliches Gesicht.

Er war in seiner Liebe derart maßlos, daß er oft von den Feldern nach Hause rannte, weil er ihre Gegenwart so vermißte. Sobald er sie sah, konnte er die Augen nicht mehr von ihr wenden. Dennoch behandelte er sie auf eine Weise, die man als herablassend hätte bezeichnen können, wenn seine Liebe nicht so offensichtlich gewesen wäre. Natürlich lag das nicht zuletzt an dem Altersunterschied von sechzehn Jahren, doch seine fast väterliche, beschützende Art hing auch mit Sonjas Verhalten und ihrer Erscheinung zusammen.

In der ländlichen Umgebung erkannte er ihre Sensibilität und ihre sehr frauliche Art erst richtig; ihre intensive Beschäftigung mit der eilig zusammengestellten Aussteuer ließ diese Eigenschaften noch deutlicher hervortreten. Ljubow Alexandrowna hatte dafür gesorgt, daß ihre Tochter das Eheleben in einem Stil beginnen konnte, der sich für eine Gräfin ziemte. Vom Morgenhäubchen aus Spitze mit karmesinroten Satinbändern bis zu den handbestickten Seidenpantoffeln entsprach alles der exklusivsten, neuesten französischen Mode. Die Kragen ihrer Kleider waren so zugeschnitten, daß sie die Zartheit ihres herzförmigen Gesichts betonten, die Frisur paßte zu den Grübchen in ihren Wangen, und die Farbtöne, die sie auftrug, harmonierten mit den dunklen Augen und dem schwarzen Haar. Immer wieder dachte Tolstoi, sie müsse ihn ja für einen alten, häßlichen Mann halten und Jasnaja Poljana zu primitiv finden. Obgleich er seine eigene Liebe zu ihr nie in Frage stellte, merkte er dann, wie schnell er ihre Liebe in Zweifel zog. Immer noch stand ihm die Gestalt des jungen Poliwanow vor Augen. Gewiß bereute sie längst ihr törichtes Ungestüm, mit dem sie sich für einen Mann entschieden hatte, der nur noch wenige Zähne im Mund hatte; einen Landwirt, dessen aristokratischer

Hintergrund und adelige Geburt falsche Hoffnungen auf ein abwechslungsreiches, elegantes Leben in ihr geweckt haben mochten. Von der Angst gequält, sowohl er selbst als auch Jasnaja Poljana hätten sie enttäuscht, warf er ihr vor, daß sie ihn nicht liebe und schon bedauere, ihn geheiratet zu haben.

Seine unglaublichen Gefühlsschwankungen waren Sonja ein Rätsel. Soeben hatte er sie noch angebetet, und im nächsten Moment beschuldigte er sie der Unaufrichtigkeit. Am 8. Oktober schrieb sie in ihr Tagebuch:

Seit gestern, als er mir sagte, er glaube nicht an meine Liebe, bin ich voller Angst. Ich weiß, warum er nicht daran glaubt, doch kann ich es kaum in Worte fassen. Seit meinen frühen Mädchentagen habe ich von einem *ganzen* Mann geträumt, einem neuen und *reinen* Menschen, den ich lieben würde. Das waren kindische Träume, doch fällt es mir immer noch schwer, die Vorstellung von einer Liebe zu einem Mann aufzugeben, der immer bei mir bleibt, dessen Gedanken und Gefühle ich bis ins kleinste kenne, der niemand außer mir liebt und sich, wie ich, aber im Gegensatz zu allen anderen, nicht *auszutoben* braucht, um erst danach gut und anständig zu werden. Diese Träume bedeuteten mir unendlich viel. Deswegen verliebte ich mich fast in P. [Poliwanow]. Mit anderen Worten: Da ich meine Träume liebte, bezog ich P. in sie ein . . . Als ich heiratete, mußte ich einsehen, daß meine Träume töricht waren, und doch konnte ich sie nicht gänzlich aufgeben. Die *ganze* Vergangenheit meines Gatten ist so abscheulich, daß ich glaube, sie niemals akzeptieren zu können . . . Er versteht nicht, daß seine Vergangenheit eine Welt darstellt, die nie ein Teil von mir sein wird, genauso wie seine Jugend, die er mit anderen verbracht hat, nie mir gehören wird. Er versteht auch nicht, daß ich ihm alles gebe, weil nichts von mir vergeudet worden ist, und daß einzig vielleicht meine Kindheit nicht ihm gehört . . .
Aber ich kann und will ihn nie sehen lassen, was in mir vorgeht . . . Allmählich werde ich mich auf mich selbst zurückziehen und dadurch womöglich sein Leben vergiften. Dabei tut er mir in jenen Augenblicken so leid, wenn er nicht an meine Liebe glaubt; Tränen treten ihm in die Augen, und er hat einen so sanften, traurigen Blick. In diesen Momenten könnte ich ihn vor Liebe ersticken, und doch verfolgt mich der Gedanke: Er glaubt mir nicht, er glaubt mir nicht.

Sonja und Tolstoi hatten sich von ihren Flitterwochen viele glückliche

Stunden erhofft, statt dessen war die Wirklichkeit des ersten Ehemonats äußerst nervenaufreibend. Fast immer fing er die Streitigkeiten an. Er versuchte, ihre Leidenschaft zu wecken, und wenn sie sich ihm dann hingab, machte er sich Vorwürfe und war grundlos eifersüchtig.

Heute [schrieb sie in ihr Tagebuch] spürte ich plötzlich, daß wir allmählich auseinandertreiben und bald jeder für sich leben wird, daß ich mir meine eigene, traurige Welt schaffen werde und er seine Welt, voller Arbeit und Zweifel. Und diese Beziehung kam mir vulgär vor. Ich habe aufgehört, an seine Liebe zu glauben. Wenn er mich küßt, denke ich insgeheim: Nun, ich bin nicht die erste. Und es fängt an, mir weh zu tun, daß diese meine Liebe, meine erste und letzte, für ihn nicht genug sein soll. Ich habe mich auch für das andere Geschlecht interessiert, doch nur in Gedanken; er aber hat Frauen gekannt, junge, lebenslustige, hübsche, mit verschiedenen Gesichtern, Seelen und Charakteren, und er hat sie geliebt und angebetet, so wie er mich jetzt liebt und anbetet . . . Ich kann nichts dafür, wenn ich Gott nicht verzeihen kann, daß er die Menschen so geschaffen hat, daß sie sich zuerst die Hörner abstoßen müssen, bevor sie anständig werden. Ich kann nichts dafür, wenn ich mich traurig und elend fühle, weil auch mein Ehemann zu jener Gattung gehört.

Die außergewöhnliche Leidenschaft, die Tolstoi für Sonja empfand, erweckte in ihm fast umgehend qualvolle Selbstvorwürfe. Durch sein Schwanken zwischen Wonnen der Lust und dunklen Schuldgefühlen wurde Sonja verletzlich und in sich gekehrt. Sie versuchte, ihre Unsicherheit zu verbergen. Doch manchmal, wenn sie mit Tolstoi zusammensaß, füllten sich ihre dunklen Augen unversehens mit Tränen. Wenn er sie fragte »Warum weinst du?«, antwortete sie »Ich fühle mich einsam ohne meine Mutter«. Aber er glaubte ihr nicht. Er war sicher, Sonja sei wegen ihrer Leidenschaft von einer melancholischen Scham erfüllt. War die Ehe, so fragte er sich, denn nichts anderes als ein Freibrief, einander Ausschweifungen hinzugeben? Tolstoi hatte sich schon immer mit den moralischen Fragen der Sexualität befaßt, und in den darauffolgenden Jahren sollte ihn dieses Thema noch bis zur Besessenheit beschäftigen.

Immer wieder kam es zu Auseinandersetzungen, doch nach jedem hitzigen Wortwechsel lagen sie einander bald in den Armen und konnten sich nicht mehr erinnern, weshalb sie überhaupt gestritten hatten. Später schrieb er all diese Probleme der Anfangszeit zu Recht ihrer gemeinsamen Lust zu. Sonja wußte, daß er der Ansicht war, sie sei wie er selbst ein »Mittäter« bei einem Verbrechen, weil sie den Geschlechtsverkehr genoß. Aber sie konnte nicht verstehen, warum sie sich schuldig fühlen sollte, weil sie versuchte, ihrem Mann eine gute Ehefrau zu sein.

Er wird von Tag zu Tag kühler, und dabei liebe ich ihn immer mehr. Seine Kälte wird bald unerträglich werden . . . Ich versuche mich manchmal mit dem Gedanken zu trösten, es werde vorübergehen und alles werde doch noch gut, doch fühle ich, daß es nicht vorübergehen wird und alles nur noch schlimmer werden wird. Vater schreibt mir: »Dein Mann liebt Dich leidenschaftlich.« Ja, er *hat* mich leidenschaftlich geliebt, aber die Leidenschaft ist schnell verpufft.

Sie wurde mit seinen Gefühlsschwankungen nicht fertig, wußte nicht, wie sie sich verhalten sollte, was er von ihr erwartete. »Wenn ich ihm nichts wert bin, wenn ich bloß eine Puppe bin, ein *Eheweib* und kein Mensch – dann ist alles sinnlos, und ich will so nicht weitermachen. Natürlich bin ich untätig, aber nicht von Natur aus. Ich habe einfach noch nicht herausgefunden, was ich hier tun kann«, schrieb sie einige Wochen später.

In der irrigen Annahme, Sonjas Hauptproblem liege darin, daß sie tagsüber allein war, lud Tolstoi Ljubow Alexandrownas hübsche, dunkelhaarige Halbschwester Olga Alexandrowna zu einem Besuch ein. Sonja freute sich, ihre junge Tante wiederzusehen. Als aber Olga, eine talentiertere Musikerin als sie selbst, mit Tolstoi vierhändig Klavier spielte, wurde Sonja rasend eifersüchtig. Neben Olga Alexandrowna gehörten Sergej Nikolajewitsch und sein Sohn Grischa zu den ersten Gästen des jungen Paares. Die Anwesenheit des kleinen Burschen machte Sonja jedoch noch trauriger, weil Grischas Mutter, die Zigeunerin Mascha, und Sergej Nikolajewitsch dem Gesetz nach nicht verheiratet waren, obwohl sie viele Jahre lang zusammengelebt hatten. »Heute fing Grischa an, von seinem Papa zu sprechen, und mir tat es so leid, daß er kein *richtiger* Sohn war, daß ich fast weinte«, schrieb sie in ihr Tagebuch.

Sonja hatte die Kinder in der Schule von Jasnaja Poljana sehr gern. Sie unternahm Landpartien mit ihnen und half ihnen bei den Schulaufgaben. Agatha Michailowna vertraute ihrer Fürsorge einen roten Setter-Welpen an, den kümmerlichsten des ganzen Wurfs, der für einen Jagdhund zu klein, als Schoßhund aber genau richtig war. Sonja nannte das Tier »Dora« nach einer Gestalt aus Dickens' *David Copperfield*, einem ihrer Lieblingsromane, und der Hund folgte ihr überallhin. Tolstoi hatte ihr die graue Stute Belogubka (»Weißlippe«) geschenkt, und sie ritt auf ihr aus, sooft er Zeit hatte, sie zu begleiten. Es war erst Frühherbst, doch herrschte schon recht kühles Wetter. Trotz der frostigen Luft und ihrer Furcht, »der Bauernmagd« zu begegnen, ritt Sonja begeistert über die weiten Ländereien von Jasnaja Poljana. Bei diesen Ausflügen war Tolstoi immer in zärtlicher und fröhlicher Stimmung; er betrachtete sie entzückt, wenn sie seitlich auf ihrem Pferd sitzend neben ihm herritt oder lachend nach Luft rang, wenn sie ihn in einem kurzen Rennen geschlagen hatte. Während dieser Stunden gewann Sonja ihre jugendliche Spontaneität zurück. Dann waren beide wieder erfüllt von jener Freude, die sie auf ihren Ausflügen in Pokrowskoje empfunden hatten.

Sonja liebte Jasnaja Poljana, doch sie nahm am Alltag des Gutslebens wenig Anteil. Sie war zum Hauspersonal, den Gärtnern und Stallburschen freundlich, mied aber jeden Kontakt mit den Landarbeitern, denn sie fürchtete sich stets vor einem Zusammentreffen mit Aksinja. Die Leute nannten Sonja unter sich abschätzig »die kleine Gräfin«. Wenn sie bei der Arbeit waren und Sonja und Tolstoi vorbeiritten, wichen sie zurück und schlugen die Augen nieder.

Die Mitglieder des Haushalts einschließlich Tolstois kamen in der Regel um 4 Uhr nachmittags zum Tee zusammen. Zum Abendessen um 9 Uhr zog Sonja sich um, und sie versuchte, auch Tolstoi dazu zu bewegen. Er erschien jedoch weiterhin in seinem einfachen Kasack zum Essen. Nach der Mahlzeit wechselten sie dann ins Gesellschaftszimmer hinüber, wo sich Tante Toinette in einen Lehnstuhl setzte und die Seiten neuer Bücher aufschnitt, während Tolstoi ihnen vorlas. Nach Olga Alexandrownas Abreise spielte Sonja auch wieder Klavier. Toinettes kränkliche Freundin Natalia Petrowna, ständiger Gast des Hauses, und Sonja hatten sich schnell miteinander angefreundet, obwohl die alte Dame undeutlich sprach, Schnupftabak nahm und vor dem Abendessen regelmäßig ein Gläschen Wodka trank.

Natalia Petrowna pflegte phantastische Geschichten über das Leben der Grundbesitzer, Armeeoffiziere und Mönche zu erzählen, die Sonja ziemlich langweilig fand. Tolstoi amüsierte sich jedoch darüber und feuerte sie an, so daß sie weiterplapperte, bis Tante Toinette aufstand, Sonja und Leo Nikolajewitsch küßte und mit dem Kreuzzeichen segnete. Dann gingen Tante Toinette, ihre Freundin und ihre Zofe zu Bett.

So ruhig verlief das Leben in Jasnaja Poljana, vielleicht zu ruhig für ein lebhaftes, romantisches Mädchen wie Sonja. Es gab keine Gelegenheit, all die prachtvollen Kleider zu tragen, die zu ihrer Aussteuer gehörten, keine Einladungen zum Tee, keine Tanzkurse und keinen Eislaufunterricht wie in Moskau, auch keinen jugendlichen Freundeskreis für ausgelassene Plauderstunden. Sonja verbrachte ihre Zeit damit, Haushaltsangelegenheiten mit Agatha Michailowna zu besprechen, Tante Toinettes Geschichten über die Familie ihres Gatten anzuhören und die gebrechliche Natalia Petrowna aufzumuntern.

Dem Haus fehlte die Heiterkeit, die im Heim der Behrs herrschte. In Gedanken war Sonja immer bei ihrer Familie; das machte sie oft ernst und nachdenklich, manchmal aber – zu Tolstois Freude – auch ganz übermütig. Zusammen schrieben sie einen lustigen Brief an Tanja, der gerade die Mandeln herausgenommen worden waren.

(Leo Nikolajewitsch:) Liebe Freundin Tatjana! Hab Mitleid mit mir, denn meine Frau ist nicht recht gescheit (*gscheit* – ich spreche es so aus wie Du).

(Sonja:) Er ist selber nicht recht gescheit, Tanja.

(L. N.:) Die Entdeckung, daß wir beide dumm sind, muß Dich sehr, sehr betrüben, aber dem Kummer folgt meist der Trost: Wir sind beide recht zufrieden, dumm zu sein, und möchten es gar nicht anders haben.

(Sonja:) Ich will aber, daß er vernünftiger wird.

(L. N.:) Jetzt verschlägt es mir die Sprache. Merkst Du, wie wir uns beide die ganze Zeit kugeln vor Lachen? Es tut mir leid, daß man Dir die Mandeln herausgeschnitten hat, schick mir doch ein Stückchen davon. Oder hat man sie etwa schon auf den Wagankow-Friedhof geschafft und ein Kreuz mit der Inschrift aufgestellt:

> Wanderer, knöpf den Kittel auf,
> Laß dem Atem freien Lauf,
> Betrachte Tanjas Mandeln,
> Dann kannst du weiterwandeln.

Sonja sagt, es sei nicht nett, Dir in diesem Ton zu schreiben. Sie hat recht. Aber hör zu, jetzt im Ernst: ... Dein Brief zeigte mir Deine prächtige, liebenswerte Natur, Dein Lachen, hinter dem poetischer Ernst steckt. Eine andere Tanja, der man nicht so leicht etwas recht machen kann und die einen anderen Bewunderer braucht als –   L. Tolstoi
Ich küsse Mamas Hand und umarme Papa, die Kleinen und Sascha.

Da Tolstoi hoffte, er und seine melancholische junge Frau könnten das übergroße Glück der ersten Zeit ihrer Liebe aufs neue erleben, schlug er ihr vor, die Behrs über die Weihnachtsfeiertage zu besuchen. Sonja freute sich sehr darüber und schrieb ihren Eltern sofort, wobei sie hinzufügte, sie würden in einem Hotel absteigen, um Lisa unnötige Aufregung zu ersparen.

Als der Winter einsetzte und gegen Ende November die Tage kürzer wurden, merkte Sonja, daß sie schwanger war. Nichts hätte Tolstoi eine größere Freude bereiten können, und er schuftete wie nie zuvor. Das Interesse an seiner Schule verflog, die Zeitschrift wurde vernachlässigt. Wichtig war das Geld: Er arbeitete mit doppelter Kraft auf dem Hof und schaffte noch Bienenstöcke, Schafherden und sogar eine Schnapsbrennerei an – wogegen Sonja scharfe Einwände erhob. Sie meinte aber, wenn sie Tolstois Kind geboren habe, werde sie fähig sein, »alles in einem anderen Licht zu betrachten, ohne seine Vergangenheit, ohne all den Schmutz, den ich immer noch bemerke und der mich so unglücklich macht«.

Doch zwei Wochen nachdem Sonja wußte, daß sie ein Kind erwartete, sah sie zum ersten Mal Aksinja ...

7

Sonja und Tolstoi waren beide von Natur aus eifersüchtig, oft ohne Grund, aber mit einer Vehemenz, die ihrem leidenschaftlichen Temperament entsprach. Die Eifersucht lähmte ihre Vernunft, sie taten einander unrecht und wurden aggressiv.

Jeder neue Tag brachte ihnen neben unerwarteten Freuden empfindliche Ernüchterungen. Er hatte angenommen, sie würde sich ganz selbstverständlich nach seinen Vorstellungen formen lassen, doch Sonja war ein innerlich viel zu unabhängiger Mensch, um ihre Individualität der seinen zu opfern. Trotzdem hätten sie beide nicht so leiden müssen, wenn er nicht derart versessen auf Wahrheit bis ins Detail gewesen wäre, auf den Austausch ihrer Tagebücher, und sie sich nicht so sehr mit den Liebschaften der Vergangenheit gequält hätte wie auch mit Frauen, die ihm immer noch viel bedeuteten. Sonja benützte dann diese »Wahrheit« – die intimen Enthüllungen – als Waffe. Sie wußte ja, daß ihr Mann alles lesen würde, was sie in ihr Tagebuch eintrug. Auf diesem seltsamen Kommunikationsweg konnte sie ihm ihre tiefsten Gefühle und ihre schlimmsten Befürchtungen mitteilen, und sie hatte die Möglichkeit, ihm heimzuzahlen, was sie ihrer Meinung nach seinetwegen erdulden mußte. Die Ursache ihrer schlimmsten Ängste – ihre eifersüchtige Furcht vor Aksinja – fand jedoch in den frühen Eintragungen keine Erwähnung. Sie wußte nicht einmal den Namen der Bäuerin, die die Mätresse ihres Gatten gewesen war und ihm einen Sohn geboren hatte; sie wußte auch nicht, ob diese Frau und ihr Sohn überhaupt noch in Jasnaja Poljana wohnten. Aber sooft Tolstoi das Haus verließ, erfüllte sie die Angst, er treffe sich mit der einstigen Geliebten.

Tolstoi hatte ihr versichert, alle Beziehungen zu »der Bauernmagd« lange vor der Ehe abgebrochen zu haben. Aber wenn das stimmte, überlegte Sonja, warum wandte er sich dann im Bett von ihr ab, wenn sie von Zärtlichkeit und Leidenschaft erfüllt war? Wie konnten ihre glühenden Gefühle ihn ungerührt lassen – es sei denn, es bestand eine Beziehung zu einer anderen Frau? Und wenn es nicht »die Bauernmagd« war, wer dann?

Sie entschloß sich, den Namen dieser Frau herauszubekommen und festzustellen, ob sie sich noch in Jasnaja Poljana aufhielt. Sie sprach davon, eine Klasse für die kleineren Kinder des Gutes einzurichten, und fragte dann Tante Toinette, Natalia Petrowna, Agatha Michailowna und Tolstois Diener Alexej Stepanowitsch nach den Namen aller Bauernkinder im Alter von etwa fünf Jahren. Deren Antworten waren jedoch so ungenau, daß sie ihr keine Spur weiterhalfen.

Sonja hätte sich wahrscheinlich nicht bis zur Besessenheit mit diesem früheren Verhältnis ihres Mannes beschäftigt, wenn es ihr möglich gewesen wäre, sich für Hühnerzucht, Gurkeneinlegen oder ähnliches zu begeistern. Sie litt unter einer grenzenlosen Langeweile, die sich weder durch den Gedanken an ihre bevorstehende Mutterschaft noch durch die Vorfreude auf den Besuch in Moskau vertreiben ließ. Sie hielt Tolstoi weiterhin für »brillant, poetisch und voller Kraft«; sie fühlte sich nach wie vor unwiderstehlich zu ihm hingezogen und gleichzeitig schäbig behandelt, wie »eine Puppe, ein *Eheweib* und kein *Mensch*«.

Als sie an einem häßlichen, grauen Morgen Ende November zum Frühstück nach unten kam, durchzog ein unangenehmer Geruch nach starker Seifenlauge und schmutzigem Wasser das feuchtkalte Haus. Eine schwere Bauersfrau mit dunkler Haut, muskulösen Schultern und dicken Brüsten schrubbte auf Händen und Füßen den Boden beim Eingang. Ein Kind von vier oder fünf Jahren spielte an der offenen Haustür. Sonja fuhr den Jungen nervös an, er solle die Tür schließen. Er blieb einen Moment stehen und schaute zu ihr hoch. Er hatte helle Haut, dicke Lippen und schmale, rauchgraue Augen, deren Anblick ihr den Atem verschlug. Die Frau ließ sich langsam auf ihr breites Hinterteil nieder, zog ihren Sohn eng an sich und blickte die Herrin des Hauses an. Es wurde kein Wort gesprochen, aber die Frau muß gespürt haben, wie unerwünscht ihre Gegenwart war, denn sie erhob sich nach wenigen Augenblicken recht würdevoll, packte ihr Kind an den Schultern und stellte es gerade vor sich hin.

Für Sonja war dies eine schreckliche Begegnung. Sie erriet nicht nur, um wen es sich bei der Frau handelte, sondern schaute zum ersten Mal in ihrem Leben eine Bauernmagd – eine frühere Leibeigene – mit dem Gefühl an, daß diese ihr ebenbürtig war und denselben Stolz und dieselbe Würde besaß wie sie selbst.

Sonja rannte aus dem Haus und stürzte ohne Mantel oder Kopfbedeckung ins Freie, obwohl es schon recht frostig war. Dora folgte ihr bellend. Wie von Sinnen vor Entsetzen und Abscheu raste sie über die Felder. Jene Frau und ihr Sohn *waren bestimmt* . . . Nicht einmal im Schutz des hohen Grases, das sie umgab, konnte sie ihren Verdacht laut aussprechen. Sie suchte in einem Holzschuppen Unterschlupf, verkroch sich unter altem Sackleinen und hielt Dora fest in ihren Armen. Tante Toinette, Dunjascha und Alexej Stepanowitsch suchten sie und riefen nach ihr, aber sie kehrte erst am Nachmittag ins Haus zurück.

Als Tolstoi beim Tee Sonja gegenüber Platz nahm, brachte sie es nicht über sich, den Vorfall zu erwähnen, war aber sicher, daß er darüber Bescheid wußte, wen man da im Haus zum Putzen angestellt hatte, und daß Sonja beim Anblick der Frau weggerannt und fast den ganzen Tag unauffindbar gewesen war.

Seit dieser Begegnung mit Aksinja und deren Sohn Timofej – die Namen hatte ihr Dunjascha schließlich genannt – befand sich Sonja in einem Zustand, der an Hysterie grenzte. Sie hatte von einer Anordnung gehört, Aksinja künftig nicht mehr im Haus zu beschäftigen, doch das beruhigte sie nicht. Am meisten verletzte sie die Rücksichtslosigkeit ihres Mannes. Sie war außer sich, weil er offenbar so wenig Achtung vor seiner Gattin, vor der Frau und dem Kind besaß, daß er Aksinjas Weiterbeschäftigung im Haus erlaubt hatte. Vor Sonjas Augen tauchten wieder die Abschnitte in Tolstois Tagebuch auf, die sie vor der Hochzeit gelesen hatte. »Ich bin verliebt wie nie zuvor in meinem Leben!« hatte er während der Affäre mit Aksinja geschrieben.

Am 16. Dezember 1862 schrieb Sonja in ihr Tagebuch:

Eines Tages werde ich mich noch vor Eifersucht umbringen . . . wegen diesem großen, fetten Klumpen von einem Weib. Schrecklich! Ich habe mir mit dem größten Vergnügen seine Dolche und Gewehre angeschaut. Ein Stoß – es wäre ganz einfach. Solange das Kind noch nicht da ist. Und da ist sie, Aksinja, ein paar Meter von mir entfernt. Das macht mich verrückt! Ich sollte etwas ausfahren. Ich könnte ihr jeden Augenblick begegnen. So hat er sie geliebt!

denke ich. Wenn ich nur sein Tagebuch und damit seine ganze Vergangenheit auslöschen könnte!

Aber wie immer war Sonja zwischen ihrem tiefen Abscheu vor Tolstois »schrecklicher Vergangenheit« und ihrer großen Liebe zu ihm hin und her gerissen. Sie bewunderte nach wie vor seinen brillanten Verstand und fühlte sich sexuell von ihm angezogen, doch seine Zurückweisung beschämte und deprimierte sie. Dann verfiel Sonja darauf, seine Bücher und Manuskripte auf Passagen über Frauen und Liebe durchzugehen. Ihr Ekel und ihre Niedergeschlagenheit wuchsen, und sie hätte gern alles verbrannt, was er geschrieben hatte, weil es sie immer wieder an seine Vergangenheit erinnerte. »Wenn ich ihn töten und dann einen anderen Mann, der ihm genau gleicht, schaffen könnte, würde ich es freudig tun«, schrieb sie in ihr Tagebuch.

Der russische Winter war nun endgültig da, und hohe Schneewehen blockierten die Wege. Sonja konnte nicht mehr auf die Felder hinauslaufen. Das Haus stellte ihre ganze Welt dar, eine Welt fester Pflichten und Gebräuche, die ihr nutzlos vorkamen. Sie versuchte, höflich und freundlich zu sein; aber sie trauerte der verlorenen Freiheit nach und hatte das Gefühl, »vom unaufhaltsamen, leidenschaftslosen Fortgang der Zeit versklavt« zu werden.

Das Eintreffen ihrer Mitgift aus Moskau bildete eine willkommene Unterbrechung ihres melancholischen Zustands. Sie freute sich, daß nun ihr elegantes Porzellanservice für Tee und Kaffee in Grün und Gold auf dem einfachen Büfett im Eßzimmer stand und ihr Teppich mit dem hübschen Rosenrankenmuster neben dem Bett lag. Tanja hatte die warmen Halbstiefel geschickt, die für das winterliche Moskau genau das richtige waren, doch nicht für das tief verschneite Jasnaja Poljana. Leo Nikolajewitsch trug Pelzstiefel, die bis über die Knie reichten, und einen Schaffellmantel, der ihn bis an die Augen einhüllte. Er liebte sein Land im Winter genauso wie in den anderen Jahreszeiten; von früh bis spät ging er umher und vergewisserte sich, ob die Tiere, Brücken, landwirtschaftlichen Gebäude und die Erntevorräte vor der Kälte und dem Schnee geschützt waren.

Die Einsamkeit, das Gefühl der Isoliertheit, das unablässige Heulen des Windes in Kamin und Gebälk sowie die neuen Empfindungen, die die Schwangerschaft in ihrem Körper auslöste, machten Sonja zunehmend nervöser. Sie beschäftigte sich mit der Bettwäsche und dem Porzellan, stellte weiterhin Möbel um und setzte da und dort weibliche Akzente: neue Vorhänge in einigen Räumen, perlenverzierte Deckchen auf den Tischen. In den wenigen Stunden, die das Paar tagsüber zusammen verbrachte, gab der Graf sich liebevoll und sanft. In der Nacht aber war er abweisend. Obwohl ihre Auseinandersetzungen sich wiederholten und immer heftiger wurden, meinte er hinterher jedesmal, ihrer beider Wut sei durch bloße Belanglosigkeiten provoziert worden, und beide hatten das Gefühl, »als würden die Ketten, die sie verbanden, zuerst in die eine, dann in die andere Richtung gezerrt«, wie es in der *Kreutzersonate* heißt.

Doch auch in dieser unglücklichen Zeit konnte Sonjas Herz plötzlich schneller schlagen, wenn Tolstoi zu ihr ins Zimmer kam und sein Gesicht strahlte, als müsse er der Welt von einer großartigen Neuentdeckung berichten. Sie hörte sich begeistert seine Geschichten an, seine phantastischen Pläne für die Zukunft und seine Kindheitserinnerungen. In solchen Augenblicken spürte sie, daß sie ihn verstand wie niemand sonst, und sie kam zu dem Schluß, die Schuld an den Streitereien müsse wohl doch bei ihr liegen. Wenn sie sich das eingestanden hatte – ohne es allerdings ihm gegenüber zuzugeben –, wurde sie zärtlicher und nachsichtiger.

An manchen Abenden erteilte ihr Leo Nikolajewitsch Englischunterricht, an anderen lasen sie zusammen. Victor Hugos erschütternder Roman *Die Elenden* gehörte zu ihrer Lieblingslektüre. Wenn Tolstoi in der Nacht noch schrieb, beschäftigte sie sich mit der Reinschrift seiner Arbeit. Da aber die Erzählung *Polikuschka*, die damals gerade entstand, gewisse Parallelen zu seinem Verhältnis mit Aksinja aufwies, war dies für sie keine angenehme Aufgabe. Trotzdem genoß sie das Gefühl, an der Entstehung eines seiner Werke teilzuhaben, und ließ sich von ihrer Abneigung gegen den Stoff nichts anmerken.

Als eines Nachts draußen ein Schneesturm wütete, saßen sie am offenen Feuer, und er erzählte ihr, wie er als kleiner Junge geglaubt hatte, er könne fliegen. Er hatte sich vorgestellt, wenn er die Knie fest mit den Armen umschlänge und sich aus großer Höhe hinunterstürzte, dann würde er wie ein Vogel durch die Luft segeln. Als er eines Abends im Kinderzimmer allein war, beschloß er, seinen Plan in die Tat umzusetzen. Er kroch aus einem Fenster, stellte sich auf den Sims, drückte die Knie eng an seinen Körper und sprang in das Dunkel hinaus. Wie durch ein Wunder landete er ohne Knochenbruch drunten im Hof; er trug lediglich eine leichte Gehirnerschütterung davon.

»Ich verstehe das!« sagte sie, denn bei ihren Gedankenflügen über die Felder, weg von dem einengenden Haus, hatte sie oft das Gefühl gehabt, sie könnte einfach aufsteigen und fliegen, wenn sie nur wüßte wie. Tränen stiegen ihm in die Augen, und er umschloß fest ihre Hand.

Zu ihrem Weihnachtsaufenthalt in Moskau verließen sie Jasnaja Poljana in einem kleinen einspännigen Schlitten, denn an der Straße nach Tula türmte sich der Schnee so hoch auf, daß man nur mit einem leichten Gefährt durchkommen konnte. Ihr Gepäck folgte in einem zweiten Schlitten, der von einem struppigen alten Klepper gezogen wurde. Sie bildeten einen recht wunderlichen Zug, aber schon in Tula wechselten sie in ein größeres Gefährt über. Sonja war atemlos vor Erregung und Glück, als sie zwei Tage vor Weihnachten in Moskau einfuhren. Sie betrachtete die Stadt mit ganz anderen Augen als früher. Wie hatte sie Moskau nur jemals für provinziell halten können? Nach Tula und Jasnaja Poljana wirkte die Stadt auf sie wie ein glitzernder Weihnachtsbaum auf ein Kind am ersten Weihnachtsmorgen. Die Wintersonne ließ die blauen und goldenen Zwiebeltürme der »vierzig mal vierzig« Kirchen erstrahlen. Schnee lag auf den breiten Prachtstraßen mit ihren säulenverzierten Palästen und dem Gewirr der Gassen mit den endlosen Reihen zweistöckiger Holzhäuser. Sonja war hingerissen vom Brüllen der Kosaken, die durch die Straßen von Moskau donnerten, und vom Geschrei der Fußgänger, die zur Seite sprangen, wenn eine Troika heranbrauste.

Noch bevor sie ihre Suite im eleganten Gasthof Chevrier nahe dem Kreml bezogen, begrüßten sie die Behrs. Ljubow Alexandrowna hatte schon am Salonfenster Ausschau nach ihnen gehalten und eilte auf die Veranda hinaus, als die Kutsche vorfuhr. Unter viel Tränen und Schluchzern versammelten sich dann die Geschwister um die beiden Ankömmlinge und geleiteten sie ins Haus. Selbst Lisa schien sich über das Wiedersehen zu freuen. Eine gewisse Spannung herrschte nur in den ersten drei Tagen, weil Poliwanow als Saschas Gast ebenfalls anwesend war. Tolstois Eifersucht flammte wieder auf, und Sonja war erleichtert, als ihr früherer Verehrer am Tag nach Weihnachten abreiste.

Sonja genoß es, am Gesellschaftsleben der Stadt teilzunehmen. Während ihr Mann sich mit seinen literarischen Freunden traf, besuchte sie mit Tanja und Ljubow Alexandrowna vertraute Stätten – im Teepalast nahmen sie am Nachmittag Erfrischungen ein, am Eishügel schauten sie den Schlittschuhläufern zu, und in den Luxusgeschäften ließen sie sich die neueste Pariser Mode vorführen.

Trotz ihrer Schwangerschaft war Sonja immer noch schlank. Sie verzichtete aber darauf, eines der hübschen Kleider zu kaufen, und hielt sich mehr an Häubchen und Hüte. Vor allem ein weißer Federhut hatte es ihr angetan. Mit seinem blauen Kinnband paßte er gut zu Sonjas dichtem, schwarzem Haar und ihrem hellen Teint. Ganz aufgeregt führte sie ihn am Abend ihrem Gatten vor. Ljubow Alexandrowna und Tanja standen dabei, und alle drei erwarteten von Tolstoi begeisterte Zustimmung.

»Was!« rief er und schaute den Hut angewidert an. »Will Sonja tatsächlich mit diesem Turm von Babel Besuche machen?«

»Das trägt man eben heutzutage«, antwortete Ljubow Alexandrowna gefaßt.

»Ein furchtbares Ungetüm!« meinte er. »Warum kann sie denn nicht ihre Pelzmütze tragen?«

Verärgert holte Ljubow Alexandrowna tief Luft. »Was, um Himmels willen, ist bloß los mit dir, Ljowotschka? Wenn eine Dame in Moskau einen Besuch mit einer solchen Pelzmütze machte, wäre das höchst unpassend.«

»*Alle* tragen solche Hüte«, sagte Sonja trotzig.

Sie setzte den umstrittenen Hut dann aber doch nicht auf, wenn sie gemeinsam Freunde besuchten. Sie trug allerdings auch keine Pelzmütze. Statt dessen nahm sie einen Hut aus ihrer Aussteuer, den er immer bewundert hatte, und sparte sich ihre Neuerwerbung für Spaziergänge mit Tanja auf. Sie fühlte sich während der Feiertage etwas unwohl, vielleicht wegen der üppigen Mahlzeiten und der vielen Imbisse, die bei den Besuchen serviert wurden. Trotzdem dachte sie nicht daran, geplante Konzert- oder Theaterbesuche ausfallen zu lassen. Sie hielt sich stundenlang in ihren Lieblingsmuseen auf und kaufte jeden Tag Dinge für das Leben in Jasnaja Poljana ein. Wenn sie vor Leo Nikolajewitschs literarischem Freundeskreis auch etwas zurückschreckte – weil sie befürchtete, dort mit intellektueller Herablassung behandelt zu werden –, begleitete sie ihren Mann doch gelegentlich zu einem Treffen, und sie hätte daran sogar viel Freude gehabt, wenn sie nicht wieder einmal von Eifersucht geplagt worden wäre.

Leo Nikolajewitsch hatte eine Einladung zum Abendessen im Hause des Schriftstellers Nikolai Michailowitsch Suschkow und dessen Gattin Darja Iwanowna angenommen, die eine Hofdame der früheren Zarin gewesen war. Vertreter der literarischen Welt, Diplomaten aus St. Petersburg und dem Ausland, bekannte Musiker und Sänger zählten zu den Gästen der Suschkows, und Tolstoi schätzte die anregende Konversation auf diesen Gesellschaften sehr. Sonja behauptete, sie sei »indisponiert« und blieb bei ihrer Familie. In Wirklichkeit wußte sie, daß die Fürstin Obolenskaja ebenfalls eingeladen war, und dem Tagebuch Tolstois hatte sie entnommen, daß er einst heftig mit ihr geflirtet hatte. Sie wollte mit der Fürstin nicht zusammentreffen und hatte gehofft, Leo Nikolajewitsch werde ohne sie nicht zu der Abendgesellschaft gehen. Aber er ging trotzdem, und Sonja, Ljubow Alexandrowna und Tanja blieben auf und warteten auf seine Rückkehr. Die Uhr schlug zwölf, dann ein Uhr, dann zwei. Sonja war außer sich. »Mama, ich gehe ins Hotel. Ich kann nicht mehr länger auf ihn warten«, rief sie.

»Hab dich nicht so!« erwiderte ihre Mutter. »Er wird jeden Moment kommen!« Gleichsam als Antwort auf ihre Worte ertönte die Glocke, und kurz danach trat Tolstoi in bester Laune ins Zimmer. Sonja genügte ein Blick auf sein fröhliches Gesicht, und sie brach in heftiges Schluchzen aus. In der Annahme, sie hätte sich Sorgen gemacht, es sei ihm etwas zugestoßen, küßte er ihre Hände und bat um Verzeihung.

»Mein Schätzchen, meine Liebe, errege dich nicht so. Von den Suschkows ging ich zu Aksakow, und dort traf ich meinen Jugendfreund Sawalischin. Wir sprachen von alten Zeiten und merkten nicht, wie die Zeit verging!«

»Und wo war die Fürstin Obolenskaja?« fragte Sonja in scharfem Ton. Tolstoi wandte sich brüsk um und wollte ohne sie weggehen. Schließlich aber, mit Rücksicht auf Ljubow Alexandrowna, die sofort dazwischengefahren war, machten sie sich schweigend gemeinsam auf den Weg zum Hotel.

Allein schon der Gedanke, ihr Mann könne sich in der Gesellschaft einer anderen Frau wohlfühlen, riß die tiefe Wunde wieder auf, die ihr die Existenz Aksinjas zugefügt hatte. Am 14. Januar 1863 schrieb sie in ihr Tagebuch:

Ich hatte vergangene Nacht einen sehr unangenehmen Traum. Mir träumte von einem riesigen Garten, in den alle Dorfmädchen von Jasnaja kamen, und sie waren herausgeputzt wie feine Damen. Sie gingen alle nacheinander irgendwo hin, und die letzte war A. [Aksinja], die ein schwarzes Seidenkleid trug. Ich sprach mit ihr, wurde aber so zornig, daß ich ihr Kind ergriff und anfing, es in Stücke zu reißen. In meiner schrecklichen Wut riß ich ihm die Arme und den Kopf ab. Ljowa [Tolstoi] kam herein und sagte, man werde mich nach Sibirien verbannen. Dann hob er die Hände, Beine und alle Teile auf und sagte, es sei ja nur eine Puppe. Ich schaute hin, und wirklich – es war alles nur Tuch und Wolle.

Am 30. Januar verließen sie Moskau in einem großen Schlitten, der von gemieteten Postpferden gezogen wurde. Wie nach ihrer Hochzeit kamen alle Behrs zur Verabschiedung auf die Veranda heraus. Wie damals weinte Sonja untröstlich, und als Leo Nikolajewitsch sie sorgsam in einer Ecke untergebracht und zugedeckt hatte, rief er Tanja zu: »Du wirst uns mit den Schwalben besuchen kommen!«

Er hegte die – vielleicht naive – Hoffnung, Tanjas Fröhlichkeit wäre ein Gegenmittel für Sonjas Melancholie. Doch Sonjas Depressionen hatten tiefere Ursachen. Sie hatte Tolstoi vergöttert, seit sie zwölf war. Sie hatte sich ein ideales Leben mit ihm vorgestellt und klammerte sich trotz der Schwierigkeiten ihrer »Flittermonate« immer noch an ihre Phantasien. Selbst die herannahende Mutterschaft und ein Ehemann, der den Verkehr mit einer Frau im dritten Monat für unsauber hielt, konnten sie nicht davon abbringen. Sonja sehnte sich nach dem romantischen Tolstoi ihrer Jugendträume und begehrte gleichzeitig den erfahrenen Mann, den sie geheiratet hatte – ein Mann, der zu einem tadelsüchtigen Zensor und Moralapostel geworden war. Weil sie diese unverständliche Veränderung nicht akzeptieren konnte und wollte, tat sich eine unüberbrückbar scheinende Kluft auf: Sonja liebte einen Mann, der in Wirklichkeit nicht mehr existierte.

Die Schneestürme wichen plötzlich dem Tauwetter. Die Woronka, ein tiefer Bach, der durch Jasnaja Poljana floß, trat über die Ufer; die Holzbrücke wurde von den tosenden Wassern weggerissen, und das Haupthaus war mehrere Wochen lang von der Umgebung völlig abgeschnitten. Die Sonne sandte warme Strahlen vom tiefblauen Vorfrühlingshimmel, und Leo Nikolajewitsch tauschte seine hohen Pelzstiefel gegen wasserdicht eingeölte und verstaute seinen unförmigen Schaffellmantel bis zum nächsten Winter.

Seit ihrer Rückkehr aus Moskau hatten die Tolstois nur wenige Gäste bewirtet. Der miserable Zustand der Landstraßen lud kaum zu Besuchsfahrten ein; außerdem hegte Tolstoi gegen die meisten seiner Nachbarn eine Abneigung und besaß im Distrikt kaum enge Freunde. Nur ab und zu kam die Familie Auerbach oder der Romanschriftsteller Eugen Markow aus Tula zu ihnen heraus. Tolstoi genoß das Leben in der Einsamkeit und verbrachte viele Stunden schreibend in seinem Arbeitszimmer, während Sonja, die nun immer runder wurde, mit einer Stickerei beschäftigt auf dem lederbezogenen Sofa saß, das seit seines Vaters und Großvaters Zeiten im Arbeitszimmer stand und auf dem Tolstoi geboren worden war. Er arbeitete gern mit ihr zusammen im gleichen Zimmer, erwartete jedoch, daß sie schwieg.

Sonja grübelte dann darüber nach, warum ihr Mann sie nachts nicht mehr anrührte. War Tolstoi allen Ernstes der Meinung, Geschlechtsverkehr während der Schwangerschaft sei »schweinisch«, »ein Verbrechen«, »ein klarer, grober, direkter Verstoß gegen die Naturgesetze« – oder war diese puritanische Idee nur ein Vorwand? Sie klapperte heftig mit der Schere, um einen Faden abzuschneiden, und wenn er sich bei dem Geräusch stirnrunzelnd umwandte, starrte sie ihn an und lächelte frostig. Das provozierte ihn zu der Frage, was sie sich »dabei denke«. Dann fing ein Streit an, und sie rannte weinend aus dem Zimmer; er wiederum saß wütend da und konnte nicht weiterarbeiten. Er schrieb ihre Ausbrüche ihrer Schwangerschaft zu und ihrem leidenschaftlichen Naturell, das sie so schwer zügeln konnte. Trotzdem meinte er, sie müsse versuchen, ihren Gefühlsüberschwang zu beherrschen, um »die große Arbeit, die in ihr im Gange war«, nicht zu gefährden.

Eine Woche nach Ostern hielt endlich der Frühling Einzug. Das Gras wurde wieder grün. Das Pflügen begann, Tolstoi kümmerte sich um die Bestellung der Felder, und Sonja, die im fünften Monat war, spürte die ersten Bewegungen ihres ungeborenen Kindes. Als ihr sexuelles Verlangen schwand, breitete sich in ihr eine ungewohnte Zufriedenheit aus, eine Art Waffenstillstand mit dem eigenen Ich. Die Auseinandersetzungen wurden seltener, und ihre Bewunderung für ihren Mann verwandelte sich geradezu in Anbetung. Ihre körperlichen Beziehungen glichen nun denen liebevoller Geschwister.

»Ich liebe alles an ihm«, schrieb sie am 26. März in ihr Tagebuch, »seine frohe genauso wie seine schlechte Laune, sein liebes, liebes Gesicht, seine Sanftmut und seine Ungeduld – alles! Sein Gesicht gibt allem auf so schöne Weise Ausdruck, daß er *kaum* einmal meine Gefühle verletzt.«

Um ihr die Langeweile während der letzten Monate vor der Niederkunft zu verkürzen, unternahm Tolstoi mit Sonja kleine Kutschfahrten auf dem Gut und erzählte ihr von seiner Kindheit.

Sein fast sechs Jahre älterer Bruder Nikolai war sein Idol gewesen. Er besaß ungewöhnliche geistige und künstlerische Fähigkeiten, las eifrig Bücher über Freimaurer und religiöse Sekten und verkündete eines Tages seinen drei Brüdern, er habe als einziger das Geheimnis des Glücks für alle Menschen entdeckt und dieses sein Geheimnis auf einen grünen Stock geschrieben, der am Rande des Hohlwegs im Sahak-Wald vergraben sei. Wer den Stock finde und die geheime Botschaft befolge, könne alles Böse in der Welt vernichten. Als Tolstoi Sonja diese Geschichte erzählte, standen sie gerade an der Stelle, wo der Stock angeblich vergraben war, und Tränen traten ihm in die Augen.

Die letzten Schwangerschaftsmonate verliefen größtenteils harmonisch, aber es gab auch Anzeichen eines sich anbahnenden Konflikts. Tolstoi hatte einen seltsamen Traum von einer »Porzellanpuppe« gehabt, und am Tag darauf verfaßten sie zusammen einen acht Seiten langen Brief an Tanja. Sonja begann den Brief, doch nach wenigen Zeilen schrieb Tolstoi weiter und erzählte in ernst-komischem Ton von seinem Traum: Sonja sei ins Schlafzimmer gekommen, während er schlummerte . . .

Ich hörte im Schlaf, wie sie die Tür öffnete, atmete und sich auszog. Ich hörte, wie sie hinter dem Wandschirm hervorkam und ans Bett trat. Ich öffnete die Augen und erblickte Sonja, aber nicht die Sonja, die wir kennen, sondern eine Sonja aus Porzellan! . . . Du kennst doch diese Porzellanpüppchen mit entblößten, kalten Schultern, nacktem Hals und über der Brust verschränkten Armen, mit schwarz aufgemaltem Haar in großen, künstlichen Wellen, deren schwarze Farbe oben abgerieben ist, mit vorstehenden Porzellanaugen, die in den Winkeln ebenfalls schwarze Tupfen haben und zu weit auseinander liegen, und mit starren Hemdfalten. Genauso war Sonja. Ich berührte ihren Arm – er war glatt, fühlte sich angenehm an, kalt und hart . . . Ich sagte: »Du bist aus Porzellan?« Ohne den Mund zu öffnen (die Lippen waren winkelförmig geschlossen und grell karminrot angemalt), antwortete sie: »Ja, ich bin aus Porzellan.« Mir lief es eiskalt den Rücken hinunter, und ich schaute ihre Füße an: Sie waren auch aus Porzellan (du kannst Dir mein Entsetzen vorstellen) und standen auf einem Porzellansockel, der den Erdboden darstellen sollte und eine grasgrüne Bemalung zeigte. Hinter ihrem linken Bein, nicht viel höher als ihr Knie, stand eine kleine, braun bemalte Porzellansäule, wie ein Baumstumpf anzusehen. Ich begriff, daß sie ohne diese Säule nicht stehen konnte, und ich wurde sehr traurig, wie Du Dir vorstellen kannst. Ich wollte es noch immer nicht glauben, rief sie beim Namen, doch sie konnte sich ohne das Säulchen und den Sockel nicht bewegen und schwankte nur ein wenig auf ihrer Bodenplatte, um mir entgegenzufallen. Ich berührte sie, versuchte, ihren Arm hochzuheben – es ging nicht. Ich versuchte, meinen Finger oder wenigstens meinen Fingernagel zwischen ihrem Ellbogen und der Hüfte durchzuschieben – auch das ging nicht . . . Oben am Kopf war die Farbe ein wenig abgegangen, und es schimmerte weiß. An einer Stelle war von den Lippen das Rot abgebröckelt, und auch von der Schulter hatte sich ein Eckchen gelöst. Aber alles war sehr naturgetreu, eben noch immer unsere Sonja. Ich erkannte das spitzenbesetzte Hemd und den schwarzen Haarknoten hinten, selbst das Grübchen am Kinn . . . Ich befand mich in einer schrecklichen Lage, wußte nicht, was ich sagen oder denken sollte. Sie hätte mir sicherlich gern geholfen, doch was konnte ein Porzellangeschöpf schon tun? Die

halbgeschlossenen Augen, die Wimpern, die Brauen – alles wirkte von weitem wie lebendig. Sie sah mich nicht an, sondern durch mich hindurch auf ihr Bett. Anscheinend wollte sie sich hinlegen, und sie schwankte unaufhörlich. Ich wußte mir überhaupt keinen Rat mehr, ergriff sie und wollte sie zum Bett hinübertragen. Doch meine Finger fanden auf ihrem kalten Porzellankörper keinen Halt und, was mich noch mehr überraschte, sie wurde plötzlich leicht wie dünnes Glas. Dann schien sie zu schrumpfen; sie wurde kleiner als meine Handfläche, aber sonst war sie noch immer dieselbe. Ich nahm ein Kissen und legte sie darauf. Dann nahm ich ihr Nacht-häubchen, faltete es zweimal zusammen und deckte sie zu bis ans Kinn. Sie lag dort, noch immer ganz dieselbe. Ich löschte die Kerze und bettete sie unter meinen Bart. Plötzlich hörte ich vom Kissen-ende her ihre Stimme: »Ljowa, weshalb bin ich zu Porzellan gewor-den?« Ich wußte nicht, was ich antworten sollte. Sie sprach wieder: »Macht es dir etwas aus, daß ich aus Porzellan bin?« Ich wollte sie nicht kränken und sagte, nein, nein, es mache nichts. Wieder beta-stete ich sie im Dunkeln – sie war noch genauso kalt, noch immer aus Porzellan, doch ihr Leib war, als lebte sie, nach oben gewölbt – ein wenig seltsam für eine Porzellanpuppe . . . Doch dann gefiel es mir, daß sie so war, und ich wunderte mich nicht mehr – alles kam mir ganz natürlich vor. Ich holte sie hervor, legte sie von der einen Hand in die andere und bettete sie wieder an meinen Kopf. Sie war ganz zufrieden. Wir schliefen ein. Am Morgen stand ich auf und ging fort, ohne sie anzusehen. Mir graute vor dem, was am Abend geschehen war. Als ich zum Frühstück kam, war sie wie immer. Ich erinnerte sie nicht an die vergangene Nacht, aus Angst, ich könnte sie und Tantchen verletzen. Außer Dir habe ich bis jetzt niemandem davon erzählt. Ich dachte, es sei alles vorbei, aber sooft wir in den vergangenen Tagen allein waren, ist wieder dasselbe pas-siert. Sie wird plötzlich ein Porzellanpüppchen. Kaum sind wir mit anderen zusammen, ist alles normal. Sonja versetzt das nicht mehr in Schrecken, mich auch nicht. Ehrlich gesagt, ich freue mich sogar darüber, wenn das auch seltsam klingen mag, und obwohl sie aus Porzellan besteht, sind wir sehr glücklich.
All das schreibe ich Dir, liebe Tanja, nur, damit Du über Papa in Erfahrung bringen kannst, was das Ganze zu bedeuten hat und ob es nicht unserem künftigen Kind schaden könnte. Jetzt sind wir gerade allein, sie sitzt bei mir unter der Krawatte, und ich spüre, wie ihr kleines, spitzes Näschen sich in meinen Hals bohrt.

Mit dieser Geschichte deutet Tolstoi an, die Schwangerschaft habe

Sonja unberührbar gemacht – wie eine Porzellanpuppe, die ihrer Natur nach keine Empfindungen und kein Verlangen besitzen kann. Unfähig, ihre tiefsten Gefühle offen auszusprechen, benutzten die Tolstois wieder einmal das geschriebene Wort zur Kommunikation.

Obwohl Tanja die Geschichte merkwürdig und verwirrend fand, gab sie sie ihrem Vater zu lesen, wie Tolstoi es gewünscht hatte. Dr. Behrs nahm die versteckten sexuellen Anspielungen in der kleinen Erzählung anscheinend gar nicht wahr. Er schrieb Sonja: »Dein Ljowa schrieb Tanja eine so bizarre Geschichte, wie sie wohl nicht einmal einem Deutschen eingefallen wäre. Erstaunlich, welch blühende Phantasie er besitzt.«

Dr. Behrs traf Mitte April zu einem Besuch in Jasnaja Poljana ein. Sonja wollte zuerst alle Neuigkeiten über die Familie wissen und führte den Vater dann stolz auf dem Gut herum. Sie zeigte ihm Leo Nikolajewitschs Bienenstöcke, die reinrassigen Schafe, die sie züchteten, und die neuerworbenen japanischen Schweine mit ihren exotisch wirkenden Rüsseln. Sie fuhren in einer dreispännigen Kutsche bei scharfem Wind und frühlingshaften Wolkenbrüchen zu den knospenden Obstgärten, der Baumschule mit den jungen Kiefern, den Versuchsfeldern mit Kaffeesträuchern und Zichorien und sogar zur Schnapsbrennerei. Seine Schule hatte Tolstoi gleich zu Beginn von Sonjas Schwangerschaft geschlossen, aber einige frühere Schüler halfen bei der Bewirtschaftung des Gutes. Tolstoi hatte sich entschlossen, die meisten Arbeiten selbst zu erledigen, nachdem er auf eine »wichtige Entdeckung« gestoßen war, die er in seinem Tagebuch festhielt: »Verwalter, Vorarbeiter und Aufseher sind auf einem Gutshof nur eine Belastung. Das läßt sich beweisen, indem man alle Aufseher entläßt und bis 10 Uhr schläft. Man wird feststellen, daß sich dadurch nichts ändert.«

Seither kümmerte sich Sonja um das Haus, die Buchführung und die Entlohnung der Arbeiter; Tolstoi und seine Schüler erledigten alles andere. Dr. Behrs brauchte kein Landwirtschaftsexperte zu sein, um festzustellen, daß die Tolstois beim Betreiben ihres Gutshofs jämmerlich versagten. Die japanischen Schweine verendeten eines nach dem anderen; grüner Schimmel breitete sich am Rand der Butterfässer aus, und abgesehen von dem neuen Obstgarten und der Baumschule mit Kiefern befanden sich die Felder in verwahrlostem Zustand.

Tolstoi hatte Dr. Behrs vor dem Besuch anvertraut, er wünsche sich so sehr eine Wohnung in Moskau, um jedes Jahr drei oder vier Monate dort zu verbringen. Dann wäre es ihnen möglich, mit der Familie und Freunden regelmäßig Umgang zu pflegen; Sonja würde sich an Theater- und Konzertveranstaltungen erfreuen, und er hätte Zugang zu einer öffentlichen Bibliothek. Es sah jedoch so aus, als könnten sich die Tolstois selbst bei einschneidenden Sparmaßnahmen keine zwei Wohnsitze leisten. Tolstoi schämte sich ohnehin wegen des heruntergekommenen Zustands von Jasnaja Poljana. Solange sie ihr Einkommen nicht deutlich erhöhten, mußten regelmäßige und längere Aufenthalte in Moskau ein Wunschtraum bleiben.

Dr. Behrs sah, daß sich die finanzielle Lage des Paares ohne einen tüchtigen Verwalter nie bessern würde, und beschloß daher, einen geeigneten Mann zu suchen. Er meinte auch, sein Schwiegersohn sollte mehr Zeit auf das Schreiben verwenden, und freute sich, als Sonja ihm mitteilte, Leo Nikolajewitsch denke an einen neuen Roman. Dabei fanden die Ergebnisse der schriftstellerischen Tätigkeit seines Schwiegersohnes durchaus nicht die uneingeschränkte Zustimmung Dr. Behrs'. *Die Kosaken* waren in Moskau veröffentlicht und von der Kritik ganz gut aufgenommen worden, doch der Arzt vertrat die Meinung, der Roman sei zwar gekonnt geschrieben, leide jedoch darunter, daß skandalöse autobiographische Vorfälle darin Erwähnung gefunden hätten. Er meinte, diese »unanständigen Stellen« seien der Grund für den schleppenden Absatz des Buches. »Ganz bestimmt«, erklärte er, »sollten junge Mädchen dieses Buch nicht lesen dürfen!« Er fand auch, daß sein Umfang – zweihundert Seiten – »abschreckend« wirke. Trotzdem war er der Ansicht, wenn Tolstoi sich ganz dem Schreiben widmete, würde er sich finanziell ebensogut stehen wie der Dichter und Verleger Nikolai Nekrassow. »Ein tüchtiger Aufseher wird daher von großem Nutzen sein«, meinte er.

Als ihr Vater wieder abreiste, war Sonja traurig und wartete sehnsüchtig auf den Besuch, den Tanja für Juni versprochen hatte. In Gedanken kehrte sie oft zu den schönen Stunden zurück, die sie miteinander verbracht hatten, zu den langen, wundervollen Gesprächen, in denen sie nichts voreinander verbargen. Bei ihrem Mann fühlte Sonja sich aus ihr unverständlichen Gründen nicht recht wohl und »ängstigte und schämte« sich wegen allem möglichen. »Was mag nur der Grund dafür sein?« fragte sie in ihrem Tagebuch. »Mein Gewissen ist rein, ich habe mir nichts zuschulden kommen lassen. Selbst wenn ich diese Gedanken niederschreibe, werde ich verlegen ... Ich fürchte mich davor, ihn zu lieben, und habe Angst, daß er das spürt.«

Sie nähte, spielte Klavier, führte die Haushaltskasse, schrieb Tolstois Manuskripte ab und war dabei den größten Teil der Tage allein. Sie langweilte sich, fühlte sich gleichzeitig ausgenutzt und begann, eine Abneigung gegen ihr ungeborenes Kind zu empfinden, weil es sie von Tolstoi entfernte. »Er hat aufgehört, mich zu lieben wie früher«, schrieb sie am 8. Mai. »Wenn er wüßte, wie sehr er sich verändert hat. Wenn er sich in meine Lage versetzte, würde er bald merken, was für ein Leben ich führe. Doch es läßt sich nicht ändern. Er wird wieder aufwachen, wenn das Kind geboren ist.«

Tolstoi las gegen Ende von Sonjas Schwangerschaft medizinische Bücher, und sie notierte: »Er untersucht fortwährend meinen Unterleib.« Tolstoi liebte es, den Kopf an ihren Bauch zu legen, um die Bewegungen des Kindes zu spüren. Eines Tages platzte er mit einem Buch über Geburtshilfe in ihr Schlafzimmer und verkündete: »Er hat schon Zehennägel!« – »Wer?« fragte Sonja, und als sie begriff, stimmte sie in sein glückliches Lachen ein. Mit den allerersten Sommertagen füllte sich das Haus, das so lange leer gewesen war, allmählich mit guten Freunden: Tolstois Tante Pelagia kam, Sonjas Tanten trafen ein, ihr Großvater sowie die Familie Auerbach aus Tula. Selten saßen weniger als zwölf Personen beim Abendessen, und wenn Sonja am Tisch den Blick kreisen ließ, strahlte auf ihrem Gesicht »ein Lächeln, das einen Raum erhellen konnte«.

8

Anfang Juni traf Ljubow Alexandrowna aus Moskau ein, um ihrer Tochter während der Niederkunft und in den ersten Tagen nach der Geburt beizustehen. Tanja und zwei ihrer Verehrer – Alexander Kusminski und Anatoli Schostak – begleiteten sie. Eine jugendliche, unbeschwerte Atmosphäre herrschte nun in Jasnaja Poljana, trotzdem fühlte Sonja sich mehr und mehr vernachlässigt. Während sie ruhig dasitzen mußte, widmete Leo Nikolajewitsch sich ausgiebig den Besuchern und unternahm Ausflüge, Picknicks und Ausritte mit ihnen. Er schien von seiner munteren Schwägerin fasziniert zu sein und hielt alle Bemerkungen und Antworten Tanjas in einem kleinen Notizbuch fest.

Sonja, die Gesellschaften so liebte, konnte jetzt nur noch den Imbiß einpacken und dann zuschauen, wie ihre Gäste in die Kutsche mit den niedrigen seitlichen Polstersitzen stiegen und den Kabatzki-Hügel hinauffuhren, während Leo Nikolajewitsch und Tanja vorausritten. Am späten Nachmittag hielt Sonja den Tee bereit, wenn sie zurückkehrten und fortwährend über die Ereignisse des Tages plauderten. Sie vertraute ihre unglückliche Stimmung ihrem Tagebuch an und hoffte, daß Leo Nikolajewitsch, der das ja lesen würde, ihr bald wieder mehr Aufmerksamkeit schenken würde. Tanja gegenüber sagte sie jedoch nichts und nahm sich auch zusammen, wenn die jungen

*Tennisspiel in Jasnaja Poljana; rechts Sonja und Tanja (sitzend),
im Vordergrund Leo Tolstoi, jenseits des Netzes Sascha.*

Leute um sie herum waren – schließlich war sie kaum zwei Jahre älter als die Schwester und im selben Alter wie Tanjas Verehrer. Tolstoi versuchte tatsächlich, sie zu beruhigen, und meinte, es sei lächerlich, auf Tanja eifersüchtig zu sein; er liebe nur sie und keine andere.

Als Sonjas Niederkunft näher rückte – als Datum hatte der schweigsame Dr. Schmigaro, ein in der Nähe wohnender Pole, nach äußerst sorgfältigen Berechnungen den 20. Juni eruiert –, bemerkten alle eine deutliche Veränderung an ihr. Sie war plötzlich eine Frau geworden, und nun fühlte Tanja sich irgendwie ausgeschlossen, wenn ihre Mutter und ihre Schwester vertrauensvoll miteinander flüsterten. Und auch Tolstoi fühlte sich bei all dem Gerede über Windeln und Badewännchen als Außenseiter.

Als »der Tag« herannahte, fühlte Sonja sich froh und glücklich. Die ihr liebsten Menschen hatten sich um sie versammelt, und sie wurde von allen freundlich und aufmerksam behandelt. Tolstoi wollte unbedingt bei ihr sein, wenn die Wehen einsetzten, und hielt sich deshalb stets in der Nähe auf. Sie fand ihn geradezu rührend in seiner Besorgnis um die bevorstehende Geburt. Schließlich wurde noch das Ledersofa, auf dem Tolstoi, seine Schwester und seine Brüder das Licht der Welt erblickt hatten, ins gemeinsame Schlafzimmer gestellt.

Der »genau berechnete Tag« kam – und es folgte eine Woche ungeduldigen Wartens. Dann, am frühen Abend des 27. Juni 1863, fühlte Sonja sich nicht gut und zog sich ins Schlafzimmer zurück. Tolstoi folgte ihr. Da er den 28. (sein Geburtstag fiel auf den 28. August) für einen Glückstag hielt, fragte er sie: »Glaubst du, daß du bis nach Mitternacht warten kannst?« Sonja nickte lachend.

Mitten in der Nacht weckte sie ihn. »Ljowa, hab keine Angst, aber ich glaube, wir sollten nach Maria Iwanowna schicken«, sagte sie mit sanfter, fast schüchterner Stimme (Maria Iwanowna Abramowitsch war die Hebamme, die Dr. Schmigaro empfohlen hatte).

Sonja hatte eine Kerze angezündet, saß auf dem Rand des Bettes und »hielt eine Strickarbeit in den Händen, die sie vor einiger Zeit angefangen hatte«. Als er in nahezu panischer Angst aus dem Bett sprang, lächelte sie zuversichtlich und sagte: »Bitte, fürchte dich nicht. Ich habe überhaupt keine Angst.« Sie nahm seine Hand und drückte sie an ihre Brust, dann an ihre Lippen.

Er zog sich hastig an, weckte Sonjas Mädchen Duschka, die vor der Schlafzimmertür auf einer Matte schlief, und schickte sie Ljubow Alexandrowna holen. Dann gab er Anweisung, sein Pferd zu satteln, und eilte ins Schlafzimmer zurück. Sonja ging rasch auf und ab und »gab beim Stricken, während sie geschickt den Faden über die Nadel zog, ihre Anweisungen«. Die Dienstmädchen breiteten Leintücher auf dem Ledersofa aus und richteten es als »Geburtslager« her. Und dann war es endlich soweit – die ersten Wehen setzten ein, und Sonja legte sich, gestützt von ihrer Mutter und zwei Mädchen, stöhnend auf das Sofa. Tolstoi rannte in den Stall, sprang aufs Pferd und jagte zu Dr. Schmigaros Haus. Auf der Straße begegnete er der Hebamme, die in ihrem kleinen Karren Richtung Jasnaja Poljana fuhr.

Der Arzt schlief, aber Tolstoi bestand darauf, daß sein Diener ihn weckte. Beim Eintreffen der beiden hatte Sonja starke Schmerzen. Tolstoi ergriff ihre feuchte Hand und fing an zu beten. Er war entsetzt, wie sie litt, wie die Qualen und Anstrengungen sich auf ihrem Gesicht abzeichneten. Schließlich verlangte Maria Iwanowna, eine fünfundvierzigjährige Polin mit einem breiten, freundlichen Gesicht und großen, geschickten Händen, er solle den Raum verlassen. Im Eßzimmer rauchte Dr. Schmigaro zu Tante Toinettes Ärger eine übelriechende Zigarre nach der anderen.

Ljubow Alexandrowna eilte mit gerötetem Gesicht und feuchten, in die Stirn fallenden Haaren ins Zimmer, um den Arzt zu holen; Tolstoi wollte ihnen folgen. »Nein, hol die Ikone, die über Natalia Petrownas Bett hängt«, befahl seine Schwiegermutter.

Tolstoi machte das, obwohl es ihm im Moment lächerlich vorkam. Als er an Sonjas Lager trat und die mit Silber und Gold überzogene Ikone hinter ihrem Kissen aufstellte, schien sie ihn nicht zu erkennen. Ihr Gesicht war dunkelrot, ihre Augen glasig, und sie murmelte vor sich hin. Als sie anfing zu schreien, bestanden der Arzt und die Hebamme darauf, daß er das Zimmer wieder verließ, doch als er sich umwandte, rief Sonja ihn beim Namen. Er kehrte an ihre Seite zurück, aber sie schien ihn wieder nicht zu erkennen.

Von neuem schrie sie, und als Sonja dann erschöpft zurücksank, wandte sie den Kopf nach ihm und rief: »Geh nicht! Geh nicht! Ich hab keine Angst!« Doch im nächsten Atemzug schluchzte sie: »Ich werde sterben . . . sterben! . . . Geh! Geh!« und stieß »einen nie dagewesenen Schrei« aus.

Tolstoi rannte weinend ins angrenzende Zimmer. Es war ihm jetzt schon egal, ob das Kind lebte oder nicht; er wollte nur noch, daß Sonjas Qualen ein Ende nähmen. Da trat urplötzlich Stille ein. Es ist vorbei, dachte er und stürzte ins Schlafzimmer zurück. Er fiel an Sonjas Seite auf die Knie; sie »sah unglaublich schön und ruhig aus, schaute ihn schweigend an und versuchte vergeblich zu lächeln«.

»Es lebt! Es lebt! Und es ist ein Junge!« rief Maria Iwanowna. Sie stand am Fuß der Liegestatt und hielt ein glitschnasses Baby hoch, dem sie dann gleich einen kräftigen Klaps auf den kleinen Po gab.

Sonja wandte sich Ljubow Alexandrowna zu: »Mama, ist es wahr?«

fragte sie. Die Antwort ihrer Mutter ging im Geplärr des Babys unter.

Die übrigen Mitglieder des Haushalts warteten im Eßzimmer. Der Tag war noch nicht angebrochen, und der Raum lag im warmen Kerzenlicht. Tolstoi kam mit blassem Gesicht und rotgeweinten Augen zusammen mit Tante Toinette herein, die dann feierlich verkündete: »Gott hat Sonja und Ljowotschka einen Sohn geschenkt!«

Im Obergeschoß lag eine erschöpfte, aber glückliche Sonja. Im darunterliegenden Stockwerk stießen ihr Gatte, ihre Mutter, ihre Schwester, ihr Bruder, ihr Schwager sowie der Arzt, Tante Toinette, Natalia Petrowna und sogar Agatha Michailowna und Alexej Stepanowitsch mit Champagner auf das glückliche Ereignis an; sie konnte die Trinksprüche und ihr fröhliches Lachen hören.

Tolstoi wollte das Kind zu Ehren seines Vaters Nikolai nennen, aber Sonja erinnerte der Name zu sehr an Tolstois Bruder, der erst vor relativ kurzer Zeit gestorben war, und wandte ein, das sei ein Unglücksname. Sie einigten sich dann auf Sergej – nach Tolstois Bruder Sergej Nikolajewitsch –, und da der 28. Juni der Feiertag des heiligen Sergius und des heiligen Hermann war, der Wundertäter, schien diese Wahl besonders passend. Tante Toinette wurde zu ihrer großen Freude gebeten, Patin des Kindes zu werden.

Die Geburt hatte Sonja viel Kraft gekostet; sie erholte sich nur langsam, vor allem weil Tolstoi es strikt ablehnte, eine Amme zu nehmen, wie es bei den Damen der Gesellschaft ansonsten üblich war. Er hielt es für unmoralisch, ja obszön, daß eine Frau ihr eigenes Kind nicht stille; der Gedanke widerte ihn an, sein Kind könnte an der Brustwarze einer Fremden saugen und durch die Milch einer bezahlten Amme wachsen und gedeihen. Ihm zuliebe setzte Sonja ihre Bemühungen fort, den kleinen Sergej zu stillen, obwohl ihre Brüste schon wund und die Schmerzen kaum mehr auszuhalten waren.

Nach zehn Tagen ging die Hebamme. Sonja war bleich und mager und konnte vor Schwäche kaum stehen. Ihre Mutter und Tanja waren auch nach der Geburt dageblieben, und Ljubow Alexandrowna wurde immer wütender über Tolstois Weigerung, eine Amme einzustellen. Nur äußerst widerwillig gab er seine Zustimmung, daß ein Bauernmädchen (Dunjaschas Schwester) bei der Säuglingspflege mithelfen dürfe, aber er blieb bei seiner strikten Ablehnung, was die Amme betraf. Ljubow Alexandrowna kämpfte erbittert, doch erfolglos, und in ihrer Verzweiflung wandte sie sich an Tante Toinette. »Ljowotschka will immer originell sein; er möchte, daß Sonjeschka es wie eine Bauernfrau macht«, meinte sie. »Aber bei uns ist Säuglingspflege nicht dasselbe wie unten im Dorf, wo die Frauen ohnehin ganz anders bei Kräften sind. Er will das nicht einsehen. Außerdem geht es mit dem Stillen gar nicht gut, und bald wird Sonja nicht mehr genug Milch für den kleinen Sergej haben!«

Tolstoi ließ das alles kalt; er war überzeugt, Sonja sei nicht so krank, wie ihre Mutter behauptete. Während ihrer Schwangerschaft hatte er kein Wort über seine Ansichten im Hinblick auf Säuglingser-nährung und -pflege verloren, so daß Sonja wie vor den Kopf gesto-ßen war, als er jetzt fanatisch darauf bestand, sie müsse ihr Kind selbst stillen. Sie befürchtete, seine Liebe zu verlieren, wenn sie sich wei-gerte; so ertrug sie die Schmerzen, wurde aber immer schwächer und magerer.

Schließlich konnte Ljubow Alexandrowna Sonjas Leiden nicht mehr mit ansehen und ließ durch Tanja Dr. Schmigaro holen. Der war entsetzt über die offenen Wunden an Sonjas stark entzündeten Brüsten. Er untersagte ihr das Stillen des Säuglings und ließ Tolstoi wissen, seine Gattin befinde sich in einem gefährlichen Schwächezu-stand; wenn er eine Dauererkrankung verhindern wolle, müsse er noch am selben Tag für eine Amme sorgen. Tolstoi geriet in Wut und beschuldigte Schmigaro, er habe Sonja nicht richtig untersucht; es trage zum Verfall der Sitten bei, wenn er ihr »das einzige Mittel, das sie vielleicht von der Koketterie abgehalten hätte«, entziehe. Er be-stand weiterhin darauf, daß Sonja ihren Mutterpflichten nachkom-men müßte, aber nun hatte er alle Frauen im Haus gegen sich. Endlich gab er widerwillig seine Zustimmung für eine Amme.

Sonja merkte, wie unglücklich er sich fühlte, und entschloß sich, das Kind wenigstens so oft wie möglich selbst zu stillen. Am Tag, als Tolstoi nach Tula fuhr, um die Amme abzuholen, schrieb sie in ihr Tagebuch: »Ich sehne mich so sehr nach Ruhe, nach den Freuden des weiten Landes und komme mir vor wie im Gefängnis. Ich warte mit Ungeduld auf die Rückkehr meines Mannes aus Tula. Ich liebe ihn von ganzem Herzen, inbrünstig und treu. Ich gehe jetzt zu meinem Kind . . .«

Ljubow Alexandrowna kehrte einen guten Monat nach der Geburt des Jungen nach Moskau zurück, Tanja blieb noch bei ihrer Schwe-ster. Dr. Behrs entsetzten die Berichte seiner Frau über Sonjas Ge-sundheitszustand; er schrieb seiner Tochter und seinem Schwieger-sohn umgehend einen scharfen Brief.

Leider muß ich sagen, meine lieben Freunde, daß Ihr Euch be-nehmt, als fehle Euch jeder Sinn und Verstand . . .
Dein Brief vom 31. Juli, liebe Sonja, hat mir das Herz zerrissen; ich war nicht imstande, ihn nochmals durchzulesen. Schon beim er-

sten Mal geriet ich ganz außer mir. Du hältst Dich für eine unglückliche Mutter, weil Du eine Amme nehmen mußtest; und Dein Mann tröstet Dich mit der Versicherung, er werde das Kinderzimmer nicht mehr betreten, weil die Atmosphäre dort ihn jetzt anwidere usw. usf. Ich ersehe daraus nur, daß Ihr beide völlig den Verstand verloren habt und ich kommen muß, um Euch die Köpfe zurechtzurücken. Weißt Du denn wirklich nicht, Du Muster-Ehemann, wie sehr seelische Erregung dem Organismus schadet, insbesondere bei einer Wöchnerin? . . . Die seelische Verfassung, in der Sonja sich jetzt befindet, kann sehr böse Folgen haben. Und Du, liebe Sonja, beruhige Dich und mache nicht aus einer Mücke einen Elefanten. Du darfst Dir doch ein ganz gewöhnliches Übel, wie es einem im Leben so oft begegnet, nicht derart zu Herzen nehmen. Ist es denn so schlimm, wenn Du Dein Kind nicht selbst stillen kannst? Wer ist schuld daran? Du selbst und erst recht Dein Mann, der seine Frau ohne Rücksicht auf ihren Zustand dazu zwingt, alles zu tun, was ihr schadet . . .

Tanja, weiche keinen Schritt von der Seite Deiner törichten Schwester und schimpf mit ihr, wenn sie Dummheiten macht und Gott versucht; und Ljowotschka sollst Du tüchtig zusetzen, damit er Vernunft annimmt. Er ist ein großer Meister in Wort und Schrift, doch wenn es auf Taten ankommt, sieht es anders aus. Soll er doch mal eine Geschichte schreiben über einen Ehemann, der seine kranke Frau quält und von ihr verlangt, sie solle ihr Kind unter den obwaltenden Umständen weiterhin stillen; alle Frauen werden ihn dafür steinigen.

Dr. Behrs Brief änderte jedoch an Tolstois Einstellung nicht viel; sobald er die Amme mit ihrer prächtigen Spitzenhaube nur sah, geriet er in Wut – eine Fremde ließ sein Kind an ihrer Brust saugen. Es blieb bei der unguten verhärteten Situation. Tolstoi zog sich vom häuslichen Alltag zurück, in dessen Mittelpunkt jetzt das Kinderzimmer stand. Vatergefühle gegenüber Sergej entwickelten sich in ihm nur langsam. Er betrachtete das Kind als ein »seltsames, kleines, rotes Wesen, das sich wand und den Kopf in den Windeln vergrub«. Es erstaunte ihn, daß das Kind auch »eine Nase, Schielaugen und saugende Lippen« besaß. Er verglich das Gesicht des Säuglings mit dem eines alten Mannes, das beim Niesen noch faltiger wird. Das Kind, nach dem er sich so sehr gesehnt hatte, war jetzt ein Eindringling, der den stillen häuslichen Alltag störte und Unfrieden in sein Leben mit Sonja brachte.

Sonjas Verzweiflung wuchs von Tag zu Tag. Ihr Mann war böse

auf sie, aber sie wußte nicht, wie sie ihn besänftigen sollte. Ihre schwierige Situation wurde noch dadurch verschärft, daß Tolstoi den Geschlechtsverkehr mit einer stillenden Mutter für die niedrigste Form von Sexualität hielt. Er wurde so unausstehlich, daß Sonja ihm am liebsten aus dem Weg ging. »Wenn er sagt ›Ich lege mich schlafen‹ oder ›Ich nehme ein Bad‹, sage ich insgeheim ›Gottseidank‹«, schrieb sie in ihr Tagebuch – wohl wissend, daß er dieses Geständnis lesen würde. »Wenn ich den Jungen anschaue, bricht mir das Herz; Gott hat mir sowohl meinen Mann als auch mein Kind genommen . . . Alles scheint zu Ende zu sein . . . Ich habe eben sein Tagebuch gelesen . . . Alles kommt ihm falsch vor.«

Und einen Tag später: »Es ist nicht normal, sein Kind nicht selbst zu stillen . . . Aber was kann ich gegen die Schwäche meines Körpers tun? Warum soll ich mich weiterquälen . . . Wäre es nicht das beste, du machtest dich aus dem Staub, Sonja Andrejewna?«

Tolstoi las Sonjas qualvollen Aufschrei kurz danach; er empfand starke, allerdings nicht lange anhaltende Schuldgefühle und schrieb eine Entschuldigung darunter:

Sonja, verzeih mir, ich erkenne jetzt meine Schuld und weiß, wie schwer sie wiegt. Es gibt Tage, an denen man gleichsam nicht vom eigenen Willen, sondern von unwiderstehlichen äußeren Mächten gelenkt wird . . . Wie konnte ich so grausam und unfreundlich sein – dem einzigen Wesen gegenüber, das mich liebt – Sonja. Ich weiß, so etwas vergibt und vergißt man nicht; aber ich kenne Dich jetzt besser und bin mir meiner ganzen Schlechtigkeit bewußt geworden. Sonja, mein Liebling, ich war ekelhaft zu Dir – aber in mir steckt ein guter Mensch, der manchmal schläft. Liebe ihn, Sonja, und gib nicht ihm die Schuld.

Ungefähr eine Stunde nachdem Tolstoi diese Sätze geschrieben hatte, kam er ins Schlafzimmer und sah, wie Sonja den Säugling der Amme gab. Wutentbrannt schlug er ihr Tagebuch auf und strich die Zeilen mit zwei langen, dicken Strichen durch. Genau darunter setzte Sonja dann folgendes: »Ljowotschka hatte dies geschrieben, um mich um Verzeihung zu bitten. Aber bald darauf geriet er außer sich und strich alles wieder durch. Ich hatte wieder diese schrecklichen Schmerzen in den Brüsten und es *ging nicht,* obwohl ich mir nichts anderes wünschte als dies. Ich hatte diese paar freundlichen Zeilen der Zärtlichkeit und Reue verdient, doch in seiner Wut auf mich strich er sie durch, bevor ich überhaupt Zeit fand, sie zu Ende zu lesen.«

Zu den irrationalen Impulsen, die Tolstoi beherrschten, gehörte auch eine quälende Eifersucht, die alles, was Sonja sagte oder tat, verdächtig erscheinen ließ.

Als einer der früheren Lehrer der Schule einmal ein freundliches Gespräch mit Sonja führte, hatte Tolstoi den Eindruck, der junge Mann schaue sie lüstern an. »Wie kann er es wagen, ihr seine Gedanken zuzuwenden oder von einer Romanze mit ihr zu träumen!« lautete seine empörte Reaktion; und er kochte vor Wut, weil Sonja die Aufmerksamkeit des jungen Mannes angeblich nicht nur toleriere, sondern sich auch noch darüber freue.

Die Schuld an solchem Verhalten gab Tolstoi nicht Sonja, sondern der Gesellschaft, in der sie aufgewachsen war und die einem Mädchen beibringe, die oberste Pflicht einer Frau sei es, dem Mann zu gefallen. Seiner Meinung nach waren die Frauen, ähnlich wie die Leibeigenen, durch die ihnen aufgezwungene Abhängigkeit korrumpiert worden. Natürlich war Sonja erzogen worden, einem Mann zu gefallen; aber darüber hinaus hatte sie sich zu einer sensiblen, intelligenten Frau entwickelt, die einiges von Musik und Kunst verstand, ein ausgeprägtes literarisches Talent besaß und das Französische beherrschte. Doch all das war für ihn nicht mehr wichtig. Mehr und mehr beschäftigte ihn nur noch ein Problem: die Ethik der geschlechtlichen Beziehungen. Keuschheit in der Ehe betrachtete er nun als den Idealzustand, den jedes Paar anstreben sollte; jede sexuelle Handlung, die nicht der Fortpflanzung diente, hielt er für unmoralisch. Verheiratete Frauen, die »nackt herumlaufen«, das heißt ein nicht hochgeschlossenes Ballkleid trugen, verurteilte er aufs schärfste. Sonja ahnte, daß diese Auffassungen, die sie abstoßend fand, für ihn immer größere Bedeutung gewannen. Und so fuhren beide fort, zu leiden und einander zu quälen.

Wenn Sonja an den Mann dachte, der ihr den Hof gemacht, der sie überschwenglich verehrt hatte und von ihrem Stolz und ihrer Lebhaftigkeit so angetan gewesen war, dann war sie bestürzt über seine Verwandlung in einen autoritären Ehemann, der sie dauernd kritisierte und offensichtlich alles darauf anlegte, daß sie sich minderwertig und unattraktiv vorkam.

»Ich habe geträumt und mich an jene verrückten Nächte vor einem Jahr erinnert, als ich noch so glücklich, froh und sorglos war«, vertraute sie am 17. August ihrem Tagebuch an. »Wenn ich je das Leben in vollen Zügen genossen habe, dann damals. Ich liebte, ich konnte alles verstehen, und die ganze Welt kam mir so fröhlich und neu vor. Und zu all dem gab es noch den dunklen, poetischen *Comte* mit seinem tiefen heiteren und unendlich schönen Blick (diesen Eindruck machte er damals). Was war das für eine wunderbare Zeit, als mich die vage Andeutung seiner Liebe erschauern ließ.«

Sie war erst neunzehn, eine Frau von außergewöhnlicher Schönheit, mit einem schmerzlichen Zug im ausdrucksvollen, ovalen Gesicht. Ganz im Gegensatz zu ihrer eigenen Einschätzung, sie sehe bestimmt alt aus, wirkte sie fast zu jung für eine Ehefrau und Mutter.

Schon seit längerer Zeit hatte Tolstoi erwogen, einen großangelegten historischen Roman zu schreiben, und ursprünglich beabsichtigt, dem Werk den Dekabristenaufstand des Jahres 1825 zugrunde zu legen. Nun beschloß er, Napoleons Einmarsch in Rußland solle den Mittelpunkt seines epischen Werks bilden, das die Jahre 1805 bis 1820 umfassen würde. Dieser neue Roman, der im Herbst 1863 seine ganze Energie in Anspruch nahm, sollte mehr vom Frieden als vom Krieg handeln und eine Familienchronik im dickensschen Geiste werden. Tolstoi beabsichtigte, ihn mit deutlichen zeitgenössischen Bezügen zu versehen, um so die Kritiker Lügen zu strafen, die abfällig über ihn geurteilt hatten, weil er die wichtigen aktuellen Probleme in seinen Werken ignoriere.

Die gesamte Familie Behrs nahm an Tolstois neuem Vorhaben Anteil. Dr. Behrs stellte eine Menge Hinweise auf Quellenmaterial zum napoleonischen Einmarsch zusammen. Selbst Lisa arbeitete mit. Sie hatte viel über jene Epoche gelesen und schickte Tolstoi eine lange Bibliographie sowie ausführliche und genau belegte Antworten auf seine Fragen.

Als er mit dem Schreiben begann, übernahm Sonja es, von seinem nahezu unleserlichen Manuskript eine Reinschrift herzustellen. Anfangs fand sie die Handlung verwirrend; sie konnte sich keinen Reim machen auf »all diese Unterhaltungen . . . zwischen Gräfin Soundso und Prinzessin Soundso«. Aber sie machte weiter mit der Arbeit und verbrachte viele Stunden an ihrem Schreibtisch im Wohnzimmer mit der schlafenden Dora zu ihren Füßen. Und während sie mühsam die arg tintenverschmierten Seiten entzifferte, die ihr Mann mit seiner kleinen, krakeligen Handschrift bedeckt hatte, nahm dieses Werk sie mehr und mehr gefangen.

Da Tolstoi sich nun ganz seinem Roman widmete, hatte er weniger Zeit für Sonja; er überließ ihr weitgehend die häuslichen Angelegenheiten und die Verwaltung des Gutes. Obwohl die Schriftstellerei gewissermaßen Sonjas Rivalin geworden war, erfüllten sein Ruhm und seine Leistungen sie mit Stolz. Doch sie spürte auch, wie kühl er ihr gegenüber vor allem in sexueller Hinsicht geworden war.

»Ich versuche, jedes menschliche Gefühl in mir zu unterdrücken«, schrieb sie am 13. November in ihr Tagebuch. »Solange die Maschine funktioniert und ohne zu denken Milch wärmt, eine Decke strickt und herumgeht, ist das Leben einigermaßen erträglich. Er hat aufgehört, mich zu lieben. Warum konnte ich seine Liebe nicht bewahren?«

Während sie ihren häuslichen Pflichten nachging oder seine Manuskripte abschrieb, schaute Sonja oft durch die breiten Fenster von Jasnaja Poljana nach draußen. Manchmal sah sie dann, wie Tanja mit den Bauernmädchen auf die Felder zog, um Kartoffeln zu graben: die junge, lebensfrohe Tanja, deren Lachen wie ein buntes Band hinter ihr herflatterte, deren schwärmerische Träumereien noch Wirklichkeit werden konnten . . .

Tolstois Bruder Sergej, dessen Gut Pirogowo ganz in der Nähe von Jasnaja Poljana lag, kam jetzt oft auf Besuch. Seine Geliebte, die Zigeunerin Mascha Schischkina, begleitete ihn dabei nie. Alle im Hause Tolstoi außer Sonja waren höchst beunruhigt über die Aufmerksamkeit, die er Tanja gegenüber bezeugte – und wie empfänglich sie darauf reagierte. Es konnte kein Zweifel bestehen: Sergej hatte sich in die lebenslustige, hübsche, immer noch unbefangene Tanja verliebt. Sonja war die einzige, die dieser Verbindung zustimmte. Vielleicht ermutigte sie das Liebespaar aus dem Gefühl heraus, daß Tanja eine Gefahr für ihre eigene Ehe darstellte; wahrscheinlicher ist jedoch, daß sie die erste ernsthafte Romanze ihrer Schwester nachempfand und ihr Glück teilte.

Das Verhältnis zwischen Tanja und Sergej Nikolajewitsch erreichte einen dramatischen Höhepunkt, als sie bei einem Besuch in Pirogowo allein miteinander ausritten und ein Sturm sie zwang, die Nacht über in einem verlassenen Haus auf dem Gutsgelände Unterschlupf zu suchen.

Als Tolstoi erfuhr, daß die beiden eine Nacht allein miteinander verbracht hatten, war er über die »Unbesonnenheit« seines Bruders ausgesprochen wütend, und in den folgenden Tagen blieb Sergej Nikolajewitsch Jasnaja Poljana fern. Tanja erzählte Sonja die ganze Geschichte – auch, daß in jener Nacht »nichts passiert« sei – und gestand: »Ich glaube, ich bin in ihn verliebt.« Sie vertraute Sonja ihre intimsten Gefühle an – wie diese es einst beim flackernden Schein der Ikonenkerze in ihrem Schlafzimmer in Moskau und Pokrowskoje getan hatte. Aber während Tanja vor allem glücklich war, dachte Sonja auch an die Schwierigkeiten, die auf ihre Schwester zukamen. Tanja würde demnächst erst siebzehn. Und außerdem war da noch die Zigeunerin, die Sergej Nikolajewitsch drei Kinder geboren hatte und mit der er nach wie vor verkehrte. Selbst wenn man Leo Nikolajewitsch umstimmen könnte, würde Dr. Behrs einer solchen Verbindung strikt ablehnend gegenüberstehen. Und schließlich hatte Sergej ja noch gar nicht um Tanjas Hand angehalten! Trotzdem waren Sonjas Sympathien ganz auf seiten ihrer geliebten Schwester; und romantisch veranlagt, wie sie war, wünschte sie von Herzen, daß die beiden lebensfrohen Menschen alle Hindernisse überwinden würden.

Einige Wochen später kam Sergej Nikolajewitsch wirklich nach Jasnaja Poljana und bat Tanja, seine Frau zu werden. Zur freudigen Überraschung der beiden hatte Tolstoi sich tatsächlich erweichen lassen und hielt eine Heirat des Paares nicht mehr für unmöglich. Sie müßten natürlich wegen Tanjas Jugend ein oder zwei Jahre warten, dann müßte unbedingt Dr. Behrs Einwilligung erlangt werden, und vor allem müßte Sergej Nikolajewitsch seine »Angelegenheiten« in Ordnung bringen. Tanja begriff nicht recht, was er damit meinte. Sie wußte zwar über Sergejs Geliebte Bescheid und hatte auch deren Sohn Grischa gesehen, aber die Tolstois hatten ihr verschwiegen, daß er immer noch die meiste Zeit mit Mascha zusammenlebte. Was allerdings alle drei nicht wußten, war, daß Mascha von Sergej wieder ein Kind erwartete.

Man beschloß, Tanja solle vorläufig ihren Aufenthalt in Jasnaja Poljana verlängern, und Sonja freute sich, daß »der kleine Schlingel« weiterhin – und vielleicht ja für immer – in ihrer Nähe blieb.

Wenige Tage nach seinem Heiratsantrag reiste Sergej Nikolajewitsch zur Jagd in die Provinz Kursk. Die Romanze zwischen ihm und Tanja hatte die Tolstois von ihren Meinungsverschiedenheiten über das Stillen abgelenkt, und die Atmosphäre in Jasnaja Poljana war viel fröhlicher geworden. Als sich die Amme eine Brustdrüsenentzündung zuzog, wurde nach Rücksprache mit Dr. Behrs beschlossen, den kleinen Serjoschka mit der Flasche aufzuziehen. Tolstoi schien dies zu billigen und fütterte das Kind anfangs sogar selbst. In einem Brief an seine Kusine Alexandra bezeichnete er sich als »einen glücklichen und gelassenen Ehemann« und schrieb: »Serjoschka bedeutet ein gutes, liebes Lächeln mit strahlenden Augen – das ist alles.« Er käme mit seiner Arbeit gut voran – »Ich bin jetzt ein Schriftsteller mit der *ganzen* Kraft meiner Seele, ich schreibe und denke wie nie zuvor« – und habe die Schule aufgegeben. Aber »die Kinder kommen abends zu mir und wecken in mir Erinnerungen an den Lehrer, der einmal in mir steckte und den es nicht mehr gibt«.

In Jasnaja Poljana gab es nun keine »Störenfriede« mehr. Serjoschkas Kindermädchen, das nach der Abreise der Amme Sonja beistand, war einst auf dem Gut eine Leibeigene gewesen. Sie hieß Maria Afanasjewna Arbusowa und war eine freundliche, intelligente Frau von etwa fünfundvierzig Jahren, die anscheinend nur den einen Fehler hatte, daß sie gelegentlich ein Gläschen trank. Sie war aber nie betrunken und stellte mit ihrem kunstvollen Kopfputz aus Spitzen und ihrem hellen, gefalteten Halstuch eine schmucke Bereicherung des Haushalts dar.

Sonja fühlte sich wie befreit. Serjoschka bekam jetzt die Flasche, und sie mußte sich wegen seiner Ernährung keine Sorgen mehr machen. Sie freute sich auch darüber, daß sie und Leo Nikolajewitsch Tanja nach Moskau begleiten würden, wo sich ihre Schwester bis zum Frühjahr aufhalten sollte.

9

Das Eis auf der Moskwa war schon hartgefroren, und groß und klein tummelte sich mit Schlitten oder Schlittschuhen darauf herum. Sonja und Tanja faßten sich bei den Händen, als sie sich den roten Kremltoren näherten, die schneeüberzogen in der Wintersonne funkelten. Zum ersten Mal seit ihrer Hochzeit fühlte Sonja sich wieder jung, zumal Leo Nikolajewitsch die meiste Zeit guter Laune war und sie sich viel weniger stritten als zu Hause.

Sie blieben nur fünf Tage in Moskau, und Sonja verging die Zeit viel zu schnell. Am 16. Dezember waren sie wieder in Jasnaja Poljana.

Sonja vermißte vor allem die lebhafte Gesellschaft ihrer Schwester. »Ich fühle mich ganz jung und vergnügt und möchte etwas Verrücktes tun«, schrieb sie am 19. Dezember in ihr Tagebuch. »Statt ins Bett zu gehen, möchte ich Purzelbäume schlagen. Aber mit wem?«

Weihnachten gab es einen schönen Baum und, wie es in der Familie Tolstoi Brauch war, am Abend eine prächtige Weihnachtsfeier. Die Dienerschaft des Hauses, insgesamt etwa zwanzig Personen, beteiligte sich im Sonntagsstaat an allen möglichen Spielen und tanzte zur Flöte von Nikolai Michailowitsch, dem Koch. Nikolai war früher einmal Flötist im Leibeigenenorchester von Leo Nikolajewitschs Großvater gewesen. Jetzt war er ein alter Mann, hatte fast alle Schneidezähne verloren, und so kam die Melodie manchmal nur stoßweise und mit pfeifendem Geräusch aus dem Instrument. Außerdem traten einige Wanderschausteller auf mit einem dressierten Bären, und ein Zigeuner sang zur Gitarre. Zum Abschluß der Feier las Tolstoi aus einem neuem Werk vor.

Während der vorangegangenen Wochen hatte er *1805* – so lautete der Arbeitstitel seines neuen Romans – beiseite gelegt, um *Die infizierte Familie* zu schreiben, eine Komödie in fünf Aufzügen. Inspiriert dazu hatte ihn Sonjas Unvermögen, ihr Kind selbst zu stillen; damit hatte sie sich in seinen Augen in »eine von diesen emanzipierten Frauen« verwandelt, die er »abscheulich« fand. Sonja mißfiel das Stück aufs äußerste, und sie versuchte, ihn zu überreden, statt dessen an *1805* weiterzuarbeiten. Tolstoi wollte die Komödie jedoch unbedingt zu Ende schreiben und sie in Moskau aufführen lassen.

Sergej Nikolajewitsch erschien vor dem Neujahrstag 1864 mit der Nachricht in Jasnaja Poljana, Mascha werde bald sein viertes Kind zur Welt bringen. Er war innerlich zerrissen, weil er Tanja heiraten wollte, sich Mascha gegenüber jedoch verantwortlich fühlte.

Sonja war entsetzt, daß er Tanja einen Heiratsantrag gemacht hatte, obwohl er wußte, daß seine Geliebte ein Kind von ihm erwartete. Sie wollte aber trotzdem nicht, daß Tanja von dieser bestürzenden Neuigkeit erfuhr. Tolstoi ignorierte diesen Wunsch und schrieb Tanja nicht nur über Maschas Zustand, sondern auch über Sergejs momentane Ratlosigkeit. Tanja war verletzt und schickte einen wütenden Brief zurück, in dem sie vor allem ihren Schwager als ihren Feind apostrophierte.

Tolstoi erwiderte darauf:

> Du sagst, ich sei Dein Feind. Der Feind sind die zwanzig Jahre, die ich länger auf der Welt bin als Du. Ich weiß nur: daß Du Dich, was auch geschieht, nicht gehenlassen darfst . . . Du hast Kummer, aber Du hast auch so viele Freunde, die Dich liebhaben (denk an mich), und Du wirst weiterleben und einmal beschämt an Deine Verzagtheit von damals zurückdenken, egal was auch geschehen mag. Komm, sei mir nicht böse. Wenn Du einsiehst, daß Kleinmut schlecht ist, wird alles gut.
> Wie ich mir Eure Zukunft vorstelle? . . . Gott allein weiß, was für Euch beide das beste ist, und zu *Ihm* müßt Ihr beten. Ja, ich weiß nur eines: Je schwerer es ein Mensch hat, im Leben seine Wahl zu treffen, und je schwerer ihm das Leben fällt, desto mehr muß er sich in der Gewalt haben, denn in solchen Augenblicken kann ein falscher Schritt ihn selbst und anderen teuer zu stehen kommen. Jeder Schritt, jedes Wort ist in solchen Augenblicken, in dem Moment, den Du jetzt durchlebst, wichtiger als Jahre des Lebens danach.

Mascha gebar ein Mädchen, und Sergej Nikolajewitsch hüllte sich Tanja gegenüber weiter in Schweigen. Tanja schickte Tolstois Briefe ihrem Bruder Sascha, der in Polen stationiert war, und dieser schrieb zurück, sie dürfe eine Heirat mit Sergej Nikolajewitsch nicht einmal erwägen. Aber Tanja besaß einen starken Willen; sie weigerte sich, eine Entscheidung zu treffen, bevor sie nicht mit Sergej gesprochen hatte. Kurz nach der Geburt seiner Tochter reiste Sergej jedoch nach Algerien, um eine Weile bei seiner Schwester Maria Nikolajewna zu bleiben, die in Algier vor kurzem ein Mädchen zur Welt gebracht hatte. Der Vater war ein adliger Schwede, mit dem Maria Nikolajewna keineswegs verheiratet war. Sonja fand diese Art zu leben verwerflich. Sie wußte wohl, daß Ehescheidungen, Zigeunerinnen als Mätressen, Liebhaber im Ausland, uneheliche Kinder und riesige Verluste im Glücksspiel bei der Aristokratie von St. Petersburg nichts Außergewöhnliches war – auch im Winterpalast selbst nicht, wo so manches gemunkelt wurde über das Privatleben des Zaren. Doch in den Kreisen, in denen sie aufgewachsen war, hielt man einen derartigen Lebensstil für unmoralisch. Leo Nikolajewitsch hingegen, der seine eigene Frau von Anfang an am kurzen Zügel gehalten hatte und ihr moralinsaure Vorschriften noch und noch machte, schienen das unmögliche Verhalten seines Bruders und die losen Sitten seiner Schwester nicht weiter zu stören.

Im Februar fuhren Tolstoi und Sonja mit dem fertigen Manuskript der *Infizierten Familie* nach Moskau. Tolstoi freute sich unbändig darauf, sein erstes dramatisches Werk auf der Bühne zu sehen. Sonja konnte sich nach wie vor nicht für das Stück begeistern, aber sie war dankbar für die Gelegenheit, der winterlichen Einsamkeit von Jasnaja Poljana zu entrinnen und selbst zu schauen, wie es Tanja ging.

Tolstoi bewog den bekannten Dramatiker Alexander N. Ostrowski, ihn bei den Behrs zu besuchen und sich das Stück von ihm vorlesen zu lassen. Das Thema brachte Ostrowski derart in Rage, daß er das Werk mit aller Deutlichkeit als geschwollen und humorlos bezeichnete, und am folgenden Tag schrieb er Nikolai Nekrassow: »Es war so scheußlich, daß ich mir tatsächlich die Ohren zuhalten mußte, als er daraus vorlas.«

Dieses negative Echo hielt Tolstoi nicht davon ab, die *Infizierte Familie* bei einer Reihe von Theatern einzureichen. »Weshalb haben Sie es denn so eilig?« fragte Ostrowski ironisch. »Haben Sie Angst, die Leute könnten intelligent werden?« Das Werk wurde von allen, die es lasen, abgelehnt, und die Tolstois kehrten im März nach Jasnaja Poljana zurück. Seiner Schwester Maria Nikolajewna schrieb Tolstoi nach Algerien: »Unter anderem habe ich eine Komödie geschrieben, die allerdings bis jetzt kein Moskauer Theater aufführen wollte. Die Komödie scheint schwach zu sein. Ich habe sie geschrieben, um die Emanzipation der Frauen und die sogenannten Nihilisten lächerlich zu machen.«

Während ihres Besuchs hatte Sonja sich davon überzeugen können, daß Tanja gut durchhielt, und kehrte daher in gehobener Stimmung nach Jasnaja Poljana zurück. Sie freute sich auch, daß Tolstoi wieder an seinem Roman weiterarbeitete, und machte es sich zur Aufgabe, nicht nur sein Manuskript abzuschreiben, sondern ihn auch von allen sonstigen Aufgaben zu entlasten.

Ihre Energie war neu erwacht. Während sie dasaß und mit größter Sorgfalt die Blätter ihres Mannes immer wieder abschrieb (manchmal bis zu fünfzehnmal, da er immer wieder redigierte und umschrieb), gewann sie die unumstößliche Gewißheit, daß er sich mit seinem neuen Werk einen Platz unter den größten Schriftstellern Rußlands sichern würde. Und wie sie da in jenen öden, bitterkalten Tagen Anfang 1864 im Gesellschaftszimmer am Ofen saß und bei flackerndem Kerzenschein arbeitete, wenn alle anderen schon schliefen, faßte sie einen klaren und positiven Entschluß:

Ihr Leben sollte der Aufgabe gewidmet sein, Tolstoi zu Weltruhm zu verhelfen. Sie war überzeugt, wenn es ihr nur gelänge, ihn bei der Arbeit zu halten, dann würde er mit der Kraft seiner dichterischen Phantasie mehr Ruhm und Reichtum erringen, als sie sich je hatte träumen lassen. Und sie, die Gräfin Sonja Tolstaja, wäre dabei als seine geliebte Frau stets an seiner Seite.

Als im Frühling das Tauwetter einsetzte, war Sonja wieder schwanger. Voller Freude darüber, war sie entschlossen, ihrem Mann bei diesem Kind zu beweisen, daß sie doch stillen konnte.

Tolstoi hatte sich nun ganz in seine Arbeit an *1805* vertieft. Mit jeder Seite, die sie abschrieb, verstärkte sich Sonjas Vertrauen in die Größe ihres Gatten. Alle Alltagssorgen und Störungen hielt sie, so gut sie konnte, von ihm fern. Wenn der Verwalter eine Frage hatte, wandte er sich an Sonja – sie leitete jetzt das Gut. Wurde etwas benötigt, prüfte Sonja, ob man sich die Anschaffung leisten konnte, denn sie war jetzt auch »Finanzminister« für Haus und Hof. Der »kleinen Gräfin« begegnete man mit einer neuen, respektvollen Haltung. Mit ihrem Schlüsselbund an der Hüfte und der in Moskau erstandenen Lorgnette am Halsband bot sie das Bild einer würdigen Hausfrau.

Wenn abends dann das Kind eingeschlafen war, die Bediensteten sich entfernt hatten und Tolstoi mit Tante Toinette und Natalia Petrowna plauderte, setzte sie sich im Gesellschaftszimmer an den Tisch und schrieb bei Kerzenlicht sein Tagwerk ab. Eine Aufgabe, die fast dasselbe telepathische Einverständnis erforderte, das Sonja gezeigt hatte, als er damals nur die Anfangsbuchstaben der Wörter mit Kreide auf den Spieltisch schrieb und sie den Sinn des Satzes »erraten« mußte.

Die Blätter, die sie bekam, enthielten unvollständige Sätze und abge-
kürzte Wörter; manche Zeilen waren dick durchgestrichen, neue
Sätze oder Wendungen standen als Einschübe am Rand oder zwischen den Zeilen, wo sie ein derartiges Gewirr bildeten, daß sie oft
nur mit einem Vergrößerungsglas weiterkam. Doch irgendwie
schaffte sie es, daß auch solche Seiten einen Sinn ergaben, die Tolstoi
selber nicht mehr zu entziffern vermochte. Sie legte die Feder erst
weg, wenn jede Seite in ihrer anmutigen, leserlichen Handschrift kopiert war und für ihn zum Gegenlesen am folgenden Morgen bereit-
lag. Nie beklagte sie sich, wenn er ihr am nächsten Abend die mit
Verbesserungen vollgekritzelten Seiten zur neuerlichen Abschrift zurückgab.

In einer ihrer damals seltenen Tagebucheintragungen notierte sie:

Ich verbringe jetzt viel Zeit damit, Ljowas neuen Roman abzuschreiben. Für mich ist das ein großes Vergnügen. Beim Abschreiben erlebe ich eine ganz neue Welt von Ideen und Erfahrungen. Es
gibt nichts, was einen größeren Eindruck auf mich macht als sein
Genie. Das ist bei mir etwas völlig Neues. Habe ich mich so sehr
verändert, oder liegt es daran, daß der Roman so außergewöhnlich
gut ist? Ich weiß es nicht. Ich kopiere sehr rasch und kann so dem
Handlungsablauf folgen; andererseits bleibt mir beim Abschreiben
noch genug Zeit, um jedem neuen Gedanken nachzuspüren und
ihn mir durch den Kopf gehen zu lassen. Wir sprechen oft miteinander über den Roman, und ich kann voller Stolz sagen, daß er meinen Anmerkungen viel Beachtung schenkt.

Mit ungeheurem Interesse verfolgte Sonja, wie sich persönliche Erfahrungen, einmal gehörte Anekdoten und ihr bekannte Personen in
»Dichtung« verwandelten und dabei irgendwie »wirklicher« wurden.
Die Augenblicke der Niedergeschlagenheit und die Auseinandersetzungen waren nicht völlig verschwunden, doch hatte Sonja durch ihre
intensive Beschäftigung mit Tolstois Arbeit eine neue, sehr dankbare
Aufgabe gefunden.

Am 16. April kam Tanja wieder nach Jasnaja Poljana, zusammen
mit Bruder Sascha, der von seinem Posten in Polen für kurze Zeit
beurlaubt worden war. Tolstoi holte sie mit einer dreispännigen Kutsche in Tula ab; Schwalben zogen über sie hinweg, als sie die Einfahrt
nach Jasnaja Poljana passierten. Das Gelände hatte noch nie so gepflegt ausgesehen. Als Sonja das Geräusch der nahenden Kutsche
hörte, trat sie auf die Veranda hinaus. Tanja stand auf, winkte, rief
vergnügte Begrüßungsworte und sprang aus dem Wagen, noch bevor

er zum Stehen gekommen war. Die beiden Frauen liefen aufeinander zu und umarmten sich.

In jenem Frühling zog es Gäste nach Jasnaja Poljana wie Bienen auf eine blühende Wiese. Sie kamen allein, zu zweit oder gleich mit der ganzen Familie – Tanjas unwiderstehliche Fröhlichkeit schien alle anzuziehen. Tagsüber wurden Picknicks und Jagdausflüge veranstaltet, abends versammelte man sich zum Spiel oder anderen Unterhaltungen. Sonja und Tolstoi hatten kaum einmal Zeit füreinander. Sie hatte ihr Bett in einen Raum nahe dem Kinderzimmer stellen lassen, weil Tolstoi während der Schwangerschaft ohnehin nicht mit ihr schlief. Auf den Vorschlag, Tanjas Bett neben das ihre zu stellen, erwiderte sie indessen entschlossen: »Entweder Ljowa oder niemand.«

Trotzdem schien Sonja glücklicher zu sein als jemals zuvor in Jasnaja Poljana. Ihr machte anscheinend auch die zusätzliche Arbeit nichts aus, die die zahlreichen Gäste verursachten. Mehr denn je achtete sie auf das Wohlergehen ihres Gatten und sorgte dafür, daß er genug Zeit zum Schreiben fand. Die beiden kamen sich näher und entwickelten ein immer stärkeres gegenseitiges Vertrauen. Sie machten beide keine Tagebucheintragungen in dieser Zeit, und so gab es auch keine kränkenden Bemerkungen zu lesen. Tolstoi unternahm zwar häufig Reisen nach Tula, Iwitsi, Pirogowo und Nikolskoje, aber selbst wenn er nur für ein paar Tage verreiste, schickten sie einander täglich ein oder zwei Briefe. Auf Sonjas Vorwurf, er sei in Gedanken nicht bei ihr, schrieb er: »Das trifft keinen Augenblick zu, besonders wenn ich in Gesellschaft bin. Nur bei der Jagd vergesse ich Dich tatsächlich. Ich denke dann nur noch an eine bestimmte Schnepfe.«

Anfang Mai erreichte die Strichzeit der Schnepfen ihren Höhepunkt, und die beste Jagdzeit auf die Vögel war der frühe Abend. Sonja fand das Jagen abstoßend, aber sie wollte nun mal alles mit ihrem Mann teilen, und so entschloß sie sich, mit ihm, Sascha, Tanja und zwei früheren Lehrern der Schule an einer abendlichen Jagd im nahen Wald teilzunehmen. Die sechs fuhren in dem Dreispänner los, den Tanja kutschierte. Sonjas Hund Dora saß auf dem Boden des Gefährts.

In einem Dickicht junger Bäume hielten sie an; im Zwielicht war auf der anderen Seite das dunkle, schwere Blätterwerk des Waldes zu erkennen. Tanja erinnerte sich später: »Dora lag zu Tolstois Füßen. Sonja stand ganz ruhig da. Es herrschte vollkommene Stille. Alles umher verstummte, als sich die Schnepfen mit ihren charakteristischen Schreien und Pfiffen näherten . . . Sie kamen im Einzel- und Paarflug rasch heran und schienen in der Luft zu taumeln. Es knackte, als die Büchsen gespannt wurden, dann knallten die Schüsse.«

In der Ferne fiepten die Hasen, und die Pferde wieherten; Sonja atmete erleichtert auf, als sie feststellte, daß kaum ein Schuß getroffen hatte.

Mittlerweile war die Sonne untergegangen. Schon bald herrschte völlige Dunkelheit, denn es war eine sternenlose Nacht, und der Mond stand hinter dunklen, undurchdringlichen Wolken.

Die eigensinnige Tanja wollte Tolstoi die Zügel nicht überlassen und stieg etwas nervös auf den Kutschbock. Der Wegrand war nicht zu sehen, und sie mußte fast blind fahren. Ein Wind kam auf und fegte die Blätter wirbelnd vom Boden empor. Als sie die Woronka überquerten, schwiegen alle, und Sonja griff ängstlich nach Tolstois Hand.

Der schwierigste Teil, der Wald, lag noch vor ihnen. Der Wind heulte immer stärker, als sie durch die Dunkelheit weiterfuhren. Die morastige Lehmoberfläche des Weges war von tiefen Wagenspuren durchzogen, die sie hin und her warfen. Obwohl sie nur etwa eine Werst vom Haus entfernt waren, kam ihnen die Fahrt endlos vor. Gerade als sie den Waldrand erreicht hatten, prallte ein Vorderrad der Kutsche gegen dürre Äste, die auf die Straße gefallen waren. Der Wagen neigte sich zur Seite, und Tanja fiel mit einem schrillen Schrei vom Kutschbock. Die Pferde, die schon den nahen Stall witterten, zogen an und schleiften die Kutsche hinter sich her. Die Fahrgäste versuchten, die Pferde mit Rufen zum Stehen zu bringen, dann sprangen alle Männer nacheinander mit ihren geladenen Gewehren aus der Kutsche und ließen Sonja allein zurück; sie klammerte sich an ein langes, schweres Sitzkissen. Tolstoi rannte hinter der Kutsche her und rief: »Sonja, Sonja, bleib sitzen. Nicht abspringen!«

Sie konnte sich jedoch nicht mehr festhalten, und wie sie das Lederkissen umschlang, welches sich vom Sitz gelöst hatte, wurde sie aus dem Wagen geschleudert und landete im Obstgarten neben einem verschlammten Graben.

Die anderen eilten Sonja zu Hilfe. Sie befürchteten das Schlimmste, denn schließlich war sie im vierten Monat. Doch sie kam selbst wieder auf die Beine, und wie durch ein Wunder war auch sonst niemand verletzt worden. Aber auf lange Zeit sollte dies Sonjas letzter Jagdausflug bleiben.

Anfang Juni tauchte unerwartet Sergej Nikolajewitsch auf. Tanja war außer sich vor Freude. Obwohl Dr. Behrs der Verbindung immer noch ablehnend gegenüberstand, hatte er seine grundsätzliche Einwilligung gegeben. Nun wurden Pläne geschmiedet für eine Hochzeit auf dem Gut des zukünftigen Bräutigams in der Provinz Kursk. Mascha, so versicherte Sergej dem Bruder, bekäme für sich und die Kinder eine großzügige Abfindung und würde sich zusammen mit ihren Eltern im Zigeunergebiet von Tula niederlassen, wo er sie zum ersten Mal getroffen hatte.

Im Haus ging es von nun an hoch her. Die Gesellschaft trank jeden Abend Champagner – nie Wodka, denn für Sergej Nikolajewitsch war das »der Portierstrunk«. Dann erfuhren sie, daß der in Aussicht genommene Hochzeitstermin zwischen die Feiertage von St. Peter und St. Paul fallen würde und in diesem Zeitraum Trauungen von der Kirche verboten seien. Obgleich das Datum nur um zwei Wochen verschoben wurde, schien diese Verzögerung ein böses Omen zu sein.

Sergej Nikolajewitsch ging für ein paar Tage nach Pirogowo, um, wie er sagte, dort nach dem Rechten zu sehen. Er kehrte in nachdenklicher und etwas geistesabwesender Verfassung zurück, gab ausweichende Antworten, wenn Tanja ihn fragte, warum er denn so niedergeschlagen sei, und reiste bald wieder ab. Ein paar Tage später schrieb er Tolstoi einen herzzerreißenden Brief.

Er war in der Morgendämmerung des Tages nach seiner ersten Abreise zu Maschas Haus in Tula gefahren, hatte es leise betreten und sie in ihrem Zimmer beim flackernden Schein der Ikonenlampe im Gebet vor dem Heiligenbild kniend angetroffen. Ihr dichtes, schwarzes Haar hing offen bis zu den Hüften; ihr Gesicht war blaß und verzerrt, ihre Augen verweint. Als sie sich beim Geräusch seiner Schritte umwandte und verzweifelt zu ihm aufschaute, wußte er, daß er sie nicht verlassen konnte, daß er sie heiraten und die Kinder für ehelich erklären lassen mußte. Seine Liebe zu Tanja sei zwar eine »einmalige Liebe, die nie wiederkommen und nie vorbei oder vergessen sein wird«, aber vielleicht zum ersten Mal in seinem Leben stellte er sein Pflichtgefühl über alles andere.

Sergej Nikolajewitschs Entscheidung wurde Tanja von einem aufgewühlten Tolstoi überbracht. Sie griff daraufhin zu der einzigen Möglichkeit, die es damals für eine verschmähte Frau gab, ihr Gesicht zu wahren: Sie lehnte Sergejs Heiratsantrag formell ab. Tagelang wanderte Tanja in einem so schwermütigen Zustand in Jasnaja Poljana herum, daß Sonja Angst hatte, sie alleinzulassen. Dann, zwei Wochen, nachdem ihre Ablehnung geschrieben und akzeptiert worden war, schluckte Tanja spät in der Nacht eine große Dosis *allum*, eine giftige Mischung, die in der Küche als Reinigungsmittel verwendet wurde. Als die Schmerzen und die Übelkeit einsetzten, lief sie schreiend aus ihrem Zimmer. Die Hausbewohner waren schnell wach und schickten sogleich nach Agatha Michailowna.

Die alte Dienerin braute die ganze Nacht hindurch Kräutertees und flößte sie Tanja ein, die sich unter Krämpfen erbrach. Tante Toinette und Natalia Petrowna verbrachten Stunden auf den Knien vor den Ikonen ihrer Schutzheiligen. Als Dr. Schmigaro in der ersten Morgendämmerung eintraf, schwebte Tanja noch immer in Lebensgefahr; der Arzt äußerte jedoch die Hoffnung, daß sie bei richtiger Pflege überleben werde. Eine Woche lang betreute Sonja ihre hoch fiebernde Schwester; sie wich nicht von ihrer Seite und schlief in dem Sesselbett, das sie bei ihrem ersten Besuch in Jasnaja Poljana benutzt hatte. Schließlich legte sich Tanjas Fieber. Sie fühlte sich zwar noch sehr schwach, aber der kritische Punkt war überstanden. Den Tolstois nahm sie das Versprechen ab, Sergej nichts von ihrem Selbstmordversuch zu erzählen, und diese hielten Wort. Ende August war Tanja so weit wiederhergestellt, daß die nach Moskau zurückkehren konnte; Tolstoi begleitete sie, kehrte aber schon nach wenigen Tagen zu Sonja zurück.

Zwei Monate später machte Tolstoi eine seiner selten gewordenen Tagebucheintragungen: »Die Beziehung zwischen Sonja und mir hat sich gefestigt, ist dauerhafter geworden. Wir lieben einander, das heißt, wir sind einander teurer, als uns jeder andere Mensch auf der Welt ist . . . Wir haben keine Geheimnisse voreinander.«

Je mehr Sonja ein Teil seiner Arbeitswelt wurde, desto stärker liebte sie ihn, aber manchmal regte sich doch so etwas wie Eifersucht in ihr. Ab und zu dachte sie daran, selbst zu schreiben, setzte diese Idee aber nicht in die Tat um. Die ungeheure Wortgewalt ihres Mannes und seine Fähigkeit, die Gedanken und Gefühle seiner Figuren zu durchdringen, machten ihr unfreiwillig die Grenzen ihrer eigenen, bescheidenen Begabung bewußt. Außerdem hatte sie, was vielleicht noch wichtiger war, das Gefühl, Tolstoi habe bereits Besitz ergriffen von jener Welt, die sie beschrieben hätte, und alle ihre Erfahrungen in sich aufgenommen. In seinem neuen Roman erschienen Szenen aus ihrer Kindheit und Jugendzeit; Tag für Tag schrieb sie Seiten ab, die Gestalten zum Leben erweckten, denen ihre Mutter, ihr Vater, Lisa, Tanja und sie selbst Modell gestanden hatten.

Als die Gestalt der Natascha sich entwickelte, sah Sonja eine zweite Tanja vor sich. Alles, was Natascha tat, entsprach genau Tanjas Naturell. Und so machte sie sich natürlich manchmal Gedanken über die Gefühle ihres Gatten gegenüber ihrer Schwester. Aber als sie Tolstois hinreißende Beschreibung seiner Heldin kopierte, gewann sie die Überzeugung, Natascha sei zwar nach Tanjas Vorbild gestaltet, aber doch mehr seine eigene romantische Erfindung als Wirklichkeit.

Tanja und Tolstoi verband eine *amitié amoureuse*, eine »liebevolle

Leo Tolstoi und Maxim Gorki (1900).

Freundschaft«. Er reagierte auf ihre unerwarteten Ausbrüche, ihre wilde Begeisterung und ihre Sorglosigkeit mit gutmütigem Humor. Und wenn Tanja einmal schlechter Laune war, konnte er mit Späßen ein Lächeln herbeizaubern, zuerst ein recht mürrisches, das sich dann langsam vertiefte, bis sie schließlich mit ihm zusammen lachte. Sie war fröhlich, schön und klug, und sie war durch und durch weiblich. Tanja konnte den ganzen Tag jagen, fischen und reiten, und die ganze Nacht lachen, reden, tanzen und singen. Und wie sie sang! Sie hatte vielleicht nicht die volle Stimme für die Oper, aber ihr Ton war so reich und ihre Interpretation so anmutig, als schwinge ihre Seele in ihrer klaren, silberhellen Stimme mit.

In ihrem Schmerz über den Verlust Sergejs sang Tanja in jenem Sommer wie nie zuvor. An den warmen Abenden versammelten sich die Familien und die Gäste im Gesellschaftszimmer, dessen geöffnete Fenster den Abendwind einließen. Leo Nikolajewitsch begleitete sie am Klavier. Sonja betrachtete ihren Mann, »über die Tasten gebeugt, den Rücken gespannt vor Anstrengung«, wie er zu Tanjas glühendem jungen Gesicht aufschaute, und sie verstand nicht nur die große Freude, die Tanjas Gegenwart und ihr Vortrag ihm bereiteten, sondern sie teilte diese auch. Als Sonja im Oktober eine Tochter zur Welt brachte, wurde sie Tatjana genannt – nach ihrer jungen Tante.

Diese Geburt war leichter verlaufen als die erste, und Sonja stellte auch mit großer Erleichterung fest, daß sie den Säugling wirklich stillen konnte. Je mehr sie zu tun hatte, desto mehr schien sie aufzublühen. Wenn Tolstoi morgens auftauchte, immer noch im Morgenrock und mit ungekämmtem Bart, hatte Sonja bereits die kleine Tatjana gestillt, den Speiseplan für den Tag aufgestellt, dem Hauspersonal die Arbeit zugewiesen und goß im Gesellschaftsraum den Frühstückstee ein. Wenn er sich zu ihr, Tante Toinette und Natalia Petrowna gesellte, wollte er sich nie setzen. Er stand in der Tür und steckte meist die eine Hand in den Ledergürtel, der seinen graublauen Kasack zusammenhielt, während er mit der anderen ein volles Teeglas in einer silbernen Fassung hielt. Manchmal verbrachte er so eine halbe Stunde stehend und redete, ohne zu merken, daß sein Tee kalt wurde.

Sonja trieb ihn dann schließlich in sein Arbeitszimmer, das sich unter dem Gesellschaftszimmer im Erdgeschoß befand und an die Eingangshalle grenzte. Eine Trennwand aus Bücherregalen unterteilte das Arbeitszimmer, dessen Wände geschmückt waren mit Geweihen aus dem Kaukasus und dem ausgestopften Kopf eines Hirschs, an dem er sein Handtuch aufhängte. Daneben gab es noch Fotos von Dickens, Schopenhauer und Fet als jungem Mann sowie ein Bild vom

Sowremennik*-Kreis aus dem Jahre 1856. In einer Nische stand eine Marmorbüste seines geliebten Bruders Nikolai. Sie war nach seiner Totenmaske gefertigt, und Tolstoi fand, daß sie große Ähnlichkeit mit dem Verstorbenen besaß. Das liebe, traurige Gesicht, das ohne den Bart so nackt aussah, rührte Sonja stets.

Sonja bestand darauf, daß nach Tolstois Betreten des Arbeitszimmers bis nachmittags um drei oder vier Uhr im Haus Ruhe herrschte. Der Boden im Erdgeschoß mußte vor dem Frühstück geputzt werden, und niemand durfte während Tolstois Arbeitszeit die vordere Eingangstür benutzen. Wenn er fertig war, gab er ihr die Blätter und brach mit Dora und seinem Gewehr auf zur Jagd, zum Reiten oder machte einfach einen Spaziergang. Zum Abendessen verspätete er sich oft und murmelte dann seine Entschuldigung, während er aus einem silbernen Becher Weinbrand trank.

Das Leben mit Tolstoi unterschied sich zwar sehr von ihren romantischen Träumen darüber, aber Sonja war zufrieden. Doch in der ersten Oktoberwoche, kurz nach Tatjanas Geburt, zog eine neue Familienkrise herauf.

Tolstoi ging frühmorgens mit einem etwas launischen Pferd auf die Jagd. Als plötzlich ein Kaninchen aus dem Gebüsch sprang, setzte Tolstoi ihm im Galopp nach. Vor einem schmalen, aber recht tiefen Graben verweigerte das Pferd den Sprung, blieb abrupt stehen und schleuderte so den Reiter zu Boden. Tolstois rechter Arm war mehrfach gebrochen, seine Schulter ausgerenkt. Er schleppte sich zu der etwa eine halbe Werst entfernten Hauptstraße. Dort begegnete er einigen Bauern, die ihn auf einen Karren luden und in ihre Hütte brachten. Dr. Schmigaro kam und versuchte achtmal ohne Erfolg, den Arm einzurichten. Tolstoi verbrachte die Nacht in der Bauernkate und wartete unter schrecklichen Schmerzen auf den neuen, jungen Arzt aus Tula. Dieser traf am folgenden Morgen ein; er brachte Chloroform mit und konnte schließlich den komplizierten Bruch einrichten. Vier Wochen danach gelang es Tolstoi immer noch nicht, den Arm zu heben, und er begann zu fürchten, daß ihn der Unfall für immer zum Krüppel gemacht hatte.

Da er nicht schreiben konnte, diktierte er Sonja jetzt. Er ging dabei auf und ab und stützte den verletzten Arm mit dem gesunden. Er sprach stoßweise und überstürzt, so daß Sonja große Mühe hatte mitzukommen. Bis auf die immer wiederkehrende Anweisung »Streich

---

* Die von Puschkin 1836 in Petersburg begründete literarisch-politische Zeitschrift *Sowremennik* (»Der Zeitgenosse«) wurde in den 60er Jahren ein bedeutendes Organ der revolutionären Demokraten und 1866, nach einem Attentat auf Zar Alexander II., verboten.

das aus« nahm er sie stundenlang gar nicht wahr, dann sank er in einen Sessel und beendete die Arbeit mit den Worten »Ich habe dich genug gequält«. Sonja nahm dann die eilig hingeworfenen Notizen, setzte sich an ihren Schreibtisch, kopierte sie und las sie ihm, wenn er sich ausgeruht hatte, vor, damit er sie mit ihrer Hilfe redigieren konnte.

Tolstoi mißachtete die Anweisungen des jungen Arztes aus Tula und ging schon bald wieder auf die Jagd, wobei er unvorsichtigerweise sogar seinen Gipsverband zerbrach. Diese neue Verletzung fügte seinem Arm noch mehr Schaden zu. Sonja verlangte nun, daß er nach Moskau reise, um dort einen guten Freund ihres Vaters zu konsultieren, den berühmten Chirurgen Alexander Petrowitsch Popow. Sie selbst müsse natürlich in Jasnaja Poljana bleiben. Tolstoi plante, den gesamten ersten Teil von *1805* mitzunehmen, dessen Abschrift Sonja gerade in größter Eile fertigstellte. Sein Drängen irritierte sie, denn der eine oder andere Abschnitt bedurfte noch der Überarbeitung. Aber diese gelegentlichen Unebenheiten störten ihn nicht weiter; er wollte seinen neuen Roman unbedingt gedruckt sehen.

»Ich bin noch am Überlegen, wo und wie ich ihn veröffentlichen soll«, schrieb er Michail Nikiforowitsch Katkow, dem Herausgeber und Redakteur des »Russischen Herold«. »Von allen Zeitschriften wäre mir der ›Russische Herold‹ für einen Abdruck am liebsten, weil er das einzige Journal ist, das ich beziehe und lese. Mir liegt daran, möglichst viel Geld für diesen Roman zu bekommen, den ich besonders liebe und der mich viel Mühe gekostet hat. Für den Abdruck in einer Zeitschrift möchte ich 300 Rubel pro Bogen (Sie sind der erste und wahrscheinlich auch der letzte, dem ich dieses Angebot mache). Andernfalls werde ich ihn in Einzelbänden veröffentlichen.«

Am 20. November traf Tolstoi zusammen mit Alexej Stepanowitsch in Moskau ein. Er suchte Popow und verschiedene andere Chirurgen auf. Popow sprach sich für eine sofortige Operation aus, die anderen Ärzte empfahlen – da sie von einem chirurgischen Eingriff nichts mehr hielten – lediglich Dampfbäder und Massagen zur Schmerzlinderung.

Tolstoi zögerte die Entscheidung über eine Woche lang hinaus. Er hatte Angst davor, betäubt und operiert zu werden. Gleichzeitig entsetzte ihn der Gedanke, für immer verkrüppelt zu sein, wenn er die einzige Chance nicht nutzte, die ihm Dr. Popow bot. Schließlich fragte er Tanja nur halb im Scherz, ob es ihrer Meinung nach schwer wäre, einen »verkrüppelten« Ehemann zu haben.

Tanja dachte ernsthaft über die Frage nach. »Offen gestanden, einen Ehemann mit nur einem Arm zu haben, wäre etwas unangenehm und peinlich«, erwiderte sie.

»Warum?« fragte er.

»Wenn die notwendige männliche Stärke fehlt, würde dies zu einer Schmach für den Mann und damit schließlich auch für die Ehefrau werden.«

In jener Nacht diktierte Tolstoi einen Brief an Sonja: »Allein der Gedanke, ich könnte mich vor Chloroform und den Operationen fürchten, sollte mich beschämen«, gab er zu. »Es wäre scheußlich, den Arm nicht mehr gebrauchen zu können – nicht so sehr für mich, sondern wirklich eher für Dich, das hat mir ein Gespräch mit Tanja klargemacht.« Dann fügte er noch hinzu: »Katkow hat allen meinen Bedingungen zugestimmt, und das blöde Feilschen ist damit zu Ende. Als ich aber meine Aktentasche leerte . . . wurde ich aus demselben Grund traurig, aus dem Du böse bist – daß ich nun nicht mehr in der Lage bin, das Manuskript zu überarbeiten, damit es sich noch besser liest.«

Am folgenden Tag unterzog Tolstoi sich der Operation. Sie wurde in Ljubow Alexandrownas Schlafzimmer vorgenommen, das man vorher ausgeräumt und gründlich gesäubert hatte. Es waren drei Chirurgen anwesend – Popow und zwei Assistenten – sowie zwei Diener der Behrs, die mithelfen sollten, den verletzten Arm zurechtzuziehen und den falsch zusammengewachsenen Knochen zu brechen. Ljubow Alexandrowna, Alexej Stepanowitsch und Tanja waren ebenfalls da. Man setzte Tolstoi in einen großen Sessel, gab ihm Chloroform und begann mit der Prozedur. Tolstoi war indessen nicht stark genug betäubt worden und »sprang plötzlich auf, kreidebleich, mit weit aufgerissenen, irren Augen, schleuderte den Chloroformbeutel von sich und schrie, halb bewußtlos, mit gellender Stimme: ›Meine Freunde, so kann man nicht leben . . . Ich glaube . . . Ich habe beschlossen . . .‹ Er verstummte. Man drückte ihn in den Sessel zurück und tröpfelte mehr Chloroform auf den Beutel. Da schwand ihm endlich das Bewußtsein.« Man merkt Tanjas Bericht die Erschütterung über das Geschehen an.

Doch der Eingriff war erfolgreich, obwohl Tolstoi mehrere Tage lang fieberte und Schmerzen hatte. Als er schließlich den Arm wieder gebrauchen konnte, kehrten auch seine Lebensgeister rasch zurück. Er war in der Lage zu schreiben, wenn auch mit zittriger, kaum leserlicher Hand. So bald wie möglich wollte er zu Sonja zurückkehren. Jeden Tag brachte ihm der Postbote lange Briefe von ihr, die Neuigkeiten von den Kindern und vom Hof enthielten sowie gute Ratschläge für seine schriftstellerische Arbeit. Zehn Tage nach dem Eingriff saß er schon wieder in der Tschertkow- und Rumijantsew-Bibliothek. Alexej Stepanowitsch machte mit ihm zwei- bis dreimal täglich Bewegungsübungen; den bandagierten Arm trug er in einer Schlinge. Tolstoi ging spazieren und las, aber er langweilte sich und wartete nur darauf, daß der Arzt bestätigte, alles sei in Ordnung. Mit Popow war ein Termin für den 12. Dezember vereinbart worden, und am 7. Dezember schrieb Tolstoi: »Oh, Sonja, wenn diese fünf Tage doch schneller vorübergehen würden . . .«

Sonja hatte ihren Platz im Leben ihres Mannes gefunden. Während einer Reihe von Jahren würde Tolstoi sich nun ganz auf sie verlassen, um frei von allen physischen und psychischen Belastungen arbeiten zu können. Der einzige Rivale, mit dem sie die Gunst ihres Mannes teilen mußte, war der Roman *1805*, aber sie fühlte, daß sie unverzichtbarer Teil seiner Entstehung war, fast so, als wäre er ihr gemeinsames Kind, das in diesem Fall von ihm bemuttert wurde.

DRITTER TEIL

1865 – 1877

Die Gewohnheit der Liebe

Er sagt oft, dies sei in Wirklichkeit nicht Liebe, sondern bloß Gewohnheit, und wir könnten jetzt ohne
einander nicht mehr auskommen. Und doch liebe ich
ihn immer noch auf dieselbe ruhelose, leidenschaftli-
che, eifersüchtige und poetische Weise . . .

Gräfin Tolstaja

Leo und Sonja Tolstoi um 1900.

10

Dezember 1864. Der Morgen dämmerte. Heute sollte Tolstoi nach Jasnaja Poljana zurückkehren, und da die Straßen noch gut passierbar waren, würde er sich wohl nicht verspäten.

In Gedanken versunken saß Sonja vor dem eben entfachten Feuer im Gesellschaftszimmer von Jasnaja Poljana und schmiedete Zukunftspläne.

Ihr Onkel Kostja hatte einige Skizzen geschickt und dargelegt, wie man das Haus relativ billig renovieren könnte; vor allem war an einen neuen Salon und ein größeres Arbeitszimmer für Leo Nikolajewitsch gedacht. Wenn *1805* bei den Kritikern gut ankäme und der geschäftliche Erfolg sich einstellte, könnte man die Arbeiten ausführen lassen und dazu noch neue Möbel anschaffen. Und das Buch würde natürlich ein Erfolg werden. So sehr sie zuweilen an sich selbst zweifelte, so überzeugt war sie vom Werk ihres Mannes. Gott sei Dank war sie im Moment weder krank noch schwanger. Sie war bestürzt, wenn sie daran dachte, wie viele Monate ihrer Ehe sie in jenem Zustand verbracht hatte. Sie liebte ihre Kinder Serjoschka und Tanja, wie sie ihr Nesthäkchen nannte, von Herzen, war froh und glücklich mit ihnen – aber war sie auch noch begehrenswert? Sie hatte durch die beiden Schwangerschaften zugenommen; der Taillenumfang von fünfzig Zentimetern, auf den sie so stolz gewesen war, gehörte längst der Vergangenheit an. Und die praktischen grauen Wollkleider, die sie jetzt stets trug, hätte sie noch vor zwei Jahren niemals angezogen. Doch ihre Haut war immer noch rein und weiß, ihr dunkles Haar und ihre Augen glänzten, und wenn sie lächelte, verlieh das Grübchen ihrem Gesicht einen pikanten Charme. Alles in allem war Sonja mit ihrem reiferen Aussehen zufrieden; der vollere Busen war attraktiv, und ihr neues Selbstvertrauen verfehlte seine Wirkung nicht. Aber die Unbeschwertheit und der Übermut ihrer Mädchenzeit waren ein für alle Male dahin.

Gegen Mittag bedeckten dunkle, schnell dahinziehende Wolken

den Himmel. Ein scharfer Wind war aufgekommen, der durch die Äste fegte und sie ihrer letzten Blätter beraubte. Ein schwerer Sturm zog sich zusammen, und Tolstoi war immer noch von Tula nach Jasnaja Poljana unterwegs.

Seit Tolstois Unfall lebte Sonja in ständiger Angst, es könnte ihm wieder etwas zustoßen. Jetzt packte sie geradezu Entsetzen. Stundenlang wanderte sie von einem Zimmer ins andere, sah immer wieder aus dem Fenster und versuchte, in dem wolkenbruchartigen Regen etwas zu erkennen, horchte auf das Geräusch von Wagenrädern und war zu nichts anderem mehr imstande als zu »sinnlosem Beten«. Schließlich hörte der Regen auf, aber ein tosender Wind trieb immer noch schwere Wolken über den rußfarbenen Himmel. Am späten Nachmittag traf Tolstoi endlich ein: Er hatte vom Regen nichts abbekommen, war jedoch völlig erschöpft. Der Sturm hatte seine Kutsche hin und her gestoßen, wobei er an seinem verletzten Arm schmerzhafte Quetschungen davongetragen hatte.

»Der Graf ist alt geworden«, flüsterte Dunjascha Sonja zu, als er sich im Wohnzimmer langsam und mit einem tiefen Seufzer in seinem Lieblingssessel niederließ. Der Samowar dampfte, und alle Hausgenossen versammelten sich um Tolstoi. Als er all ihre Fragen nach seinem, Dr. Behrs und Tanjas Befinden beantwortet hatte, erzählte er ihnen, er habe einen Teil seines Romans kurz vor seiner Abreise aus Moskau im Hause von Basil Perfiljew vorgetragen. Seine Zuhörer, unter ihnen auch Tanja und Lisa, hätten die Beschreibung von Anna Pawlownas Abendgesellschaft besonders amüsant gefunden und bemerkt, die gesamte Familie Rostow käme ihnen ganz lebensecht vor. Tanja erklärte, Vera sei ein Abbild von Lisa, und obwohl es sie verwirrte, wie sehr Natascha ihr selbst ähnelte, lachte sie doch vergnügt, als Mimi, die Lieblingspuppe ihrer Kindheit, in der Handlung vorkam. Tanja hatte außerdem festgestellt, die Romanfigur Boris gleiche Poliwanow im Aussehen wie auch im Auftreten.

Als er dem Zuhörerkreis mitteilte, daß die erste Folge in ein paar Wochen erscheinen werde, meinte einer, da habe man ja einen spannenden Zeitvertreib für den Winter – jeder würde eifrig bemüht sein, in der Wirklichkeit das Gegenstück zu den einzelnen Romanfiguren zu finden. Diese Bemerkung hatte Tolstoi ziemlich aus der Fassung gebracht. »Ich würde mich schämen, etwas zu veröffentlichen, wenn meine ganze Arbeit nur darin bestünde, ein Porträt der Wirklichkeit zu zeichnen«, erklärte er später einmal.

Bevor Sonja sich in jener Nacht zurückzog, schrieb sie noch an ihre Schwester Tanja, die Tolstoi in Moskau gepflegt und umsorgt hatte: »Du kannt Dir nicht vorstellen, Tanja, wie glücklich und zufrieden ich jetzt wieder bin. Doch während ich Dir dies mitteile, muß ich gleich denken: Wie geht es meiner armen Tanja? Was soll werden, mein Liebling? Wie gern würde ich Dir zum Glück verhelfen, aber wie soll ich es anstellen?«

In einem Postskriptum fügte Tolstoi hinzu: »Ich wollte noch etwas hinzusetzen, habe aber nach der Lektüre von Sonjas schlaftrunkenem Brief nichts mehr zu sagen. Sie versteht es, auf warmherzige, einfache Weise zu lieben und dies besser zum Ausdruck zu bringen, als ich es je vermöchte ... Schreib uns öfter, Liebes. Alles, was Dich betrifft, interessiert mich ... Was macht Dein Liebeskummer, wird es besser damit? Versuche, ihn zu verbergen, Tanja. Spiel Chopin und sing. Verlier Dich nicht, und wenn dann Glück oder Traurigkeit auf Dich zukommt, kannst Du dem einen wie dem anderen tapfer entgegensehen.«

Tanja ging es jedoch nicht gut; Ljubow Alexandrowna schrieb, ihr seelisches und körperliches Befinden habe sich seit Tolstois Abreise verschlechtert. Sie war abgemagert und blasser geworden, auch reizbar und bitter. Keinem gelang es, sie aus dem Haus zu locken – selbst die fröhlichsten Feste ließen sie kalt. Sie verbrachte die Abende auf ihrem Zimmer mit ihrer Zofe Feodora und hörte beim Licht der Ikonenlampen schläfrig den Geschichten der früheren Leibeigenen über das Landleben zu.

Sobald die Weihnachtsfestlichkeiten vorüber waren, konzentrierte Tolstoi sich wieder ganz auf die bevorstehende Veröffentlichung von *1805*.

Der erste Teil sollte Ende Januar und Mitte Februar 1865 in zwei Nummern des »Russischen Herold« erscheinen. Noch nie war Tolstoi um eine Veröffentlichung so besorgt gewesen. Der zweite Teil des Buches, etwa so lang wie der erste, würde bald fertig sein; Tolstoi drängte sich und Sonja zur Eile, damit das Werk noch vor Erscheinen des ersten Teils ganz beendet wäre. Besonders am Herzen lag Tolstoi auch die Einleitung zum Buch – drei Entwürfe mußte Sonja abschreiben, bevor er zufrieden war. Ihm lag daran, seinen Lesern verständlich zu machen, daß das Buch zwar »am ehesten einem Roman oder einer Erzählung glich«, aber kein Roman war, weil er nicht wußte, »wie die Figuren ... innerhalb des vorgegebenen Rahmens zu begrenzen« wären.

Auch schrieb er vielen, deren kritisches Urteil er respektierte, und bat sie, nach der Veröffentlichung ihre »freimütige Meinung« zu äußern. In einem Brief an Fet heißt es:

In wenigen Tagen erscheint die erste Hälfte des ersten Teils von *1805*. Bitte schreiben Sie mir möglichst ausführlich Ihre Meinung. Ihr Urteil und das eines Menschen, den ich nicht mag, schätze ich immer mehr, je älter ich werde – ich meine Turgenjew. Er wird mich *verstehen*.

Was ich in der Vergangenheit veröffentlicht habe, betrachte ich heute als bloße Schreibübung, als grobe Skizze. Was ich jetzt veröffentliche, gefällt mir zwar besser, kommt mir aber immer noch schwach vor . . . Doch was dann folgt, ist – gewaltig!!! Schreiben Sie mir, was man verschiedenenorts darüber sagt, und vor allem wie es auf die breite Masse wirkt.

Und seiner Kusine Alexandra schrieb er: »In diesen Tagen erscheint der erste Teil meines Romans *1805*. Ich wollte, Sie gewännen diese meine Kinder lieb. Es sind prächtige Menschen darunter. Ich liebe sie sehr!«

Tolstois Arm heilte nicht so schnell, wie er gehofft hatte, und das bitterkalte Wetter, das bald nach seiner Rückkehr eingesetzt hatte, erschwerte den Genesungsprozeß. Doch als die Korrekturabzüge von *1805* eintrafen, machte sich Tolstoi sofort an die Überarbeitung. Schließlich waren die Fahnen derart mit Verbesserungen übersät, daß sie nicht gleich zurückgeschickt werden konnten, weil Sonja zuerst das Durcheinander von nahezu unleserlichen Zeilen, Wörtern, Einschüben und Pfeilen entwirren und die Korrekturen auf einen zweiten Abzug übertragen mußte. Mehrere Nächte lang saß sie fast bis zur Morgendämmerung über der Arbeit, und erschöpft legte sie schließlich den Text auf Tolstois Schreibtisch, damit er ihn zum letzten Mal durchgehen konnte, bevor sie ihn an Katkow schickte.

Am Nachmittag jenes Tages händigte Tolstoi ihr die Abzüge aus – wieder waren sie mit fast nicht zu entziffernden Korrekturen bedeckt und versehen mit der Entschuldigung: »Sonja, Liebe, verzeih mir; wieder habe ich Deine Arbeit zunichte gemacht. Ich werde es nie mehr tun. Wir werden sie morgen abschicken.«

Dann blieb nur noch das Warten auf die ersten Besprechungen.

Der anonyme Verfasser der ersten Kritik von *1805* lobte die Schlachtenszenen, zitierte einige sogar ausführlich und schloß: »Die vom Grafen Tolstoi geschaffenen Figuren sind zeitlos; sie prägen sich einem tief ins Gedächtnis ein, und man wird sich nicht nur eine Saison lang an sie erinnern.«

Turgenjew hingegen schrieb Fet, der erste Teil des Buches sei »schwach, weitschweifig und mißlungen«. Als Tolstoi davon erfuhr, ärgerte er sich nicht wenig. Später, als er das ganze Buch kannte, änderte Turgenjew seine Meinung darüber grundlegend.

Sonjas Bruder Sascha bekam Ende Februar Urlaub und besuchte sie in Jasnaja Poljana. Auch er hatte mit seinen Berichten aus dem Alltag bei der Armee einigen Stoff für Tolstois Roman geliefert. Ein »erdichteter« Vorfall beschrieb ein tatsächliches Ereignis mit solcher Genauigkeit, daß Tolstoi Sascha eigens um die Erlaubnis bat, die Geschichte im Buch verwenden zu dürfen. Am Tag, als die Nummer mit der zweiten Teilveröffentlichung auf der Post in Tula eintreffen sollte, war Tolstoi schon früh aus dem Bett. Noch im Nachthemd ging er in Saschas Zimmer und bat ihn, die Sendung in Tula abzuholen. Draußen kündigte der Nebeldunst einen kalten Tag an, und Sascha war nicht darauf erpicht, sein warmes, weiches Bett zu verlassen. Da rief Tolstoi ungeduldig: »Du willst ein General der Infanterie werden? Ja? Nun, ich will ein General der Literatur werden! Geh sofort los und hol mir das Blatt!«

Sascha gehorchte.

Zu den beiden Fortsetzungsfolgen gab es eine ganze Reihe positiver Besprechungen. Es wurde jedoch auch Kritik geäußert, vor allem von jenen liberalen Intellektuellen, die sich auf Tolstois breitem Gesellschaftsgemälde vermißten. Außerdem wurden ihm unter anderem historische Ungenauigkeiten und übermäßige Verwendung des Französischen vorgeworfen.

Während der ersten schönen Frühlingstage traf die traurige Nachricht vom Tod des jüngsten Kindes von Sergej Nikolajewitsch und seiner Zigeunerin ein. Dieses Ereignis hatte zur Folge, daß Sergej Nikolajewitsch seine Aufmerksamkeit wieder Tanja zuwandte und in seinem Entschluß, Mascha zu heiraten, wankend wurde. Tanja machte sich erneut Hoffnungen und dachte an eine Rückkehr nach Jasnaja Poljana. Während sie Vorbereitungen für ihre Abreise aus Moskau traf, schmiedete Tolstoi Pläne für einen Moskauaufenthalt im nächsten Winter.

»Er wird wahrscheinlich in Moskau glücklicher sein«, hatte Sonja am 25. Februar in ihr Tagebuch geschrieben, »und ich werde so tun, als ziehe es mich auch dorthin. Ich habe ihm gegenüber nie meine Eitelkeit und meinen kleinmütigen Neid eingestanden. Aber in Moskau werde ich mich schämen, weil ich keine schöne Kutsche mit einem Zweiergespann, keinen Lakaien in Livree habe, keine prächtigen Kleider und kein schönes Haus und was sonst noch dazugehört. Es ist erstaunlich, wie wenig Ljowa derlei Dinge bedeuten.«

Aber Tolstoi war sich seiner relativ armseligen Verhältnisse stärker bewußt, als sie ahnte. Er fühlte sich außerdem Sonja für ihre Mitarbeit zu großem Dank verpflichtet, doch gleichzeitig war ihm diese Abhängigkeit zuwider. Seine Frustration und seine Verärgerung erreichten beim Eintreffen der wenigen negativen Kritiken zu *1805* ihren Höhepunkt, und wie üblich ließ er seinen Zorn an ihr aus – vor allem auch durch erneutes sexuelles Desinteresse.

Von seiner Ablehnung verblüfft und von seinen sarkastischen und manchmal unbarmherzigen Bemerkungen verletzt, schrieb sie am 6. März in ihr Tagebuch:

Ich spüre, daß er die Kraft und das Leben selbst ist; ich hingegen bin nur ein kriechender Wurm, der sich von ihm nährt. Ich fürchte mich vor der Schwäche . . . und schäme mich. Ljowas letzte Attacke tut mir immer noch weh . . . was soll werden, wenn seine Zuneigung nie mehr zurückkehrt? . . . Heute abend kam mir alles so seltsam vor. Er ging aus, ich blieb hier, und um mich war alles still. Die Kinder schliefen tief. Die Zimmer oben sind so neu und sauber und leer . . . Ich fürchte mich fast vor dem Geräusch meiner Schritte, und ich wage kaum zu atmen. Dann kehrte Ljowotschka zurück; gleich wurde alles heiter und hell. Er brachte den würzigen Duft frischer Luft mit, ja, mir erscheint er selbst wie frische Luft.

Und zwei Tage später:

Ljowa ist fröhlich, mir gegenüber aber immer noch kühl und gleichgültig. Ich getraue mich nicht zu sagen, er *liebt mich nicht,* aber der Gedanke quält mich fortwährend, und meine Unsicherheit macht mich in seiner Gegenwart schüchtern . . . Ich begann mich zu fragen, ob er sich vielleicht mit A [ksinja] trifft. Dieser Gedanke hat mich den ganzen Tag gequält . . . Jedesmal, wenn Ljowa abweisend zu mir ist oder ich schlechter Laune bin, muß ich unwillkürlich daran denken. Aber wenn er jetzt plötzlich zurückkäme und mir sagte . . . aber nein, was für ein schrecklicher Unsinn, ich schäme mich deswegen und sollte diesen bösen Gedanken beichten, der mir, wenn auch nur dunkel und undeutlich, den Kopf schwer macht.

Doch nach einigen weiteren Tagen quälender Ungewißheit – »Ljowa bringt mich noch um mit seiner Gleichgültigkeit und Interesselosigkeit« – und sinnloser Selbsterniedrigung – »Ljowa hat damit begonnen, alle meine Schwächen aufzudecken. Langsam glaube ich, daß sehr wenig Gutes in mir steckt« – besserte sich ihr Verhältnis wieder, ja wird »gut und unkompliziert; er sagt, er sei in diesen Tagen mit sich selbst sehr unzufrieden gewesen. Ich liebe ihn schrecklich.«

Tolstois Reizbarkeit rührte hauptsächlich daher, daß er den Eindruck hatte, mit dem dritten Teil seines Buches zu langsam voranzukommen. Am 7. März notierte er in seinem Tagebuch: »Schreibe, überarbeite. Alles ist klar, aber das Ausmaß der bevorstehenden Arbeit erschreckt mich.« Am 19. März erwog er, *1805* beiseite zu legen und mit einem neuen Roman zu beginnen – »eine psychologische Geschichte über Alexander und Napoleon« –, doch aus dem neuen Projekt wurde nichts. Am 28. März gestand er: »Es geht schlecht mit dem Schreiben.«

Tanja traf am 17. April ein und hatte offensichtlich ihre alte Fröhlichkeit wiedergewonnen. Maria Nikolajewna kam mit ihren beiden Töchtern, die Familie Djakow, Fet und seine Gattin sowie Sergej Nikolajewitsch erschienen oft zu Besuch.

Jasnaja Poljana war voll Lachen, angeregter Konversation und hoffnungsfroher Frühlingsstimmung. Dora warf vier Welpen, und die »Familie« wurde unter allgemeiner Anteilnahme in Agatha Michailownas schmuddeligem Zimmer untergebracht. Die unbeschwerte Atmosphäre wirkte auch belebend auf Sonja. Ihre Depressionen waren jedoch nicht völlig verschwunden, und sie hatte mit Tanja eine ernste Auseinandersetzung – »weil sie ihre Nase zu sehr in Ljowas Angelegenheiten steckte«.

Tanja und Tolstoi gingen oft zusammen auf die Jagd und unternahmen gemeinsame Ausritte und Spaziergänge. Obwohl Sonja ihr erlaubte, bei diesen Ausflügen ihre Stute Belogubka zu reiten, flammte in ihr ab und zu die Eifersucht auf, und am 3. Mai schrieb sie: »Die beiden sind zusammen in den Wald gegangen. Mir fahren die seltsamsten Gedanken durch den Kopf.«

Tanjas Koketterie ging Sonja mehr und mehr auf die Nerven, und obwohl es zwischen den beiden Schwestern zu keinem Eklat kam, ließ die Spannung doch erst nach, als am 9. Juni endgültig beschlossen wurde, daß Tanja und Sergej Nikolajewitsch in zwanzig Tagen in Nikolskoje heiraten sollten. Alle Hausgenossen würden zur Hochzeit nach Nikolskoje fahren und dann dort die Sommermonate verbringen. Voller Freude machte Sonja sich an die Reisevorbereitungen. Mißmut und Eifersucht waren erst mal für eine Weile vergessen. Wenn sie ihre leichten Sommerkleider trug, fühlte sie sich wieder jung und tatkräftig und zeigte eine neue Eigenständigkeit. Ohne Tolstoi vorher zu fragen, tauschte sie sein hartes Lederpolster gegen ein seidenbezogenes Daunenkissen aus. Er murrte zwar, als er das erste Mal darauf schlief, aber dann verlor er kein Wort mehr darüber.

In den zwölf Tagen, die der Verlobung von Tanja und Sergej folgten, änderten sich deren Hochzeits- und Zukunftspläne fortwährend. Zuerst hatte Sergej größten Wert auf eine kurze Verlobungszeit gelegt, aber schon einen Tag, nachdem Tanja seinen Heiratsantrag angenommen hatte, meinte er: »Warte noch ein Weilchen, nur ein Weilchen.« Sonja war klar, daß er mit ihrer Schwester spielte, und sie fand sein Verhalten »abscheulich«. Tanja hielt jedoch trotz Sergejs Wankelmütigkeit fest zu ihm – bis er ihr am zwölften Tag gestand, daß er Mascha auch nach der Heirat nicht aufgeben könnte.

Da löste Tanja das Verlöbnis und fiel in völlige Apathie. Ihre vorher schon geschwächte Gesundheit – sie litt unter Hustenanfällen und Atembeschwerden – verschlechterte sich zusehends, und es schien, als lege sich die Schwindsucht wie ein schwarzer Witwenschleier auf sie.

Sonjas Wut über Sergej Nikolajewitsch, der ihrer Meinung nach Tanja hinters Licht geführt und »sich wie der gemeinste Mensch benommen« hatte, war »grenzenlos«, wie sie in ihr Tagebuch schrieb. »Und wenn ich je eine Gelegenheit zur Rache bekomme, werde ich sie ergreifen ... er gab die üblichen Platitüden von sich, machte Zukunftspläne und so weiter – der letzte Charakterlump ... Tanja zeigte in der ganzen Angelegenheit eine wirklich edle Haltung. Sie liebte ihn sehr, er hingegen heuchelte nur. Die Zigeunerin lag ihm mehr am Herzen. Aber Mascha ist eine gute Frau; sie tut mir leid.«

Man beschloß, daß es für Tanja am besten wäre, wenn alle wie geplant nach Nikolskoje gingen. Dieses eher armselige Gut, das etwa neunzig Werst von Jasnaja Poljana entfernt im Distrikt Tschern der Provinz Tula lag, hatte Tolstois Urgroßmutter Gortschakow gehört, und nach dem Tod seines Bruders Nikolai war es an ihn gefallen. Tolstoi hatte sich mehrere Jahre lang unter großen finanziellen Opfern bemüht, es in Gang zu halten. Nun führte es ein vertrauenswürdiger Verwalter, ein Mann namens Orlow, der zu den Bauern gerecht war, es aber auch mit allem sehr genau nahm und wesentliche Verbesserungen eingeführt hatte. Diese guten Ansätze wurden jedoch von einer verheerenden Dürre bedroht, die seit Frühjahrsbeginn in der Provinz Tula herrschte. Die erste Ernte war ausgefallen, und Tolstoi hatte Fet geschrieben, er fürchte, »der böse Teufel Hungersnot [sei] schon am Werk«. Wenn auch die ausgedörrte Landschaft einen trostlosen Anblick bot, so schien Nikolskoje doch der richtige Zufluchtsort für ein Mädchen mit geschwächten Lungen und gebrochenem Herzen zu sein. Das Haus war zwar klein, aber seine schöne Lage auf einer Anhöhe gab den Blick frei auf einen Fluß, einen Wald und einige ferne

Dörfer. Vom Fluß her zog immer ein kühler Lufthauch durch die Zimmer, der die trockene Sommerhitze milderte.

Die Familie Tolstoi machte sich am zweiten Geburtstag des kleinen Serjoschka, dem 28. Juni 1865, in zwei Kutschen auf den Weg nach Nikolskoje, gefolgt von Gepäckkarren, auf denen auch die Dienerschaft hoch oben Platz gefunden hatte. Tanja, die beiden Kinder und Maria Afanasjewna Arbusowa reisten in der geschlossenen Kutsche, Sonja und Leo Nikolajewitsch saßen in der Kalesche. Tante Toinette und Natalia Petrowna hatten sich im letzten Moment entschlossen, zu Hause zu bleiben. Im Laufe des Tages machte man mehrmals Rast, um auszuruhen und die Pferde zu tränken, und als die Sonne unterging, nahmen sie ein Quartier für die Nacht. Am nächsten Morgen brachen sie in aller Frühe wieder auf. Die Reise, die teils über die Landstraße, teils über ein Nebensträßchen führte, war mühsam.

Erschöpft erreichte die Familie ihr Ziel, doch die Schönheit von Nikolskoje, das in hügeligem Gelände mit dichten Wäldern und tiefen Schluchten lag, erweckte sie bald zu neuem Leben. Tolstoi fuhr sofort zum Gut seiner Schwester nach Pokrowskoje, das nur wenige Werst entfernt war. Dort traf er seinen Bruder Sergej Nikolajewitsch an, und ihre heftige Auseinandersetzung, zu der es fast zwangsläufig kommen mußte, endete mit einem Zerwürfnis der beiden. »Ich habe ihn getroffen«, schrieb Tolstoi später Dr. Behrs, »und ich glaube, es war das letzte Mal. Er ist jetzt nach Tula gereist . . . Die Angelegenheit ist nun endgültig erledigt. Und wie schmerzlich es für Tanja und auch für uns alle sein mag, so spüre ich doch im Grunde meines Herzens eine heimliche Freude, daß uns, indem wir dieses geringere Übel auf uns genommen haben, ein größeres erspart blieb.«

Sie waren in ein leerstehendes, schmutziges Haus gekommen, aber innerhalb von drei Tagen war es Sonja gelungen, alles sauber herzurichten und den Haushalt in Gang zu bringen. Für alle gab es genug zu essen und zu trinken, der frisch polierte Samowar stand in goldenem Glanz auf dem Tisch und brodelte. Und sogar Platz für die ersten Gäste hatte sie in dem an sich schon überfüllten Haus noch schaffen können: für Afanasi Afanasjewitsch Fet und seine junge Frau, Maria Petrowna. Tolstoi und Fet verband nicht nur ihre gemeinsame Leidenschaft für die Literatur, sondern auch das Interesse an der »Poesie der Landwirtschaft«, wie Tolstoi es nannte. Fet war allerdings viel nüchterner veranlagt und betrachtete den Ackerbau fast ausschließlich unter ökonomischem Aspekt. Für Tolstois Werke zeigte er glühende Bewunderung, und Tolstoi, der für die meisten Lyriker wenig übrig hatte, hielt viele Gedichte von Fet für meisterhaft.

Sonja mochte Fet, der ihr immer mit ausgesuchter Höflichkeit begegnete, und sie freute sich, daß da jemand war, der Tanja etwas ablenkte. Die Gattin Fets, eine angenehme und liebenswürdige, aber schüchterne junge Frau, behandelte ihren Mann mit ehrfürchtiger Besorgtheit. Er war immer höflich und aufmerksam ihr gegenüber, doch gab es Gerüchte, daß er die Ehe aus Vernunftgründen eingegangen sei. Maria Petrowna war eine reiche Erbin – und Fet ein armer, aber praktisch denkender Mann.

Die Djakows und Maria Nikolajewna samt Töchtern kamen vorbei, auch ein Nachbar namens Wolkow, ein scheuer, kleiner Mann mit blonden Haaren, der sich sehr für die sehnsuchtsvoll dreinblickende Tanja interessierte. Spaziergänge, Ausritte, Spiele und andere sommerliche Vergnügungen erfüllten die Tage in Nikolskoje. Unten am Fuße der Anhöhe floß die Upa, und Sonja liebte es, in ihrer sanften Strömung zu schwimmen. Obwohl es keine Badehütten zum Umkleiden gab, ging sie fast jeden Tag mit Tanja zum Fluß. Einmal kamen zufällig zwei junge Bauern vorbei; lachend drohten sie, die Oberbekleidung mitgehen zu lassen, die die Schwestern an Zweigen aufgehängt hatten.

»Geht bitte weg«, sagte Sonja mit fester Stimme; nur ihr Kopf war über dem Wasser zu sehen.

Die Männer lachten lauter.

»Ljowotschka!« rief Sonja, und wie durch ein Wunder erschien plötzlich Tolstoi in der Ferne. Er rannte herbei, erwischte einen der Männer, packte einen dicken Prügel, verdrosch den Armen und wies ihn dann vom Gut.

An den Abenden las Tolstoi aus den neuesten Kapiteln von *1805* vor; dabei war ihm an Fets Urteil anscheinend am meisten gelegen. Tanjas Gesundheitszustand hatte sich gebessert, aber sie sang nur noch selten und spielte auch kaum einmal Gitarre. Schweigend und niedergeschlagen schien sie ihren Erinnerungen nachzuhängen. »Nur eine neue Liebe kann diese Liebe aus ihrem Herzen verdrängen«, schrieb Tolstoi am 7. Juli an Dr. Behrs. »Aber wie und wann sie kommt, weiß nur Gott allein.«

Trotz der sommerlichen Schwüle und der schlimmen Dürre in der Gegend genossen die Tolstois ihren Aufenthalt in Nikolskoje. Sie kehrten am 12. Oktober ohne Tanja nach Hause zurück, die auf das Gut der Djakows gefahren war, um dort den Winter zu verbringen. Die Tolstois hatten beabsichtigt, noch vor den Feiertagen nach Moskau zu reisen, doch wegen einer Erkrankung von Tante Toinette verschob man die Fahrt bis nach Weihnachten. Sonja freute sich schon sehr auf die Stadt. Sie wollten ihre Eltern besuchen, die Kinder bei ihnen lassen, und dann sollte es weiter nach St. Petersburg gehen. Obwohl Sonja wußte, daß sie dort Alexandra Tolstaja zum ersten Mal gegenübertreten würde und sie vor diesem Zusammentreffen irgendwie Angst hatte, war sie voller Vorfreude.

Höchst scharfsinnig schrieb Tolstoi am 14. November an Alexandra: »Sie [Sonja] ist bereit, Sie zu lieben, fühlt sich Ihnen gegenüber aber etwas ratlos; wie sie selbst sagte, interessiert sie sich für Sie wie noch für keine andere Frau, empfindet aber gleichzeitig, davon bin ich überzeugt, in ihrem Innern . . . ein etwas feindseliges Gefühl, wie wir es immer gegenüber Menschen empfinden, die wir nicht kennen und die von allen, angefangen beim eigenen Mann, über den grünen Klee gelobt werden. Und mit den Augen ihres Gatten zu sehen, vermag sie nicht, denn eine gute Ehefrau sieht alles mit den Augen ihres Mannes, ausgenommen andere Frauen.«

Da Tanja ihre Einladung nach Jasnaja Poljana abgelehnt hatte, fuhr Leo Nikolajewitsch kurz entschlossen selbst nach Tscheremoschnia, dem Wohnsitz der Djakows, und brachte Tanja mit zurück nach Jasnaja; dann machten sie sich mit Sonja, den beiden Kindern, Maria Afanasjewna, Dunjascha und Alexej Stepanowitsch auf den Weg nach Moskau. Die große Reisegesellschaft bildete eine Art Karawane: Sonja und Tolstoi in einem Schlitten vorne weg, die übrige Familie in einer Kutsche hinterher und schließlich ein Wagen mit den Bediensteten und dem Gepäck.

Der Aufenthalt in Moskau verlief nicht so harmonisch, wie Sonja es sich vorgestellt hatte. Als sie bei den Behrs ankamen, stellten sie fest, daß Poliwanow zu Gast war. Er strotzte nur so vor Gesundheit, wirkte größer und männlicher denn je, wußte gewandt und intelligent über Themen zu sprechen, die ihn früher nicht interessiert hatten, und scheute sich auch nicht, Tolstois Ansichten in Zweifel zu ziehen. Tolstoi wurde grundlos eifersüchtig und beschuldigte Sonja, mit ihrem Verehrer von einst zu flirten. Er bestand darauf, daß sie die gemütliche, gastfreie Wohnung der Behrs verließen und in ein muffiges möbliertes Apartment mit sechs Zimmern zogen, das sie für einhundertfünfzig Rubel im Monat mieteten – »Heizung, Samowar, Wasser, Geschirr – alles inbegriffen«.

Die Reaktion ihres Gatten auf Poliwanows kleine Aufmerksamkeiten brachte Sonja ziemlich aus der Fassung. »Ljowa hat mich in jener Angelegenheit wirklich etwas zu scharf kritisiert. Doch seine Reaktion beweist jedenfalls, daß er mich zu schätzen weiß . . . Trotzdem hat unsere Beziehung eine neue Schramme bekommen. Ich fühle mich immer wertloser, und das bedeutet, wieder einen Teil von dem schönen Gefühl des Stolzes und der Würde zu verlieren, ohne das ich nicht leben könnte.«

Als dieser häusliche Aufruhr sich gelegt hatte, begann Sonja, die Zeit in Moskau zu genießen, zumal sie beschlossen hatten, doch nicht nach St. Petersburg zu fahren: Sonja war nämlich wieder schwanger. Ihren ersten Ärger darüber vergaß sie im Wirbel des Moskauer Lebens schnell. Sie besuchte viele Konzerte, traf all ihre alten Freundinnen, und zum ersten Mal fühlte sie sich in der Gegenwart einiger Freunde aus Tolstois Zirkel nicht befangen. Ihr Gatte nahm Unterricht in Bildhauerei; abends modellierte er – zuerst ein rotes Pferd, dann ein Büste von Sonja. Sie kamen einander in diesen Wochen wieder näher, sprachen lange und offen miteinander und diskutierten oft über *1805* und die laufenden Arbeiten daran. Der dritte Teil war mittlerweile fertig, aber Tolstoi hatte beschlossen, nichts mehr zu veröffentlichen, bis weitere sechs Teile vorlagen. Seinen ursprünglichen Plan, das Buch als Familienroman mit historischem Hintergrund zu schreiben, hatte er längst aufgegeben. Er sah es jetzt als ein umfassendes Werk, in dessen Mittelpunkt der Krieg stand und das letztlich eine sorgfältig ausgearbeitete Geschichtsphilosophie beinhaltete.

Sie blieben über zwei Monate in Moskau und kehrten erst kurz vor Frühjahrsbeginn nach Jasnaja Poljana zurück. Die Woronka war noch zugefroren, und am Rand der schmalen Straße türmte sich der Schnee.

Als das erste große Tauwetter gerade eingesetzt hatte, gebar Sonja – vier Wochen zu früh – einen Sohn, den sie Ilja nannten. Unter großen Schmerzen gab sie dem Kind die Brust. Die Entzündungen, die ihr beim Stillen von Serjoschka solche Qualen bereitet hatten, waren erneut aufgetreten. Sie versuchte verzweifelt, mit Salben eine Besserung zu erzielen; schließlich fand sie sich damit ab, die Schmerzen zu ertragen.

Mit zwei kleinen Kindern und einem Säugling war es ihr jetzt nicht mehr möglich, die Buchführung des Gutes zu besorgen und auch noch das Manuskript ihres Mannes abzuschreiben. Deshalb wurde ein neuer Verwalter namens Iwanow eingestellt, der für die Finanzen des Hofes verantwortlich war. Seine junge Frau, Maria Iwanowna, war nicht nur hübsch, sondern auch hochintelligent und eine recht fanatische Nihilistin. Tolstoi wurde rasch auf sie aufmerksam und verwickelte sie in »lange, lebhafte Gespräche über Literatur und Politik«. Er brachte sie oft mit ins Haus, wo er mit ihr lachte, debattierte und ihr schmeichelte. Umgeben von Kindern, die sie ständig brauchten, konnte Sonja nur zuschauen. Ihr war schmerzlich bewußt, daß die achtzehnjährige Maria Iwanowna ihre frühere Wespentaille besaß und daß auf ihrem hübschen Gesicht immer noch ein jugendliches, erwartungsfrohes Leuchten lag.

11

Am Morgen des 4. April 1866 wurde auf den Zaren geschossen, als er im Wintergarten seinen täglichen Spaziergang machte. Das schnelle Eingreifen eines Muschik namens Ossip Komissarow rettete ihm jedoch das Leben. Komissarow hatte den Attentäter, einen leicht geistesgestörten Jugendlichen mit Namen Dimitri Karakosow, in der neugierigen Menge stehen sehen, die einen Blick auf den Zaren werfen wollte. Im Schein der frühen Morgensonne stach Komissarow plötzlich ein Glitzern ins Auge, als der Attentäter die Waffe hob, und er stürzte sich auf ihn und schlug seinen Arm zur Seite. Der Schuß verfehlte sein Ziel, und Karakosow wurde von den Offizieren des Zaren verhaftet.

In den Kirchen drängten sich in der Folge wochenlang Russen, die mit inbrünstigen Gebeten für Alexanders Rettung dankten; Theatervorstellungen begannen unter den Klängen von »Gott schütze den Zaren«; an der Stelle, an welcher der Zar dem Tode entronnen war, begann man mit dem Bau einer Kapelle, der durch öffentliche Spenden finanziert wurde. Der dankbare Alexander erhob Komissarow in den Adelsstand; er wurde als Held gefeiert und vom Hochadel im exklusiven Englischen Club bewirtet.

In ganz Rußland gab es »eine überwältigende Demonstration traditioneller monarchistischer Gesinnung«. Karakosows Attentatsversuch hatte aber gezeigt, daß es auch Leute gab, die entschlossen waren, die Monarchie um jeden Preis und mit allen Mitteln zu beseitigen. Karakosow mochte zwar wahnsinnig sein, aber er kam aus einer adligen Familie und war von der Universität gewiesen worden, weil er einem Geheimbund angehörte, den man für revolutionär hielt. Der junge Mann wurde zusammen mit vierunddreißig weiteren jungen Rebellen gehängt; die meisten von ihnen hatte man unter dem dürftigen Vorwurf angeblicher Verbindungen zu geheimen Gruppen verurteilt.

Der Nihilismus, den die feurige Maria Iwanowna vertrat, begann sich auszubreiten – er bedeutete eine Revolte des Individuums gegen den Aberglauben, gegen Vorurteile, Gewohnheiten und Bräuche, für die es keine rationale Rechtfertigung gab. Maria Iwanowna diskutierte hitzig mit Tolstoi, und als Agnostikerin führte sie auch scharfe Angriffe gegen die Heuchelei der Kirche. Sie fand die Zwänge der gesellschaftlichen Umgangsformen unerträglich und weigerte sich, jemand anzulächeln oder zu grüßen, auf dessen Bekanntschaft sie keinen Wert legte. Ihre Streitgespräche mit Tolstoi drehten sich meist um »*l'art pour l'art*«. Sie sprach Kunstgegenständen jeglichen Wert ab – denn Kunst, meinte sie, sei mit Geld gekauft, das man hungernden Bauern oder unterbezahlten Arbeitern abgepreßt habe. Später sollte Tolstoi selbst ganz ähnliche Vorstellungen entwickeln. Maria Iwanowna hatte etwas wachgerufen, das in seinem Denken viele Jahre latent vorhanden war.

Es überraschte kaum, daß diese gebildete junge Frau Tolstoi faszinierte, die ihrer begüterten Familie davongelaufen war, um sich nicht nur vom häuslichen Joch, sondern auch von einem zukünftigen ehelichen zu befreien. Paradoxerweise heiratete sie trotzdem kurz, nachdem sie ihre Familie verlassen hatte – weil ihr Mann mit ihren Anschauungen weitgehend übereinstimme, wie sie erklärte.

Sonja war bei all ihrer Eifersucht auf diese Frau ebenfalls fasziniert von ihr. Sie hörte aufmerksam zu, wenn Maria davon sprach, daß sie keine Kinder wolle und sich für ein Leben in einem kleinen Dorf wie dem der Bauern von Jasnaja Poljana entschieden habe, um am »Leben des Volkes« teilhaben zu können. Solche Ansichten hatte Sonja noch nie zuvor von einer Frau gehört. Sie war über den Anschlag auf den Zaren entsetzt gewesen und konnte für Terrorismus keinerlei Verständnis aufbringen. Andererseits teilte sie in vielen Punkten Maria Iwanownas Meinung über die »Sklaverei« der Frau und ihre Abhängigkeit vom Ehemann. Auch sie lehnte die Vorstellung ab, eine Frau müsse den sexuellen Wünschen des Mannes stets gefügig sein.

Dabei machte Sonja das Gegenteil eigentlich viel mehr zu schaffen: Auf Tolstois Wunsch benutzten sie immer noch getrennte Schlafzimmer; eine Zurückweisung, die Sonja nicht wenig verletzte. Außerdem hatte Tolstoi, ohne Rücksicht auf den körperlichen und seelischen Zustand seiner Frau, sechs Wochen nach der Geburt des Kindes begonnen, sich intensiv mit Maria Iwanowna zu beschäftigen. Er lud sie so oft zu sich ins Haus ein, daß sie schon wie zur Familie gehörte. Die unübersehbare Gegenwart der jugendlichen, schlanken und schönen Maria Iwanowna erinnerte Sonja ständig an ihre eigene Schwerfälligkeit. Sie war eine stillende Mutter, der die offenen Wunden Qualen bereiteten, und hatte einen sinnlichen Ehemann, der sich, solange sie dem Säugling die Brust gab, aus moralischen Gründen weigerte, mit ihr zu schlafen, und das Zimmer nicht mit ihr teilen wollte, damit er nicht in Versuchung geriet. Sonja war erst zweiundzwanzig, aber sie fühlte sich angesichts der Verantwortung für drei Kinder und einen großen Haushalt wie ein alterndes Hausmütterchen, das gegen »diese nihilistische Frau«, dieses »bête noire«, keine Chance hatte.

Voller Bitterkeit schrieb sie in ihr Tagebuch:

Ganz offensichtlich mag er sie, und dieser Gedanke treibt mich zum Wahnsinn. Diese Eifersucht bringt mich noch um. Er ist äußerst kühl zu mir. Meine Brüste sind sehr wund, und es bereitet mir ungeheure Qualen, das Kind zu stillen. Heute ließ ich Marfuscha kommen [eine Amme aus dem Dorf], damit sie das Kind stillte und meine Brüste eine Ruhepause bekamen. Wenn ich leide, scheint das immer dazu zu führen, daß er mich schlecht behandelt; stets wird er dann abweisend und fügt den körperlichen Schmerzen Seelenqualen hinzu. Ich bleibe auf meinem Zimmer, während sie mit den Kindern im Gesellschaftsraum sitzt. Ich kann sie einfach nicht ausstehen; es stört mich, ihre Schönheit und Lebhaftigkeit zu sehen, besonders, wenn Ljowa dabei ist.

Anfang August hatte Sonjas Kummer sich verflüchtigt. Ihre wunden Brüste waren geheilt und alle drei Kinder fröhlich und wohlauf. Tolstoi arbeitete wieder an seinem Buch, und sie machte die Abschriften. Sie wußte genau, daß für noch so unschuldige Flirts keine Zeit war, wenn er sich seinem Werk widmete. Am 17. September, Sonjas Namenstag, wurde gefeiert. Es herrschte eine fröhliche Stimmung, alle Frauen des Hauses trugen elegante weiße Sommerkleider mit bunten Bändern an den Schultern und um die Taille. Die Sonne strahlte, und Sonja ließ am Abend auf der Terrasse eine festliche Tafel decken. Die Gesellschaft war recht groß, denn ihre Nachbarn, die Markows, sowie die Djakows und Sonjas Verwandte aus Iwitsi und Tula hatten sich ebenfalls eingefunden. Die Mädchen kicherten miteinander, und alle außer Sonja hatten etwas zu tuscheln. Offenbar war eine Überraschung geplant, aber niemand wollte ihr verraten, worum es sich handelte.

Als alle Gäste sich Punkt fünf Uhr auf der Terrasse versammelt hatten, bat Tolstoi, man möge doch Platz nehmen. Plötzlich stimmte im Garten ein Orchester, das hinter Bäumen und Büschen versteckt war, die Ouvertüre von Sonjas Lieblingsoper *Die Stumme von Portici* an. Sonja strahlte und schaute ihren Mann liebevoll und zärtlich an. Alle Spannungen der letzten Monate schienen bedeutungslos geworden zu sein.

Nach dem Abendessen sollte auf der Terrasse getanzt werden, und von einem in der Nähe stationierten Regiment traf eine Gruppe junger Offiziere ein. Als die Kapelle mit der Musik einsetzte, sprangen fast alle von ihren Stühlen. Nur die beiden alten Tantchen und die kränkelnde Dolly Djakow blieben sitzen, doch auch sie klatschten nach dem Rhythmus der Musik in die Hände. Sonja tanzte anmutig und leichtfüßig Walzer, Polka und Quadrille. Als Tolstoi ankündigte, als nächstes sei der komplizierte *Kamarinskaja*-Steptanz dran, verließen allerdings die meisten Gäste - und auch Sonja - die Tanzfläche, weil sie sich einen so feurigen Tanz nicht zutrauten.

»Los!« rief Tolstoi und gab dem Orchester Zeichen, lauter und schneller zu spielen. Er ging zu einem der jungen Offiziere und drängte: »Los, kommen Sie!«

Der Mann trat vor und machte eine Verbeugung vor Tanja; sie zögerte nur einen Moment, dann schritt sie leichtfüßig auf ihren Partner zu. Die Menschen, die Terrasse und der Garten schienen um sie herum zu versinken, und sie tanzte mit der ihr eigenen Geschicklichkeit und Anmut, die man in keiner Tanzschule lernen kann. Herzlicher Applaus dankte dem Paar für seine bewundernswerte Darbietung.

Die Nacht war angenehm warm; die Gäste stiegen von der Terrasse über die breiten Stufen in den Garten und schlenderten die Allee entlang, die Sonja von Unkraut und Unterholz hatte säubern lassen und wo jetzt Blumen und Büsche einen betörenden Duft verströmten. Das Fest dauerte bis ein Uhr, dann verabschiedete sich die Kapelle mit einem Marsch.

Sonja winkte ihren Gästen noch lange nach, stolz neben ihrem Mann stehend, der an jenem Abend in seinem dunklen Anzug außerordentlich elegant aussah und dessen graue Augen frohgemut funkelten.

Den ganzen schweren Winter 1866/67 hindurch – Tanja erkrankte so schwer, daß Tolstoi sie nach Moskau zurückbringen mußte – hielt Sonja die Erinnerung an jene Nacht wach. Als der Schnee sich bis an die Fenstersimse auftürmte und Eiszapfen von den Dachkanten des Hauses herabwuchsen, dachte sie an den zärtlichen Blick in Tolstois Augen und wie lebhaft und froh er gewesen war. Bis in den dunklen November hinein sah sie die Lampions vor sich, deren Licht auf die Veranda und die ausgelassenen jungen Mädchen in ihren weißen Musselinkleidern gefallen war. »Das Wetter war herrlich«, erinnerte sie sich wehmütig in einer Tagebucheintragung und fügte hinzu, es habe sie »selbst überrascht, mit welcher Begeisterung und welchem Schwung ich tanzte«.

Als Tolstoi sich in Moskau aufhielt, hatte er die Veröffentlichung des zweiten Teil von *1805* in die Wege geleitet und weitere Quellen für die Schlachtenszenen studiert; gleich nach seiner Rückkehr machte er sich an die Ausarbeitung. Sonja, die jetzt immer rascher und geübter abschrieb, war vom schriftstellerischen Können ihres Mannes überzeugter denn je. Denn während Tolstoi für seine Familienszenen gern Vorbilder aus seiner Umgebung verwandte – so entsprach zum Beispiel das Haus der Rostows in der Powarskaja-Straße der Wohnung der Behrs im Kreml –, entsprangen die Schlachtenszenen fast ausschließlich seiner Phantasie. Für Sonja machte seine erstaunliche Fähigkeit, Erdachtes in Szenen voller Wahrheit und Wirklichkeitsnähe, Phantome in Menschen aus Fleisch und Blut zu verwandeln, die Quintessenz seines Genius aus.

Mit gemischten Gefühlen kopierte sie Handlungsabschnitte, die auf ihr eigenes Leben Bezug nahmen. Sie war stolz darauf, daß ihr Mann ihren frühen schriftstellerischen Versuch, die Erzählung über Dublizki, so zu schätzen wußte, daß er die dort skizzierten Eigenschaften Nataschas übernahm und sogar den Namen der Figur verwendete. Und doch fand sie es irgendwie deprimierend, die Einzelheiten von Nataschas erstem Ball abzuschreiben, weil sie dabei stets Tanja auf ihrem Ball in Tula vor sich sah; ähnlich war es ihr schon bei den frühen Szenen im Hause der Rostows ergangen. Die Figur der Natascha wurde mehr und mehr zu Tanja. Tolstoi hatte sogar seinem Illustrator ein Bild von Tanja geschickt, damit dieser es beim Zeichnen der jungen Natascha als Vorlage verwenden sollte. Sonja hätte gern so vieles über Tanja, sich selbst und ihre Familie geschrieben, aber Tolstoi schien ihr nichts »übrig zu lassen«. Und wie sollte sie auch den Mut zum Schreiben aufbringen, wo sie zum einen nie sein literarisches Niveau erreichen würde und er zum anderen der Meinung war, für Frauen sei kein Platz in der Welt der Literatur?

Während Tolstois kurzem Moskau-Aufenthalt traf eine neue Hausgenossin ein: Hanna Tarsey, eine junge Engländerin etwa in Sonjas Alter; Tolstoi hatte sie als Gouvernante und Kindermädchen eingestellt. Hannas Schwester stand in den Diensten der Familie des Fürsten Lwow in Tula, und beide Frauen hatten eine gute Ausbildung genossen. Die ruhige, gewinnende junge Frau konnte mit Kindern sehr gut umgehen, besaß jedoch überhaupt keine Sprachbegabung.

Die erste Zeit – Hanna sollte sechs Jahre in Jasnaja Poljana bleiben – war ihre Schwester mit dabei und half beim Übersetzen. Als diese zu den Lwows zurückkehrte, sah es eine Weile so aus, als würde es zwischen Hanna und den Mitgliedern des Tolstoischen Haushalts nie zu einer Verständigung kommen. Hanna fand zum Russischen keinerlei Zugang, und mit dem Französischen erging es ihr kaum besser. Die muntere, zweijährige Tanja mit den schwarzen Augen ahmte sie jedoch bald nach, und der dreijährige Serjoschka hatte von seinem Kindermädchen schnell einige Wendungen wie *Wash your hands* und *Breakfast is ready* gelernt. Sonja konnte sich mit Hilfe eines Wörterbuchs und den elementaren Englischkenntnissen, die Tolstoi ihr am Anfang ihrer Ehe beigebracht hatte, verständlich machen. Hanna brachte es nie zu Russisch- oder Französischkenntnissen; die Tolstois dagegen verbesserten ihr Englisch.

Mit den ersten Dezembertagen begannen die Festvorbereitungen für Weihnachten. Ein großer, schöner Weihnachtsbaum war schon in den Hof geschafft worden, und Sonja hatte eine lange Liste notwendiger Weihnachtseinkäufe aufgestellt. An dem Tag, an dem sie in Tula ihre Besorgungen machen wollte, war es bitterkalt – etwa dreißig Grad unter Null. Die Sonne stand tief am Himmel und brachte wenig Wärme in den kurzen Dezembertag. Als Sonja, in zwei Pelzmäntel gehüllt, den Schlitten bestieg, »zitterten die Pferde; sie bewegten die Ohren und stampften mit ihren scharfen Hufen ungeduldig auf den gefrorenen Boden«.

Es war schon dunkel, als Sonja aus Tula zurückkehrte; trotz der dicken Leder- und Pelzhandschuhe und des Muffs aus Fuchspelz waren ihre Finger wie abgestorben. Dann zeigte sie allen, was sie da in einer großen Schachtel mitgebracht hatte: kleine Holzpuppen – sie nannte sie »kleine Skelette« –, die man mit Stoffresten und Bändern in phantasievolle und lustige Figuren verwandeln konnte, als Weihnachtsgeschenke für die Dorfkinder.

Gleich am nächsten Morgen wurde die Arbeit in Angriff genommen, und die schmucklosen Puppen verwandelten sich in schnurrbärtige Türken, Offiziere mit Säbeln aus Silberpapier, in Zigeuner mit bunten Schals, Clowns mit spitzen Hüten und Tänzerinnen mit blumengeschmücktem Haar. Sonja zeigte einen unglaublichen Erfindungsreichtum, und solche Puppen blieben viele Jahre lang ein traditionelles Geschenk in Jasnaja Poljana – zusammen mit vergoldeten Nüssen, Pfefferkuchen, Äpfeln und Süßigkeiten.

Das hieß allerdings nicht, daß die kleinen Tolstois viel Umgang mit den Bauernkindern gehabt hätten. Ganz im Gegenteil: Es war ihnen sogar verboten, mit den Dorfkindern zu spielen; Klassendünkel wurde auf diese Weise geradezu eingeimpft. Ihre Welt zerfiel in zwei Teile – auf der einen Seite sie, und »auf der anderen alle übrigen«.

Am Heiligabend kamen die Dorfpriester und hielten einen Abendgottesdienst ab, und als die Kinder am nächsten Morgen erwachten, stand im Eßzimmer eine hohe, prächtige Tanne und füllte den Raum mit Waldduft. Den Weihnachtstag über durften die Kinder das Zimmer nicht betreten, während drinnen die Erwachsenen den Baum schmückten und die Geschenke bereitlegten. Serjoschka und Tanja wußten, daß sich hinter den verschlossenen Türen Aufregendes abspielte, und sooft sie Hanna einige Augenblicke entwischen konnten, stürzten sie zum Schlüsselloch. Hanna hatte zum Frühstück einen

»englischen Kuchen« mit viel Rosinen gebacken, und ein riesiger Plumpudding stand, in eine Serviette gehüllt, schon auf dem Herd bereit. Beim Abendessen wurde er mit Rum übergossen und zum allgemeinen Entzücken angezündet. Nach der Mahlzeit traf dann eine Gruppe Dorfkinder ein und drängte sich in die Eingangshalle, während Hanna mit ihren Schutzbefohlenen im Gesellschaftszimmer wartete.

Das Eßzimmer hatte zwei Türen – eine führte in die Eingangshalle, die andere ins Gesellschaftszimmer. Tolstoi läutete eine Glocke, die Türen öffneten sich, und von beiden Seiten stürmten die Kinder auf den glitzernden Baum zu, den sie, jeder von seiner »klassenspezifischen« Seite, ehrfürchtig bestaunten. Und dann packten alle ihre Geschenke aus. Die Dorfkinder freuten sich über die Holzpuppen, das Gebäck, das Obst und die Zuckerwaren, Tanja bekam »eine große Puppe, die die Augen schließen und ›Mama‹ und ›Papa‹ sagen konnte, eine Kinderküche mit Tellern, Gabeln, Töpfen und Pfannen sowie einen Bären auf Rädern, der mit dem Kopf nickte und brummte«. Serjoschka erhielt Pferde mit Reitern, Spielzeugmäuse, eine kleine Dampfmaschine, »ein Gewehr, daß einen Korken abschoß, und eine blecherne Uhr an einer Kette«.

Das schönste Geschenk für alle Erwachsenen des Hauses an jenem Weihnachtsfest aber war die Nachricht, daß Sonjas Schwester Tanja langsam wieder neuen Lebensmut faßte. Ihre Genesung wurde weitgehend ihrem Vetter Alexander Kusminski gutgeschrieben, der sich über die Feiertage in Moskau aufhielt. Sascha Kusminski, der in Tanja schon seit Kindertagen verliebt war, bemühte sich nun ganz offensichtlich um sie; er begleitete sie (nebst Anstandsdame) ins Theater und zu Besuchen bei gemeinsamen Freunden. In ihren Briefen an Sonja gestand Tanja, sie finde ihren Vetter äußerst anziehend – vor allem in seiner neuen Armeeuniform mache er eine gute Figur. Ihr Herz hänge aber immer noch etwas an Sergej Nikolajewitsch, und das würde sich wohl auch nie ändern. Ob es denn möglich sei, zwei Männer gleichzeitig zu lieben? Sonja dachte über die Frage ihrer Schwester ernsthaft nach und antwortete ihr dann, sie glaube schon, daß das möglich sei; die Moral verlange jedoch, daß man einen heiraten und diesem treu bleiben müsse.

Der Januar brachte schwere Schneestürme und -verwehungen, so daß die schmalen Straßen fast unpassierbar wurden. Nur ab und zu schlug sich ein Besucher – meist war es Kusminski – in Schaffelle eingehüllt auf einem kleinen Schlitten nach Jasnaja Poljana durch. Der strenge Winter hatte Tolstoi unruhig, jähzornig, ja gewalttätig werden lassen.

Sonja hatte ihn noch nie in einer solchen Verfassung erlebt.

An einem dunklen, stürmischen Tag saß Sonja im Schlafzimmer auf dem Fußboden und sortierte einen Korb Stoffreste, als plötzlich die Tür aufflog und Tolstoi mit finsterem Blick und einer Stimme, die so scharf war wie der Wind, der an den Läden zerrte, schrie: »Warum sitzt du auf dem Boden? Steh auf!«

»Gleich, sobald ich diese Sachen weggelegt habe«, erwiderte sie so ruhig wie möglich.

»Ich sage aufstehen! Sofort!« wiederholte er laut, drehte sich um und schlug die Tür hinter sich zu.

Sonja folgte ihm in sein Arbeitszimmer und fragte besorgt: »Was ist los?«

»Raus! Raus!« befahl er, und als Sonja ihn verständnislos anstarrte, nahm er das Teetablett von seinem Schreibtisch und schleuderte es ihr wütend vor die Füße. Sonja schaute wie gebannt auf die Porzellanscherben am Boden. Da riß Tolstoi ein Thermometer von der Wand und warf es nach Sonja, wobei er sie nur knapp verfehlte. Sein Gesicht war kreideweiß, sein Blick hart und stahlgrau. Sonja verließ weinend das Zimmer, fortwährend vor sich hinmurmelnd: »Weshalb? Was habe ich getan?«, und sie blieb den Nachmittag über schluchzend in ihrem Zimmer. Aber Tolstoi entschuldigte sich nicht einmal für sein Verhalten.

Diese Wutanfälle stürzten alle in tiefe Verwirrung; selbst Tanja, die im Vorfrühling eintraf, wurde gelegentlich zur Zielscheibe seines Zorns. Er arbeitete so intensiv an seinem Roman – er hatte sich nun entschlossen, ihn *Krieg und Frieden* zu nennen –, daß er die schlimme Kriegszeit des Jahres 1812 selber zu durchleben schien; in Jasnaja und in Sonjas Welt bewegte er sich wie ein geistesabwesender Fremder.

Trotzdem gab Tanjas Eintreffen und das allmähliche Verschwinden der schmutzigen Schneereste von den Flußufern und Straßenrändern Sonja neuen Auftrieb. Mit den Kindern, dem Haushalt, der Buchführung des Gutes und vor allem mit dem Abschreiben von Tolstois Manuskripten war sie rund um die Uhr beschäftigt. Es blieb »wenig Zeit übrig für *les beaux arts* und zum Lesen, ich kann mir kaum einmal eine freie Stunde gönnen, höchstens wenn es regnet«.

Sie freute sich über jede Abwechslung und hieß darum auch die Hausierer, die im Frühling nach Jasnaja Poljana kamen, willkommen. Die meisten waren mit Schubkarren unterwegs, in denen ihr bescheidenes Warenangebot lag, aber die »Ungarn« besaßen auch schwere, zweispännige Wagen, die richtige kleine Läden waren. Sie boten Stoffe an, Bänder, Knöpfe, Schuhe, Krawatten, Schreibwaren, Küchenutensilien, Musikinstrumente und sogar Noten. Tolstoi erstand

*»Der Schriftsteller Leo Tolstoi«, Gemälde von Ilja Repin, 1887
(Tretjakow-Galerie, Moskau).*

bei einem der Ungarn ein Exemplar von Johann Strauß' *Akzeleratio-nen-Walzer*, den er Sonja mit Begeisterung vorspielte. In solchen Momenten waren die schmerzlichen Stunden des vergangenen Winters wieder vergessen.

Außerdem sorgte Tanjas bewegtes »Liebesleben« für neue Ablenkung. Gleich *zwei* Männer nämlich wollten Sonjas Schwester heiraten – der junge Sascha Kusminski und der behäbige, gutmütige Dimitri Djakow, dessen Frau Dolly vor kurzem gestorben war. Dolly Djakowa hatte sogar selbst den Wunsch geäußert, daß Tanja, die ihr sehr ans Herz gewachsen war, ihren Gatten nach ihrem Tod heiraten solle. Außer Sonja wünschten alle Mitglieder der Familien Behrs und Tolstoi eine Heirat zwischen Tanja und Djakow, einem freundlichen, intelligenten Mann, der reich genug war, um eine junge Frau zu verwöhnen, aber auch klug genug, um ein Mädchen führen zu können, das nur halb so alt war wie er.

Tanjas Zuneigung galt natürlich dem jungen und feschen Kusminski; er war auch reich – und eben erst vierundzwanzig. Aber er war ihr Vetter, und seine Familie lehnte Tanja aus verschiedenen Gründen ab. Man hielt es für unpassend, daß die Braut weniger als acht Jahre jünger war als der Bräutigam; das Verwandtschaftsverhältnis der beiden sowie Tanjas Gesundheitszustand wurden kritisiert, aber der Haupteinwand der Kusminskis bezog sich auf Sergej Nikolajewitsch; sie hielten ihn für einen bösen Geist, dem Tanja noch nicht entronnen war. Das junge Paar ließ sich aber nicht beirren und setzte den 27. Juli als Tag der Eheschließung fest. Leo Nikolajewitsch ritt daraufhin tagelang im Distrikt umher und suchte einen Priester, der bereit war, die kirchlichen Vorschriften zu umgehen und Vetter und Kusine zu trauen. Schließlich hörte er von einem alten Mann – einem Regimentskaplan –, der die Trauung gegen eine Gebühr von dreihundert Rubel vollziehen würde. Am Morgen des festgesetzten Tages machten sich Tanja und Sascha in einem eleganten Einspänner auf den Weg.

Die Ironie des Schicksals wollte es, daß Sergej Nikolajewitsch dasselbe Datum für seine Heirat mit Maria Michailowna Schiskin gewählt hatte. Nicht weit von Tula kam es auf einer staubigen, wenig befahrenen Straße zu einer peinlichen Begegnung. Tanja, die in ihrem zarten, weißen Musselinkleid jung und bezaubernd aussah, saß mit ihrem gutaussehenden Bräutigam hinter einem Kutscher in Livree. Da verlangsamte ihr zweirädriger Wagen die Fahrt und schwenkte zur Seite, um Sergej Nikolajewitsch und die Zigeunerin vorbeizulassen, die in ihrem offenen Einspänner saßen. Sergej und Tanja waren betreten und sichtlich erregt über diese Begegnung. Sie machten eine leichte Verbeugung voreinander, und schon waren die Kutschen aneinander vorbei und setzten ihre Fahrt fort.

Die Kusminskis beschlossen, sich in Tula niederzulassen, bis Sascha seinen Abschied aus der Armee erhielt. Sonja freute sich sehr darüber, ihre Schwester so nah zu wissen, zumal Tolstois Wutanfälle andauerten und er sich außerdem mehr und mehr in seine Arbeit vergrub. Am 16. September 1867, dem Tag vor ihrem Namenstag, schrieb Sonja in ihr Tagebuch:

Unwillkürlich dachte ich heute immer an den 17. September des letzten Jahres. Ich brauche weiß Gott keine Musik, keinen Tanz und dergleichen, sondern nur, daß er sich ein wenig bemüht, mir Freude zu bereiten und mich so glücklich zu machen wie damals. Wenn er nur wüßte, wie dankbar ich immer noch für seinen lieben Einfall vom letzten Jahr bin und immer sein werde. Ich glaubte damals fest, ich sei glücklich, stark und schön, und jetzt fühle ich mich ungeliebt und nichtswürdig, schwach und schlecht. Wir sprachen heute morgen über das Gut auf eine so freundschaftliche Weise, als wären wir wieder *eins*; doch solche Gespräche sind sehr selten geworden.

In jenem Winter kam die Nachricht, daß Lisa Behrs sich mit Gabriel Emilianowitsch Paulenko, dem Kommandeur eines Husarenregiments, verlobt hatte. Paulenko war ukrainischer Abstammung und wohlhabend; er besaß im Süden und in der Provinz Pjasan mehrere Güter. Sein Regiment war in Lubni in der Ukraine stationiert. Er kam daher selten nach Moskau, aber wenn dies der Fall war, hielt er sich so oft und so lange wie möglich bei den Behrs auf. Der große, stattliche Mann von etwa vierzig Jahren war ein begeisterter Zarist, und Dr. Behrs gab dieser Verbindung nur zu gern seine Zustimmung. Die Hochzeit sollte am 7. Januar 1868 stattfinden.

Am 5. Januar brachten Kusminski und Tolstoi ihre Gattinnen zum neuen Bahnhof in Tula; dort war eben eine Zugverbindung nach Moskau fertiggestellt worden, die sich bald bis zur Jasenki-Kaserne in der Nähe von Jasnaja Poljana erstrecken sollte. Die beiden Frauen hatten eigentlich ihre elegantesten neuen Kleider anziehen wollen, aber Tolstoi hatte auf einer »schicklichen« Reisetoilette bestanden, nämlich schwarzem *costume tailleur* und dazu passendem Hut mit Schleier. So ganz in Schwarz sahen die beiden aus, als trügen sie Trauer, und mit Sicherheit würde kein Herr einen Annäherungsversuch wagen. Als »Ausgleich« hielten aber beide einen französischen Roman in der behandschuhten Linken.

Alle »drei Jungfern« waren nun also verheiratet. Aber hatten sich damit auch ihre Träume erfüllt?

Als der Zug durch die vertraute Landschaft fuhr und Sonja zurückbrachte nach Jasnaja Poljana, zu ihren drei Kindern und ihrem Mann, versuchte sie, das Gefühl der Unzufriedenheit und Enttäuschung zu verscheuchen. Schließlich war sie die Gräfin Tolstaja, die Gattin des meistdiskutierten russischen Romanschriftstellers der Gegenwart. Wenn *Krieg und Frieden* ein Erfolg wurde – und davon war sie überzeugt –, würden sie so reich sein, wie sie es sich immer erträumt hatte, und ihr Mann würde wieder mehr Zeit für sie haben. War da nicht schon jetzt ein wenig Vorfreude gestattet?

12

Gegen Ende von *Krieg und Frieden* wurde Tolstois Handschrift immer unleserlicher, von seinen Einfügungen »vollständiger Sätze zwischen den Zeilen, in Ecken oder gar quer über die Sätze« ganz zu schweigen. Sonja saß nun nicht mehr in seinem Zimmer, während er arbeitete, um ihn nur ja nicht zu stören. Konnte sie irgendeine Passage beim besten Willen nicht entziffern, dann klopfte sie schüchtern an seine Tür, öffnete sie geräuschlos, schaute nervös zu ihm hinüber und wartete still darauf, von ihm bemerkt zu werden. Wenn er dann schließlich von seiner Arbeit aufsah, fragte er jedesmal gereizt: »Was verstehst du denn nicht?« Und wenn er die Abschnitte selbst nicht mehr lesen konnte, wurde er noch verdrießlicher, weil er die Zeilen neu schreiben mußte. Des öfteren machte er auch grammatische Fehler; diese korrigierte sie jedoch von sich aus und wies ihn später auf ihre Verbesserungen hin. Sonja verbrachte jeden freien Moment am Schreibtisch und mühte sich mit Tolstois Manuskript ab. Wenn die Kinder zu Bett gingen, arbeitete sie weiter, und wenn sie morgens aufstanden, arbeitete sie schon wieder, obwohl sie oft bis drei oder vier Uhr morgens kopiert hatte. Als 1869 endlich die Schlußkapitel kamen, hatte Sonja den Großteil des Werks mindestens achtmal abgeschrieben.

Wenn Tolstoi sich in sein Arbeitszimmer zurückzog, mußten die Kinder mucksmäuschenstill sein. Keines wagte sich in seine Nähe, und so entwickelte sich bei ihnen schon früh ein Gefühl der Furcht vor Papa. Doch obwohl die Kinder selbst sehen konnten, daß die Mutter noch mehr arbeitete als der Vater, gehörte sie zu ihrer Welt und durfte jederzeit angesprochen und unterbrochen werden. Sonja schien überall zu sein – in der Küche überwachte sie die Zubereitung der Mahlzeiten, im Kinderzimmer widmete sie sich den Kleinen, in ihrem Schlafzimmer besserte sie ihre Kleider aus, und im Wohnzimmer machte sie die Abschriften. Mit raschen, leichten Schritten ging sie von Zimmer zu Zimmer und sah überall nach dem Rechten.

In den Jahren 1867 bis 1869 trug sie die Hauptverantwortung für den Haushalt und das Gut, da Tolstoi auch häufig nach Moskau und in andere Städte reiste, um Forschungen zu treiben, was außerdem einen beträchtlichen Teil ihres sowieso nicht sehr üppigen Einkommens verschlang. 1867 schrieb er Sonja aus Moskau: »Ich borge mir 1000 Rubel von Perfiljew, werde also reich sein und eine Pelzmütze, Stiefel und alles kaufen, was Du mir aufträgst. Ich weiß, Du wirst böse sein, weil ich Geld leihe. Sei nicht böse, ich tue es, um bei Winteranfang frei zu sein von Geldsorgen; ich will dieses Geld daher so wenig wie möglich antasten, es nur haben, damit ich weiß, es ist welches da . . . Du wirst mich verstehen und mir helfen.«

Im Herbst des Jahres 1868 erkrankte Dr. Behrs schwer. Sonja und die gesamte Familie reisten mit der neuen Eisenbahnlinie nach Moskau. Serjoschka, der damals erst fünf war, sollte sich zeitlebens an den leidenden Gesichtsausdruck seines Großvaters erinnern. Dr. Behrs starb wenige Tage nach dem Eintreffen der Tolstois, die schon ein paar Tage nach der Beerdigung wieder nach Jasnaja Poljana zurückkehrten. Sonja fiel es nicht leicht, ihre Mutter in dieser Situation allein zu lassen, aber sie war schwanger und fühlte sich nicht gut. Aller Vorsicht zum Trotz verlor sie das Kind dann doch. Im Jahr darauf, 1869, hatte sie eine weitere Fehlgeburt, und der Arzt in Tula befürchtete, daß sie überhaupt keine Kinder mehr haben könnte. Gegen Ende des Jahres war sie jedoch erneut schwanger, und diesmal verordnete ihr der Arzt mehrere Monate vor dem Geburtstermin Bettruhe. Ihr Schlafzimmer bildete alsbald den Mittelpunkt des geschäftigen Haushalts. Um ihr Bett herum spielten die Kinder, die Dienerschaft ging ein und aus, um Anweisungen entgegenzunehmen. Tante Toinette saß in einem Sessel beim Fenster und nähte. Tee wurde serviert, und Gäste tauschten an ihrem Bett Neuigkeiten und Klatsch aus. Es wurde ein spezielles Schreibpult angefertigt, und Sonja erledigte wie immer die Abschriften.

Am 13. Mai 1870 kam Tanjas erstes Kind zur Welt, eine Tochter, die sie Dascha nannten. Es war eine sehr schwere Geburt, aber während Tanjas Gesundheit bald wiederhergestellt war, blieb die kleine Dascha ein schwächliches Kind. Tanja betrachtete den Geburts-Tag (den Dreizehnten) als ein böses Omen. »Es ist ein schlechtes Datum;

sie wird nicht lange leben«, sagte sie zu Sonja.

Bei Sonja setzten die Wehen am 8. Juni frühmorgens ein, und unverzüglich wurde nach dem Arzt und der Hebamme geschickt. Als ihre Wehen immer stärker wurden, stand Tolstoi an der Tür ihres Zimmers. Doch am Nachmittag wurde er schließlich ungeduldig und bat den Arzt, mit ihm spazierenzugehen, während die Hebamme in Bereitschaft blieb. Als die beiden Männer eine halbe Stunde später zurückkehrten, hatte Sonja einen Sohn geboren. Er wurde nach seinem Vater Leo genannt. Paradoxerweise glich er Tolstoi von allen seinen Kindern am wenigsten. Ljowa, so sein Kosename, war kränklich und nervös; er schlief wenig und schrie fortwährend. Da Sonja ihn ohne große Schwierigkeiten stillen konnte, hatte sie eine besonders enge Beziehung zu ihm; um so unerklärlicher war ihr seine schwächliche Konstitution.

Mit der Veröffentlichung der Schlußkapitel, Teil fünf und sechs, war die erste Ausgabe von *Krieg und Frieden* im Frühjahr 1869 komplett. Es gab äußerst positive Besprechungen, doch hatte Tolstoi weder von Turgenjew noch von verschiedenen anderen, an deren Urteil ihm lag, etwas gehört. Für die im Sommer vorgesehene zweite Auflage überarbeitete er die ersten vier Teile noch einmal – und verfiel danach in einen Zustand völliger Lethargie. Er konnte nicht mehr schreiben, hatte keine neuen Ideen, und seine Nerven waren zum Zerreißen gespannt. Das Gekreische der Kinder und die Schreie des Babys machten ihn rasend. An Ljowa entdeckte er wenig Liebenswertes und klagte, daß Kinder unter zwei Jahren uninteressant seien. Unter dem Vorwand, er wolle sich ein kleines Gut in der Provinz Pensa wegen eines eventuellen Kaufs ansehen, versuchte er, der häuslichen Enge für eine Weile zu entfliehen. Eine Nacht während der Reise verbrachte er in der Stadt Arsamas. »Es war zwei Uhr nachts«, schrieb er Sonja, »ich war schrecklich müde, ich wollte schlafen, und ich fühlte mich ausgezeichnet. Doch plötzlich überfielen mich Verzweiflung, Furcht, Entsetzen, wie ich es noch nie erlebt habe.«

Er wachte in dem dunklen Zimmer auf und hatte das Gefühl, er müsse etwas Schrecklichem entkommen. Er taumelte auf den Gang hinaus und versuchte, den Verfolger abzuschütteln. »Wer ist es? Was fürchte ich?« fragte er sich verzweifelt und spürte in seiner Nähe die Gegenwart von etwas Unheilvollem.

»Mich«, antwortete seine Stimme, die er in seinem schlaftrunkenen Zustand für den Tod hielt. »Ich bin da!«

Er wankte ins Zimmer zurück und ließ sich schwer auf die Couch fallen. Zusammengekauert verbrachte er die Nacht im Gebet, aber das

Entsetzen ließ ihn nicht los. Ein oder zwei Stunden vor Anbruch der Dämmerung zog er sich schließlich an und reiste noch bei Dunkelheit ab. Doch das schreckliche Todesgespenst schien ihm auf den Fersen zu folgen; selbst als er am Morgen die Stadt Saransk erreichte, hatte er Angst, einen Blick über die Schulter zu werfen. Das Schreckgespenst jener Nacht sollte ihn sein Leben lang nicht mehr verlassen.

Über sieben Jahre waren vergangen, seit Sonja als Braut nach Jasnaja Poljana gekommen war. Leo Nikolajewitsch hatte seinen jugendlichen Überschwang weitgehend verloren. Vielleicht hatte er erwartet, nach der Fertigstellung von *Krieg und Frieden* würden sich seine Lebensumstände drastisch verändern und verbessern. Das war nicht geschehen. Es war kein plötzlicher Reichtum ausgebrochen, und das Entsetzen und der Aufruhr in seinem Innern hatten sich nicht gelegt. Sonja sah, wie er von Tag zu Tag älter wurde. Sein lockiges Haar und der Bart waren von weißen Strähnen durchzogen, auf seinem Gesicht reihte sich Falte an Falte, und die dunkelblauen Adern auf seinen Händen traten immer stärker hervor. Aber die klaren grauen Augen blickten noch so durchdringend wie eh und je, und sein Gang war aufrecht und elastisch.

Der Spiegel zeigte Sonja, daß auch sie gealtert war, fülliger war sie geworden und vor allem so kurzsichtig, daß sie jetzt dauernd ihre Lorgnette benutzen mußte. Nach Abschluß der Arbeit an *Krieg und Frieden* fand sie endlich auch ein wenig Zeit für sich – zum Lesen und Lernen. Mit dem Selber-Schreiben dagegen wurde es wieder nichts, da Leo Nikolajewitsch beschloß, sich selbst dem Genre zuzuwenden, mit dem sie sich beschäftigen wollte: Kinderbücher. So legte sie ihre eigenen Versuche beiseite und begann statt dessen mit einer Art Notizbuch.

Jasnaja Poljana
14. Februar 1870

Als ich vor ein paar Tagen Puschkins Lebensgeschichte las, kam mir der Gedanke, ich könnte der Nachwelt einen Dienst erweisen, wenn ich nicht so sehr über Ljowas alltägliches Leben, sondern vielmehr über seine geistigen Aktivitäten berichtete, sofern ich sie mitverfolgen kann . . . Dies ist ein guter Zeitpunkt, damit zu beginnen. *Krieg und Frieden* ist abgeschlossen, und bis jetzt wurde nichts Neues von Bedeutung in Angriff genommen. Er verbrachte den ganzen letzten Sommer mit dem Studium der Philosophie; er äußerte sich sehr lobend über Schopenhauer, hielt Hegel jedoch für einen Haufen leerer Phrasen. Er verbrachte viel Zeit mit angestrengtem Nachdenken und sagte oft, sein Gehirn schmerze unter all der Anspannung, er sei nichts mehr wert, sei unnütz, es sei Zeit zu sterben usw. Später gingen diese düsteren Stimmungen aber wieder vorüber. Er fing an, russische Volksmärchen und -epen zu lesen, und kam dabei auf den Gedanken, Kinderbücher zu schreiben bzw. zusammenzustellen. Nach der Volksliteratur begann er, ein Theaterstück nach dem anderen zu lesen – Molière, Shakespeare und Puschkins *Boris Godunow*, den er nicht mag –, und will sich nun selbst an einer Komödie versuchen.

Doch schon ein paar Tage später hatte er den Komödien-Plan wieder aufgegeben und suchte nun nach einem Thema für ein ernstes Drama. Während des ganzen Winters versuchte Tolstoi herauszufinden, in welche Bahnen er seine schriftstellerische Arbeit nun lenken sollte.

Da die Straßen fast immer unpassierbar waren, wurde sogar der Nachbar Alexander Nikolajewitsch Bibikow, den Sonja an sich wenig schätzte, zu einem willkommenen Gast. Bibikow, der ein an das Gut der Tolstois grenzendes kleines Stück Land in Pacht hielt, hatte den Verwalterposten von Jasnaja Poljana vor kurzem von Iwanow übernommen. Er war ein robuster, muskulöser, attraktiver Mann mit klaren, blauen, aber recht zynisch blickenden Augen und einem angenehmen Lächeln, in dem stets ein Anflug von Ironie lag. Er versuchte vergeblich, wie ein Bauer auszusehen, indem er, wie Tolstoi, einen Kasack und hohe Stiefel trug und seinen rötlichen Bart ungestutzt wachsen ließ. Man sah ihm die »Verkleidung« sofort an.

Bibikow war in Wirklichkeit der illegitime Sohn eines recht begüterten Grundbesitzers. Obwohl er in ärmlichen Verhältnissen lebte, gelang es ihm, die Universität Charkow zu besuchen, und innerhalb kurzer Zeit wurde er ein Magistratsbeamter seiner Provinz. Er war jedoch äußerst liberal eingestellt und als Nihilist und Sympathisant mehrerer radikaler Gruppen bekannt. Nach dem Attentatsversuch auf den Zaren im Jahre 1866 wurde er wie so viele Liberale und Nihilisten verhaftet, verbrachte zunächst sechs Monate im Gefängnis und wurde dann nach Sibirien deportiert. Obwohl man ihm jetzt gestattete, in der Provinz Tula zu leben und zu arbeiten, stand er immer noch unter polizeilicher Überwachung.

Das alles störte Sonja jedoch nicht – ihr war das Privatleben des Mannes ein Dorn im Auge. Bibikow war nun in den Vierzigern, hatte unlängst seine Frau verloren und war nun ziemlich wahllos in seinen Beziehungen zum anderen Geschlecht. Da sein schwachsinniger Sohn Nikolenka dauernde Aufsicht brauchte, überredete Bibikow seine Mätresse – eine große, aparte Frau mit dunklem Haar und schiefergrauen Augen –, von Tula in das nette, kleine Bauernhaus überzusiedeln, das er auf seinem Land gebaut hatte. Sie hieß Anna Stepanowna Pirogowa und stammte aus guter Familie – obwohl sie mit Bibikow ohne Trauschein zusammenlebte und von ihm abscheulich behandelt wurde. Sonja mochte Anna Stepanowna und konnte Bibikow nicht leiden, der seiner Mätresse offen untreu war. Sie begriff nicht, was diese intelligente, attraktive und sensible Frau für diesen Mann empfand, der ihrer Meinung nach zu echter Liebe gar nicht fähig war.

Im Jahre 1870 stellte Bibikow eine schöne, junge Deutsche als Gouvernante ein und erklärte den Tolstois, sein Sohn sei so schwierig, daß Anna allein nicht mehr mit ihm zurechtkomme. Seine wahren Motive blieben nicht lange verborgen, da er aus seiner Leidenschaft für die junge Frau kein Geheimnis machte. Die Tolstois waren über die Situation im Hause ihres Verwalters zutiefst beunruhigt, und Annas Kummer machte ihnen beiden zu schaffen.

Im Februar 1870 erzählte Tolstoi Sonja zum ersten Mal von seiner Idee, eine Erzählung zu schreiben über eine »Frau von hohem Stande, die aus der Bahn geraten sei«.

Doch der Anfang dieser Erzählung machte Tolstoi Schwierigkeiten, und so legte er sie wieder beiseite und beschäftigte sich mit einer Fibel für Bauernkinder sowie Übersetzungen und Bearbeitungen von Fabeln griechischen, hebräischen und arabischen Ursprungs. Bei dieser Arbeit schien es sich jedoch um einen ihn wenig befriedigenden Kompromiß zu handeln, und in den folgenden zwei Jahren, in denen er sich diesen Projekten widmete, war er nervös und schlechtgelaunt. Die meisten seiner Klagen vertraute er in zahlreichen Briefen seinem Freund Fet an. So heißt es in einem Brief vom Februar 1870 an Fet, dessen Frau sich gerade auf einer Reise befand: »Sie schreiben: ›Ich bin allein! Allein!‹ Doch ich lese es und denke: Dieser Glückspilz ist *allein*. Ich habe eine Frau, drei Kinder und einen Säugling als viertes, zwei alte Tanten, ein Kindermädchen und zwei Zofen, und die ganze Schar leidet an fiebriger Erkältung, Altersschwäche, Kopfschmerzen oder Husten. Das ist die Lage, in der Ihr Brief mich angetroffen hat.«

Am 16. Februar fuhr er mit seinem Problemkatalog fort: »Ich hoffte, am Abend des 14. zu Ihnen fahren zu können, aber es ging nicht. Wie ich Ihnen schon schrieb, sind wir alle krank gewesen – ich als letzter –, und gestern habe ich zum ersten Mal das Haus verlassen. Ich mußte aber umkehren wegen starker Augenschmerzen, die sich durch den Wind und meine ständige Schlaflosigkeit noch verschlimmerten.«

Nichtsdestoweniger wagte er sich zwei Tage später doch in den scharfen Wind hinaus, um Fet einen kurzen Besuch abzustatten; die beträchtliche Entfernung legte er in einem kleinen, einspännigen Schlitten zurück. Er hatte gerade eine Besprechung von *Krieg und Frieden* aus der Feder des bedeutenden Kritikers und Gelehrten Nikolai Strachow erhalten und wollte mit Fet darüber diskutieren. Strachow, den Tolstoi sehr schätzte, schloß seine Rezension mit den Worten:

»Das Bild menschlichen Lebens ist vollständig.

Das Bild der Russen jener Tage ist vollständig.

Das Bild dessen, was wir Geschichte und das Ringen der Nationen nennen, ist vollständig.

Das Bild alles dessen, was Menschen als ihr Glück und ihre Größe, ihre Sorgen und ihre Demütigungen betrachten, ist vollständig. *Krieg und Frieden* stellt es dar.«

Tolstoi wurde nun von Kritikern der verschiedensten Couleur mit Lob überhäuft, und der Absatz des Buches übertraf mittlerweile selbst die optimistischsten Erwartungen. Er wurde als »Rußlands größter lebender Romanschriftsteller« gefeiert. Sonja konnte alle ihre Schulden bezahlen – und stellte sich innerlich auf eine ruhmreiche Zukunft ein. Aber Tolstoi blieb weiterhin mißmutig, ein Unzufriedener, mit dem schwer auszukommen war, und seine düstere Stimmung verfinsterte sich noch mehr, als er erfuhr, daß Turgenjew geschrieben hatte: »Ich habe den sechsten Teil von *Krieg und Frieden* gelesen; natürlich gibt es Passagen, die erstklassig sind. Aber ohne mich näher über die kindische Philosophie des Ganzen auszulassen, war es doch unangenehm, selbst in den Bildern, die Tolstoi entwirft, die Widerspiegelung des *Systems* zu entdecken. Warum sind alle seine guten Frauengestalten nicht bloß Frauen – sondern Dummköpfe? Und warum versucht er, dem Leser weiszumachen, wenn eine Frau intelligent und kultiviert ist, dann sei sie unweigerlich auch eine Phrasendrescherin und Lügnerin . . . und weshalb ist jeder anständige Mensch, der bei ihm vorkommt, gleich ein Einfaltspinsel – mit einem Anflug von Verrücktheit?«

Wie immer, wenn der Frühling Einzug hielt, hoben sich Sonjas Lebensgeister wieder. Die Kinder, die den ganzen, ungewöhnlich kalten Winter über gekränkelt hatten, waren wohlauf und konnten im Freien spielen. Selbst der kleine Ljowa hatte Fortschritte gemacht und schrie nicht mehr so viel. Die alten Damen, Tante Toinette und Natalia Petrowna, konnten ihr Zimmer zwar nicht verlassen, aber die Fenster wurden weit geöffnet, und der schwere Geruch nach brennendem Räucherwerk und schmelzendem Wachs verflüchtigte sich. Selbst Leo Nikolajewitsch schien besserer Laune zu sein. Er spielte gelegentlich mit den Kindern, hob sie hoch, setzte sie auf seine kräftigen Schultern und trug sie im Zimmer umher; Tanja klammerte sich dann mit ihren kleinen Händen an seinen Hals und quietschte vor Entzükken und Entsetzen zugleich. Und zu Sonja war er wieder zärtlich und – als Ljowa entwöhnt war – sogar leidenschaftlich.

Die Umbauarbeiten am Haus, die Onkel Kostja vorgeschlagen hatte, waren dank des nun endlich reichlich fließenden Geldsegens in Angriff genommen worden und machten Fortschritte. Bald würden sie einen richtigen Salon haben und Leo Nikolajewitsch ein größeres Arbeitszimmer. Und an den Kindern hatten sie jetzt beide ihre Freude. Der sechsjährige Serjoschka, blond und hübsch, mit einem reizenden Lächeln und einem ansteckenden Lachen, zeigte schon früh eine ausgeprägte musikalische Begabung. Der sensible, lebhafte Junge lernte im Unterricht gut und erwies sich auch im Sport als recht geschickt. Tanja sah aus wie ihre Mutter als Kind – große, schwarze Augen, dichtes, dunkles Haar, ein »Mütterchen«, das am glücklichsten war, wenn sie sich bei den anderen Kindern nützlich machen konnte. Wie anders dagegen Ilja! »Temperamentvoll und ungestüm, rauflustig, aber auch zärtlich und äußerst empfindsam. Sinnlich – mit Lust am Essen und am bequemen Ausruhen«, ein »starkknochiger, zauberhafter, rosiger, strahlender« Junge. »Im Unterricht schlecht, aber stets originell.« Ljowa, das Baby, war immer noch schwächlich, aber mittlerweile ein besonders hübsches Kind geworden.

Im Frühjahr 1870 schien Jasnaja Poljana überhaupt eine Welt der Kinder zu sein. Tolstoi arbeitete an seinem *ABC-Buch* und vier Lesebüchern für Kinder. Sonja übertrug dafür Geschichten aus dem Französischen und Deutschen und paßte sie dabei russischem Sprachgebrauch und Alltag an. Diese Arbeit gab ihr neuen Mut, auch selbst etwas zu schreiben; es entstand eine Kurzgeschichte mit dem Titel »Spatzen« und eine Erzählung für Kinder, »Im Dorf«. Sie verfaßte auch eine russische sowie eine französische Grammatik für den Unterricht ihrer Kinder.

Ostern war im »Herrschaftshaus«, wie die Dorfkinder Jasnaja Poljana nannten, ein festlicher Anlaß. Am Abend vor Ostersonntag fuhren alle nach stundenlangem Bemalen der Eier in einem breiten, zweispännigen Schlitten zur Kirche.

Die Tolstois hatten sich zum Feiertag herausgeputzt; sie bahnten sich einen Weg durch die Menge, betraten die kleine Kirche und gesellten sich im Chor zu Bibikow und dessen Sohn Nikolenka. Da es in der Gegend wenige Grundbesitzer gab, waren die meisten Mitglieder der Gemeinde Bauern. Die Männer saßen eingehüllt in »lange

Mäntel über sauberen, ungebleichten Leinenhemden« auf ihren harten Holzbänken. »Die Frauen trugen bunte Kleider und Glasperlen um den Hals.« Um Mitternacht, nach stundenlangen Gebeten, nahmen alle Anwesenden eine brennende Kerze in die Hand und formierten sich zu einer Prozession, um den auferstandenen Christus zu feiern.

Kurz nach Ostern reiste Tolstoi nach Moskau, um seine Schwester Maria zu besuchen, die krank gewesen war. Nach seiner Rückkehr war er abweisend und launisch, und Sonja konzentrierte sich ganz auf die Kinder. Am 5. Juni schrieb sie in ihr Tagebuch: »Vor vier Tagen habe ich aufgehört, den kleinen Ljowuschka zu stillen. Bei ihm fiel es mir fast schwerer als bei den anderen. Ich segnete ihn, als ich von ihm Abschied nahm, weinte und betete; diese erste Trennung vom eigenen Kind ist immer ein schmerzlicher Schritt. Ich glaube, ich bin wieder schwanger. Mit jedem Kind gibt man einen Teil des eigenen Lebens auf und beugt sich tiefer unter das Joch der Sorgen, der Krankheiten und der Verantwortung.«

Sie *war* wieder schwanger, und diese Schwangerschaft sollte die schwierigste werden von allen, die sie bisher durchzumachen hatte. Sie fühlte sich ständig erschöpft, sehnte sich nach dem geschäftigen, abwechslungsreichen Moskau, nach Musik und Theater und den Tagen der »überschäumenden, unbeschwerten Fröhlichkeit«, die sie mit Tanja zusammen verbracht hatte. Sie liebte die Kinder, aber dieses Angebundensein war ihr unerträglich. Und Leo Nikolajewitsch war zwar in den kurzen Monaten zwischen den Schwangerschaften ein leidenschaftlicher, anspruchsvoller Liebhaber, aber sobald er wußte, daß sie wieder ein Kind bekam, ließ er sie nicht zu sich ins Bett. Er verwandelte sich in einen feindseligen, abweisenden Mann, der dauernd über seinen eigenen Gesundheitszustand sprach und nichts von ihren Problemen oder denen der Kinder hören wollte.

So klagte er in diesem Winter ständig über heftige Schmerzen im Gesicht und in den Beinen, bekam einen trockenen, hartnäckigen Husten und war überzeugt, daß dieser ein Symptom der Schwindsucht sei – ein Zeichen, das der Tod ihm gegeben habe, um ihn an seine Sterblichkeit zu erinnern. Er teilte Fet mit: »Ich habe aufgehört zu schreiben . . . und werde nie wieder solchen wortreichen Unsinn wie *Krieg und Frieden* zu Papier bringen. Ich bin schuldig, doch schwöre ich, es nie wieder zu tun.«

Mit dem Fortschreiten ihrer Schwangerschaft behandelte er Sonja zunehmend kühler und widmete sich drei Monate lang intensiv dem Erlernen des Griechischen. Obwohl er nur an Rheumatismus in einem Knie und jenem trockenen Husten litt (der offenbar nervösen

Ursprungs und nicht auf eine Erkrankung zurückzuführen war), hielt er sich für schwerkrank und glaubte, sein Tod stünde unmittelbar bevor. Sonja durfte kein Wort über ihre Krankheit und Erschöpfung verlieren, während sie ihn umsorgte und verwöhnte, nach den Kindern sah, die beiden alten Tanten aufzumuntern versuchte und ihrer Schwester Tanja Kraft gab, mit dem sich verschlechternden Gesundheitszustand der kleinen Dascha fertigzuwerden.

Als der Januar kam, ihr achter Schwangerschaftsmonat, hatte Sonja stark abgenommen. Sie litt häufig unter Migräne, Schwindelanfällen und Übelkeit, und die kleinste Anstrengung erschöpfte sie. Tolstoi schien jedoch von all dem nichts zu merken, vielmehr war es Sonja, die sich bemühte, *seine* Lebensgeister wachzuhalten und seine Melancholie und Verzweiflung zu vertreiben.

In der dunklen, frostigen Morgenfrühe des 12. Februar 1871 setzten die Wehen ein. Dunjascha eilte fort, um Tolstoi zu holen, der von Sonjas Schreien bereits wach geworden war. Die Geburt kam mehrere Wochen zu früh, und in ihrem geschwächten Zustand hatte Sonja nicht die Kraft, beim Gebären mitzuarbeiten. Tolstoi schritt vor ihrem Zimmer erregt auf und ab, während Hanna, Agatha Michailowna und Dunjascha ihr Mut zusprachen und zu helfen versuchten, so gut sie konnten. Bevor Dr. Schmigaro und die Hebamme Maria Iwanowna aus Tula eingetroffen waren, hatte Sonja ein schwächliches, unglaublich kleines Mädchen geboren, dessen Haut fast so blau war wie ihre hellblauen Augen. Sonja phantasierte, litt unter entsetzlichen Schmerzen und konnte die Beine nicht mehr ausstrecken. Sie bat den Arzt schreiend um Morphium, flehte Gott um Hilfe an und behauptete, sie sehe, wie der Tod sich ihr nähere. Sie wollte, daß man die Fenster öffnete, wähnte sich dann im Garten und hielt die Blumen auf der Tapete für echt.

Dr. Schmigaro diagnostizierte ihren Zustand als Kindbettfieber, das in neunundneunzig von hundert Fällen zum Tode führte. Sonja lag den ganzen Tag ohne Bewußtsein da, und bei Anbruch der Nacht war ihr Puls schwach und unregelmäßig. Man holte Tanja, die dann stundenlang die kraftlose Hand ihrer Schwester hielt. Am folgenden Tag erlangte Sonja das Bewußtsein wieder, aber sie hatte immer noch Fieberphantasien. Bewußtlosigkeit und Delirium wechselten einander nun in den folgenden drei Tagen ständig ab. Dann wachte sie plötzlich wie durch ein Wunder mit klarem Kopf auf. »Lebt mein Kind?« flüsterte sie.

Man teilte ihr mit, das winzige Mädchen atme gut und nehme die Brust einer Amme. Dann bemerkte Sonja, daß ihr Haar während der Bewußtlosigkeit abrasiert worden war. Sie schluchzte vor Verzweiflung und ließ Tolstoi erst ins Zimmer, als sie ein Häubchen mit Rüschen und scharlachroten Bändern aufgesetzt hatte. »Ich habe dich wieder enttäuscht«, seufzte sie, als er zu ihr ans Bett trat. Er versicherte ihr, dem sei nicht so: das Kind wollten sie, nach Tolstois Schwester, Maria nennen.

Als der Frühling Einzug hielt, umrahmten weiche, dunkle Locken Sonjas blasses Gesicht. Sie war zwar immer noch recht schmal, kam aber wieder zu Kräften. Sie mußte sich nun um fünf Kinder kümmern, die alle unter acht Jahren waren, und einen unzufriedenen Gatten; zwei alte, kränkelnde Damen mußten versorgt werden, und die Arbeiter brauchten Anweisungen, damit die Umbauten am Haus zügig vorangingen. Ostern kam ihr sechzehnjähriger Bruder Stepan, Stjopa genannt, auf Besuch. Der intelligente, kräftige, blonde Jüngling vergötterte Tolstoi, behandelte die Kinder herablassend und stritt dauernd mit Sonja, die ihn seiner Meinung nach nicht wie einen Mann behandelte. Stjopa war äußerst empfindlich, aber Tolstoi mochte ihn gern. Als ihr Mann immer häufiger über seine schlechte Verfassung klagte, ermunterte Sonja ihn, zusammen mit Stjopa in die Samara-Steppe zu reisen, um sich einer Kumyß-Kur zu unterziehen, die ihm schon einmal so gut bekommen war.

Anfang Juni brachen die beiden zu einem mehrwöchigen Kuraufenthalt auf.

Obwohl die Unterkunft primitiv und das Wetter mal zu heiß, mal zu kalt war, kehrte er mit der Nachricht zurück, er habe trotz der »Unbequemlichkeit« der Gegend in Samara über 2700 Hektar Land für 20000 Rubel gekauft, und zwar im Distrikt Busuluk. Begeistert verkündete er, sie würden nun stets den Sommer dort verbringen und bei guter Luft und einfachem Essen erstarken.

Doch Sonja schrieb kurz nach seiner Rückkehr in ihr Tagebuch: »Die zweimonatige Kumyß-Kur hat ihm nichts genützt. Die Krankheit steckt noch in ihm, das fühle ich, wenn ich jene merkwürdige Teilnahmslosigkeit dem Leben und seiner Umwelt gegenüber beobachte, die sich im vergangenen Winter zu zeigen begann . . . Ich spüre, wie diese Traurigkeit und Hoffnungslosigkeit langsam auch von mir Besitz ergreift. Er gesteht sich diese Hoffnungslosigkeit nicht ein, aber mein Gefühl täuscht sich nie, wenn ich auch selbst am meisten darunter leide.«

Alexander Kusminski war auf einen wichtigen Regierungsposten in Kutais im Kaukasus versetzt worden. So weit fort von ihrer Schwester war Tanja noch nie gewesen, und nach ihrer Abreise fühlte Sonja sich richtig unglücklich. Doch sie hatte nicht lange Zeit, sich trüben

Gedanken hinzugeben, denn Tolstoi hatte sich entschlossen, die Schule wieder zu eröffnen, und im Januar 1872 begann der Unterricht, bei dem auch Sonja mitwirkte. Fünfunddreißig Bauernkinder kamen täglich ins Schulgebäude oder, wenn es sehr kalt war, ins Erdgeschoß des Wohnhauses. Onkel Kostja, der jetzt die Umbauarbeiten überwachte, unterrichtete ebenfalls; selbst Serjoschka, Tanja und Ilja übernahmen bestimmte Pflichten. »Der Unterricht verlief immer sehr fröhlich und lebhaft«, erinnerte Ilja sich später. »Die Kinder taten sich keinen Zwang an, liefen überall umher und antworteten in ihrem Eifer oft alle gleichzeitig auf Fragen.«

Der Herbst 1871 und der darauf folgende Winter hatte den Tolstois viele glückliche, harmonische Stunden gebracht. Sonja war wieder schwanger, und obwohl Dr. Schmigaro sie auf die Gefahren einer Schwangerschaft so bald nach Marias schwieriger Geburt hingewiesen hatte, fühlte sie sich wohl und zufrieden. Tolstoi ging es besser, und neben der Arbeit an seiner Fibel versuchte er, einen Roman über Peter den Großen zu schreiben. Aber es wollte nicht so recht gelingen, und er verwarf einen Anfang nach dem anderen – insgesamt begann er wohl an die zwanzigmal. Abends, wenn die Kinder zu Bett gegangen waren, sprach er mit Sonja über das Buch; alles schien seinen ruhigen, gewohnten Gang zu nehmen.

Da beging im Januar 1872 Anna Stepanowna Pirogowa Selbstmord.

Anna Stepanowna war für einen Tag nach Tula gereist; Bibikow hatte sie gesagt, sie wolle ihre Mutter besuchen. Er hatte ihr gerade eröffnet, er wolle die junge deutsche Gouvernante heiraten, und als Anna das Haus verließ, befand sie sich in einem Zustand der völligen Verstörtheit. Sie verbrachte anscheinend in Tula einen qualvollen Tag und kehrte am Abend nach Jasenki zurück, nur wenige Meilen von Jasnaja Poljana entfernt, wo es bei den Kasernen seit kurzem eine Bahnstation gab. Ihre kleine, rote Tasche mit einigen Kleidungsstücken hatte sie immer noch bei sich. Man sah sie geistesabwesend auf dem Bahnsteig auf und ab gehen; der Bahnhofsvorsteher, der sie kannte, fragte sie, ob sie den nächsten Zug nehmen wolle. Anna eilte ohne eine Erwiderung ans Ende des Bahnsteigs. Ein Güterzug fuhr gerade ein, und der Bahnsteig bebte. Anna warf ihre Tasche beiseite, zog den Kopf ein, bekreuzigte sich und stürzte sich vor den ankommenden Zug.

Bei der Obduktion, die an einem dunklen, bitterkalten Januartag stattfand, war Tolstoi anwesend. Die einst so reizende Anna lag in der Jasenki-Kaserne auf einem Tisch, »ihr Schädel seziert, ihr nackter Körper schrecklich verstümmelt. Die Wirkung auf seinen Geist war entsetzlich.« Er hatte Männer gesehen, die vom Krieg, von Krankheiten und Hungersnöten entstellt waren, aber der Anblick, den Anna Stepanownas Leichnam bot, bedeutete das schrecklichste Zusammentreffen mit dem Tod, das er je erlebt hatte. Die rote Tasche, die neben ihr lag, raubte ihm vollends die Fassung. Was konnte sie in einen so grauenhaften Tod getrieben haben? Eifersucht und Hoffnungslosigkeit, zweifellos. Aber es gab doch auch weniger gewaltsame Methoden, sich umzubringen. Als er die Kaserne verließ und in den heulenden Wind hinaustrat, vernahm er das Geräusch einer Lokomotive, die in Richtung Bahnstation Jasenki dampfte. Tolstoi fuhr in seinem Schlitten ebenfalls dorthin. Der Zug stand noch da, als er ankam. Ein zwergwüchsiger, in wollene Lumpen gehüllter Bauer mit grauem Bart murmelte bei seiner Arbeit an den Schienen vor sich hin. Tolstois Alptraum von Arsamas war plötzlich wieder gegenwärtig, und als der kleine Mann im dichten Schneefall verschwand, durchfuhr ihn eine schreckliche Kälte. Ein Jahr darauf begann Tolstoi mit der Arbeit an *Anna Karenina* . . .

Im April ließ seine Begeisterung für die Schule nach, und zu Sonjas großer Enttäuschung beschloß er, den Unterricht einzustellen. Allerdings machte es ihm Freude, seine eigenen Kinder im Rechnen und in Griechisch zu unterrichten, während Sonja ihnen Russisch und Französisch beibrachte. Hanna Tarsey war im letzten Winter an Schwindsucht erkrankt, und da Tanja nun in einer Gegend mit wärmerem Klima lebte, reiste die englische Gouvernante zu den Kusminskis. Für die siebenjährige Tanja und die Kleinen wurde eine andere junge, rotwangige Engländerin eingestellt, während ein deutscher Hauslehrer namens Fjodor Fjodorowitsch Kaufmann, den Fet empfohlen hatte, die Aufsicht über die Knaben übernahm.

Das Frühjahr war, wie so oft für Sonja, eine idyllische Zeit. Sie befand sich im siebten Monat und fühlte sich wohl. Am 21. April schrieb sie in ihr Tagebuch: »Die Kinder und ich gingen Pilze sammeln . . . Wir bekamen einen ganzen Korb voll . . . Ljowa ging auf die Jagd . . . Die untergehende Sonne war wie ein grellroter Feuerball. Der Abend ist still . . . die Lindenknospen öffnen sich, und all die anderen Bäume außer den Eichen tragen Blätter. Heute morgen brachte Ljowa einen großen Strauß aus Blumen und Zweigen mit.«

Am 13. Juni 1872 gebar Sonja ihr sechstes Kind; es war ihr vierter Sohn, und sie nannten ihn Peter. Er war ein aufgewecktes, fröhliches Kind, und sie hatte keine Mühe beim Stillen. Um so nervenaufreibender sollte jedoch der Sommer für die Tolstois werden. Leo Nikolajewitsch reiste nach Samara, um nach seinem neuerstandenen Gut zu sehen, und während seiner Abwesenheit durchbohrte einer seiner

*Die Tolstoi-Familie im Salon des Wohnhauses von Jasnaja Poljana, 1890.
Von links nach rechts: Tolstoi (mit seinem Hund Belka),
Tanja, Mascha und Sonja. Wanitschka und Sascha
thronen auf dem Gestell.*

jungen Stiere einen Hirten mit den Hörnern und tötete ihn. Als Tolstoi eilends nach Jasnaja Poljana zurückkehrte, teilte ihm der Untersuchungsrichter mit, er dürfe das Gut einstweilen nicht verlassen, da wegen des Vorfalls Anklage gegen ihn erhoben werden solle, und man zwang ihn, ein Dokument zu unterschreiben, in dem er sich dieser Auflage unterwarf. Er war überzeugt, daß die Behörden in Tula es darauf anlegten, ihn ins Gefängnis zu bringen. Aber schon vier Tage später wurde das Verfahren gegen ihn eingestellt.

Der Winter war ungewöhnlich streng, und überall schien der Tod zu lauern. Sergej Nikolajewitsch und Mascha hatten ein Kind verloren; die Beisetzung – mit Priestern und einem rosa Sarg (»alles, was dazugehört«) – hatte Tolstoi und auch Sonja sehr mitgenommen. Sie entsetzte der Gedanke, vielleicht eines ihrer Kinder zu verlieren; er fand die rituellen Formen der Bestattung unerträglich.

»Doch dann begann ich nachzudenken«, schrieb er Fet am 3. Januar. »Nun, was hätte mein Bruder tun sollen, um den verwesenden Körper seines Kindes schließlich aus dem Haus zu schaffen? Wie hätte man ihn hinaustragen sollen? In einem Sack, von einem Kutscher? Und wo sollte man hin mit ihm, wie sollte man ihn verscharren? Was ist überhaupt eine passende Methode, die Dinge zu Ende zu bringen? Gibt es etwas Besseres als ein Requiem, Weihrauch usw. (Ich zumindest kann mir nichts vorstellen.) Und wenn einen die Kräfte verlassen, wenn man im Sterben liegt? Soll man sich einnässen, s [cheißen], und sonst nichts?«

Der Tod suchte auch in Jasnaja Poljana seine Opfer. Tante Toinette und deren lebenslange Freundin Natalia Petrowna lagen sterbenskrank darnieder. Die trostlose Kälte und der Geruch von Weihrauch und Kerzen, der die riesigen, alten, geschwärzten Ikonen im Zimmer der Frauen umwehte, verliehen dem Haus trotz der frohen, lärmenden Kinder eine unheimliche Atmosphäre. Als dann Tolstoi noch in Moskau weilte, überkam Sonja eine düstere Stimmung. Am 13. Februar schrieb sie in ihr Tagebuch:

Ich schaue manchmal in mein eigenes Herz und frage mich, was ich eigentlich will. Und zu meinem großen Entsetzen antworte ich: Ich will mich in ausgelassener Gesellschaft vergnügen, will elegante Kleider, möchte bewundert werden, möchte, daß man mich schön findet und daß Ljowa das alles hört und sieht, daß er eine Zeitlang ein ganz normales Leben führt zusammen mit mir ... Ich lasse mir heute das Haar wellen und freue mich bei dem Gedanken, hübscher auszusehen, auch wenn niemand da sein wird, der mich anschauen könnte; aber das ist ja auch gar nicht nötig. Meine neuen Bänder gefallen mir, ich möchte auch noch einen neuen Ledergürtel, und nachdem ich nun alles aufgeschrieben habe, möchte ich weinen.

Da die Tanten im Sterben lagen, Hanna und Tanja weit fort waren, gab es keine Frau mehr, der Sonja ihr Herz hätte ausschütten können. Die neue englische Gouvernante mochte sie nicht und bemerkte in ihrem Tagebuch: *»Elle est trop commune* und langweilig.«

Sie war ungeheuer erleichtert, als Tolstoi zwei Wochen später heimkehrte und sogar einen Gast mitbrachte: Fürst Leonid Dimitrijewitsch Urusow – Kriegsheld, Mathematiker, Historiker, Schriftsteller und Schachspieler. Er war mit Tolstoi seit den Tagen des Krimkriegs befreundet. Urusow verstand es, Sonja aus der Reserve zu locken, und unterhielt sich mit ihr über alles mögliche, was sie interessierte oder bedrückte. Sonja klagte über ihre Langeweile und die Furcht, ihre jugendlichen Reize zu verlieren. Urusow hörte aufmerksam zu und versicherte ihr, sie sei schöner denn je und mit jedem Kind fraulicher geworden. Er war von ihrem literarischen Talent überzeugt und ermunterte sie, selbst Geschichten zu schreiben. Der große, stattliche Mann, dessen Akzent seine südrussische Herkunft verriet, war mit seinem grobgeschnittenen Gesicht und den dichten Augenbrauen eher häßlich zu nennen, doch in seinen Augen lagen viel Verständnis und Zärtlichkeit. Er hatte einen Sohn, der ihm sehr nahestand, aber seine Frau und seine Töchter waren ihm fremd geworden. Sonja konnte das überhaupt nicht begreifen, war sie doch noch nie einem Mann mit mehr Einfühlungsvermögen für Frauen, ihre Probleme und Bestrebungen, begegnet. In Urusows Gegenwart schöpfte Sonja neue Hoffnung; sie bedauerte es zutiefst, daß er schon nach einer Woche, am 13. März 1873, wieder abreiste.

Nachdem Tolstoi den Fürsten zum Bahnhof Jasenki begleitet hatte, machte er bei den Tanten einen Krankenbesuch. In deren Zimmer lag auf dem Fenstersims ein Buch von Puschkin, *Die Belkin-Erzählungen.* Tolstoi blätterte darin und kehrte immer wieder zu einer Zeile zurück, die ihm ins Auge gefallen war: »Auf dem Landsitz . . . trafen Gäste ein.« Er ging sofort in sein Arbeitszimmer, setzte sich an den Schreibtisch, schob alle Bücher und Notizen über Peter den Großen beiseite, nahm ein leeres Blatt Papier und schrieb: »Nach der Oper trafen im Haus der jungen Fürstin Wraskaja Gäste ein.« Ein neuer Roman hatte in seinem Kopf Gestalt angenommen, und er schrieb rasch in seiner unleserlichen Handschrift.

Als er später aus dem Arbeitszimmer auftauchte, sagte er aufgeregt zu Sonja: »Ich habe eineinhalb Seiten geschrieben und glaube, daß es gut ist.« Sonja dachte, er hätte wieder einmal mit Peter dem Großen angefangen, doch nach dem Mittagessen erzählte er ihr, er habe einen modernen Familienroman begonnen und eine der Hauptfiguren wolle er nach dem Vorbild der armen Anna Stepanowna gestalten. Sie werde Anna Karenina heißen.

13

Im Mai war es in Jasnaja Poljana besonders schön. Wenn Sonja in der Morgendämmerung erwachte, hingen seidige Wolkenfetzen am violetten Himmel. Blaßblaue Vergißmeinnichtgruppen und gelbe Flächen von wildem Knoblauch bedeckten die Wiesen beim Haus. Während auf einem Feld die Heuernte im Gang war, hatte man auf dem nächsten schon mit dem Pflügen für die Buchweizenaussaat begonnen, und Sonja hörte auch, wie die Bäuerinnen den Hanf klopften.

Die frühsommerliche Idylle wurde allerdings durch eine traurige Nachricht getrübt. »Es ist ein schlechtes Datum; sie wird nicht lange leben«, hatte Tanja bei der Geburt ihrer Tochter Dascha düster prophezeit. Am 13. Mai 1873 starb das Kind an Blutarmut. Im Frühjahr 1871 hatte Tanja in Kutais zwar eine weitere Tochter, Mascha, zur Welt gebracht, aber ihr Schmerz über den Tod der Erstgeborenen kannte keine Grenzen. Daschas Tod beunruhigte Sonja zutiefst, denn Peter, ihr Petja, war ebenfalls an jenem »schlechten Datum« geboren – dem Dreizehnten. Auch wenn ihr angesichts des kräftigen, lebhaften Kerlchens ihre Befürchtungen töricht vorkamen, war sie doch unter dem Einfluß dieses unguten Gefühls besonders fürsorglich zu ihm.

An den Tagen, an denen Tolstoi nicht schrieb, stand er früh auf und ging mit Serjoschka und Iljuscha in der Woronka schwimmen. Oft nur mit einer Satteldecke und ohne Steigbügel, ritt Serjoschka »den kleinen Kirgisen Scharik«, Iljuscha das Pferd mit den rosa Augen, Kolpik, während ihr Vater auf seinem neuerworbenen englischen Vollblüter Frou-Frou saß. Er schlug mit Frou-Frou oft einen zügigen Trab ein, so daß sie Mühe hatten, ihm zu folgen, blickte dann über die Schulter zurück und fragte: »Ihr seid doch nicht müde, oder?« – »Nein!« kam dann prompt die unwahre Antwort, selbst wenn sie sich schon ganz lahm und krumm fühlten.

Tolstoi führte seine Söhne auch zu der Stelle im Eichengrund, wo sein Bruder Nikolai den geheimnisvollen »grünen Stock« vergraben hatte. Dann erzählte er ihnen Geschichten über seine Kindheit in Jasnaja Poljana, und manchmal, wenn sie im Schatten der Birken dahinritten, sprach er über seine Arbeit.

»Weißt du, Iljuscha, ich bin sehr zufrieden mit mir«, vertraute er dem rotbackigen Siebenjährigen an. »Drei Tage lang hat sie [Anna Karenina] mich jetzt gequält, und ich konnte sie nicht dazu bringen, jenes Haus zu betreten. Ich konnte einfach nicht, fertig. Es hätte unecht gewirkt. Aber heute fiel mir plötzlich ein, daß sich in jeder Eingangshalle ein Spiegel befindet und jede Dame einen Hut trägt. Sobald ich daran gedacht hatte, ging sie genau dorthin, wo ich sie haben wollte, und tat alles, was sie sollte. Du magst nun sagen, ein Hut sei doch nur eine Kleinigkeit, aber es klappte alles nur wegen dieses Huts.«

Am Spätnachmittag gingen die Kinder oft mit Tolstoi im Wald spazieren oder jagten dort Niederwild. Manchmal unterhielten sie sich auch mit den Pilgern auf der Landstraße, die an Jasnaja Poljana vorbeiführte. Diese Straße erstreckte sich vom Norden Rußlands bis zur Ukraine, der Krim und der Schwarzmeerküste. Die Pilger legten mit ihren Bündeln auf dem Rücken täglich etwa dreißig Werst zurück, schliefen, wo sich eine Gelegenheit dazu bot, und selten einmal nahmen sie ein Bad oder wechselten die Kleider. Sie kannten eine Menge Geschichten, Gerüchte und Klatsch, und Tolstoi und seine Kinder sprachen gern mit ihnen, und manchmal fanden die Erzählungen dieser Wanderer Eingang in Tolstois Werk.

Ende Mai beschloß Tolstoi, mit der gesamten Familie nach Samara zu reisen, um dort den Sommer zu verbringen. Er hatte den ganzen Monat intensiv an *Anna Karenina* gearbeitet und das Buch im Entwurf fertiggestellt. Da wiederholte sich der tragische Unfall des Vorjahres: Ein Stier von Jasnaja Poljana durchbohrte einen Bauern. Das Tier war im Stall angekettet gewesen, aber als einer der Arbeiter es fütterte, machte es plötzlich einen Satz nach vorn. Der Mann kämpfte drei Tage lang mit dem Tod, und Tolstoi tat alles, was in seiner Macht stand, um ihn zu retten. Er ließ nicht nur sofort Dr. Schmigaro rufen, sondern auch den jungen Arzt, der ihm seinen Arm eingerichtet hatte. Alles umsonst. Als der Mann tot war, zahlte Tolstoi dessen Familie eine großzügige Unterstützung und kam für die Beerdigungskosten auf. Obwohl keine gerichtlichen Schritte gegen ihn eingeleitet wurden, nahm ihn dieses Unglück sehr mit.

Am Morgen des 3. Juni machten sie sich dann auf den Weg nach Samara. Sie fuhren an zerfallenen Schutzwällen vorbei, die am Waldrand standen – eine Erinnerung an die weit zurückliegenden Tatareneinfälle. Jasnaja Poljana hatte bei der Abwehr der Tataren einen Außenposten gebildet, und nun sollten sie das Land sehen, aus dem die Eindringlinge damals gekommen waren.

Die Reisegesellschaft umfaßte die gesamte Tolstoi-Familie (außer Tante Toinette und Natalia Petrowna), Sonjas Bruder Stjopa, den Hauslehrer Fjodor Kaufmann, das Kindermädchen Maria Arbusowa sowie deren Sohn, den Diener Sergej. In Nischni Nowgorod trafen sie mit Tanja, ihrer Tochter Mascha und Hanna Tarsey zusammen. Es gab ein tränenreiches Wiedersehen, dann eine kurze Besichtigung der alten Stadt, die als das Tor zum Osten bekannt war. Nischni Nowgorod lag auf einem Hügel; zu seinen Füßen floß die Wolga, und hinter der Stadt erhob sich der Ural. Man hatte das Gefühl, plötzlich in ein exotisches Land geraten zu sein. Die Menschen waren eine merkwürdige orientalisch-abendländische Mischung, und das Gewirr fremder Zungen entzückte die Tolstoi-Kinder.

Auf einem großen Dampfer fuhren sie dann die Wolga hinunter. Es gab zwar für die über zwanzig Passagiere der ersten Klasse nur ein Badezimmer, aber die Reisenden fühlten sich in den geräumigen Kabinen wohl, und die Kinder waren vom Leben an Bord begeistert. Zwar durften sie nicht nach unten, wo die fahrenden Händler und Bauern auf offenem Deck saßen und auch schliefen. Aber sie beugten sich über das Geländer, um ihren Mitreisenden zuzuschauen und zuzuhören, wenn sie Balalaika spielten und auf dem engen Raum zwischen ihren aufgetürmten Habseligkeiten tanzten.

Je weiter sie die Wolga hinunterfuhren, desto orientalischer schien das Land zu werden. Als das Schiff in den frühen Morgenstunden in Kasan anlegte, um Proviant an Bord zu nehmen, ließen Tolstoi, Serjoschka und Iljuscha die anderen schlafen und gingen zu einem Stadtbummel an Land. Tolstoi hatte einst an der Universität Kasan studiert, und während sie über die holprigen Pflasterstraßen liefen, auf denen überall Tartaren ihre Waren ausbreiteten, erzählte Tolstoi den Jungen mit solcher Begeisterung von seinen Erlebnissen damals, daß sie jedes Zeitgefühl verloren. Als sie zur Anlegestelle zurückkamen, war der Dampfer »nur noch ein Fleck am Horizont«. Iljuscha begann zu heulen, Serjoschka blickte entsetzt drein. Tolstoi, der kein Geld bei sich hatte, wurde ganz aufgeregt und schrie hinter dem Schiff her. Menschen liefen zusammen und jubelten, als der Dampfer wie auf Tolstois Kommando umkehrte. Als Sonja nämlich bemerkt hatte, daß Tolstoi und die Jungen nicht an Bord waren, hatte sie den Kapitän gebeten zurückzufahren.

In Samara warteten eine sechsspännige Kutsche und ein kleineres Gefährt schon auf die Reisegesellschaft. Sonja, Tanja, Hanna, Maria Arbusowa und die vier jüngsten Kinder (Petja, Mascha und Ljowa Tolstoi sowie Mascha Kusminskaja) saßen dann dichtgedrängt in dem größeren Gefährt; Sergej Arbusow und Fjodor Kaufmann hatten draußen auf dem Kutschbock Platz genommen. Tolstoi und Stjopa fuhren in dem kleineren Wagen, und Serjoschka, Tanja und Iljuscha wechselten sich auf dem Bedientensitz und dem letzten freien Platz in der Kalesche ab.

Das kleine, baufällige Holzhaus, das Tolstoi gekauft hatte und in dem sie nun den Sommer verbringen sollten, enttäuschte Sonja ziemlich. Aber sie machte sich unverzüglich ans Werk, es wohnlicher herzurichten. Da das Haus für die ganze Familie nicht groß genug war, schliefen Tolstoi und Stjopa in einem Zelt, das man in Samara gekauft hatte. Serjoschka, Iljuscha, Ljowa und ihr Hauslehrer verbrachten die Nächte in einem Schuppen, den Sonja so behaglich wie möglich ausgestattet hatte, doch gegen die Ratten, die in der Dunkelheit pfeifend umherrannten, konnte sie auch nicht viel ausrichten.

Die Samarasteppe war eine weite, unbebaute Ebene mit wenigen Bäumen. Die Erde war pechschwarz, und das wilde Gras wuchs in dicken Büscheln. Braune Geier von der Größe eines Truthahns, riesige Adler mit weißen Schnäbeln und Habichte zogen am Himmel ihre Kreise. Der Sommer war sehr heiß, aber die Luft trocken, und selbst an den heißesten Tagen wehte eine Brise.

Das »Gut« bestand in Wirklichkeit aus einem heruntergekommenen Hof, aufgeteilt in zwölf Felder, von denen zwei – damals von grobem wilden Gras überwachsen – eingesät, die übrigen als Weideland belassen werden sollten. Da es kein Holz gab, benutzte man Ziegel aus getrocknetem Dung als Brennmaterial, die zu großen Stapeln aufgeschichtet in der Nähe des Hauses lagen und einen schrecklichen Gestank verbreiteten. In der Gegend wohnten keine anderen Grundbesitzer, und so kamen die Tolstois nur mit Bauern und Baschkiren zusammen. Der nächste Arzt war eine Tagereise weit entfernt.

Den ganzen Sommer über war Sonja sich schmerzlich bewußt, daß in jeder der zerfallenen Hütten der Umgebung Armut und Tod wohnten. Die Hungersnot, die hier nach drei Jahren Mißernte herrschte, entsetzte sie so sehr, daß sie Tolstoi drängte, in der Gegend herumzureisen, um das Ausmaß der Katastrophe festzustellen. Er besuchte in der Folge alle Dörfer im Umkreis von siebzig Werst und kehrte mit der Überzeugung zurück, daß der Winter den hungernden Bauern eine noch größere Katastrophe bringen werde. Er schrieb daraufhin einen Brief an eine Moskauer Zeitung, in dem er zu Hilfsleistungen für die Gegend aufrief. Seine beredte Bitte wurde von anderen bedeutenden russischen Zeitungen aufgegriffen, und am Ende des Sommers hatte die Regierung einen öffentlichen Spendenaufruf in die Wege geleitet. Die Tolstois steuerten hundert Rubel bei und gewannen auch Alexandra in St. Petersburg für ihre Sache, die wiederum die kranke Zarin für das Hilfsprojekt zu interessieren wußte. Schließlich wurden im Namen des Zaren fast zwei Millionen Rubel aufgebracht, um den Menschen dieser notleidenden Gegend das Überleben zu ermöglichen.

Die Not seiner Untertanen hielt den Zaren aber nicht davon ab, hemmungslos seinen Vergnügungen nachzugehen. Vor allem seine Liaison mit der Fürstin Katharina Dolgorukaja, einer schlanken, jungen Frau mit dunklen Augen und honigblondem Haar, war Gesellschaftsklatsch Nummer eins. Zarewitsch Alexander Alexandrowitsch, ein erbitterter Feind der Mätresse seines Vaters, erreichte, daß Katharina mitsamt ihrem illegitimen Zaren-Sproß Georg in völliger Zurückgezogenheit leben mußte. Die Gesellschaft schlug sich natürlich auf die Seite des Thronfolgers, lud die Fürstin nicht mehr ein und ignorierte deren Einladungen. Der Zar liebte seine Katharina zwar nach wie vor, aber das hinderte ihn nicht daran, sich auch ohne sie auf Bällen und Galaveranstaltungen prächtig zu amüsieren.

Über all das sprachen die Tolstois auf ihrer Rückreise nach Jasnaja Poljana. Die Liaison des Zaren war für Tolstoi von besonderem Interesse, weil er darin eine Parallele zu seinem fiktiven Liebespaar sah – zu Wronski und Anna Karenina. Gleich nach der Ankunft setzte er die Arbeit an *Anna Karenina* fort.

Im Frühherbst bezog der Porträtmaler Iwan Kramskoi fünf Werst von Jasnaja Poljana entfernt ein Haus in der Hoffnung, Tolstoi überreden zu können, für ihn zu sitzen. Sonjas Drängen – der Künstler hatte versprochen, auch von ihr ein Porträt anzufertigen –, gab Tolstoi schließlich widerwillig nach. Kramskoje kam fortan jeden Nachmittag ins Haus, und während der Sitzungen stellte Tolstoi sogar fest, daß er Freude hatte an den Gesprächen über Kunst, die sie miteinander führten.

Im Herbst merkte Sonja, daß sie wieder schwanger war. Und Anfang November sollten ihre bösen Ahnungen Wirklichkeit werden: Petja erkrankte so schwer an einer Angina, daß er am Morgen des 9. November nach nur zweitägiger Krankheit starb. »Er war am 13. Juni 1872 zur Welt gekommen«, schrieb Sonja in ihr Tagebuch. »Er war ein so aufgewecktes, glückliches Kind. Ich liebte ihn so sehr, und seit sie ihn gestern begraben haben, kommt mir alles leer vor.«

Lange konnte sie die »grausame Erinnerung« an Petjas Beerdigung nicht verdrängen, an »die allgemeine Gleichgültigkeit gegenüber dem kleinen rosa Sarg, die Erinnerung an ihren eigenen, herzzerreißenden Schmerz, ihre einsame Trauer beim Anblick der bleichen kleinen Stirn mit den Löckchen an den Schläfen und des geöffneten, überraschten kleinen Mundes, als der rosa Sargdeckel, der mit einem goldgestickten Kreuz geschmückt war, geschlossen wurde.«

Den ganzen Winter trauerte sie um ihr Kind.

»Und wozu das alles?« fragte in *Anna Karenina* eine Romanfigur, Darja, nach dem Tod ihres jüngsten Kindes, eines Jungen. »Was ist die Folge davon? Daß ich keinen Augenblick Ruhe habe, immer wieder schwanger bin, stillen muß, verstimmt und reizbar werde, nur eine Last für mich selbst und andere, und meinem Mann zum Ekel . . .«

In Sonjas Kopf tobte eine kleine Revolution. Sie war schwanger und konnte nichts dagegen machen, doch erinnerte sie sich an eine Unterhaltung mit Anna Stepanowna, die ihr erzählt hatte, sie habe Angst, von Bibikow ein uneheliches Kind zu bekommen; sie wolle nicht einmal eines, falls sie heiraten würden. Bis zu diesem Gespräch mit Anna hatte Sonja nie begriffen, weshalb manche Frauen nur ein oder zwei oder gar keine Kinder hatten. Als sie hörte, daß eine Schwangerschaft verhindert werden kann, hatte sie mit Verblüffung und Entsetzen reagiert. Ein derartiger Eingriff in die natürliche Ordnung war ihr damals unmoralisch vorgekommen, und daran hatte sich auch nichts geändert. Ihr genügte der Gedanke, daß ihr Liebling, der kleine Ljowa, vielleicht nie gelebt hätte, wenn sie Annas Vorstellungen gefolgt wäre, um zumindest zeitweilig »das Durcheinander verrückter Ideen, das in ihrem Kopf herrschte«, zu verscheuchen. Trotzdem sprach sie mit Tolstoi – auf rein theoretischer Ebene, versteht sich – über dieses Thema, der es dann in einer Szene seines Romans aufgriff.

Bei ihrer vielleicht einfachsten Geburt schenkte Sonja am 22. April 1874 einem großen, gesunden Jungen das Leben, den sie Nikolai tauften. Sein Kosename war Nikolenka, aber Sonja nannte ihn oft Petja.

Wieder einmal war Sommer, und die Heuernte hatte begonnen. Hohe Glockenblumen legten ihre weißen und lila Blüten auf die Fenstersimse. Blaue Kornblumen leuchteten froh im Sonnenschein. Da starb am 20. Juni Tante Toinette, das geliebte Tantchen, in einem Zimmer im Erdgeschoß, in das sie sich hatte bringen lassen, damit ihr eigenes Zimmer frei von traurigen Erinnerungen bliebe. Alle Kinder, das Baby auf Sonjas Arm, wurden hineingeführt, damit sie »sich von ihr verabschieden« konnten. Der Sarg stand vor Tante Toinettes geschwärzten Ikonen, und Weihrauchschwaden zogen durch den Raum. Verängstigt gingen die Kinder nacheinander am Sarg vorbei und warfen einen raschen nervösen Blick auf den Leichnam.

Tante Toinette hatte fünfzig Jahre lang in Jasnaja Poljana gelebt, und nicht nur ihre eigene Familie, sondern auch die Bauern auf dem Gut und im Dorf hatten sie geliebt. Nachdem der Trauerzug mit dem Priester an der Spitze das Haus verlassen hatte, wurde ihr Sarg durch das Dorf getragen. Fast an jeder Tür trat ein Bauer vor, drängte dem Priester Geld auf und bat ihn, für ihre Seele ein Gebet zu sprechen. Einen Tag nach der Beerdigung schrieb Tolstoi seiner Kusine Alexandra: »Ich habe mit ihr ein ganzes Leben lang zusammengelebt, und mir ist angst und bange ohne sie.«

Nur wenige Tage später starb Aksinja, die über fünfzig Jahre lang ihre getreue Zofe gewesen war. Und innerhalb einer Woche verschlechterte sich der körperliche und geistige Zustand Natalia Petrownas zusehends. Die Familie beriet sich und faßte den schmerzlichen Entschluß, die alte Frau in ein Altersheim zu bringen, das auf Turgenjews Gut Spasskoje erbaut worden war. Tolstois ältliche Tante Pelagia, die in einem Kloster in Tula lebte, zog dafür bald darauf nach Jasnaja Poljana – in das kleine Zimmer, in dem Tante Toinette gestorben war. Die muntere und überaus intelligente Frau wurde von ihren lebhaften Großnichten und Großneffen freudig begrüßt. Und Sonjas Schwester Tanja kam mit ihren Töchtern Mascha und der inzwischen geborenen Vera aus Kutais – allerdings ohne Hanna, die im Kaukasus geblieben war, um einen georgischen Fürsten zu heiraten.

In jenem Sommer und Herbst 1874 kam Tolstoi mit *Anna Karenina* nur langsam voran; Alexandra schrieb er: »Ich kann mich nicht von lebendigen Wesen losreißen, um mir über fiktive den Kopf zu zerbrechen.« Im Dezember konnte er jedoch die Rechte für eine Veröffentlichung in Fortsetzungen an Katkow für die stattliche Summe von 25 000 Rubel verkaufen, und die ersten drei Teile erschienen im Februar 1875.

Die Freude, die Sonja über diesen neuen Erfolg ihres Mannes empfand, erstarb, als der zehn Monate alte Nikolenka am 20. Februar seinem Bruder Petja folgte. Das Kind war zwei Wochen zuvor an Hirnhautentzündung erkrankt. Sein Leiden war für alle im Haus eine Qual gewesen, vor allem für Sonja, die keinen Moment von seiner Seite wich.

Dieser zweite Todesfall so rasch nach dem Verlust Petjas war ein schwerer Schicksalsschlag. Der Tod schien sich an Sonjas Fersen geheftet zu haben, und es gelang ihr nicht, ihre düsteren Ahnungen zu verscheuchen. Leo Nikolajewitsch behauptete mürrisch, er habe *Anna Karenina* satt, und fürchtete sich selbst so sehr vor dem Tod, daß ihr Kummer ihn gar nicht berührte. Schließlich wußte er keinen anderen Trost für Sonja, als seine mittlerweile immer stärker gewordenen christlich-platonischen Ehevorstellungen eine Zeitlang zu vergessen und wieder mit ihr zu schlafen. Als sie sich in den ersten Maitagen nach Samara auf den Weg machten, war Sonja im dritten Monat schwanger.

Als sie im August nach Jasnaja Poljana zurückkehrten, befand sie sich in einem äußerst geschwächten Zustand. Das Landleben kam ihr jetzt unerträglich vor, einsam und öde, sie war apathisch und niedergeschlagen und dachte voller Abscheu an die harte Arbeit, die ihr immer schwerer fiel. Wenn sie abends ein oder zwei Stunden mit ihrem Mann allein sein wollte, beanspruchte Tante Pelagia seine Aufmerksamkeit. Er spielte mit der alten Dame Patience, während Sonja nähte, stickte oder las. Und weil sie schwanger war, schliefen sie natürlich schon wieder nicht mehr miteinander.

»Manchmal habe ich das Gefühl, daß ich nur noch in meinen Träumen lebe«, schrieb sie in ihr Tagebuch. »Ich träume von wunderbaren Gemäldegalerien, von schönen Blumen oder sogar von Menschen, die ich nicht hasse oder meide, sondern von ganzem Herzen liebe.«

Sie waren nach ihrem Aufenthalt im Kaukasus gerade wieder sechs Wochen zu Hause, als alle Kinder an Keuchhusten erkrankten. Sonja pflegte die Kinder und daneben auch noch die anspruchsvolle Tante Pelagia, die sich plötzlich unwohl fühlte, bis zur Erschöpfung. Einmal schaute sie nach Mitternacht im Kinderzimmer nach dem Rechten, während Tolstoi sich im Erdgeschoß in seinem Ankleidezimmer, das früher sein Arbeitszimmer gewesen war, zum Schlafengehen fertigmachte. Plötzlich rief er: »Sonja! Sonja!« Dann stieß er einen unheimlichen, angstvollen Schrei aus. Sie rannte auf den dunklen Gang; die Kerze zitterte in ihrer Hand. Dann lief sie, so schnell sie konnte, die unbeleuchtete Treppe hinunter und rief dabei nach ihm. Seine Antwort war ein schwacher Klagelaut. Er stand im Schlafrock auf dem kalten, dunklen Korridor.

»Was ist passiert, Ljowotschka?« fragte sie, legte ihren Schal um seine Schultern und führte ihn nach oben in sein Schlafzimmer.

»Ich habe mich verirrt«, schluchzte Tolstoi und stützte sich auf Sonja.

Es dauerte lange, bis er sich beruhigt hatte. Dann erzählte er ihr, die gespenstische Erscheinung, die er in Arsamas erblickt habe, sei wieder aufgetaucht. Wie damals habe er gespürt, daß ihn der Tod verfolge; er sei in panischer Angst auf den dunklen Gang gerannt und habe zu ihrem Zimmer hinaufeilen wollen. Aber wohin er sich auch wandte, schien sein Verfolger zu lauern, und plötzlich konnte er sich nicht mehr daran erinnern, wo sich die Treppe befand.

»Das ist ein schlimmes Vorzeichen«, sagte Sonja, und in ihren Augen glitzerten Tränen.

Am nächsten Morgen erwachte sie mit hohem Fieber und fing an, unter heftigen Krämpfen Blut zu husten. Da Dr. Schmigaro in jenem Jahr in den Ruhestand getreten war, holte man aus Tula den jungen Dr. Krertzer. Er war überzeugt, daß Sonja sich bei den Kindern mit Keuchhusten angesteckt hatte, und verabreichte ihr Chinin. Doch ihre Temperatur stieg weiter, und sie begann zu delirieren. Da schrieb Tolstoi an Dr. Sacharjin in Moskau, er möge sofort kommen. Sacharjin schickte seine Assistenten Dr. Tschirkow, der eine Bauchfellentzündung diagnostizierte und die entsprechende Behandlung einleitete. Bei Sonja trat eine Besserung ein, aber die Krankheit führte zu verfrühten Wehen. Am 1. November 1875 gebar sie vor der Zeit ein Mädchen, das auf ihr Drängen hin sofort auf den Namen Warwara getauft wurde. Das Kind lebte nur eine Stunde lang.

Drei kleine Gräber lagen nun schneebedeckt vor ihrem Fenster. Sonja war beinahe den ganzen Winter hindurch krank und schaute stundenlang auf die verschneiten Grabstätten hinaus. Tolstoi schien ihr Leiden nicht zu spüren; er schrieb Strachow: »Die ganze Zeit – zwei Wochen – habe ich mich um eine kranke Ehefrau gekümmert, die ein totgeborenes Kind zur Welt gebracht und selbst am Rande des Todes gestanden hat. Aber es ist seltsam – ich habe noch nie mit solcher Energie über die Probleme nachgedacht, die mich gegenwärtig interessieren.«

Fast den ganzen Winter über war Sonja nicht in der Lage, etwas für ihn abzuschreiben. Das erste, was sie dann kopierte, war ein Teil eines Briefes an Strachow, in dem Tolstoi schrieb: »Ich spüre, daß bei mir das hohe Alter begonnen hat. Hohes Alter nenne ich jenen inneren seelischen Zustand, bei dem alle äußeren Erscheinungen der Welt für mich ihre Bedeutung verlieren.«

Hatte auch sie ihre Bedeutung für ihn verloren? Würde seine Liebe zu ihr sterben, wie der kleine Petja, Nikolenka und Warwara gestorben waren? Sie schritt in ihrem Zimmer auf und ab, erledigte Näh- und Stickarbeiten, las den Kindern Geschichten vor und hörte Tolstoi durch die offene Tür zu, wenn er im Wohnzimmer Klavier spielte. Früher einmal hatten sie vierhändig gespielt. Jetzt reichte ihre Kraft gerade noch dazu, täglich ein paar Stunden abzuschreiben. Tolstoi verwendete immer weniger Zeit auf *Anna Karenina* und behauptete, ihm sei der Roman jetzt zuwider. Sein ganzes Denken kreiste nun um religiöse und geistige Probleme, die Sonja verwirrend und abstoßend fand.

Tante Pelagia verlor am 22. Dezember, als sie gerade auf einem Stuhl stehend über ihrem Bett eine Ikone aufhängen wollte, das

Gleichgewicht, stürzte, brach sich mehrere Knochen und erlitt eine schwere Gehirnerschütterung. Sie geriet in einen fiebrigen, hysterischen Zustand und hatte vierundzwanzig Stunden lang starke Schmerzen. Während Sonja die Hand der alten Frau hielt, rief Tante Pelagia immer wieder: *»Je ne veux pas mourir!«* Aber sie starb noch in derselben Nacht, und vom Augenblick ihres Todes an erhob sich zwischen Tolstoi und seiner Frau eine unsichtbare Mauer, die Sonja in den verbleibenden Jahren ihres gemeinsamen Lebens verzweifelt niederzureißen versuchte.

Tante Pelagia war Tolstois letzte Verbindung zu seiner Mutter gewesen, zur Mutter, die er nie richtig gekannt hatte. Nach dem Ableben von Tante Toinette und Tante Pelagia fand er sich endlich mit der Tatsache ab, daß seine Mutter tot war und niemand ihren Geist für ihn lebendig halten konnte. Wie Tante Pelagia wollte auch Tolstoi nicht sterben, und als er sie verloren hatte, begann sein einsames Ringen mit dem Tod und seine verzweifelte Suche nach der Wahrheit über das ewige Leben. Was blieb da noch für Sonja übrig?

Leo Tolstoi in seinem Arbeitszimmer in Jasnaja Poljana (1908).

VIERTER TEIL

1877–1892

Trugbilder

Ich habe angefangen, die Dunkelheit zu lieben. Wenn es dunkel wird, fühle ich mich manchmal wieder glücklich, und dann rufe ich mir all das in die Erinnerung zurück, was ich früher liebte, und ich sitze da und umgebe mich mit Trugbildern. Gestern nacht habe ich mich dabei ertappt, wie ich laut vor mich hin sprach. Erschrocken fragte ich mich: Ist das etwa der Anfang des Wahnsinns?

Gräfin Tolstaja

14

Krieg. Grauenvoll, aussichtslos und unausweichlich. Seit zwei Jahren war die slawische Frage zu einem immer dringlicheren Problem geworden. 1875 hatte sich die Bevölkerung der benachbarten Staaten Bosnien und Herzegowina gegen die drückende Herrschaft der Türken erhoben. Die Aufständischen wurden erbarmungslos niedergemetzelt. Schließlich rebellierten auch Serbien und Montenegro. Es formierte sich eine Bewegung, die Rußlands Eintritt in den Krieg zur Unterstützung der Slawen befürwortete; sie wurde von den slawophilen Kreisen in Rußland, deren Sprecher Tolstois alter Freund Juri Samarin war, kräftig gefördert. Fast jede Zeitung und jeder Brief, die nach Jasnaja Poljana gelangten, enthielten Berichte über die »Türkengreuel«, denen die Slawen ausgesetzt waren. In Moskau, Petersburg und Tula wurden zu ihrer Unterstützung Wohltätigkeitsveranstaltungen – Bälle, Konzerte, Diners und Reden – organisiert. Hunderte von Russen aus allen Bevölkerungsschichten traten als Freiwillige in die serbische Armee ein, um gegen die Türken zu marschieren. Wie sich jedoch bald herausstellen sollte, waren sie im Gefecht ihren kampferprobten Feinden nicht gewachsen. Am 24. April 1877 teilte Zar Alexander II. seinem Volk mit, Rußland habe der Türkei den Krieg erklärt.

In Jasnaja Poljana verfolgten alle, auch die Kinder, mit größtem Interesse die Entwicklung auf den Kriegsschauplätzen. Wenn die Zeitung aus Tula eintraf, versammelte sich das ganze Haus, um die neuesten Berichte zu hören. Rasch lernten die Kinder die Namen sämtlicher Generäle; sie wußten auch, wie sie aussahen, denn ihre Bilder erschienen in billigen Drucken, auf Kalendern und sogar auf Bonbonpapierchen. Die Knaben besaßen ganze Regimenter von Spielzeugsoldaten, mit denen sie die Schlachten zwischen den Russen und den Türken stundenlang nachexerzierten.

Sonja hatte eine tiefverwurzelte Abscheu vor dem Krieg. Sie haßte Waffen und hatte auch an der Jagd nie Gefallen gefunden. Als jedoch

Rußland in den slawisch-türkischen Krieg eingriff, war sie in ihren Gefühlen hin- und hergerissen. Die Welle von Patriotismus, die das Land überflutete, erfaßte selbst sie. Und als dann die russische Armee große Verluste erlitt, begann sie die Türken zu hassen, da sie sich nun in erster Linie um die Männer ihres Volkes sorgte.

Einmal besuchte Tolstoi mit den älteren Söhnen die Kaserne von Tula, wo türkische Soldaten interniert waren. Sie betraten einen großen »Hof, der von einer Steinmauer umgeben war. Dort hielten sich ein paar kräftige hübsche Burschen in weiten, blauen Hosen und rotem Fes auf«. Ein türkischer Soldat hatte sich an die Wand gelehnt und las im Koran. Als Tolstoi sich ihm näherte, bat der Soldat auf russisch um Zigaretten. Tolstoi gab ihm etwas Tabak und Zigarettenpapier und auch ein paar Münzen. Dann begann er mit ihm ein Gespräch über Religion und »überredete zwei der kräftigsten Männer, einen türkischen Ringkampf vorzuführen«.

»Was für freundliche, liebenswürdige, schöne Menschen das sind«, bemerkte er, als sie wegfuhren. Die Knaben aber konnten nicht verstehen, warum ihr Vater zu diesen »schrecklichen Türken« so freundlich war, hatten sie doch gelernt, sie als ihre Feinde zu betrachten.

Von September bis Mai nahm das Leben in Jasnaja Poljana seinen gewohnten Gang. Die Kinder standen um acht Uhr auf; eine Stunde später frühstückte Tolstoi mit ihnen. Er war morgens gewöhnlich mürrisch; die Kinder vermieden es deshalb, mit ihm zu sprechen. Er aß hastig zwei weichgekochte Eier und zog sich dann mit einem Glas Tee und Zigaretten, die Sonja für ihn drehte, in sein Arbeitszimmer zurück. (Sie schnitt ihm übrigens auch einmal im Monat den Bart, und zwar bei Neumond.) Er zeigte sich nicht mehr bis zum späten Nachmitag. Wenn er dann das Arbeitszimmer verließ und die Kinder ungehindert spielen konnten, schien das Haus plötzlich zu erwachen.

Um fünf Uhr stand das Essen auf dem Tisch, was jedoch nicht hieß, daß auch alle pünktlich zur Stelle waren. Die Zeit danach gehörte der Familie. Um zehn Uhr wurde Tee serviert, und anschließend gingen die Kinder zu Bett. Tolstoi zog sich gewöhnlich schon vor Mitternacht zurück, während Sonja nun in der Stille des schlafenden Hauses zu arbeiten begann.

Diese ruhigen Stunden in der Nacht bedeuteten ihr viel. Außer den Kerzen auf ihrem Schreibtisch, die bewegte Schatten an die Wand warfen, und der letzten Glut im Kamin lag das Haus in völliger Dunkelheit. Sonja schlang sich einen Schal um die Schultern und fing an zu schreiben. Um drei Uhr morgens waren ihre Hände und Füße eiskalt, Hals und Schultern ganz steif, und ihre Augen tränten. Dann trocknete sie mit einem Löschpapier sorgfältig die noch nasse Tinte auf dem letzten Blatt, schraubte das Tintenfaß zu und blies alle Kerzen aus bis auf eine.

Mit dieser Kerze in der Hand ging sie leise in sein Arbeitszimmer und legte die abgeschriebenen Seiten auf sein Pult, damit er sie am Morgen vorfand. Dann eilte sie still durch die dunklen Gänge des kalten Hauses in ihr Schlafzimmer und stellte den Wecker, denn in drei Stunden mußte ihr Jüngstes gestillt werden (immer schien sie ein Baby an der Brust zu haben). Ein bequemer Tagesablauf war das gewiß nicht, aber Sonja war glücklich, auf diese Weise am Werk ihres Mannes teilzuhaben, und die Geschichte der Anna Karenina faszinierte sie – während Tolstoi das Buch nicht sehr liebte.

Bereits 1875 schrieb er an Strachow: »Ich mache mich nun wieder an meine *langweilige und lästige Anna Karenina* und habe nur den einen Wunsch, sie so schnell wie möglich abzutun.« Im folgenden Jahr, nachdem er die Korrekturseiten eines Teils des Romans gelesen hatte, klagte er in einem Brief an Strachow: »Alles daran ist abscheulich, alles muß umgearbeitet und noch einmal umgearbeitet werden: Alles, was schon gedruckt ist, alles muß ich streichen, alles verwerfen, mich von allem lossagen und erklären: Entschuldigt bitte, ich will es nicht wieder tun, und dann muß ich versuchen, etwas Neues zu schreiben, das nicht wieder so ungereimt und nichts Halbes und nichts Ganzes ist.« Und 1877 äußerte er sein Erstaunen darüber, daß dieser Teil des Romans so gut aufgenommen wurde und daß »etwas so Gewöhnliches und *Unbedeutendes* den Lesern gefällt«.

Als Sonja einmal eine Stelle, die sie gerade kopiert hatte, lobte, brüllte er: »Ist es etwa schwierig zu beschreiben, wie sich ein Offizier in eine verheiratete Frau verliebt? Das ist überhaupt nicht schwierig, und außerdem ist es nicht gut. Es ist schlecht und nützt zu nichts!« Nur Sonja und die Verpflichtung dem Verleger gegenüber hielten ihn davon ab, den Roman zu vernichten.

Etwa zur Zeit der Kriegserklärung, im April 1877, beendete er jenes Kapitel, in dem sich Anna Karenina vor den Zug wirft. Er hatte seine »Heldin« umgebracht. Eigentlich war dies nicht als Ende des Buchs geplant, aber er steckte fest. »Ich kann nicht schreiben, solange der Krieg dauert«, sagte er zu Sonja. »Es ist dasselbe Gefühl, wie wenn es irgendwo in der Stadt brennt; die Aufregung ist so groß, daß man sich auf nichts anderes konzentrieren kann.«

Der Krieg, in den die Russen so begeistert gezogen waren, erwies sich bald als ein kostspieliges Abenteuer und als schmerzhafte Enttäuschung. Die Türken waren tapfere Soldaten, und ihr Widerstand in der wichtigen Schlacht von Plewna hielt den russischen Vormarsch für mehrere Monate auf. Als die russische Armee Konstantinopel erreichte, waren England und Österreich, die eine Expansion Rußlands auf die Türkei fürchteten, nahe daran, dem Zaren den Krieg zu erklären. In dieser gefährlichen Situation gab Rußland nach wochenlangen, zähen Verhandlungen nicht nur den größten Teil des im Krieg gewonnenen Territoriums wieder auf, sondern ließ auch zu, daß Bosnien und die Herzegowina unter österreichische Verwaltung kamen. Die Schlachten waren zwar gewonnen worden, aber das russische Volk betrachtete den Krieg, der ein ganzes Jahr gedauert hatte, als eine demütigende Niederlage und gab dem Zaren die Schuld an dem Fehlschlag.

Als der Krieg vorüber war, wandte Tolstoi sich in verstärktem Maße philosophisch-religiösen Fragen zu. Er wollte »zeigen, wie unbedingt notwendig die Religion« sei und schrieb seine entsprechenden Gedanken darüber in ein großes, schöngebundenes Notizbuch. Der areligiöse Mann, den Sonja geheiratet hatte, war zum eifernden Orthodoxen geworden. Obwohl sie sich auch als Gläubige empfand, hatte sie nie viel über religiöse Probleme nachgedacht. Sie lehrte die Kinder, ihr Nachtgebet zu sprechen, segnete sie mit Ikonen und ging sonntags mit ihnen zur Messe. Damit hielt sie ihre christlichen Pflichten für erfüllt. Nicht so Tolstoi. Er fastete, betete stundenlang und ging immer häufiger in die Kirche.

Trotzdem raffte er sich schließlich auf, den letzten – achten – Teil von *Anna Karenina* zu schreiben. Sonja freute sich. »Wir arbeiten nun wirklich an *Anna Karenina*«, schrieb sie an Tanja. »Das heißt: schreiben ohne Unterbrechung. Ljowotschka ist guten Mutes, und seine Gedanken kreisen nur um das Werk. Er schreibt jeden Tag ein ganzes Kapitel. Das alles zu kopieren, bedeutet viel Arbeit für mich. Unter diesem Brief liegt die Abschrift, noch kaum trocken, des neuen Kapitels, das er gestern geschrieben hat.

Im letzten Teil des Buches vertrat Tolstoi die Meinung, daß ein Krieg zwischen Serben und Türken das russische Volk nichts angehe. Diese Kritik an Rußlands Kriegsengagement ärgerte Katkow so sehr, daß er sich weigerte, sie zu drucken. Statt dessen faßte er die Schicksale der Hauptpersonen kurz zusammen und erklärte, der Roman ende mit Anna Kareninas Tod.

Während der Monate Juni und Juli 1877 kam Strachow nach Jasnaja Poljana, um Tolstoi zu helfen, den Roman für die Veröffentlichung in Buchform vorzubereiten. Auch Tanja und ihre Familie waren zu Besuch; sie bezogen den Flügel, der einst die Schule beherbergt hatte – auf Jahre hinaus sollte das ihre »Sommerresidenz« sein. Das Haus wimmelte nur so von Kindern jeden Alters, ihren Erziehern, Kindermädchen und Lehrern. Jeweils am Samstag und Sonntag erschienen außerdem noch zwei junge Männer, die den Knaben zusätzlichen Unterricht erteilten.

Und natürlich war Sonja wieder schwanger; das Kind sollte Anfang Dezember zur Welt kommen. Alle Versuche, Tolstoi zu einer Art von »Geburtenkontrolle« zu überreden – es ging vor allem um den Coitus interruptus –, waren fehlgeschlagen; jegliches Ansinnen in dieser Richtung hatte er schockiert von sich gewiesen. Sonja sah ein, daß sie, um nicht erneut schwanger zu werden, auf sexuelle Beziehungen mit ihrem Mann verzichten müßte. Offensichtlich fiel ihr das viel schwerer als ihm. Tolstoi hatte die Ehe vor kurzem sogar einmal als »häusliche Prostitution« bezeichnet. Seine sexuelle Zurückhaltung während ihrer Schwangerschaft genügte offenbar nicht mehr, ihm das Gefühl von Schuld zu nehmen; er glaubte, daß nur vollständige Enthaltsamkeit zum Heil führen könne.

Sonja wußte nicht, wie sie auf Tolstois selbstquälerische Suche nach einem moralischen Leben reagieren sollte. Sein Streben nach religiöser Wahrheit war »leidenschaftlich und aufrichtig«, aber sie konnte und wollte ihm auf seinem geistigen Pilgerweg nicht folgen.

Der Junge, den Sonja am Morgen des 6. Dezember 1877 zur Welt brachte, bekam den Namen ihres Vaters: Andrej. Die Geburt des Kindes schien Tolstoi »von geistigen Ketten zu befreien«, er begann, einen Roman über die Dekabristen zu schreiben, und für kurze Zeit kehrte sein früherer Lebensmut zurück. Aber schon bald legte er den Roman beiseite und wandte sich wieder philosophisch-religiösen Schriften zu. Nun ganz »strenger und tadelsüchtiger Moralist«, versuchte er, auch seine älteren Kinder – Serjoschka, Iljuscha, Tanja und Ljowa – für religiöse Probleme zu begeistern. Die Kinder waren durch seine leidenschaftlichen Tiraden jedoch nur verängstigt und begannen, ihren Vater zu meiden.

Aber wenigstens einer von Sonjas Träumen war Wirklichkeit geworden: Nach all den Jahren harter Arbeit stellte sich endlich auch der finanzielle Erfolg ein. *Anna Karenina* brachte Riesensummen ein. Ihr Jahreseinkommen, das zum Teil auch Sonjas kluger Verwaltung des Gutes zu verdanken war, belief sich auf nahezu dreißigtausend Rubel. Sie waren reich.

Sie kam sich vor wie eine Witwe nach einer außergewöhnlich langen Trauerzeit. Sehnsüchtig studierte sie in den Modejournalen die Kleider aus Moiréseide und buntem Satin, deren tiefe Ausschnitte von handgestickten Blumenranken eingefaßt waren. Doch da sie wußte, daß Tolstoi solche Kleider mißbilligen würde, bestellte sie sich in Petersburg nur ein modisches schwarzes Reisekleid, das sie auf einer geplanten Moskaureise tragen wollte. Sie ließ einige Räume im Haus renovieren und vergrößerte das Personal. Zu Tolstois Ärger stellte sie zwei Lakaien ein und stattete sie mit roten Westen und weißen Handschuhen aus, die Agatha Michailowna gestrickt hatte. Für Tanja, die schon bald vierzehn wurde, fand sie eine französische Gouvernante, Mademoiselle Gachet. Da sie Tanja bald in die Gesellschaft einführen mußte, versuchte Sonja, Tolstoi davon zu überzeugen, daß sie ein Haus in Moskau haben sollten – allerdings ohne Erfolg. Für Mascha war eine Engländerin da, für die Knaben ein französischer Lehrer, Monsieur Nief, für Klein-Andrej sorgte ein Kindermädchen. Die Kinder hatten auch Lehrer für Russisch, Zeichnen, Griechisch, Musik und Deutsch; diese Lehrer kamen für den Unterricht zu ihnen ins Haus und blieben auch zum Essen.

Kurze Zeit sah es so aus, als sei Sonjas Glück vollkommen. Vor allem als Tolstoi, der für die Welt schon fast verloren schien, sich plötzlich ebenso radikal von der Kirche wieder abwandte, wie er sich ihr zuvor in die Arme geworfen hatte. Er gab nicht nur das Fasten und Beten auf, er begann auch, die Riten und Bräuche der Kirche zu kritisieren und weigerte sich schließlich sogar, überhaupt zum Gottesdienst zu gehen. Ein Vorfall im Kloster Optina Pustin hatte ihn zutiefst ernüchtert. Er war mit seinem Diener Sergej Arbusow, der die Stelle des alten Alexej Stepanowitsch eingenommen hatte, zu Fuß dorthin gepilgert. Die Mönche, die Tolstoi für einen armen Bauern hielten, brachten ihn in einer schmutzigen, verlausten Zelle unter. Sergej Arbusow, wütend darüber, wie sein Herr behandelt wurde, verriet den Mönchen, wer er in Wirklichkeit war. Daraufhin wiesen sie Tolstoi das schönste Zimmer zu und tischten ihm das beste Essen auf. Diese »doppelte Moral« ließ sich mit seinen Vorstellungen von Orthodoxie nicht vereinbaren; die Kirche hatte ihn enttäuscht.

Doch dieser Sinneswandel sollte nicht, wie von Sonja vielleicht erhofft, positive Folgen haben. Im Gegenteil; tiefe Schuldgefühle und der verzweifelte Wunsch, Sühne zu leisten, quälten ihn. Mit dem Verlust des Glaubens schien er jeden Halt verloren zu haben, sprach wiederholt von Selbstmord und ging nicht mehr auf die Jagd, da er befürchtete, er könne das Gewehr gegen sich selbst richten. Seine düstere Stimmung bedrückte die ganze Familie. Sonja schrieb an Tanja: »Er starrt nur so vor sich hin, spricht kaum und hat dieser Welt den Rücken gekehrt. Er ist völlig unfähig, sich mit den Dingen des Alltags zu befassen.« Alles war eher noch schlimmer geworden als zuvor. Wie Ilja später schrieb, war dies Tolstois »dunkle Zeit der Idol-Verbrennung«.

Hatte er einst das Familienleben idealisiert und in drei Romanen das Leben eines Adligen, das seinem eigenen glich, liebevoll geschildert, begann er nun plötzlich, all dies zu verachten und schlechtzumachen; hatte er einst seine Söhne auf eine klassische Bildung vorbereitet, wie sie damals an der Universität vermittelt wurde, verurteilte er jetzt die zeitgenössischen Gelehrten; hatte er einst regelmäßig Dr. Sacharjin konsultiert und für seine Frau und Kinder Ärzte aus Moskau holen lassen, lehnte er nun die moderne Medizin ab; hatte er einst voll Begeisterung Wölfe, Bären und Wild gejagt, nannte er das Jagen nun »den Hunden nachrennen«; hatte er fünfzehn Jahre lang Geld zur Seite gelegt und von den Baschkiren in Samara billig Land erworben, nannte er nun jeden Besitz ein Verbrechen und Geld Korruption; und schließlich, nachdem er sein ganzes Leben der Literatur gewidmet hatte, bereute er nun diese Tätigkeit und hätte sie beinahe für immer aufgegeben.

Mit fünfzig fühlte Tolstoi sich ganz als reuiger Sünder, während Sonja, die die Hälfte ihrer fünfunddreißig Jahre für ihn dagewesen war, kaum etwas zu bereuen hatte. Sie sah, wie er litt, es aber ablehnte, bei ihr Trost zu suchen. Sie hatten nicht nur keine gemeinsamen Interessen mehr, er mißbilligte sogar ihre Wünsche und Neigungen, ja, »ihr gemeinsames Leben paßte ihm nicht mehr«. Seiner Familie gegenüber war er »schweigsam, mürrisch und reizbar«. Waren die Kinder fröhlich – wenn sie Theater spielten, sich beim Krocket vergnügten oder bei einem guten Essen saßen –, wies er sie streng zurecht: »Wir stopfen uns mit Koteletts und Gebäck voll, und in Samara verhungern Tausende von Menschen mit aufgeblähten Bäuchen«, oder: »Hier sitzen wir in unsern gutgeheizten Zimmern, und heute fand man einen Mann, der erfrieren mußte, weil ihn niemand für eine Nacht aufnehmen wollte.«

1878 war Serjoschka fünfzehn, Tanja vierzehn, Iljuscha zwölf, Ljowa neun und Mascha sieben. Seit ihren ersten Gehversuchen hatte Tolstoi ihnen eingeschärft, sie seien was Besseres als die Dorfkinder und müßten unbedingt Französisch, Deutsch und Englisch lernen, um auf das Leben in der feinen Gesellschaft, auf Gymnasium und Universität vorbereitet zu sein. Nun war er bitter enttäuscht, daß die Kinder sich in ihrer Lebensweise nicht nach seinen neuen Ansichten richteten, ja, er hatte das Gefühl, daß sie ihn gar nicht verstehen wollten. Aber auch die Kinder fühlten sich von ihrem Vater zurückgestoßen und waren überzeugt, daß er *sie* nicht verstand.

Tagein, tagaus saß Tolstoi über Bergen philosophischer Bücher und Abhandlungen, las und schrieb und dachte über religiöse Fragen nach. Die Last des Haushalts und des Gutes lag allein auf Sonjas Schultern. Im Sommer hatte sie sich, außer um ihre eigenen sechs Kinder, auch um die Kusminskis und deren vier Kinder sowie einen nicht abreißenden Strom von Gästen und die ganze Dienerschar zu kümmern. Noch einmal schlug Sonja vor, nach Moskau zu ziehen, wo vieles einfacher wäre. Tolstoi aber glaubte, für die Kinder sei es besser, unter Bauern und Pilgern zu leben, und lehnte den Umzug ab.

»Es ist schön und gut, Ideen und Probleme zu diskutieren«, hielt Sonja ihm entgegen, »aber den Kindern nützt es nichts, wenn dabei ihr Wissen und ihre Erziehung zu kurz kommen; und außerdem muß für ihre Kleidung, ihr Essen und ihre Gesundheit gesorgt sein.« Keines ihrer Argumente änderte etwas. Hätte sie ihren Lebensstil demjenigen Tolstois angleichen können – hätte sie die Dienerschaft entlassen und ihre Kinder gezwungen, im Haushalt mitzuhelfen, hätte sie ihnen Krocket, Reiten, Eislaufen und das gemeinsame Singen am Abend verboten –, dann wäre der Riß zwischen ihnen vielleicht nicht so groß geworden. Aber konnte sie denn sicher sein, daß ihr Mann seine Ansichten nicht plötzlich wieder änderte, eine neue Philosophie entdeckte und sie alle in eine noch kompliziertere Lage bringen würde? Und hätte sie freiwillig die Armut auf sich genommen, dann hätte sie fortan alle Hausarbeit ganz allein verrichten müssen – kochen, nähen, waschen, die Kinder erziehen –, während Tolstoi weiterhin seine religiösen Traktate verfaßt und sich sonst um nichts gekümmert hätte. Wo blieb da ihr Leben?

Im Spätherbst 1879, als Sonja erneut ein Kind erwartete, vertiefte Tolstoi sich mehr und mehr in seine biblischen und theologischen Studien. Den Roman über die Dekabristen hatte er zu Sonjas Bedauern ganz aufgegeben. »Leo arbeitet, wie er sagt«, schrieb sie an Tanja, »aber leider schreibt er immer noch religiöse Abhandlungen; er liest und denkt, bis er Kopfschmerzen hat, und all dies, um zu beweisen, wie weit sich die Kirche von der Lehre des Evangeliums entfernt hat. Es wird in Rußland kaum ein Dutzend Leute geben, die sich dafür interessieren. Aber da ist nichts zu machen. Ich wünsche nur, daß er diese Studien so bald als möglich zu Ende brächte und daß dies wie eine Art Krankheit vorbeigehen würde.«

»Ich trauere nicht etwa dem Geld nach«, schrieb sie in einem anderen Brief an Tanja. »Es fehlt mir etwas im Leben, etwas, das ich liebte, nämlich Leos literarische Arbeit, die mich immer mit solcher Freude und Bewunderung erfüllt hat. Siehst Du, Tanja, ich bin eine richtige Schriftstellergattin, so sehr liegen mir seine Werke am Herzen.«

In den kalten Morgenstunden des 20. Dezember 1879, nachdem sie die ganze Nacht Arbeiten ihres Mannes ins reine geschrieben hatte, gebar Sonja einen Knaben, Michail. Agatha Michailowna half bei der Entbindung; das Baby kam wenige Minuten, bevor der Arzt und die Hebamme aus Tula eintrafen, zur Welt. Die Tolstois hatten nun fünf Söhne und zwei Töchter. Für kurze Zeit war das Haus voller Freude, und einige Male ging Tolstoi sogar mit den Kindern auf der zugefrorenen Woronka eislaufen. Aber solche Stunden blieben eine Ausnahme.

Zu Weihnachten kamen viele liebe Freunde zu Besuch – Sergej Nikolajewitsch, Strachow, die Auerbachs, Sonjas Tanten mit ihren Familien aus Tula. Auch Fürst Urusow befand sich unter den Gästen. Er hatte sich nun endgültig von seiner Frau, die nach Paris gezogen war, getrennt. Jetzt war er oft in Jasnaja Poljana und führte mit Tolstoi philosophische Gespräche. Urusows Besuche gehörten zu den wenigen Ereignissen, auf die Sonja sich wirklich freute. Sie öffnete ihm ihr Herz und sprach mit ihm über all das »Unwichtige«, über alles Sentimentale und Schöne, das in den Gesprächen mit ihrem Mann keinen Platz mehr hatte. Und der Fürst vertraute ihr seine Probleme, Hoffnungen und Gedanken an. Bald entwickelte sich zwischen ihnen eine romantisch-platonische Zuneigung – nicht mehr. Aber seine Gegenwart, sein echtes Interesse an allem, was Sonja wichtig schien, trugen dazu bei, daß sie mit ihrem Leben an Tolstois Seite immer unzufriedener wurde.

Am 30. Januar, als Mischa noch keine sechs Wochen alt war, vertraute sie Tanja an: »Es fällt mir sehr schwer, dieses Einsiedlerleben zu ertragen: Stell Dir vor, Tanja, ich bin seit September nicht mehr aus dem Haus gekommen. Es ist wie im Gefängnis, nur in moralischer und finanzieller Hinsicht nicht ganz so schlimm. Trotzdem habe ich das Gefühl, eingeschlossen und angebunden zu sein; ich möchte ausbrechen und weglaufen – je eher, desto besser.«

Und einige Tage später, ebenfalls an Tanja: »Manchmal möchte ich fortfliegen, zu Dir, zu Mama, nach Moskau – irgendwohin weg aus meinem halbdunklen Schlafzimmer, wo ich mich vierzehnmal am Tag, ausgezehrt und halb ohnmächtig von den Schmerzen in meinen Brüsten, über das heiße Gesichtchen eines Neugeborenen beuge.«

Im Sommer 1880 bot nur der Besuch der Kusminskis Sonja eine erfreuliche Abwechslung. Nach deren Abreise im September war sie mit ihren trüben Gedanken wieder allein. Im Oktober schrieb sie an Tanja: » Zu meinem größten Schrecken habe ich festgestellt, daß ich schon wieder ein Kind erwarte.« Diese neuerliche Schwangerschaft deprimierte Sonja zutiefst. Tolstoi widmete sich nur noch dem, was er jetzt als »seine Arbeit« betrachtete: Er besuchte Gefängnisse, Friedensrichter, Amtsgerichte und Rekrutierungsstellen und versuchte so, den Armen und Unterdrückten zu helfen. Er verteilte große Summen seiner Einkünfte aus *Anna Karenina* an arme Bauern. Mit dem Rest mußte Sonja eine große Familie versorgen. Die fünfhundert Rubel im Jahr, mit denen sie nun auszukommen hatte, waren weniger, als ihr Budget in den ersten Ehejahren betrug.

»So weit ist es bestimmt nur gekommen«, schrieb Sonja an Tanja, »weil wir jetzt ein christliches Leben zu führen haben. Früher, ohne diese Christlichkeit, war es meiner Meinung nach viel besser.«

Tolstoi hätte sie wohl gern in der Rolle jener Hindufrau aus einer seiner Lieblingsgeschichten gesehen: Es ging darin um einen Hindu, der sein Leben der Wahrheitssuche geweiht und Prophet geworden war. Seine Frau, die er seit langem vernachlässigt hatte, machte sich auf, ihn zu suchen. Und sie fand ihn am Ufer eines heiligen Flusses. Sie kniete im Staub nieder, küßte den Saum seines Gewandes und sprach: Meister, ich weiß, daß du dem fleischlichen Leben entsagt und eine höhere Stufe der Weisheit erreicht hast. Was befiehlst du mir?« – »Verlaß für immer den Weg meines Lebens«, antwortete er.

Schweigend erhob sich die Frau, watete in den Fluß hinein und versank vor seinen Augen. An der Stelle, wo sie zuletzt gestanden hatte, trieben nun Wasserlilien und Lotosblüten, als wollten sie ihr nasses Grab bezeichnen, während der Witwer teilnahmslos dastand und zuschaute.

Doch Sonja war weit davon entfernt, sich für die Rettung der Seele ihres Mannes zu opfern.

15

Am 7. September 1879 verurteilte der revolutionäre Geheimbund »Partei des Volkswillens« Alexander Romanow, wie sie den Zaren nannten, zum Tode. Während einer Zugfahrt von der Krim, wo er mit seiner Mätresse Katharina Dolgorukaja Ferien gemacht hatte, wurden denn auch mehrere Anschläge auf sein Leben verübt. An drei verschiedenen Stellen dieser Route waren Sprengstoffladungen angebracht worden. Die erste Mine explodierte zu spät – der Zug mit dem Zaren war nur Augenblicke zuvor abgefahren –, die zweite ging nicht los, und eine dritte zerstörte den Gepäckwagen, an den sich der Waggon des Zaren anschloß. Durch diese Mißerfolge keineswegs entmutigt, planten die Terroristen sofort weitere Attentate. Zar Alexander verstärkte seine Hauswache und verließ seinen Palast kaum noch. Den Revolutionären gelang es jedoch, in diese Festung einzudringen.

Als der Zar mit seinem Vetter, dem Prinzen von Bulgarien, am Abend des 17. Februar 1880 das Eßzimmer betreten wollte, explodierte eine Bombe und zerstörte den ganzen Raum. Der Zar und der Prinz blieben unverletzt, aber im Saal unter dem Eßzimmer lagen vierzig Palastwachen tot oder verletzt am Boden.

»Gott hat mich wieder gerettet!« rief der Zar unter Tränen.

Und Gott schien mittlerweile auch sein einziger Verbündeter geblieben zu sein. Das Schicksal des Mannes, der zwanzig Jahre zuvor als der große Befreier gefeiert worden war, berührte die einstigen Leibeigenen, die ihm ihre Freiheit verdankten, offensichtlich nicht. Aber auch die bürgerlichen Kreise und der Adel nahmen den jüngsten Anschlag auf sein Leben kaum zur Kenntnis. Schließlich hatte der Zarewitsch dafür gesorgt, daß sein Vater wegen seiner Beziehung zu Katharina, die mittlerweile drei Kinder von ihm hatte, mehr und mehr an Ansehen verlor. Der russisch-türkische Krieg hatte seine Beliebtheit dann auf den Nullpunkt sinken lassen. An jenem Abend veranstaltete der französische Gesandte in seiner Petersburger Residenz einen großen Empfang zu Ehren des deutschen Gesandten. Als die Nachricht von der Explosion im Palast eintraf, ließen sich die Gäste, viele von ihnen Russen, ihre Festfreude keineswegs verderben. Der Gesandte verließ angewidert das Bankett und bemerkte später: »Eine Gesellschaft, die auf einen solchen Schock nicht reagiert, schreibt sich das eigene Todesurteil.«

Die Zarin konnte, auf den Tod krank, ihr Bett nicht mehr verlassen. Doch Alexander zog trotzdem mit seiner »zweiten Familie« in den Palast – und die Kinder bekamen ausgerechnet jenes Zimmer, das über dem der sterbenden Zarin lag. Am 19. Juni 1880 tat Maria Alexandrowna ihren letzten Atemzug. Die Beerdigung fand mit allem kaiserlichen Prunk statt. Katharina nahm natürlich nicht daran teil, aber sie wurde auf der Galerie des Palastes gesichtet, als der Sarg von der Kirche zum Grab getragen wurde. Die Mitglieder des Hofes empfanden dies als »grenzenlose Unverschämtheit«. Sie waren noch empörter, als Alexander mit Katharina bereits vierzig Tage später – der Mindesttrauerzeit, die die orthodoxe Kirche vorschrieb – eine morganatische Ehe einging und sie in den Rang einer Fürstin Jurjewskaja (der Familienname der Romanows) erhob. Der Zar tat nun alles, um die Anerkennung seiner Gemahlin bei Hof und Adel durchzusetzen; diese persönliche Angelegenheit war ihm wichtiger als die drängenden Probleme seines Volkes.

Am 14. März 1881 klopfte ein durchnäßter italienischer Bettler in Jasnaja Poljana an die Küchentür und bat um einen Teller Suppe. Das kam häufig vor, und die Bettler erhielten immer etwas zu essen und

Geld. Der Italiener sprach kein Russisch, aber er konnte ein wenig Französisch. »Leben schlecht, niemand geben Geld, Zar tot.« Seufzend tunkte der Mann sein Brot in die Sauce.

»Was sagst du da? Wann? Wer hat es getan?« rief Tolstoi. Aber der Bettler wußte keine Einzelheiten, und Tolstoi erfuhr nichts Näheres, bis die Abendzeitungen aus Tula kamen.

Am 13. März hatte der Zar beschlossen, nicht länger wie ein Gefangener im Winterpalast zu leben und am Sonntag der Parade in der Michail-Reitakademie beizuwohnen. Ungeachtet der dringenden Warnungen seiner Offiziere verließ er den Palast um Viertel vor eins in einer gepanzerten Kutsche, die von vier prachtvollen grauen Pferden aus dem berühmten Orlow-Stall gezogen wurden. Sechs Kosaken ritten neben der Kutsche, und zwei Schlitten mit Leibwächtern folgten dicht dahinter. Auf dem Platz, wo die Parade stattfand, ging alles gut. Der Zar war bester Laune und wollte noch im Michail-Palast gleich neben dem Paradeplatz seiner Tante väterlicherseits, der betagten Großherzogin, einen Besuch abstatten. Dies hatte aber zur Folge, daß er sich für eine Verabredung im Winterpalast verspätete; er trieb deshalb den Kutscher zur Eile an.

Die Begleiter galoppierten über den hartgefrorenen Schnee. Plötzlich wählte der Kutscher eine Abkürzung und bog in den breiten Katharina-Kanalquai ein, wo kein Polizeischutz eingesetzt worden war. Bis auf einen kleinen Jungen mit einem Brotkorb und einen einzelnen Artillerieoffizier schien die Straße menschenleer. Aber an der Ecke, wo die Kutsche von ihrer bewachten Route abgebogen war, stand eine Heringsverkäuferin mit ihrem Schiebkarren. Es war Sofja Perowskaja, eine Anführerin der Revolutionäre. Die Frau schwenkte als Zeichen für ihre Komplizen ein Taschentuch. Daraufhin stürzte ein dunkelhaariger junger Mann mit einem Paket unter dem Arm auf die breite Straße hinaus, und als die kaiserliche Kutsche auf ihn zudonnerte, warf er ihr das Paket entgegen. Es gab eine gewaltige Explosion. Pferde wieherten wild auf, als sie in dem dichten, beißenden Rauch zu Boden stürzten, und Menschen schrien vor Schreck und Schmerz. Als sich der Rauch verzogen hatte, sah man den Jungen mit dem Brotkorb, zwei Kosaken und drei Pferde tot auf der Straße liegen.

Die Vorderräder waren durch die Wucht der Explosion weggerissen worden, doch Alexander war wider Erwarten nichts geschehen. Jemand rief, der Mörder sei gefaßt. Obwohl ihn sein Stallmeister dringend bat, sich nicht von der Stelle zu rühren, stieg der Zar kaltblütig aus dem umgekippten Wagen. Er hinkte leicht, da ihm ein Splitter ins Bein gedrungen war. Ein paar Meter von der Kutsche entfernt stand schweigend der gefangene Revolutionär; man hatte ihm die Hände hinter dem Rücken zusammengebunden und ein Bajonett auf ihn gerichtet. Der Zar sah den jungen Mann lange an. »Haben Sie die Bombe geworfen?« fragte er. »Ja«, antwortete der Attentäter ruhig. »Wie heißen Sie?« fragte Alexander. »Riserkow, Handwerker«, sagte der junge Mann. Einer der Leibwächter des Zaren trat zu den beiden und rief: »Gott sei Dank, Ihre Majestät ist gerettet!« und Alexander antwortete: »Ja, Gott sei Dank; aber schauen Sie diese armen Leute an. Man muß sich um sie kümmern.«

In diesem Augenblick kam ein anderer junger Mann angerannt, rief: »Zu früh, um Gott zu danken!« und warf einen runden, weißen Gegenstand – die Offiziere hielten ihn zuerst für einen Schneeball –, der zu Alexanders Füßen explodierte. Die Luft war voll Rauch, Schnee und Blut. Schreie zerrissen die winterliche Kälte, Pferde stampften. Weitere zwanzig Männer lagen verletzt oder sterbend im Schnee. Der Kutscher, der möglicherweise mit den Terroristen gemeinsame Sache gemacht hatte, war tot. Der Katharina-Kanalquai glich einem Schlachtfeld: Alles war voller Blut, und abgerissene Glieder, Uniformstücke und Tressen lagen verstreut auf dem Pflaster. Zar Alexander lehnte an einem zerbrochenen Rad. Sein Bauch war aufgerissen; ein Bein war zerschmettert, das andere fehlte.

»Rasch! Bringt mich zum Palast, ich will dort sterben«, stöhnte er. Der Stallmeister meinte, es wäre besser, ihn in ein nahegelegenes Haus zu tragen, wo er sofort ärztliche Hilfe bekommen könnte. Doch Alexander wiederholte seinen Befehl. Die wenigen Kosaken, die noch am Leben waren, hoben ihn auf einen Schlitten, der von vier blutüberströmten Pferden gezogen wurde. Man hatte die Detonation bis zum weit entfernten Palast gehört, und Tausende von Leuten standen an der Straße und sahen schweigend zu, wie der Schlitten zum Palast fuhr. Auf den Marmorstufen hinterließ der Zar, der inzwischen das Bewußtsein verloren hatte, eine schwarze Blutspur. Er wurde durch die langen Korridore, an den goldgerahmten Bildern seiner kaiserlichen Vorfahren vorbei, in sein Arbeitszimmer getragen und auf die Liege neben seinem Schreibpult gebettet. Die Hofärzte drängten sich um ihn, aber sie konnten offensichtlich nichts mehr für ihn tun. Er bot einen schrecklichen Anblick: »Sein rechtes Bein war abgerissen, das linke zerschmettert; unzählige Wunden überall am Kopf und im Gesicht. Ein Auge war geschlossen, das andere ausdruckslos.«

Katharina, noch immer im Morgenmantel, stürzte in den Raum und schrie »Sascha! Sascha!«, küßte seine blutüberströmten Hände und schluchzte: »Oh, mein Gott, mein Gott!« Augenblicke später starb der Zar in ihren Armen.

Der ehrgeizige Zarewitsch wurde nun Zar Alexander III. Mißgünstig und streitsüchtig, wie er war, zeigte sich der militärisch ausgebildete Alexander entschlossen, mit autokratischer Strenge zu regieren. Unmittelbar nach seiner Thronbesteigung zerriß er die letzte, leider nicht mehr unterschriebene Verfügung seines Vaters, die Rußland eine beinahe schon parlamentarische Regierung beschert hätte. Als nächstes teilte er den Ministern mit, daß unter seiner Herrschaft die strengen Maximen seines Großvaters, Nikolaus I., wieder gelten sollten. Zu seinem engsten Berater erklärte er seinen früheren Lehrer Konstantin Pobedonoszew, den brillanten Sachwalter der Heiligen Synode, der damals in dem Ruf stand, einer der reaktionärsten Männer Rußlands zu sein.

Die Revolutionäre, die für die Ermordung Alexanders II. verantwortlich waren, wurden binnen weniger Tage nach dessen Tod verhaftet. Sechs Schuldige – Sofja Perowskaja, ihr Liebhaber, die zwei Bombenwerfer, ein gescheiter junger Wissenschaftler und eine zweite Frau, Hessia Helfmann – wurden nach einem kurzen Prozeß zum Tod durch den Strang verurteilt. Die Letztgenannte entging dem Galgen, weil sie schwanger war, aber im folgenden Jahr starb sie im Gefängnis. Damit verlor die revolutionäre Partei, der »Volkswille«, seine Führer und büßte in den folgenden Jahren an Bedeutung ein.

Als der Richter die Todesurteile verkündete, hätte niemand gedacht, daß sie schon zwei Wochen später vollstreckt würden. Nie hatte Tolstoi jene schreckliche Hinrichtung vergessen, deren Zeuge er in Paris geworden war, und er war überzeugt, daß sich der Zar, wenn er die Todesurteile nicht aufhob, genauso schuldig machte wie die Bombenwerfer. Während eines Nachmittagsschlafs in seinem Arbeitszimmer hatte er einen furchtbaren Alptraum. Er träumte, daß er – und nicht die Verurteilten – hingerichtet würde; und dann schien es plötzlich, als sei er der Henker. Entsetzt wachte er auf und schrieb sogleich an den Zaren: Er bat ihn, christliche Vergebung zu üben und das Leben der Mörder zu schonen.

Die Ratgeber des Zaren hatten vorausgesehen, daß sich gewisse Leute für die Begnadigung der fünf Verschwörer einsetzen würden. Doch Alexander hatte ihnen nur streng geantwortet: »Niemand wird es wagen, eine solche Bitte an mich zu richten, und ich verspreche Ihnen, daß, sollte es doch geschehen, alle *sechs gehängt werden.*« Er stellte damit klar, daß, wer so unbesonnen wäre, Milde zu fordern, das Los der Verurteilten teilen würde.

Sonja fürchtete die Folgen von Tolstois Schreiben. Sie flehte ihren Mann an, den Brief nicht abzuschicken. Vergebens. Tolstoi nahm zwar, wie sich herausstellte zu Recht, an, daß Alexander einen so berühmten Mann nicht zum Märtyrer machen würde, doch ließ der Zar sich durch seinen Bittbrief auch keineswegs umstimmen.

Am kalten Morgen des 3. April 1881 wurden die Perowskaja und ihre vier Mittäter auf dem Paradeplatz des Semionowski-Regiments, wo sich eine große Menschenmenge eingefunden hatte, hingerichtet. Den fünf Revolutionären hatte man für ihren Gang zum Galgen ein Schild umgehängt, auf dem »Zarenmörder« stand. Als Henker amtierte ein am gleichen Morgen aus dem Gefängnis entlassener Verbrecher. Tolstoi ließ keine Zeitung, die über die Exekutionen berichtete, ins Haus.

In der Frage der Todesstrafe war Sonja mit Tolstoi völlig einig, aber in anderen Bereichen hatte sie Mühe, auch nur die Grundideen ihres Mannes zu begreifen:

Immer mehr wurde sich L[eo] N[ikolajewitsch] der großen Kluft, die zwischen Kirche und Christentum bestand, bewußt. Die Kirche schuf die Riten, die allein schon die Gläubigen zum Heil führen sollten; sie zwang die wahre Christlichkeit unter ihre Kontrolle. Die Lehre vom Gottesreich auf Erden wurde insofern verfälscht, als man die Leute glauben machte, schon Dinge wie Taufe, Kommunion und Fasten führten zur Erlösung.

Dies ist gegenwärtig L[eo] N[ikolajewitschs] Hauptidee. Schon vor zwei Jahren hat er angefangen, die Bibel zu studieren und zu übersetzen. Die Hälfte hat er nun wohl schon übertragen und ausgelegt. Er ist, wie er sagt, »glücklich in der Seele« geworden. Er hat *das Licht* gesehen, wie er es ausdrückt. Sein ganzes Leben wird von diesem Licht erhellt. Was seine Beziehung zu andern Menschen betrifft, so sagt er, früher habe er einem kleinen Kreis von ihnen nahegestanden, aber nun sei die ganze Menschheit, seien Millionen seine Brüder geworden. Früher habe er *seine eigenen* Reichtümer und Güter gehabt, aber wenn ihn nun ein armer Mann um etwas bitte, müsse er es ihm geben.

Jeden Tag arbeitet er, von Büchern umgeben, bis zum Abendessen. Gesundheitlich geht es ihm schlechter, und er leidet unter Kopfschmerzen. Er ist während des letzten Winters mager geworden, und sein Haar wird schon grau.

So glücklich, wie ich ihn gerne sähe, scheint er mir nicht zu sein, aber er ist rücksichtsvoll und sanft geworden und dabei doch nachdenklich und angespannt. Seine frühere Fröhlichkeit, die wir alle so liebten, scheint ihn fast ganz verlassen zu haben. Das wird auf Überarbeitung und allzu große innere Anspannung zurückzuführen sein. Es war alles so anders zu jener Zeit, als er die Kapitel über den Ball und die Jagd in *Krieg und Frieden* schrieb; damals war er so ausgelassen und aufgeregt, als nehme er selbst an diesen Vergnügen teil. Man spürt, daß seine Seele ihren Frieden hat, aber die Gedanken an Leid und Armut – an die Gefangenen, an den Haß, die Unterdrückung und Ungerechtigkeit in der Welt – haben eine erschreckende Wirkung auf sein so empfindsames Gemüt und zehren zusehends an seinen Lebenskräften.

Oberflächlich betrachtet, hatte sich Sonjas Leben in Jasnaja Poljana nicht verändert. Wenn Tolstoi ihr einen Stoß Manuskriptseiten auf den Tisch legte, bemühte sie sich nach wie vor um die Abschriften und kopierte bis in die frühen Morgenstunden hinein. Sie blieb die Hüterin des »Allerheiligsten« und hielt von Tolstoi, wenn er in seinem Arbeitszimmer war, jede Störung fern. In ihren freien Stunden nähte sie Kleider für ihre Kinderschar sowie die graublauen Kasacks, auf denen Tolstoi zu ihrem Ärger beharrte. Sie hatte den Wunsch, selbst etwas zu schreiben, unterdrückt, da Tolstoi glaubte, Frauen hätten sich nicht mit Literatur zu befassen. Sie hatte sich seinem Urteil, eine Frau gehöre ins Haus und zu den Kindern, gefügt; sie hatte ihre Kinder gestillt, wie er es wollte, und war in kurzen Abständen immer wieder schwanger geworden, obwohl sie sich dagegen aufzulehnen versuchte. Aber seine dramatische Bekehrung hatte auch in ihr eine Veränderung bewirkt. Während er ein Leben in selbstgewählter Armut anstrebte, war sie entschlossen, mit ihrer Familie nach Moskau zu ziehen. Eine standesgemäße Erziehung sollte ihren Kindern ermöglichen, einmal den ihnen gebührenden Platz in der Gesellschaft einnehmen zu können. So war sie überzeugt, daß sie ihren Mann dazu bringen mußte, die Rechte an seinen früheren Werken an sie abzutreten, damit sie finanziell unabhängig würde und für sich und die Kinder selbst sorgen könnte.

Es war demnach eine ganz neue Sonja, die Tolstoi begrüßte, als er im Frühjahr dieses Jahres von einer Pilgerfahrt nach Hause zurückkehrte. Sie begegnete ihm mit ungewohnter Entschlossenheit. Sie fragte nicht, bat nicht und versuchte nicht, ihn zu überreden; sie stellte einfach fest, daß sie im Winter nach Moskau ziehen müßten, damit die älteren Kinder eine richtige Schule besuchen könnten. Von ihrer Stärke und Entschiedenheit überrascht, gab Tolstoi widerwillig nach. Die Sommermonate sollte die Familie weiterhin in Jasnaja Poljana verbringen, doch Sonja und die Kinder würden auch dort meist allein sein, da Tolstoi fast immer auf Reisen war.

Wenn er fortging, atmeten die Kinder auf. Sie wagten dann wieder zu zanken, zu lachen und in Haus und Garten herumzutollen. Die

Kusminskis und ihre vier Kinder bewohnten wie jeden Sommer den einen Flügel des Hauses, und da beide Familien zusammen acht kleine Kinder hatten, ging es immer hoch her. Die älteren Kinder brachten außerdem noch Freunde und Besucher mit. Die schwarzäugige, schlanke Tanja hatte sich ja auch zu einem hübschen jungen Mädchen entwickelt. Und ein Anlaß zum Feiern war rasch gefunden: Namenstage, Geburtstage und sonstige besondere Anlässe. Wenn Tolstoi nicht da war und es verbot, dann bereiteten die Köche große Festessen zu.

Obwohl Tolstoi sich weigerte, irgendwelche Urheberrechte auf Sonja zu überschreiben, kümmerte sie sich ganz allein um die finanzielle Seite des Haushalts, was bedeutete, daß sie über Tolstois Honorare und Investitionen Buch führte, die Steuern und Haushaltsrechnungen bezahlte und das Gut verwaltete. Die Mühle in Nikolskoje wurde verkauft, ebenso ein Teil des Waldes, der zu Jasnaja Poljana gehörte. Das Geld, das Sonja aus den Verkäufen erzielte, sicherte der Familie ein angenehmes Leben. »Hausdiener putzten ein ganzes Bataillon schmutziger Schuhe, sie trugen die Speisen auf und hielten das Haus sauber. Die Zimmermädchen stärkten Kragen und bügelten Kleider. Kutscher striegelten Pferde, spannten sie vor Kaleschen, Troikas, Droschken und Tarantas und sattelten sie, wenn jemand ausreiten wollte.« Solcher Luxus erwartete Tolstoi jeweils, wenn er in seinen derben, staubigen Kleidern und Bastsandalen von einer Reise zur Familie zurückkehrte.

Am 21. August 1881 kam Turgenjew nach Jasnaja Poljana. Seit Tolstoi sich vor drei Jahren, nach einem heftigen Streit, den Tolstoi im Hause Fets vom Zaun gebrochen hatte, bei Turgenjew entschuldigt hatte, standen die beiden Männer auf gutem Fuß miteinander. Alle freuten sich auf seinen Besuch, am meisten jedoch Tolstoi, der gleich die Treppe hinunterrannte, um seinen Gast zu begrüßen. Die beiden umarmten sich herzlich.

»Nun, was macht die Schnepfenjagd?« fragte Turgenjew.

»Oh, wir sind zufrieden«, erwiderte Tolstoi. »Aber ich hoffe, es wird heute abend noch besser, denn das Wetter ist feucht und mild.«

An diesem Tag aß die Familie früh zu abend; dann fuhren die beiden Männer, zu denen sich noch ein Freund aus Tula gesellte, in einem langen, offenen Gefährt auf die Jagd. Auch Serjoschka, Iljuscha und Ljowa durften zu ihrer Freude mit. Während der Fahrt unterhielten sich Turgenjew und Tolstoi freundlich, doch sobald sie auf Politik oder Religion zu sprechen kamen, begannen sie sich zu ereifern. Sie ließen ihre Meinungsverschiedenheiten zwar während der Jagd ruhen, aber zu Hause bei einem Imbiß kamen sie darauf zurück und disputierten bis nach Mitternacht.

Der folgende Tag, der 22. August, war Sonjas siebenunddreißigster Geburtstag. Die Tolstois gaben ein großes Fest, zu dem viele Freunde aus Tula eingeladen waren. Ein Orchester spielte zum Tanz auf. Tolstoi, durch die Diskussionen mit Turgenjew verstimmt, ließ sich von der allgemeinen Festfreude nicht mitreißen. Aber die Kinder, die ihren Spaß hatten, steckten mit ihrer Fröhlichkeit wenigstens Turgenjew an. Er bat Tanjas Tochter Mascha um einen Tanz; dann zog er seine Jacke aus, warf die Beine in die Luft und rief: »So tanzt man in Paris Cancan!«

Es war der erste Geburtstag seit vielen Jahren, an dem Sonja wieder Pläne für die Zukunft schmiedete. Ein paar Wochen zuvor war sie nach Moskau gefahren und hatte für die Familie eine Wohnung gemietet. Sie freute sich auf den bevorstehenden Umzug nach Moskau und war glücklich über Turgenjews Besuch. Sie sah blendend aus und sehr jung für ihr Alter, während ihre stets kokette Schwester Tanja schon ein wenig matronenhaft wirkte. Hätte Sonja ein französisches Couturekleid und – als Rahmen für ihr dunkles Haar und ihr reizvolles, herzförmiges Gesicht – einen schmeichelnden Hut getragen, dann wäre sie das lebende Ebenbild der Anna Karenina gewesen, als sie Wronskis Kind unter dem Herzen trug.

Turgenjew, der eine Schwäche für schöne Frauen hatte, fand Sonja bezaubernd und suchte in der Menge Tolstoi, um ihm zu sagen: »Wie gut haben Sie daran getan, mein Lieber, eine solche Frau zu wählen!«

Tolstoi ärgerte sich darüber und machte am gleichen Abend einen kurzen Eintrag in sein Tagebuch: »Turgenjew. Cancan. Traurig.«

Doch hin und wieder ließ er sich von Sonjas Fröhlichkeit mitreißen und beteiligte sich zum Beispiel auch am familiären »Briefkastenspiel«. Einer von ihnen war auf die Idee gekommen, oben an der Treppe neben der Standuhr einen Briefkasten anzubringen, in den jeder Gedichte, Artikel oder Geschichten, die er im Laufe der Woche schrieb, einwerfen konnte. Am Sonntag, wenn die ganze Familie um den Tisch im Salon versammelt war, wurde der Briefkasten geöffnet, und einer der Erwachsenen las Blatt um Blatt laut vor. Keiner der Beiträge war unterschrieben, aber es war meistens leicht, den Urheber zu erraten.

Wer außer Tolstoi hätte geschrieben: »Warum müssen Ustjuscha, Mascha, Aljona, Pjotr usw. [die Angestellten] kochen, backen, kehren, das schmutzige Wasser ausschütten, bei Tisch bedienen, während die Herrschaften essen, sich vollstopfen, zanken, Abfall produzieren und wieder essen?«

»In welchem Alter sollte ein Mann oder eine Frau heiraten?« lautete eine Frage. Am folgenden Sonntag stand auf demselben Zettel in Tolstois Handschrift als Antwort darauf: »In einem Alter, in dem sie sich nicht mehr so leicht in einen andern verlieben.« Am Sonntag darauf lag der Zettel wieder im Briefkasten. Diesmal mit dem Zusatz – in Sonjas präziser Handschrift –: »Bist du verrückt geworden?«

Die heitere Sommerzeit in Jasnaja Poljana war allerdings nicht ganz ungetrübt. Überall in Rußland machte sich ein Unbehagen über die repressiven Maßnahmen des Zaren bemerkbar. Sogar die Lokalbehörden waren jetzt ermächtigt, bei Bauernaufständen, Streiks, Studentendemonstrationen, ja schon beim geringsten Anzeichen von Unruhe das Kriegsrecht anzuwenden. Die judenfreundliche Politik Alexanders II. war vergessen; in den südlichen Provinzen waren nun Pogrome an der Tagesordnung. Der Zar erklärte, das Los der Juden sei »in der Bibel vorbestimmt«, da sie ja Christus gekreuzigt hätten. Seinen Ministern gegenüber äußerte er: »Mir ist es sehr recht, wenn man die Juden schlägt.« Er verbot den Juden, sich in ländlichen Gegenden niederzulassen oder Land zu kaufen, es sei denn, sie traten zum russisch-orthodoxen Glauben über.

Sonja war den Klagen der Bauern oder dem Aufschrei der Juden gegenüber nicht taub. Aber sie hatte, besonders weil nun ihr Mann umgänglicher geworden war, in den letzten Wochen des Sommers 1881 eigene, hoffnungsvolle Pläne. Als sie die tausend Dinge für den Umzug vorbereitete und zwischen Stroh, Kisten und Bergen von Büchern stand, fühlte sie sich plötzlich wieder so jung und frei wie in jenen längst vergangenen Sommern, als die Behrs mit Sack und Pack von Moskau nach Pokrowskoje reisten.

Fast alle Bediensteten wurden mit dem Hausrat in einem Wagen vorausgeschickt, und endlich, an einem frischen Morgen im Frühherbst, bestiegen die Tolstois den Zug nach Moskau. Die Familie belegte beinahe ein ganzes Abteil für sich. Als der Zug durch immer spärlicher werdende Birkenwälder fuhr, an kleinen offenen Bahnhöfen vorbei, schien es Sonja, als beginne ihr Leben erst wirklich, wenn sie in Moskau sei.

Natürlich war es eine merkwürdige Heimkehr; ihr Vater war gestorben, die Mutter wohnte nicht mehr in der alten Wohnung im Kreml, die »drei Jungfern« waren verheiratet, und der jüngste Bruder, Wjatscheslaw, der ein Jahr, bevor sie sich verheiratete, zur Welt gekommen war, zählte nun schon zwanzig Jahre. Das Leben, wie sie es als kleines Mädchen gekannt hatte, war endgültig vorbei. Aber sie glaubte fest daran, daß sie und Tolstoi in Moskau neu anfangen könnten.

Doch Sonjas Hoffnungen wurden schon bald zunichte gemacht. Die Wohnung erwies sich als ungeeignet. Die Wände waren zu dünn;

man hörte die Stimmen der Kinder in jedem Zimmer. Tolstoi war gereizt, weil er sich in dem Arbeitszimmer, das Sonja für ihn eingerichtet hatte, nicht konzentrieren konnte. Zwei Wochen nach ihrer Ankunft in Moskau schrieb sie an Tanja:

> Ich bin verzweifelt. Es bedeutet eine furchtbare Anstrengung, alle davon abzuhalten, Lärm zu machen. Zuletzt schrie mich Ljowa an, ich hätte, wenn ich ihn liebte und wenn mir sein Geisteszustand nicht egal wäre, diese Wohnung, wo er keinen Augenblick Ruhe habe, niemals wählen können. Hier habe jeder einzelne Stuhl soviel gekostet wie ein Pferd oder eine Kuh, die einen Bauern glücklich gemacht hätten; er müsse richtig weinen darüber und so weiter und so fort. Aber jetzt können wir nicht mehr zurück. Natürlich brachte er mich so weit, daß ich ganz hysterisch wurde, und jetzt bewege ich mich wie in einem luftleeren Raum. In meinem Kopf herrscht ein einziges Durcheinander, und ich fühle mich so elend, als hätte ich einen Schock erlitten. Du kannst Dir vorstellen, wie einfach dies alles ist, und das nur zwei Wochen, bevor das Baby kommen soll und wo ich alle Hände voll zu tun habe.

Überhaupt war Sonja in diesen Wochen und Monaten vor allem mit Schlichten und Besänftigen beschäftigt. So vertrat zum Beispiel Serjoschka vage radikale Ideen und verteidigte leidenschaftlich seinen neuen Glauben, daß allein die Wissenschaft wahre Aufklärung bringe. Tolstoi lehnte diese Auffassung natürlich völlig ab, und so stritt er sich denn mit Serjoschka ziemlich oft und ziemlich heftig. Iljuscha und Ljowa hatten sich darauf gefreut, ein staatliches Gymnasium zu besuchen; aber als man von Tolstoi verlangte, er müsse garantieren, daß sie »politisch zuverlässig« seien, weigerte er sich und erklärte: »Ich kann eine solche Garantie nicht einmal für mich geben, wie könnte ich es dann für meine Söhne tun?« Die beiden Jungen wurden deshalb zu ihrer großen Enttäuschung in eine private Schule geschickt, die zwar keine derartigen Garantien verlangte, aber auch nicht das Lehrprogramm und die großzügigen Einrichtungen eines staatlichen Gymnasiums bot. Tanja, die künstlerisch begabt war, schrieb Tolstoi an der Moskauer Schule für Malerei und Bildhauerei ein, aber der Unterricht langweilte sie schon bald. Und die jüngeren Kinder waren traurig, daß sie nicht mehr draußen herumtollen konnten.

Aber am meisten enttäuscht war Sonja darüber, daß ihr Mann sich in der Stadt nicht glücklich fühlte. Sie las in seinem Tagebuch: »Der vergangene Monat war der schlimmste in meinem Leben. Umzug nach Moskau. Die ganze Zeit richten sie sich ein. Wann wollen sie nur zu leben beginnen? Alles nicht, um zu leben, sondern weil es so üblich ist. Die Unglücklichen! Und kein Leben.«

Sonja zog die Stadt in ihren Bann. Die Wintersaison war natürlich in Moskau nicht so glänzend wie in St. Petersburg. Aber der Winterpalast war festlich erleuchtet, und auf den Straßen herrschte geschäftiges Treiben. In den eleganten Läden drängten sich die aristokratischen Kunden. Ein Ereignis beherrschte die Gespräche in allen Salons der Stadt, wo die Gastgeberinnen Tee aus ihren Samowars ausschenkten: Die große Schauspielerin Sarah Bernhardt sollte in Kürze in Moskau auftreten. Die Karten für sämtliche Vorstellungen waren innerhalb weniger Stunden ausverkauft; Spekulanten hatten sie gleich dutzendweise ergattert und boten sie später – erfolgreich – zu Phantasiepreisen an. Sonja wünschte sich nichts sehnlicher, als die Bernhardt zu sehen, doch Tolstoi wollte nichts davon hören. Er wies auf ihre fortgeschrittene Schwangerschaft hin und weigerte sich außerdem, der üblen Geschäftemacherei Vorschub zu leisten. Einen Freund, der auf eine Tasse Tee gekommen war, fragte er in feindseligem Ton: »Gehst du auch zu einer Vorstellung der Sarah Bernhardt?«

»Natürlich!« erwiderte der andere.

Da schlug Tolstoi mit der Faust auf den Tisch und schalt den Freund oberflächlich und leichtsinnig. Dann lächelte er und bekannte: »Aber weißt du, eigentlich finde ich es furchtbar schade, daß ich selbst nicht hingehe!«

Tolstoi weigerte sich auch, an den Veranstaltungen der »besseren Gesellschaft« teilzunehmen. Er zog es vor, in seinen freien Stunden die ärmsten Gegenden Moskaus zu durchstreifen. »Gestank, Steine, Überfluß, Elend, Laster«, schrieb er am 5. Oktober in sein Tagebuch. »Die Räuber, die das Volk ausplündern, haben sich versammelt, Soldaten und Richter herbeigeholt, die ihre Orgien bewachen sollen, und prassen nun. Dem Volk bleibt nur, sich die Leidenschaften dieser Leute zunutze zu machen und ihnen das Geraubte wieder abzuluchsen.«

Wenn er aus all dem Schmutz, Elend und Gestank zurückkehrte, war er aufgewühlt und weinte über den »Luxus seiner Wohnung mit den dicken Teppichen«. Wenn die Kinder bei einem guten Essen saßen, fuhr er sie an: »So kann man einfach nicht leben! Es ist unmöglich!« Und ein paar Minuten später, wenn er sich in sein Arbeitszimmer zurückgezogen hatte, klagte er, in einem Haus mit derart papierdünnen Wänden einfach nicht schreiben zu können. Er war tatsächlich einem Nervenzusammenbruch nahe. Die Rettung war schließlich, daß er für sechs Rubel im Monat zwei Zimmer im Haus nebenan mieten und dort ungestört arbeiten konnte.

Am 31. Oktober 1881 gebar Sonja wieder einen Sohn, Alexej, der von der Familie Aljoscha genannt wurde. Die Geburt war schwierig, und Sonja beschloß, daß dies nun ihr letztes Kind sein sollte. Tolstoi zeigte keinerlei Interesse an seinem Jüngsten, einem kränklichen Baby, das nachts von Hustenanfällen geplagt wurde.

Kaum hatte sich Sonja ein wenig erholt, bestand Tolstoi darauf, daß auch sie nun Moskau von seiner schlimmsten Seite kennenlernte, daß seine Frau und die Kinder mit ihm die Elendsquartiere und Armenspitäler aufsuchten. Was sie sahen, erschütterte sie zutiefst; Sonja notierte in ihr Tagebuch: »Ich frage mich, warum Ljowa immer will, daß ich ein schlechtes Gewissen habe. Bestimmt möchte er, daß ich beim Anblick von soviel Armut, Krankheit und Elend leide, ja daß ich die Armen aufsuche . . . und dasselbe erwartet er von den Kindern . . . Muß denn ein gesunder Mensch wirklich ständig ins Spital gehen, die Kranken leiden und sterben sehen und ihrem Stöhnen zuhören? Wenn man einem Kranken begegnet, dann soll man sich seiner erbarmen und ihm helfen. Aber warum sich auf die Suche nach Kranken machen?«

Ende Januar reiste Tolstoi nach Jasnaja Poljana zurück. Sonja mußte das Haus in Moskau jetzt allein führen.

In den Briefen, die sie in den ersten Wochen nach Tolstois Abreise schrieb, war ihre Überreizung, ja eine gewisse Hysterie deutlich spürbar. Sonja schwankte zwischen Liebe und Haß, Beschuldigungen und Selbstvorwürfen. »Ich bin schlecht, krank, mein Leben ist hassenswert. Ich weine den ganzen Tag, und wenn ich mir Gift besorgen könnte, würde ich mich wahrscheinlich umbringen«, schrieb sie in einem der ersten Briefe. »Wie ich Dir weh tun möchte! Wenn du wüßtest, wie ich mich tagsüber mit dem Alltagsleben abquäle und wie ich nachts weine, allein mit meinen Gedanken und meinem Kummer.« Im nächsten Brief gab sie zu, sie freue sich nicht auf seine Rückkehr, denn »Du wirst wieder leiden und Dich langweilen; Du wirst kein Wort sprechen und mich im stillen wegen meines Lebens hier nur tadeln. Gott, wie mich das alles quält und erschöpft!«

Tolstoi, der in der Einsamkeit von Jasnaja Poljana Zeit zum Nachdenken hatte, schrieb ihr in reuiger, versöhnlicher Stimmung zurück und schlug vor, die Kusminskis sollten doch Kutais verlassen und zu ihnen nach Jasnaja Poljana ziehen. Der Brief endete mit den liebevollen Worten: »Auf Wiedersehen, Liebling, Küsse an Dich und die Kinder.« Und am 1. März schrieb er: »Ich war äußerst apathisch und niedergeschlagen; aber ich will nicht klagen. Wie ein Mensch, der, erfro-

Sonja und der Maler Ilja Repin im Garten von Jasnaja Poljana (1907).

ren, wieder zu Bewußtsein kommt und Schmerz spürt, so komme ich wahrscheinlich moralisch zu Bewußtsein, indem wirre Gefühle und Eindrücke auf mich einstürzen, und gewinne wieder die Kontrolle über mich selbst.«

Sonja antwortete sofort:

Wenn ich an Dich denke (und das tue ich eigentlich den ganzen Tag), schmerzt es mich, daß Du offensichtlich nicht glücklich bist. Du tust mir leid, und gleichzeitig frage ich mich bestürzt: Warum ist es so? Zu welchem Zweck? Um Dich herum ist alles glücklich und zufrieden.

Versuch doch, auch glücklich und fröhlich zu sein. Ich würde alles für Dich tun, wenn es nur hilft; alles natürlich, was in meiner Macht steht und niemanden außer mir schaden könnte. Nur das eine wünsche ich jetzt: daß Du ruhig und glücklich wirst. Auf Wiedersehen, Liebster. Wenn das Blatt nicht schon voll wäre, würde ich noch lange weiterschreiben. Ich küsse Dich.

Er antwortete bewegt: »Gerade vorhin habe ich mich mit Agatha Michailowna unterhalten. Sie hat mir Geschichten über Dich erzählt und mir vorgehalten, was für ein Mensch ich geworden wäre, wenn ich das Arsenjew-Mädchen geheiratet hätte. ›Und jetzt hast du sie einfach verlassen mit ihren acht Kindern – tu, was du für richtig hältst, aber hier sitzt du nun zu Hause und streichst dir den Bart.‹«

Er machte sich Vorwürfe, weil er Sonja so kurz nach ihrer Niederkunft mit einem kränklichen Baby alleingelassen hatte, und kehrte deshalb nach Moskau zurück. Eine Zeitlang waren sie beide recht glücklich. Sonjas kleiner Salon war immer voller Gäste, viele von ihnen neue Bewunderer ihres Mannes. Sie strahlte, wenn sie ihren Besuchern Tee aus dem Samowar einschenkte. Tolstoi trat dann mit freundlichem Lächeln ins Zimmer und grüßte alle höflich. Um Sonja eine Freude zu machen, trug er über seiner Bauernbluse eine Jacke; wenn es ihm jedoch zu warm wurde, zog er sie aus, was Sonja weniger gefiel. Ihr behagte die Rolle als aristokratische Gastgeberin mit einem beliebten Moskauer Salon. Sie war zufrieden mit sich – mit ihrem hübschen, bemerkenswert jugendlichen Gesicht und immer noch dunklen Haar, mit ihren neuen Kleidern, den elegantesten, die sie seit ihrer Hochzeit getragen hatte, und ihren modischen Hüten.

Trotzdem blieben bestimmte Spannungen zwischen den Eheleuten bestehen. Während Sonja allen gegenteiligen Anzeichen zum Trotz immer noch hoffte, daß Tolstoi seine religiöse Phase überwinden würde, war er seinerseits enttäuscht darüber, daß Sonja seine Überzeugungen nach wie vor nicht teilte. Seit ihrer Jugend war sie ein selbstbewußter Mensch gewesen. Sie hatte zwar ein paar Schlachten verloren – hauptsächlich was die Geburtenkontrolle und Tolstois mangelndes Interesse an Familienangelegenheiten betraf – und in einigen Gefechten um Standes- und Gesellschaftsfragen nachgegeben. Aber um ihre eigene Identität kämpfte sie heroisch.

Tolstoi hatte oft die Absicht geäußert, seine Urheberrechte – und damit das gesamte Einkommen aus seinen Büchern – »dem Volk« zu schenken. Sonja befürchtete, er werde diese Absicht eines Tages verwirklichen, und überlegte daher, wie sie ihre Interessen und die ihrer Kinder schützen könnte. Eine Übertragung der Urheberrechte wäre unwiderruflich, also mußte sie Tolstoi unbedingt von dieser Torheit abbringen. Sie wußte, daß er Privatbesitz für unmoralisch hielt und daß seiner Ansicht nach alles – auch literarische Werke – »dem Volk« gehören sollte. Aber wer mit diesem »Volk« eigentlich gemeint sei, war ihr nicht klar. Jemand mußte schließlich die Bücher drucken, jemand mußte sie vertreiben, und »das Volk« mußte sie kaufen. Das Geld würde durch die Hände von einzelnen gehen: Geld, auf das ihrer Meinung nach die Tolstoi-Familie einen rechtmäßigen Anspruch besaß. Sie wollte, daß Tolstoi ihr die Rechte an den Werken, die vor 1881 erschienen waren, überschrieb, was natürlich *Krieg und Frieden* und *Anna Karenina* mit eingeschlossen hätte. Über alles, was nach diesem Datum veröffentlicht wurde, sollte er frei verfügen können. Es war ein kühner Vorschlag, den Tolstoi keinen Augenblick ernstnahm. Aber Sonja ließ sich nicht so leicht abweisen. Während der folgenden Monate kam sie immer wieder darauf zurück, obwohl er bei seiner Weigerung blieb und immer verärgerter reagierte.

Kurz nachdem Tolstoi von Jasnaja Poljana zurückgekehrt war, traf seine Kusine Alexandra Tolstoi aus St. Petersburg ein. Sonja hatte für ihren Besuch ausgedehnte Vorbereitungen getroffen. Sie kannte Alexandra noch immer nicht, wußte aber natürlich, wie sehr Tolstoi sie schätzte. Jeder Winkel der Wohnung wurde gründlich gereinigt, kein Möbelstück blieb an seinem gewohnten Platz. Am Abend von Alexandras Ankunft schmückten große Körbe voll Treibhausblumen das Wohnzimmer. Die Kinder saßen steif in ihren besten Sonntagskleidern herum, und Sonja trug ein neues und gar nicht »vernünftiges« Moirékleid mit roter Seidenstickerei. Das Kleid war, ganz in Tolstois Sinn, züchtig hochgeschlossen und hatte lange Ärmel, aber er fand die Tournüre und die Schleppe aus pupurrotem Samt übertrieben. Ihm schien es, als sei seine ganze Familie verrückt geworden. Doch freute er sich so sehr auf das Kommen seiner Kusine, daß er sogar ohne allzuviel Murren eine Jacke angezogen hatte.

Gräfin Alexandra Tolstaja hatte nie geheiratet. Sie nahm zeitlebens eine angesehene Stelle am Zarenhof ein und hatte damals schon drei Zaren überlebt, ohne daß ihre Position je gefährdet gewesen wäre. Ihre letzte Gönnerin bei Hof, die Großfürstin Marie, war die einzige Tochter Zar Alexanders II. Sie hatte den Herzog von Edinburg, den zweiten Sohn Königin Victorias von England, geheiratet und kam nur noch selten nach Rußland. Aber Alexandra hatte ihre eleganten Räume im Marien-Palast behalten und blieb eine der einflußreichsten Frauen am Hof. Als Tolstoi sie vor fünfundzwanzig Jahren in St. Petersburg zum ersten Mal getroffen hatte, war sie eine auffallende Schönheit gewesen. Damals war sie neununddreißig – zwei Jahre älter als seine Frau jetzt. Er verfiel sofort ihrem Zauber und schrieb in sein Tagebuch, er würde, wäre sie nur zehn Jahre jünger, um ihre Hand anhalten. In den Jahren danach hatte sie immer eine tiefe Freundschaft verbunden; sie schrieben sich häufig, und Alexandra vertrat oft Tolstois Anliegen am Hof. Sie war vielleicht die Frau, deren Meinung er am höchsten schätzte, und er war nach wie vor sehr angetan von ihrem Charme, ihrer Intelligenz, Fraulichkeit und Diskretion. Sie brachte ihm ihrerseits höchst romantische Gefühle entgegen, die sie jedoch nur in ihrem Tagebuch offenbarte.

In letzter Zeit hatten die Briefe, die sie einander schrieben, allerdings gezeigt, daß sie in einigen Dingen ganz entgegengesetzte Meinungen vertraten. Sie konnte es als durch und durch Orthodox-Gläubige nicht hinnehmen, daß ihr Vetter Christus nicht als Gottheit betrachtete, daß er eine Art Urchristentum, aber ohne Wunder und Mysterien, vertrat und die Kirche, ihre Zeremonien und Traditionen ablehnte. Vor ihrem Besuch waren sie übereingekommen, diese kontroversen Themen bei ihrem Wiedersehen nicht zu berühren. Sie wollte nur zehn Tage in Moskau verbringen, um seine Frau und die acht Kinder kennenzulernen und um ihn nach so vielen Jahren der Trennung wieder einmal zu umarmen.

Die Gräfin, nun eine vierundsechzigjährige Frau, stand unwillkürlich im Mittelpunkt, sobald sie einen Raum betrat. Sonja war nun froh, daß sie der »frivolen« Seite ihres Wesens nachgegeben hatte, als sie das neue Kleid kaufte, und im ganzen Haus Blumenarrangements aufgestellt hatte. Alexandra war, ohne einen Anflug von Herrschsucht, die aristokratischste Frau, die ihr je begegnet war. Ihre forschenden grauen Augen, die Tolstois ähnlich waren, lagen weit auseinander in einem feinen, klugen Gesicht. Sie trug ein hochgeschlossenes Reisekostüm aus rotem Samt, das mit lila Satin, roten Bändern und feiner Spitze verziert war – und es wies auch Tournüre und

Schleppe auf! Und als Alexandra den Seidenhut mit den blaßlila Bändern von ihrem dichten, grauen und wunderschön frisierten Haar nahm, bemerkte Sonja sogleich das Etikett darin: »Worth, Paris«.

Der vereinbarte Waffenstillstand in Sachen Christentum wurde natürlich nicht eingehalten, schon bald war man in heftige Diskussionen verstrickt. Alexandra sah ihn, der glaubte, als einziger die Wahrheit gefunden zu haben, dem Teufel des Stolzes verfallen. Und als sie am nächsten Morgen den riesigen Stoß Briefe sah, die ihm seine Anhänger wieder geschickt hatten, spottete sie: »Das ist ja schreckliche Nahrung für Ihren Stolz und Ihre Eitelkeit, mein Freund!«

Alexandra diskutierte mit ihm während ihres ganzen Aufenthalts in Moskau. Sonja war zuerst ein wenig eifersüchtig gewesen, doch verschwand dieses Gefühl rasch. Sie hatte eine neue Freundin gewonnen, ein kluge Frau, die Tolstoi ins Gesicht zu sagen wagte, er sei lächerlich; die ihm übertriebene Strenge, gesellschaftliches Außenseitertum und herrisches Auftreten gegenüber Sonja vorwarf und ihn tadelte, weil er Tanja nicht in die Gesellschaft einführen wollte. Obwohl die Kinder sie »Großmütterchen« nannten, entsprach sie keineswegs den Vorstellungen von einer typischen Großmutter. Die kleineren Kinder machten sie sogar nervös. »Dieses Haus ist wie eine Seite aus Dostojewski«, klagte sie, »wo alle klein sind und sich beeilen, irgendwohin zu kommen.«

16

Der neue Zar hatte nur wenige Freunde. Er war alles andere als ein liebenswürdiger Mensch, und der Hofgesellschaft begegnete er mit Mißtrauen, ja Abneigung. Obwohl er eine auffallend hohe, fast weibliche Stimme besaß, war er ein Hüne von Gestalt und geradezu ein Kraftmensch: Er konnte ohne weiteres einen Schürhaken zu einem Hufeisen biegen oder aus einer silbernen Gabel einen Knoten formen. Eigensinnig, ungehobelt, mißgünstig und von krankhafter Selbstsucht, war er, wie Königin Victoria einmal bemerkte, »ein Herrscher, den man nicht als Gentleman betrachten kann«. Er haßte die Engländer und mochte auch die Deutschen nicht. In der Familie benahm er sich so autoritär wie seinen Untertanen gegenüber; doch kleidete er sich wie ein armer Bauer und aß nur einfache Kost.

Um sich und die Seinen vor Terroranschlägen zu schützen, zog er mit der Zarin Maria Fjodorowna (der früheren Prinzessin Dagmar von Dänemark) und dem ganzen Hof in den Gatschina-Palast in der

Nähe von Petersburg. Dieser Palast mit seinen 900 Zimmern hatte leer gestanden, seit dort vor über achtzig Jahren Zar Paul I. in seinem Bett ermordet worden war. Eine große Mauer umgab die Gebäude, und im Abstand von nur fünfundzwanzig Metern standen Palastwachen, die jede volle Stunde abgelöst wurden. Niemand durfte den Palast betreten oder verlassen ohne einen besonderen Ausweis, der jede Woche geändert wurde.

Von ganzen Soldatenbataillonen umgeben, führte Alexander III. genau wie sein Großvater ein spartanisches Leben. Er stand jeden Morgen um sieben Uhr auf, wusch sich mit kaltem Wasser, zog seine Bauernkleider an und machte sich seinen Kaffee selbst. Obschon ihm eine Armee von Dienern zur Verfügung stand, zog er es vor, in dieser selbstgenügsamen Art zu leben.

Die Zarin, deren Schwester den Prinzen von Wales (den späteren Edward VII.) geheiratet hatte, war mit dem Zarewitsch Nikolaus verlobt gewesen und nach dessen Tod Alexanders Gattin geworden. Zwar keine Schönheit, war sie doch eine lebhafte, fröhliche Frau mit sanften, braunen Augen, die elegante Kleider und Bälle ebenso liebte wie geistreiche, intelligente Gespräche. Der ganze Hof bewunderte sie, und man amüsierte sich über ihren Hang zum Klatsch ebenso, wie man sie wegen ihres schwierigen Lebens an der Seite des Zaren bedauerte. Alexander, der sie abgöttisch liebte, erklärte sich bereit, jeden Winter drei Wochen in St. Petersburg zu verbringen, damit seine Frau am dortigen Gesellschaftsleben, an dem sie solches Vergnügen fand, teilnehmen konnte.

Alexander und sein ehemaliger Erzieher Konstantin Pobedonoszew trieben Rußland in eine der reaktionärsten Epochen seiner Geschichte. Grundrechte wie die Pressefreiheit oder das Versammlungsrecht wurden aufgehoben. Überall tauchten Spione und Lockspitzel auf. Die Maßnahmen der Regierung wurden mit Hilfe der Kosaken und der Polizei durchgesetzt. Wer die orthodoxe Kirche ablehnte oder sich für eine Verfassung einsetzte, wurde als gefährliches Element betrachtet und oft wie ein gemeiner Verbrecher behandelt.

Tolstois mutiger Appell an das Gewissen, seine Ablehnung von Gewalt, kirchlicher Autorität und der Idee vom Gottesgnadentum hätte in diesem politischen Klima eigentlich nicht nur ihn, sondern seine ganze Familie in Gefahr bringen müssen. Aber obwohl es verboten war, politische und religiöse Probleme zu diskutieren, konnte Tolstoi ungestraft seine Meinung in Wort und Schrift verbreiten. Die Regierung hütete sich, gegen ihn vorzugehen, da er schon in fast allen größeren Städten der Welt bekannt war und seine zahllosen russischen Bewunderer in ihm eine Art Christus sahen, der ihnen zu einem besseren Leben verhelfen würde. Alexander III. fürchtete seine wachsende Macht, aber ebenso schreckten ihn die voraussehbaren gewalttätigen Reaktionen der Tolstoi-Anhänger, sollte er wegen seiner Überzeugungen zum Märtyrer gemacht werden. So wurde Tolstoi schonend behandelt – und die Zahl seiner Anhänger wuchs weiter, denn er war einer der wenigen, die sich damals in Rußland frei zu äußern wagten.

Sonja beunruhigte der Einfluß, den Tolstoi nun besaß; es sah so aus, als halte er sich für einen neuen Messias. Sein Blick war noch bohrender geworden, seine Augen schauten die Menschen noch durchdringender und prüfender an. Zu Sonjas großer Bestürzung wurde er der Mittelpunkt eines Kultes, der auf Ideen gründete, die sie nicht akzeptieren konnte. Sie glaubte zwar an Tolstois gute Absichten und an sein Ehrgefühl, aber sie wehrte sich heftig gegen seine Überzeugung, das Heil könne nur durch Verzicht erlangt werden.

Doch obwohl sie keine Anhängerin seiner Lehre war, fühlte sie sich mit ihm und im Kreis ihrer Familie in Jasnaja Poljana glücklich. Wegen seiner starren Ansichten hatte sich das Verhältnis zu vielen alten Freunden abgekühlt; und trotzdem schien Tolstoi in den Sommermonaten 1882 gelöster als seit Jahren. Er war zwar nicht mehr so fröhlich wie früher, dafür aber einsichtiger, gab nun bisweilen sogar zu, daß er als Ehemann versagt hatte, und behandelte Sonja mit ungewohnter Rücksicht und Anteilnahme.

Alexander III. wurde in diesem Sommer gekrönt. Sonja, die einst von der Krönungsfeier seines Vaters begeistert gewesen war, ließen diese Feierlichkeiten kalt. In Jasnaja Poljana planten sie und Tanja Kusminskaja, die junge Tanja im kommenden Winter in die Gesellschaft einzuführen. Sie steckten die Köpfe zusammen wie einst als kleine Mädchen. Ihre Sorgen – Sonjas Enttäuschungen in Moskau und Tanjas Abneigungen gegen Kutais – schienen nur halb so schlimm, wenn sie nur zusammen lachen konnten.

Sie hatten auch den Briefkasten wieder aufgehängt. Einer der Beiträge zeichnete ein äußerst gelungenes Bild der beiden Schwestern. Er war nicht unterzeichnet, aber als Verfasser kam wohl nur Tolstoi in Frage. Das nicht gerade schmeichelhafte Porträt Tanjas schien Tolstois neue, weit weniger romantisch geprägte Einstellung zu seiner Schwägerin wiederzugeben.

Tante Sonja und Tante Tanja
und ganz allgemein gesagt
was Tante Sonja mag und was Tante Tanja mag
Tante Sonja näht gern Unterwäsche, stickt mit Vergnügen *à l'ang-*

laise und liebt überhaupt alle feinen Handarbeiten. Tante Tanja näht gern Kleider und strickt mit Vergnügen. Tante Sonja mag Blumen, und im Frühjahr erfaßt sie die Gärtnerleidenschaft. Man sieht ihr dann an, daß sie völlig in ihre Arbeit vertieft ist: Sie gräbt Blumenbeete um, bespricht sich mit dem Gärtner und versetzt Tante Tanja in Erstaunen, wenn sie die Blumen bei ihren lateinischen Namen nennt. Dann denkt Tante Tanja: »Sie weiß wirklich alles!« Tante Tanja behauptet, sie könne Blumen nicht ausstehen, es lohne sich nicht, sich mit solchem Unsinn abzugeben, aber im geheimen gefallen sie ihr doch sehr. Tante Sonja trägt ein graues Badekleid, geht ruhig die Stufen des Badehauses hinunter, obwohl ihr die Kälte fast den Atem raubt, läßt sich dann mit vollendeter Grazie ins Wasser gleiten und schwimmt mit langen, gleichmäßigen Zügen davon. Tante Tanja setzt sich eine schäbige Badehaube auf, die unter dem Kinn mit Chintzbändern gebunden wird, und taucht dann mit einem verzweifelten Sprung zum Grund, wo sie einen Augenblick flach auf dem Rücken liegen bleibt . . .

Wenn es Schwierigkeiten gibt, denkt Tante Sonja immer: »Wer braucht mich am meisten? Wem kann ich am nützlichsten sein?« Tante Tanja denkt immer: »Wer kann mir heute am meisten nützen? Wer kann etwas für mich erledigen?«

Tante Sonja liest gern philosophische Bücher, führt ernste Gespräche und liebt es, Tante Tanja mit großen Worten zu beeindrucken, was ihr bestens gelingt. Tante Tanja liest gern Romane und spricht gern über die Liebe.

Wenn Tante Sonja Krocket spielt, findet sie in den Spielpausen immer eine Beschäftigung: Sie streut Sand auf die steinigen Stellen oder flickt die Schläger, denn sie sagt, sie könne einfach nicht dasitzen und nichts tun. Tante Tanja folgt dem Spiel mit verbissener Aufmerksamkeit, haßt ihren Gegner und vergißt alles andere.

Tante Sonja ist kurzsichtig und sieht weder Spinnweben in den Ecken noch Staub auf den Möbeln. Tante Tanja sieht das alles und läßt es entfernen.

Tante Sonja ist ein Kindernarr. Tante Tanja ist weit davon entfernt, einer zu sein.

Wenn ein Kind hinfällt, streichelt Tante Sonja es und sagt: »Macht nichts, mein Kleines, mein Liebling, warte nur, wir werden's dem blöden Boden schon zeigen – da hast du's, und noch mal und noch mal!« Und dabei stampfen Tante Sonja und das Kind heftig auf den Boden. Tante Tanja jedoch reibt dem verletzten Kind wütend die Stelle, wo's weh tut, und sagt: »Wie ärgerlich! Das hat noch gefehlt! Wo sind denn die Kinderschwestern, der Teufel hol sie! Ihr könntet mir wenigstens Wasser bringen, anstatt hier rumzustehen und blöd zu schauen!«

Tante Sonja putzt sich gern ab und zu heraus und verblüfft dann alle, wenn sie sonntags in exotischer Aufmachung zum Essen erscheint. Tante Tanja putzt sich auch gern heraus, aber sie wählt stets ein Kleid, das sie jünger macht.

Tante Sonja kämmt sich manchmal à la gekränkte Unschuld und spielt die Rolle einer Frau, die von den Männern und vom Schicksal unterdrückt wird. Dann sieht sie mit dem Hängezopf und dem glatt aus der Stirn gekämmten Haar so sanft und unschuldig aus, daß man denkt: »Mein Gott, wer hat sie denn beleidigt, wer ist dieser Schuft, und wie hat sie's ertragen können?« Bei diesem Gedanken kommen einem schon die Tränen. Tante Tanja trägt das Haar gern hochgesteckt, mit freiem Nacken und kleinen Löckchen in die Stirn; sie meint, das lasse ihre Augen größer erscheinen, und macht dann in einem fort Augenaufschläge.

Tante Tanja sieht zu, daß man einen Streit nicht so schnell vergißt. Aber Tante Sonja plaudert nach einem Streit sofort wieder, als ob nichts gewesen wäre . . .

Tante Sonja macht sich ständig um jemanden Sorgen, besonders wenn der Betreffende gerade nicht da ist. Tante Tanja sagt jemandem adieu, versucht ihn dann zu vergessen und macht sich keine Sorgen um ihn.

Wenn Tante Sonja sich in ein Vergnügen oder ein Fest stürzt, dann mischt sich sofort ein wenig Melancholie in ihre Freude. Tante Tanja gibt sich ganz dem Vergnügen des Augenblicks hin.

Tante Sonja hält es peinlich genau mit dem Besitz der anderen. Wenn zum Beispiel Tante Tanja einen Pilzkuchen hat, fragt sie: »Sind Sie sicher, daß ich Sie nicht beraube, Tanetschka?« (Bei solchen Gelegenheiten sagt sie immer »Sie« statt »du«). Und mit diesen Worten nimmt sie nur die Kruste. Tante Tanja fleht sie an, vom Mittelstück zu nehmen, aber ohne Erfolg: Tante Sonja mißtraut solchen Aufforderungen.

Wer den kleineren Fuß hat, Tante Tanja oder Tante Sonja, steht noch nicht fest.

Ein regelmäßiger Besucher in diesem Sommer war zu Sonjas großer Freude Fürst Urusow. In seiner Gegenwart lebte sie auf und kokettierte und lachte wie ein junges Mädchen. Aber obwohl Sonja ihre Sympathie für Urusow nicht verbarg, zeigte Tolstoi weder Eifersucht noch rügte er sie ihres »unschicklichen« Benehmens wegen. Dieser Gleichmut, der für ihn so gar nicht typisch war, hatte seinen Grund vielleicht darin, daß er Urusow wirklich schätzte. Dieses Gefühl wurde auch erwidert; es tat Urusow richtig wohl, bei den Tolstois zu sein, und er wußte die Zuneigung aller zu gewinnen. Er organisierte Krocketspiele und gab sich stundenlang mit den Kindern ab. Wie Kostja Islawin, der diesen Sommer auch oft zu Gast war, hatte er etwas von einem Exzentriker. So wies er zum Beispiel darauf hin, daß alle bedeutenden Menschen im August geboren seien – Napoleon, Goethe, Tolstoi, er selbst und Sonja. Er behauptete außerdem, hellseherische Fähigkeiten zu besitzen; er habe den Tag der Ermordung von Zar Alexander II. richtig vorausgesagt, und er wisse auch, wann Tolstoi sterben würde; aber er gab dieses Datum nie preis.

Sergej Nikolajewitsch kam oft, aber immer ohne seine Frau. Die Vergangenheit wurde nie erwähnt, und niemand sprach davon, daß Tanja und er sich offensichtlich immer noch zueinander hingezogen fühlten. Die Familie bemerkte die Blicke, die sie tauschten, aber die Liebenden, die sie einst waren, überschritten die Schwelle des Ziemlichen nie.

Der häusliche Friede, der in jenem Sommer 1882 in Jasnaja Poljana herrschte, wurde ein paar Tage nach Sonjas achtunddreißigstem Geburtstag jäh unterbrochen, als Ilja an Typhus, wie die erste Diagnose lautete, erkrankte. Der Arzt verschrieb kleine, in kurzen Abständen zu verabreichende Dosen von Chinin. Sonja wachte vierundzwanzig Stunden lang ununterbrochen bei ihrem Sohn. Tolstoi hingegen ließ sich durch Iljas Krankheit nicht in seinem gewohnten Tagesablauf stören.

Eines nachts war Sonja schließlich so erschöpft und aufgebracht über die Teilnahmslosigkeit ihres Mannes, daß sie ins Schlafzimmer eilte und ihm vorwarf, er sei gleichgültig und lieblos gegen sie und die Kinder, und es sei pure Heuchelei, Zeit und Gefühle für arme Bauernkinder aufzuwenden, nur weil sie arm seien, aber seinem eigenen Sohn nicht einmal den Schweiß von der Stirn zu wischen. Tolstoi wurde daraufhin wütend und schrie, am liebsten würde er sie und die Kinder verlassen und irgendwohin gehen, wo er in Ruhe arbeiten könne. Er warf die Decke zurück und sprang aus dem Bett; immer noch schimpfend, schlug er die Tür des Schlafzimmers hinter sich zu und stürmte in sein Ankleidezimmer hinunter, wo er sich für den Rest der Nacht einschloß. Mehrere Stunden lang lief Sonja ruhelos durch das stille Haus. Sie setzte sich einige Minuten lang an Iljas Bett und stand dann wieder vor dem Zimmer, in dem sich ihr Mann verschanzt hatte. Da sie sich nicht getraute anzuklopfen, ging sie zu ihrem Sohn zurück. Um vier Uhr morgens schrieb sie in ihr Tagebuch:

Vor zwanzig Jahren, als ich eine glückliche junge Frau war, fing ich an, dieses Tagebuch zu schreiben. Die Geschichte meiner Liebe zu Ljowa. Es berichtet von fast nichts anderem. Und nun, nach zwanzig Jahren, sitze ich mitten in der Nacht da und weine über den Verlust dieser Liebe. Zum ersten Mal in meinem Leben ist Ljowa von mir weggelaufen und hat die Nacht in seinem Arbeitszimmer verbracht. Wir haben uns wegen Kleinigkeiten gestritten; ich habe ihm vorgeworfen, er kümmere sich zu wenig um die Kinder, er helfe mir nicht, den kranken Iljuscha zu pflegen . . . Er zeigt nur seine immer größere Kälte mir und den Kindern gegenüber. Heute hat er laut herausgeschrien, sein brennendster Wunsch sei, seine Familie zu verlassen. Bis zu meinem letzten Atemzug werde ich diesen unverhüllten Aufschrei nicht vergessen. Es zerriß mir fast das Herz. Ich flehe zu Gott, er möge mich sterben lassen, denn ohne Ljowotschkas Liebe kann ich nicht leben; das habe ich in dem Moment gespürt, als seine Liebe erlosch. Ich vermag ihm nicht zu zeigen, daß ich ihn seit zwanzig Jahren unverändert innig liebe. Das demütigt *mich* und verdrießt *ihn*. Er ist vom christlichen Glauben und der Idee der eigenen Vollkommenheit ganz in Anspruch genommen . . . Ich gebe Iljuscha in den vorgeschriebenen Abständen gewissenhaft das Chinin – in kurzen Abständen, ich muß achtgeben, daß ich die Zeit nicht verpasse. Ich werde mich heute nicht auf das Bett legen, das mein Mann verlassen hat. Gott helfe mir! Ich möchte nicht mehr leben – meine Gedanken sind ganz durcheinander. Die Uhr schlägt vier. Wenn er heute nacht nicht zurückkommt, dann liebt er bestimmt eine andere Frau.

Eine Stunde später war sie immer noch wach und fügte hinzu: »Er ist nicht zurückgekommen . . . Meine Pflicht? Ich habe immer gewußt, was meine Pflicht war. Aber was ist jetzt meine Pflicht?«

Als Tolstoi bei Tagesanbruch endlich zu ihr kam, zärtlich und voller Reue, versöhnten sie sich wieder miteinander.

»Wir weinten beide, und ich bin glücklich, daß die Liebe, deren Verlust ich die Nacht zuvor beklagt hatte, immer noch in ihm wach ist«, schrieb sie später. »Ich werde diesen wunderschönen Morgen nie vergessen, der silberne Tau glitzerte auf jedem Blatt, als ich nach der durchwachten Nacht durch die Wälder zum Badehäuschen ging. Selten habe ich die Natur in solch triumphaler Schönheit gesehen. Ich blieb lange Zeit im eiskalten Wasser und hoffte, ich würde mich erkälten und sterben. Aber ich erkältete mich nicht; da ging ich einfach nach Hause und gab meinem glücklich lächelnden Aljoscha zu essen.«

Tolstoi tat es leid, Sonja unglücklich gemacht zu haben, und so fuhr er Anfang September nach Moskau, um sich nach einem Haus umzusehen, das sowohl ihm wie seiner Familie zusagen würde. Er fand bald ein kleines Anwesen in einem hübschen, bewaldeten, aber nicht vornehmen Viertel, und kaufte es für 27000 Rubel. Das Hauptgebäude war ein zweistöckiges Holzhaus, das in der Mitte eines großen Platzes stand. Ein hoher Zaun umgab den ganzen Besitz. Innerhalb dieser Einzäunung befanden sich auch einige kleinere Gebäude – ein Pförtnerhaus, ein Kutscherhaus, Kuh- und Pferdeställe und Küchen. Hinter dem Wohnhaus erstreckte sich ein Park mit Bäumen und mit Wegen, die von blühenden Büschen gesäumt waren.

Obwohl sich in der Nähe mehrere Fabriken, eine Mühle, eine Brennerei und eine Brauerei befanden, hatte das Anwesen etwas Ländliches an sich. Tolstoi schrieb an Sonja: »Welch hübscher Garten! Du sitzt am Fenster, siehst in den Garten hinaus, und es wird Dir leicht ums Herz; Du wirst ganz ruhig. Gehst Du aber auf die Straße, fühlst Du Dich erdrückt und erregt.« Die Stadt bedeutete ihm ebensowenig wie früher, aber jetzt wollte er in der Nähe des Verlegers seiner neuen Werke sein. Da er fand, das Haus sei nicht groß genug, ließ er einen Anbau anbringen, in dem er sein Arbeitszimmer einrichten wollte. Die drei älteren Söhne waren mit ihm nach Moskau gekommen und bereiteten sich wieder auf die Schule vor, während Sonja mit den übrigen Kindern in Jasnaja Poljana blieb, bis der Anbau fertig und die Renovierungsarbeiten beendet sein würden.

Am 8. Oktober reiste auch Sonja nach Moskau, und ein gutgelaunter Tolstoi holte sie mit zwei Wagen von der Bahn ab. Das Haus befand sich am südwestlichen Rand der Stadt, nicht weit von der Moskwa entfernt – eine ziemlich lange Fahrt vom Bahnhof also. Als sie ankamen, stand das Essen schon bereit, der Samowar war mit heißem Tee gefüllt, und eine mächtige Schale voller Früchte stand auf dem Tisch. Aber Sonja, müde von der tagelangen Packerei und der anstrengenden Reise, fand an allem etwas auszusetzen. Sie meinte, das Haus sei schäbig und die Lage schlecht; zudem störte sie der Fabrikgestank. Enttäuscht stellte sie fest, daß es im Haus kein fließendes Wasser gab und daß der Brunnen sogar noch weiter vom Haus entfernt war als in Jasnaja Poljana. Und mit der für Tolstoi typischen Gleichgültigkeit gegenüber »Nebensächlichkeiten« hatte er ein Haus gekauft, das keine Dienstbotenzimmer besaß.

Aber schon bald nach ihrer Ankunft begann Sonja, das Haus freundlicher zu gestalten, indem sie die schmutzigbraunen Wände der Wohnräume dunkelrosa und die Fensterläden in einem lebhaften Grün streichen ließ. Das Pförtner- und das Kutscherhaus wurden mit wenig Aufwand hergerichtet und dem Personal zugewiesen. Während Sonja damit beschäftigt war, den Haushalt in Ordnung zu bringen, entdeckte Tolstoi eine neue Leidenschaft: die hebräische Sprache, die er nun ebenso gründlich studierte wie einst das Griechische.

All seinen Nachteilen zum Trotz war das Haus für die Kinder geradezu ideal. Im Frühling und Sommer erwies sich der Garten mit den dichten Büschen und verschlungenen Pfaden wie geschaffen fürs Versteckspielen; es gab grüne Hügel, die man besteigen konnte, Bäume, die voller Früchte hingen, und ein hübsches Gartenhäuschen, das mit einem Fries galoppierender Pferde bemalt war. Bei Einbruch des Winters vergnügten die Kinder sich auf einer Eisbahn, die entstand, indem Hunderte von Wasserfässern auf einer bestimmten Stelle des Hofes geleert wurden. Sonja war froh, daß Tolstoi sich in diesem Haus wohl fühlte. Er unternahm lange Spaziergänge, auf denen ihn jetzt immer Belka, der Eskimohund, den er kürzlich gekauft hatte, begleitete.

Nachdem das Haus nun in frischem Glanz erstrahlte, wandte sich Sonja sofort der nächsten Aufgabe zu: Tanja in die Gesellschaft einzuführen. Das Mädchen war nicht so attraktiv wie ihre schöne und reizvolle Mutter, mit ihren glänzenden, dunklen Augen und dem Stupsnäschen aber recht hübsch, und vor allem gefiel sie durch ihr lebhaftes und heiteres Wesen. Tolstoi nahm an dem »oberflächlichen und frivolen« Treiben der winterlichen Bälle und Tee-Einladungen allerdings so sehr Anstoß, daß er in Jasnaja Poljana Zuflucht suchte.

Aber Sonja war so glücklich wie seit Jahren nicht mehr. »Gestern abend waren wir auf einem wunderbaren Ball«, schrieb sie ihrer Schwester. »Tanja trug ein zartrosa Kleid mit Plüschrosen. Mein Samtkleid war lila, mit Stiefmütterchen in verschiedensten Gelbschattierungen. Morgen gehen wir auf einen anderen Ball, zu dem Tanja ein wunderschönes Kleid tragen wird – aus Tüll – ›Illusion‹, blaßgrün mit rosaroten Maiglöckchen. Am Abend darauf noch ein Ball bei den Obolenskis. Sie reißen sich alle darum, Tanja und mich einzuladen!«

Als Tolstoi nach Moskau zurückkehrte, gingen die Auseinandersetzungen weiter. »Schämst du dich nicht, ein solches Leben zu führen?« fragte er, als Sonja mit Tanja das Haus verließ, um zu einer Galaveranstaltung zu gehen; er hatte sich geweigert, sie zu begleiten. »Ein Kostümball beim Generalgouverneur! Sich zu verkleiden und die bloßen Arme und Schultern zu zeigen! Mit euren Pelzen und in euren schönen, warmen Zimmern spielt das vielleicht keine Rolle; aber unser alter Kutscher muß bis vier Uhr morgens auf euch warten, und das bei minus zwanzig Grad Kälte! Wenigstens mit ihm könntet ihr Mitleid haben!«

Und während Sonja in Samt und Seide von Teekränzchen zu Bällen und von Kostümfesten zu Galadiners eilte, besuchte er die Elendsquartiere und mischte sich unter die armen Leute, um nachher mit fiebrigem Blick und Kopfschmerzen nach Hause zu kommen. Außerdem war es ihm zur täglichen Gewohnheit geworden, Arbeiten im Haus, wie etwa den Ofen heizen, den Samowar bedienen, sein Zimmer kehren oder die Schuhe putzen, selbst zu verrichten. Er kleidete sich ärmlich; egal ob er Bauern oder wohlsituierte Freunde besuchte, immer trug er einen Schaffellmantel, eine Pelzmütze und eingefettete hohe Stiefel. Handschuhe anzuziehen, weigerte er sich; wenn es ihm zu kalt wurde, steckte er die Hände in die Ärmel oder die Taschen.

Tolstois Anhänger wurden immer zahlreicher und kamen in Scharen sowohl in sein Moskauer Haus wie nach Jasnaja Poljana. Er war, mit den Worten der höchst konservativen französischen Gouvernante von Mascha, Anna Seuron, ein »neugebackener Prophet, der wie das Orakel von Delphi in seinem Empfangszimmer sitzt . . . mit gekreuzten Beinen *à la turque* oder nur mit einem Bein untergeschlagen *à la Tolstoi,* und sich der Menschheit Klagen anhört. Er schenkt allen Gehör: denen, die nicht wissen, was sie mit ihrem Geld tun sollen, denen ihre Frau zuviel oder zuwenig bedeutet, die, von einem schlechten Gewissen geplagt, bei ihm beichten wollen; allen weiß er etwas zu sagen.«

In Moskau hatte er zwei Räume für sich, die durch einen offenen Durchgang verbunden waren. Diese Zimmer waren gewöhnlich so überfüllt mit stets rauchenden Besuchern, daß es einem Eintretenden zunächst unmöglich war, im Qualm ihre Gesichter auszumachen. Oft drängten sich bis zu dreißig Personen in den niedrigen Zimmern, die nur drei auf fünf Meter maßen. Alle sprachen durcheinander, aber Tolstoi hatte immer das letzte Wort. Wenn die Diskussion beendet war, führte Tolstoi die Leute ins Eßzimmer, wo ihnen Sonja Tee servierte.

Wenn Tolstoi sich, was in jenem Jahr öfters geschah, nach Jasnaja Poljana zurückzog, pilgerten Leute aus allen Gesellschaftsschichten dorthin wie zu einem heiligen Ort. Aber im Dorf selbst war er nicht besonders beliebt. Er hatte kaum etwas unternommen, um das schwere Leben der Bauern zu erleichtern. Ihre Häuser hatten immer noch Strohdächer, die feuergefährlich waren, und Lehmböden, die keinen Schutz gegen die Kälte boten. Die Bauern konnten sich weder einen Heizofen noch warme Kleider leisten, und die paar Rubel, die Tolstoi denen gab, die ihn aufsuchten, halfen auch nicht viel. Er predigte ihnen »Selbsthilfe« und begann, seine Stiefel – ziemlich ungeschickt – selbst zu machen, sein Zimmer zu säubern und eigenhändig die Eimer mit dem schmutzigen Wasser zu leeren. Aber die Dorfbewohner hatten Tolstois neuentdeckte Philosophie der »Selbsthilfe« notgedrungen schon seit frühester Kindheit praktiziert . . .

Der Winter des Jahres 1883 traf die Bauern von Jasnaja Poljana besonders hart. Im vorhergehenden Frühling war das ganze Dorf, das aus sechzig strohgedeckten Holzhütten und Zäunen aus geflochtenen Zweigen bestand, ein Raub der Flammen geworden. Tolstoi war zur Zeit des Brandes in Jasnaja Poljana; er arbeitete Schulter an Schulter mit den Bauern, als sie versuchten, das wütende Feuer einzudämmen. Aber da das Dorf nur zwei Brunnen hatte und das Wasser von Hand in hölzernen Eimern heraufgezogen werden mußte, waren ihre Bemühungen so gut wie umsonst. Nach der Brandkatastrophe gab er den Bauern, die beinahe nichts mehr besaßen, hundert Kilo Hafersaatgut, damit sie ihre »Unabhängigkeit« und »das Vertrauen in ihre eigene Kraft« zurückgewinnen konnten. Er machte jedoch keinerlei Anstalten, die Wasserversorgung des abgebrannten Dorfes oder die Bedingungen der Feuerwehr zu verbessern; und die Häuser, die (von der Versicherung kaum unterstützt) neu aufgebaut wurden, waren aus demselben leichtbrennbaren Material.

Der Brand in Jasnaja Poljana bewog Tolstoi jedoch, eine wichtige Entscheidung zu treffen: Er ermächtigte Sonja, alle Angelegenheiten, die seinen Besitz betrafen, selbständig zu regeln. Dann reiste er nach Samara und überließ es ihr, sich mit dem Wiederaufbau des Dorfes, das in Schutt und Asche lag, zu befassen. Er gefiel sich dagegen in der Pose des großzügig Spendenden: Jeder Bettler, der durch das Tor von Jasnaja Poljana schritt, erhielt von ihm Geld und Essen oder auch Unterkunft für die Nacht. Anfangs gab er jedem Pilger mindestens drei und manchmal bis zu sechs Rubel. Nach einiger Zeit ließ seine Großzügigkeit jedoch nach, denn wie sein Diener Sergej Arbusow klagte, nähmen die Pilgerscharen einfach kein Ende; außerdem erzählten sie »Lügen aller Art, um mehr Geld zu erhalten« – und meistens hatten sie sogar Erfolg damit. Obwohl Tolstoi Sonjas umsichtige Verwaltung des Gutes geringschätzte, hätte er seine menschenfreundlichen Gesten ohne ihre Arbeit und ihren Geschäftssinn nicht lange weiterführen können.

Sonja glaubte keinen Augenblick, daß dem Elend der Menschheit durch das gute Beispiel ihres Mannes abgeholfen werden könne. Sie glaubte an den großen Dichter, der er war, aber sie war keineswegs überzeugt, daß er auch ein großer Mensch oder Prophet sei. Ein großer Mensch sollte frei sein von Heuchelei. Aber während Tolstoi einerseits vermied, seine Hände mit Geldgeschäften zu beschmutzen, gab er andererseits beträchtliche Summen für wohltätige Zwecke aus.

War das die Weisheit eines großen Menschen – das Geld, das er brauchte, von jemandem verdienen zu lassen, dessen Geschick in finanziellen Dingen er als Korruption verurteilte? Und würde ein großer Mensch freigebig und liebevoll zu Fremden, aber abweisend und kalt zu seiner Familie sein? Könnte er behaupten, daß körperliche Liebe (außer sie diene der Fortpflanzung) schmutzig und erniedrigend sei? Würde ein großer Mann über die Frauen in abschätzigen Worten schreiben, um selbst sowohl vollbusigen Bauernmädchen wie graziösen aristokratischen Damen gegenüber Begierde zu spüren?

Er hatte in jüngeren Jahren als fanatischer Spieler das Hauptgebäude von Jasnaja Poljana sowie ein beträchtliches Vermögen verloren. Versuchte er nun, obwohl keiner der Gläubiger ihn bedrängte, seine immer noch offenen Schulden zu begleichen? Er hatte sich eine Geschlechtskrankheit zugezogen, die lange nicht richtig ausheilen wollte. Hatte er je zugegeben, daß er sich angesteckt hatte, oder hatte er je eine Frau, mit der er zusammen war, vor Ansteckung geschützt? Er war Vater eines unehelichen Kindes. Hatte er sich je um diesen Sohn gekümmert? Er predige die Gleichheit aller Menschen, und doch wies er den Frauen eine untergeordnete Stellung zu. Nein, ein großer Mensch oder Heilsbringer war ihr Mann wirklich nicht. Doch Sonja trauerte dem genialen Schriftsteller und leidenschaftlichen Liebhaber nach, die Tolstoi offenbar begraben wollte.

Aber nicht nur arme Bettler kamen als Hilfesuchende nach Jasnaja Poljana oder in die Moskauer Wohnung. »Leute, denen Reichtum und Langeweile zur Last wurden, kamen in Kaleschen, zu Pferd und zu Fuß und suchten Befreiung von ihrer inneren Leere.« Nachdem sie mit Tolstoi gesprochen hatten, trennten sich reiche junge Männer, die den Becher des Lebens schon fast bis zur Neige gekostet hatten, »von Geld und Ländereien und gingen in die Wüste, um mit den Bauern zu arbeiten und sich von Heuschrecken zu ernähren«. Wohlhabende Frauen, die ihre Jungmädchen-Illusionen verloren hatten, kamen und halfen in Überschuhen und weißen Satinblusen die Felder düngen. Studenten, die einen geistigen Führer suchten, saßen Tolstoi zu Füßen oder standen mit ihm unter dem großen Ahorn im Garten von Jasnaja Poljana, wo er arme Bauern grüßte, die geduldig auf Almosen und Ratschläge warteten. Sonja verteilte indessen stundenlang Medikamente, Kleiderstoffe und – das Geld, mit dem ihr Mann nichts zu tun haben wollte.

Tolstoi verrichtete mit den Bauern die tägliche Arbeit, pflügte und erntete; aber wenn er schlecht gelaunt war, was nicht selten vorkam, erwachte in ihm wieder der alte Gutsherr, der seine Leibeigenen barsch und ungeduldig anfuhr. Trotz solcher »Rückfälle«, die ja nur seine unmittelbare Umgebung mitbekam, wuchs die mystische Verehrung, die ihm die Armen in ganz Rußland entgegenbrachten. Die meisten Bauern konnten seine Schriften nicht lesen; sie kannten die politischen, wirtschaftlichen und religiösen Theorien nicht, die seine Anhänger, die sogenannten Tolstojaner, vertraten. Sein wachsender Ruhm als Verkünder einer neuen sozialen Ordnung machte ihn zu einer Persönlichkeit von nationaler Bedeutung – und zum Widerpart des Zaren. Dieser Ruhm beruhte hauptsächlich darauf, daß er einfache Bauernkleidung trug, Rubel verteilte und mit seinen früheren Leibeigenen auf dem Feld arbeitete. Für die Millionen hilfloser, verarmter russischer Bauern ohne Schulbildung, die unter dem Joch einer unbarmherzigen Autokratie und einer seelenlosen Bürokratie stöhnten, schien er der einzige Adlige zu sein, der sich mit ihnen gegen ihre früheren Herren verbündete.

Sonja war nicht die einzige, die es tief bedauerte, daß Tolstoi seine literarische Arbeit zugunsten eines religiösen Feldzugs aufgegeben hatte. Am 26. Juni 1883 schickte ihm Turgenjew aus Bougival, nahe Paris, eine mit Bleistift hingekritzelte Nachricht:

Lieber und teurer Leo Nikolajewitsch – lange habe ich Ihnen nicht geschrieben, weil ich, um es geradeheraus zu sagen, auf dem Sterbebett lag und liege. Gesund werden kann ich nicht mehr, daran ist nicht zu denken. Ich schreibe hauptsächlich, um Ihnen zu sagen, wie froh ich war, Ihr Zeitgenosse zu sein, und um meine letzte, aufrichtige Bitte an Sie auszusprechen. Mein Freund, kehren Sie zur Literatur zurück! Ihre Begabung ist Ihnen ja von dort verliehen, woher alles andere kommt. Ach, wie glücklich wäre ich, wenn ich hoffen dürfte, daß meine Bitte nicht vergebens ist. Mit mir geht es zu Ende – die Ärzte wissen nicht einmal, wie sie meine Krankheit nennen sollen: *neuralgie stomacale goutteuse*. Ich kann weder gehen noch essen, noch schlafen. Aber was! Es ist langweilig, das alles zu wiederholen! Mein Freund – großer Dichter unseres russischen Landes –, erhören Sie meine Bitte! Lassen Sie mich wissen, ob Sie diesen Zettel erhalten haben, und erlauben Sie mir, daß ich Sie noch einmal herzlich umarme, Sie, Ihre Frau und alle die Ihren . . . Ich kann nicht weiterschreiben . . . Ich bin müde.

Zwei Monate später, am 22. August, Sonjas Geburtstag, starb Turgenjew. Sein Tod stimmte Sonja vielleicht trauriger als Tolstoi. Sie hatte einen starken Verbündeten verloren, hatte sie doch gehofft, er werde Leo Nikolajewitsch zu seiner wahren Berufung zurückführen können.

Im Herbst 1883 trat ein neuer Freund in Tolstois Leben: der drei-
ßigjährige Wladimir Grigorjewitsch Tschertkow, den Sonja schon
bald als den leibhaftigen Teufel betrachtete. Wie Sokrates' ergebener
Schüler Alkibiades war der junge, auffallend gutaussehende Tschertkow reich und ein Aristokrat – der einzige Sohn einer herrischen Mutter, die eine gute Freundin der Zarenmutter Maria Alexandrowna gewesen war, und eines Vaters, der unter Alexander II. als Generaladju-
tant gedient hatte. Er war groß und schlank und kleidete sich elegant,
fast dandyhaft. Seine tiefliegenden schwarzen Augen – sie waren so
dunkel, daß man die Iris von der Pupille kaum unterscheiden konnte
– hatten einen zynischen Blick. Das Gesicht mit der Adlernase verriet
einen willensstarken Menschen. Schon früh hatte er seine Karriere in
der berittenen Garde zugunsten eines Bohemienlebens aufgegeben.
Wie einst Tolstoi verbrachte er seine Zeit mit Trinken, Spielen und
Frauen. Doch als seine Eltern eines Tages drohten, ihn zu enterben,
änderte Tschertkow sich von Grund auf und begann, sich nützliche-
ren Dingen zuzuwenden. Er hatte jedoch keine klaren Vorstellungen,
was er eigentlich wollte, versuchte dies und jenes, erreichte wenig und
verschleuderte sein Geld. Kurze Zeit arbeitete er, ohne großen Erfolg,
in der Lokalregierung; auch gründete er eine Handelsschule, die mehr
schlecht als recht lief, eine Klinik, die unter Personalmangel litt, und
eine finanziell nicht abgesicherte Sparkasse. Schließlich engagierte er
sich (und einen großen Teil des Einkommens aus seinen Gütern) unter dem Einfluß von Tolstois philosophischen Schriften für wohltätige Werke. Und nun war er entschlossen, dem Meister selbst zu dienen.
    Zunächst empfand Sonja nur Mitleid für ihn. Er sprach mit einer
merkwürdig hohen und schleppenden Stimme; offenbar wollte er auf
diese Weise ein leichtes Stottern verbergen, erreichte aber genau das
Gegenteil. In seinen Knickerbockerhosen und der Norfolk-Jacke
wirkte er komisch, wenn er neben Tolstoi, der ja immer Bauernkleider trug, über die Felder von Jasnaja Poljana ging; und seine unzu-
länglichen Versuche, bei der Ernte zu helfen, machten ihn zur allgemeinen Zielscheibe des Spotts. Sonjas Mitleid ging über in vorsichtige
Zurückhaltung, als sich zeigte, wie unberechenbar und launisch er
sein konnte: bald trübsinnig und gereizt, bald unternehmungslustig
und ruhelos.
    Tolstoi teilte die Vorbehalte seiner Frau gegenüber Tschertkow
keineswegs. Er war von seinem neuesten Anhänger und Freund begeistert. Schon sechs Monate nach ihrem ersten Zusammentreffen
schrieb er in sein Tagebuch: »Wir sind uns erstaunlich ähnlich.« Der
vertraute Umgang mit dem jungen Mann schien das schmerzliche Ge-

fühl von Einsamkeit zu lindern, das Tolstoi seit dem Tod seines Bruders Nikolai nicht mehr verlassen hatte. In seinen Augen mochte Tschertkow als der verlorene Bruder erschienen sein; oder als Sohn, der alt und erfahren genug war, um ihn zu verstehen; als Freund, der seine Ideale und Ziele teilte – im Gegensatz zu Sonja. Tolstoi mag sich in seinem jungen Schützling auch selber wiedererkannt haben. Tatsächlich hatten sie vieles gemeinsam: Verachtung der öffentlichen Meinung, innere Unabhängigkeit und Unerschrockenheit im Umgang mit der Obrigkeit und die Bereitschaft, für ihre Überzeugung zu leiden. Wie Tolstoi hatte auch Tschertkow mit der Petersburger Gesellschaft gebrochen und damit die Privilegien eines aristokratischen und angenehmen Lebens, die ihm in die Wiege gelegt worden waren, aufgegeben. Tolstoi schätzte einen solchen Verzicht hoch ein.

Schon Anfang 1884 hatte Tschertkow Tolstois Vertrauen vollständig gewonnen und sich einen wichtigen Platz im Leben des Meisters gesichert. Die Familie war nach Moskau zurückgekehrt, aber Tolstoi verbrachte einen großen Teil des Winters mit Tschertkow in Jasnaja Poljana.

Jedesmal, wenn er in die Stadt fuhr, kam es zwischen ihm und Sonja zu Reibereien. Sonja, die sich ihrem vierzigsten Geburtstag näherte, erwartete wieder ein Kind. Sie war außer sich vor Wut und Selbstmitleid, denn sie hatte kein Kind mehr gewollt. Auch fürchtete sie die kalte und abweisende Art, mit der Tolstoi ihr während der Schwangerschaft zu begegnen pflegte. Sie schien am Rande eines völligen Zusammenbruchs, weinte pausenlos und, um ihren Zustand zu verheimlichen, ordnete sie an, im Haus so wenig Licht wie möglich zu machen. Sie sagte ihrem Mann klar und deutlich, daß sie die Qual einer Geburt und ein weiteres Kind, das ihre schwere Verantwortung noch vergrößern würde, nicht mehr ertragen könne.

Tolstoi ließ ihr Kummer ziemlich kalt; seine eigenen »Probleme« waren ihm da viel wichtiger. Er war nämlich in der Presse kritisiert worden, weil er Selbstverleugnung predige, während er selbst im Luxus lebe. Nun sprach er des öfteren davon, Sonja zu verlassen und als Asket zu leben. Solche Äußerungen wirkten natürlich verheerend auf sie, und die Entfremdung zwischen ihnen wuchs. Eines Nachts stellte Sonja ihn zur Rede. »Ljowotschka«, flehte sie, »ich will dieses Kind nicht, ich will es nicht! Du willst uns verlassen, so geh doch!« Tolstoi beschuldigte sie wütend, sündhafte Gedanken zu hegen. Am folgenden Morgen ging Sonja wirklich nach Tula zur Hebamme und verlangte eine Abtreibung.

»Nein, Gräfin«, erwiderte ihr die Frau mit Furcht in den dunklen Augen. »Für eine andere Frau würde ich es gern tun; aber für Sie

213

werde ich nichts dergleichen tun, nicht einmal, wenn Sie mich mit Gold überhäuften!«

Aber Sonja gab nicht so leicht auf. Sie ging noch einige Male nach Tula und bat um Hilfe, aber die Hebamme ließ sich nicht umstimmen. Darauf versuchte sie es mit heißen Bädern, die ihre Haut verbrannten, aber sonst keine Wirkung zeigten. Dann stieg sie auf die Kommode in ihrem Zimmer und sprang herunter, gerade als die Kinderfrau eintrat.

»Was tun Sie da, Sonja Andrejewna!« stieß die erschrockene Frau heiser hervor. »Wie können Sie so etwas tun? Sie wissen doch, daß es Sie das Leben kosten kann!«

»Ich will das Kind nicht«, weinte Sonja. »Der Graf liebt mich nicht mehr. Er will uns verlassen und fortgehen!« Wieder kletterte sie auf die Kommode und sprang herunter, aber es war zwecklos.

Es scheint, daß Tolstoi – wenn auch aus ganz anderen Gründen – ebenfalls unter Sonjas »Zustand« litt. Ein Jahr zuvor hatte er einem jungen Journalisten geschrieben: »Wenn ich von der Lehre Christi nichts wüßte außer diesen fünf Regeln, wäre ich doch ein ebenso guter Christ, wie ich es jetzt bin: 1. Du sollst nicht zürnen, 2. Du sollst nicht Unzucht treiben, 3. Du sollst nicht schwören, 4. Du sollst nicht beichten, 5. Du sollst keinen Krieg führen. Das ist für mich das Wesentliche an der Lehre Christi.«

Er hatte sein eigenes »zweites Gebot« gebrochen – das Kind, das seine Frau erwartete, bewies es –, und er schämte sich dafür. Sie stritten nun immer heftiger, und so kehrte Tolstoi nach Jasnaja Poljana zurück – allein, da Tschertkow seine Mutter auf eine Englandreise begleitete. Doch schrieben die beiden Männer einander ziemlich gefühlsbetonte Briefe.

»Seine Mutter haßt mich natürlich«, schrieb Tolstoi in sein Tagebuch. Und genau so war es. Frau Tschertkowa fürchtete Tolstois Einfluß auf ihren Sohn, so wie Sonja Tschertkows Einfluß auf ihren Mann fürchtete. »Wirst Du ewig *absichtlich* die Augen verschließen vor Menschen, in denen Du nichts als das Gute sehen willst? Wahrlich, das nennt man Blindheit!« schrieb sie an ihren Mann, auf Tschertkow anspielend.

Als Tolstoi wieder in Jasnaja Poljana war, gestaltete sich Sonjas Leben in Moskau ganz annehmbar. Serjoschka studierte an der Universität, Ilja und Ljowa besuchten Privatschulen, und die jüngeren Kinder bekamen zu Hause Privatunterricht. Als Sonja hochschwanger war, konnte sie ihre Tochter nicht mehr auf Feste und Bälle begleiten, und so blieb auch Tanja öfters zu Hause. Sonja machte das Beste daraus. Sie organisierte »Zeichenabende« unter der Leitung von Pria-

Ein Fahnenabzug von Tolstois Roman Auferstehung *(1899).*

nischnikow, einem Künstler, der für seine Gesellschaftsporträts bekannt war; »literarische Abende«, die Fet und andere bekannte Schriftsteller besuchten; und »musikalische Abende«, an denen hervorragende Musiker spielten. Sonja führte nun einen Salon wie ihr Vorbild Alexandra Tolstaja. Sie machte viele neue Bekanntschaften, mit Professoren, Adligen, Provinzgouverneuren, Künstlern, Schriftstellern und Musikern, aber Tolstoi ließ keinen von ihnen gelten.

Im Mai fuhren Sonja und die Kinder nach Jasnaja Poljana zurück, und auch die Kusminskis trafen bald dort ein. Die Geburt sollte in wenigen Wochen sein. Sonja mußte nun mit einem größeren Haushalt bei weniger Personal fertigwerden. Tolstoi hatte nämlich einige Angestellte entlassen, da er fand, es sei moralisch nicht zu vertreten, daß so viele Menschen so wenige bedienten. Natürlich räsonierte er gleich wieder über Sonjas Leben in Moskau, was diese mit scharfer Kritik an den neuen Tolstojanern parierte. Verärgert drohte ihr Tolstoi daraufhin, sie zu verlassen und mit einer Bauernfrau ein neues Leben anzufangen. Sonja dachte dabei sofort an Aksinja, die sie oft im Dorf gesehen hatte. Timofej, Tolstois und Aksinjas Sohn, war zu einem kräftigen, breitschultrigen Burschen herangewachsen. Obwohl fleißig und gescheit, hatte er nie lesen und schreiben gelernt und arbeitete jetzt als Waldarbeiter in Jasnaja Poljana, was einer Art Degradierung gleichkam, denn seine frühere Arbeit im Stall war leichter gewesen.

So löste eine Auseinandersetzung die nächste ab. Als Tolstoi eines Tages wieder einmal wütend aus dem Zimmer gestürmt war, setzten kurz danach die Wehen bei Sonja ein. Sie hörte nicht auf die Bitten ihrer Schwester, sich doch hinzulegen, bis die Hebamme eintreffe, sondern saß im Garten und wartete auf Tolstois Rückkehr. Als die Schmerzen heftiger wurden, mußte sie doch nach oben gehen. Um fünf Uhr morgens hörte sie, wie Tolstoi das Haus betrat; da erhob sie sich mühsam und ging schwankend, mit aufgelöstem Haar, die Treppe hinunter. Tolstois Wut war immer noch nicht verflogen; mit tadelndem, durchdringendem Blick sah er sie an. »Ljowa«, sagte sie, »ich fühle mich sehr krank, das Kind wird bald zur Welt kommen. Warum bist du mir böse? Vergib mir, wenn ich etwas falsch gemacht habe, denn es ist durchaus möglich, daß ich diesen Tag nicht überlebe.«

Ungerührt wandte er sich ab, und Sonja rief ihm in panischer Angst nach: »Ich habe nie jemanden geliebt als dich!«

Er drehte sich um, sah sie aber nur schweigend an.

Die Schmerzen setzten wieder ein, und die Hebamme half ihr ins Zimmer zurück, wo sie eine Stunde später einem kräftigen, gesunden

Mädchen mit dichtem schwarzen Haar das Leben schenkte. Tolstoi war bei der Geburt seiner Tochter nicht dabei. Die letzten drei Kinder waren Knaben gewesen, deshalb freuten sich nun alle über das kleine Mädchen. Sie erhielt den Namen Alexandra nach Tolstois Kusine, und die Familie nannte sie liebevoll Sascha.

Der Rest des Sommers 1984 war für Sonja ein Alptraum. Sie weigerte sich, Sascha selbst zu stillen, und nahm eine kräftige Bäuerin aus einem nahegelegenen Dorf, die selbst ein Baby hatte, als Amme in ihre Dienste.

Am 24. Juni schrieb Tolstoi an Tschertkow: »Meine Frau hat einem Mädchen das Leben geschenkt. Doch meine Freude darüber wurde vergiftet dadurch, daß sie ohne ersichtlichen Grund eine Amme angestellt hat, obwohl ich ihr erklärte, es sei unmenschlich, unvernünftig und unchristlich, eine Frau von ihrem eigenen Kind wegzunehmen, nur damit sie ein fremdes stille. Irgendwie geschieht all dies, ohne daß wir es ganz begreifen – wie in einem Traum. Ich kämpfe mit mir, aber es ist schwer. Meine Frau tut mir leid.«

Sonja, die diesen Brief auf Tolstois Wunsch hin abschrieb, notierte in ihrem Tagebuch: »Er hat sich zum Christentum bekehrt. Das Martyrium aber habe ich, nicht er, durchgemacht.«

Fast täglich trafen Briefe von Tschertkow ein. Im August schrieb er aus England: »Ich liebe Sie, obwohl ich für einzelne Menschen nur selten Liebe empfinde ... mit Ausnahme von Kindern, vor allem kleiner Knaben, die ich besonders liebe. Aber Sie liebe ich wirklich, obschon es mir ein wenig Angst macht.«

Und in einem anderen Brief heißt es: »Ich habe nun angeordnet, daß ich wieder im gleichen Zimmer wie Peter [ein junger Diener] schlafe. Ich weiß nicht, warum, aber wenn ich mit jemandem im gleichen Zimmer schlafe, habe ich einen viel besseren und ruhigeren Schlaf.«

Tolstoi, wohl ein wenig beunruhigt über diese Eröffnungen, drängte ihn zu heiraten. Tschertkow wandte jedoch ein, er sei in niemanden verliebt, und außerdem könne sowieso keine Frau, die er wählen würde, seiner Mutter gefallen. Tolstoi warnte ihn vor den Versuchungen, denen ein unverheirateter Mann ausgesetzt sei. Darauf erwiderte Tschertkow: »Ich möchte nicht heiraten, nur damit der Körper zu seinem Recht kommt.«

Im Briefwechsel zwischen Tschertkow und Tolstoi ging es aber keineswegs nur um Privates, immer wieder erörterten die beiden Fragen ihrer gemeinsamen Überzeugungen. Tschertkow glaubte unerschütterlich daran, daß Tolstoi ein Prophet sei, doch offenbaren seine Briefe ihn auch als ausgesprochenen Egomanen. Dogmatisch heißt es bei ihm: »Ich bin fest davon überzeugt, daß das, was für mich die Wahrheit ist, die Wahrheit für alle Menschen ist.«

In der Nacht des 7. Juli, weniger als drei Wochen nach Saschas Geburt, bestand Tolstoi, ruhelos und aufgebracht nach einem Streit, auf seinem »ehelichen Recht«. Sonja verweigerte sich ihm. Wütend erhob er sich, ging hinunter und schrieb ins Tagebuch: »Die Gefährtin meiner Nächte? Sie provoziert mich, sie macht ein Spiel daraus.« Er ging ins Schlafzimmer zurück und fuhr fort, sie so lange zu bedrängen, bis sie schließlich nachgab. Fast augenblicklich traten Blutungen ein, und man mußte früh am nächsten Morgen die Hebamme kommen lassen. Nachdem sie Sonja untersucht hatte, machte sie Tolstoi wegen seiner Grobheit und schulbubenhaften Eile heftige Vorwürfe. Tolstoi war nun wegen Sonjas Gesundheit sehr besorgt und von Schuldgefühlen geplagt. Die zärtliche Stimmung war jedoch, wie immer, nur von kurzer Dauer. Am 18. Juli schrieb er in sein Tagebuch: »Geschlechtsverkehr mit einer Frau, die einem geistig fremd ist, das heißt mit ihr, ist furchtbar widerlich.«

Ihre Gegenwart störte ihn bald so sehr, daß er ihr vorschlug, sie solle mit den Kindern nach Moskau fahren. Nach der anstrengenden Reise schickte Sonja nach einem Arzt. Tolstoi war darüber ungehalten und schrieb ihr, sie solle »nicht auf die Moskauer Ärzte hören, denn die ruinieren bloß unser Leben«. Als der Arzt sie ein zweites Mal untersucht hatte, teilte Sonja ihrem Mann mit, daß er eine längere Zeit der Enthaltsamkeit angeordnet habe.

Tolstoi antwortete reuig: »Gestern bekam ich Deinen Brief nach dem Besuch des Arztes, und es wurde mir ganz traurig und schwer zumute, besonders aber bin ich mir selbst widerwärtig geworden. An allem trage ich selbst die Schuld – ich, das brutale, egoistische Tier! Und ich maße mir noch an, andere zu beschuldigen, und schneide die Grimasse des Wohltäters! Ich kann Dir nicht sagen, wie niedergeschlagen ich bin! Gestern sah ich mich selbst im Traum und haßte mich fürchterlich.«

Schon mit der nächsten Post kam Sonjas Antwort: »Dich trifft überhaupt keine Schuld; wir haben beide Fehler gemacht. Mein jetziger Zustand ist wohl auf die Geburt zurückzuführen, bei der etwas schiefgegangen sein mag. Gestern spürte ich große Schmerzen, ich hatte Ausfluß, als ob in mir ein Geschwür aufgeplatzt wäre, aber heute fließt kein Tropfen mehr, und die Schmerzen haben auch nachgelassen.«

Als Sonja wieder genesen war, befaßte sie sich mit dem nun dringlichsten Problem: Geld. Aus dem Gut und den paar anderen Ländereien, die ihr Mann noch nicht verkauft hatte, holte sie bereits so viel heraus wie möglich. Tolstoi verfügte zwar über ein beträchtliches Einkommen aus Autorentantiemen – aber dieses und anderes Geld verschenkte er. Sonja war klar, daß ihr augenblickliches Einkommen für zwei Häuser und neun Kinder zu klein war. Und sie kam wieder auf den Gedanken zurück, daß Tolstois Romane der Schlüssel zur finanziellen Sicherheit sein könnten. Sie fragte sich, warum sie nicht selbst die Werke ihres Mannes in Rußland verlegte und vertrieb. Dostojewskis Witwe war das ja mit den Büchern ihres Mannes auch gelungen, und Sonja glaubte, sie würde eine ebensogute Geschäftsfrau sein. Die beiden großen russischen Schriftsteller waren sich nie begegnet, nun waren es ihre Frauen, die zusammenkamen: Sonja Tolstoi besuchte Anna Grigorjewna Dostojewskaja, um zu erfahren, wie man einen Verlag gründet.

Die beiden Frauen hatten vieles gemeinsam und freundeten sich rasch an. Anna Grigorjewna war nur zwei Jahre jünger als Sonja. Nach dem Tod seiner ersten Frau hatte der dreiundvierzigjährige Dostojewski seine damals achtzehnjährige Sekretärin Anna Grigorjewna geheiratet. In den vierzehn Jahren ihrer Ehe hatte sie gewissenhaft dafür gesorgt, daß ihn niemand bei der Arbeit störte, hatte seine Bücher abgeschrieben, die Kinder aufgezogen und sich um alle finanziellen Angelegenheiten gekümmert. Ihr Leben an der Seite Dostojewskis war nicht leicht gewesen, doch obwohl sie seine Ansichten nicht teilte, räumte sie ihm so weit wie möglich alle Schwierigkeiten aus dem Weg. Nach seinem Tod im Jahre 1881 widmete sie sich ganz der Aufgabe, eine sorgfältige Edition seiner Werke herauszubringen.

Nach mehreren Unterredungen mit Anna Grigorjewna war Sonja entschlossen, ihren Plan in die Tat umzusetzen. Aber zuerst mußte sie natürlich die Zustimmung ihres Mannes einholen. Tolstoi war entsetzt über ihre Absicht; ihr nüchterner Geschäftssinn, in dem er nur Habgier sah, stieß ihn ab. Aber was entscheidender war: Jedes Anzeichen von Selbständigkeit und Initiative bei einer Frau, und vor allem natürlich bei seiner eigenen Frau, erschien ihm unnatürlich, ja unmoralisch. Alle Schwierigkeiten zwischen ihnen führte er darauf zurück, daß sie seine Überzeugungen nicht teilen und ihr Leben nicht dem seinen anpassen wollte. Sonja aber konnte und wollte seine Maximen nicht als die ihren akzeptieren. Sie versuchte, ihrem Mann ihre eigenen starken Gefühle verständlich zu machen und ihm die Heuchelei vor Augen zu führen, die in seiner Erwartung lag, daß sie ihre eigenen Ansichten und Überzeugungen preisgebe und seine übernehme, nur weil er ihr Gatte sei. Am 9. Dezember 1884 schrieb sie ihm:

Du und ich sind seit unserer Kindheit verschiedene Wege gegangen.

Du liebst das Land, die Leute, die Bauernkinder, Du liebst das einfache Leben, das Du aufgegeben hast, als Du mich heiratetest. Ich bin ein Stadtkind; wie sehr ich mich auch bemühe und mich dazu zwinge, das Land und die einfachen Leute zu lieben, werde ich mich ihnen doch nie mit Leib und Seele verschreiben können. Ich verstehe die Bauern nicht und werde sie nie verstehen. Was ich liebe, ist die Natur und nur die Natur; in der Natur könnte ich glücklich meine Tage verbringen. Deine Schilderung der kleinen Muschiks, des Landlebens usw., Deine Geschichten und Unterhaltungen – es ist alles genauso wie zu der Zeit, als Du in Jasnaja Poljana Deine Schule noch hattest. Aber es ist jammerschade, daß Du Dich so wenig um Deine eigenen Kinder kümmerst. Wären es die Kinder irgendeiner Bäuerin, sähe es ganz anders aus!

Um ihre Verlagspläne realisieren zu können, lieh Sonja sich von ihrer Mutter zehntausend und von Strachow fünfzehntausend Rubel. Energisch und zielbewußt, wie sie war, ging die Arbeit an der Ausgabe rasch voran. Ihre neue Tätigkeit schien ihr Selbstvertrauen mächtig zu stärken, denn im Februar 1885 schrieb sie höchst selbstbewußt an Tolstoi: »Es macht mich traurig, daß solche Geisteskräfte beim Holzhacken, beim Aufstellen eines Samowars und Nähen von Stiefeln vergeudet werden. Zur Erholung und Abwechslung ist das alles ja ganz gut – aber als eigentliche Beschäftigung? Nun, lassen wir das! Aber hätte ich nichts davon geschrieben, dann wäre ich immer noch verdrossen. So aber ist mein Ärger verflogen. Es beruhigt mich, wenn ich das Ganze von der komischen Seite betrachte und an das alte Sprichwort denke: ›Laß dem Kind sein Spielzeug, damit es nur nicht weint.‹«

So offen äußerte Sonja sich auch in den folgenden Briefen, in denen sie sich außerdem darüber beklagte, daß er mehr Geld verschenke, als sie je verdienen könne.

Diese neue Sonja verblüffte Tolstoi, und statt sie in scharfen Worten zurechtzuweisen, schrieb er nur: »Sei nicht böse, Liebling, daß ich diesen Geldangelegenheiten keine Bedeutung beimessen kann. Damit einem das Leben nicht gewöhnlich und gemein vorkommt, muß man sich um tiefere Einsichten bemühen.« Und er schloß mit den Worten: »Um wieviel unsere Einkünfte abnehmen, kann mich nicht interessieren. Wenn man dergleichen wichtig nimmt, vergißt man leicht, was wirklich wesentlich ist.«

»Manchmal bin ich in jeder Beziehung unsäglich traurig ohne Dich«, antwortete Sonja, »aber ich habe mich mit dem Gedanken abgefunden, daß ich meine Pflicht erfülle in meiner Beziehung zu Dir als Schriftsteller, zu Dir als Mann, der vor allem anderen Freiheit braucht, und deshalb verlange ich nichts von Dir.«

Sonja wußte, wovon sie sprach. Sie war entschlossen, dem Schriftsteller Tolstoi Gerechtigkeit widerfahren zu lassen. Deshalb entschied sie, daß seine neueren, religiösen Schriften in ihre Ausgabe aufgenommen werden mußten, obwohl sie sie ablehnte.

So reiste sie im Februar 1885 nach Petersburg, um die Erlaubnis einzuholen, die *Beichte, Was ich glaube* und *Was tun?* in ihrem Verlag zu veröffentlichen – drei religiöse Werke, die von der Zensur unterdrückt worden waren.

Im Nachtzug nach St. Petersburg – sie reiste mit Tanja, die vor Aufregung ganz zappelig war – lag Sonja wach im bequemen Schlafwagenabteil der ersten Klasse und lauschte auf das Rattern des Zuges, der durch die Dunkelheit fuhr. Vor Tagesanbruch schon war sie angezogen und blickte durch die Eisblumen am Fenster hinaus auf das schneebedeckte Marschland und die kahlen Bäume, die sich in der Dämmerung fast wie eine makabre Galgen-Galerie ausnahmen. Die Gegend nördlich von St. Petersburg war trostlos und enttäuschend. Dann tauchten Lichter am dunklen Horizont auf, und plötzlich sah sie Brücken, wohin sie auch schaute. »Schnell, Tanja, schnell!« rief sie, und ihre Tochter schlüpfte schlaftrunken in die Kleider.

Die Lokomotive pfiff. Der Zug verlangsamte seine Fahrt und hielt alsbald mit einem Ruck im Nikolajewski-Bahnhof. Dampfwolken wirbelten über den Bahnsteig. Sonja, die Tanjas Arm hielt, schritt rasch dem Ausgang zu. Sie hatten ihn schon fast erreicht, als Sonjas Vetter Anatoli Schostak – den sie einmal gebeten hatte, Jasnaja Poljana zu verlassen, weil er allzu hartnäckig um ihre Schwester Tanja geworben hatte – auf sie zugerannt kam. Sie sollten in Petersburg bei seiner Mutter, Jekaterina Schostak, wohnen, die Sonjas Kusine war. Anatoli war nun – Ironie des Schicksals – mit Alexander Kusminskis Stiefschwester verheiratet, so daß Tanja, seine erste Liebe, nun seine Schwägerin geworden war.

Ein eisiger Wind wehte, als Anatoli Sonja und ihre Tochter zum Wagen führte. Obwohl es schon Morgen war, dämmerte es noch kaum, als sie durch die Stadt fuhren. Das Venedig des Nordens war ganz anders, als Sonja es sich vorgestellt hatte. Aber schon auf der Fahrt zum Haus ihrer Kusine nahm sie der Zauber der Stadt gefangen. Die »italienische« Atmosphäre von Petersburg entzückte Sonja. Riesige rote, grüne, blaue und gelbe Barockpaläste standen an den Ufern der zugefrorenen Newa. Die kleineren Gebäude an den breiten Boulevards glichen denen auf Canalettos Gemälden von Venedig; fröhliche Farben und reiche Ornamente überall. Eine Stadt auf neunzehn

Inseln, die mit eleganten Brücken verbunden und von Kanälen durchzogen waren. Um die Mittagszeit strahlten die prächtigen Paläste an der Newa mit ihren hohen, verzierten Fenstern, den Balkonen und Säulenportalen im Lichterglanz.

Sonja ließ sich während ihres Aufenthalts in der Hauptstadt kaum etwas entgehen. Sie besuchte das Fabergé-Haus und bewunderte seinen Reichtum. Die Damen, erfuhr sie, schliefen bis Mittag, empfingen ihren Coiffeur zu Hause und trugen zum Mittagessen ihre Juwelen. Die Hautevolee unterhielt sich nur französisch. Diese Leute gingen fast jeden Abend ins Theater oder ins kaiserliche Ballett und fuhren danach, in kostbare Pelze gehüllt, mit ihren roten Schlitten zu Club-Restaurants, wo sie dinierten und tanzten. Sonja bewegte sich in dieser Welt mit einer Selbstverständlichkeit, als hätte sie ihr Leben lang nichts anderes getan; sie verbrachte ihre Abende auf Gesellschaften oder musikalischen Soireen, denen Mitternachtssoupers folgten. Diener reichten Champagner auf Silbertabletts; exotische Delikatessen türmten sich auf den Tischen. Dieses Treiben hätte Leo Nikolajewitsch zutiefst abgestoßen, aber Sonja fühlte sich wie ein Kind, das zum ersten Mal einen Weihnachtsbaum voll strahlender Kerzen sieht.

Der Höhepunkt von Sonjas Besuch war die Begegnung mit der Zarin Maria Fjodorowna. Sie war eine Freundin der gebrechlichen, alten Madame Schostak und kam unerwartet zu Besuch, als Sonja ihrer Kusine gerade Gesellschaft leistete. Mit ihren blaßbraunen Haaren und Augen, dem etwas zu eckigen Körper und in ihrem eher uneleganten, grauen Kleid war die Zarin keine Schönheit, aber sie besaß eine erstaunliche Ausstrahlung. Nur ein paar Zentimeter größer als Sonja, hielt sie sich doch so gerade, daß es schien, als sehe sie auf Sonja herab.

»Sind Sie schon lange hier?« fragte sie Sonja; sie sprach Französisch mit einem starken dänischen Akzent.

»Nein, Madame, erst seit gestern«, erwiderte Sonja nach einer tiefen Verbeugung.

»Wie geht es Ihrem Mann?« erkundigte sich Maria Fjodorowna.

Sonja wurde etwas nervös, da sie wußte, daß Tolstoi in Hofkreisen wenig beliebt war. Trotzdem antwortete sie ruhig: »Ihre Majestät sind zu gütig; es geht ihm gut.«

»Ich hoffe, er arbeitet wieder an einem Buch.«

»Nein, Madame, im Augenblick nicht, aber ich glaube, er will etwas für die Schulen schreiben, in der Art von *Wovon die Menschen leben*.«

Madam Schostak mischte sich ein: »Die Gräfin Alexandra Tolstaja sagt, er werde nie mehr einen Roman schreiben.«

Die Zarin blickte Sonja erstaunt an. »Das kann doch nicht Ihr Wunsch sein. Es erstaunt mich.«

Sonja versuchte, diesem Thema auszuweichen, und stellte eine indirekte Frage: »Ich hoffe, die Kinder Ihrer Majestät haben die Bücher meines Gatten gelesen.«

Lächelnd erwiderte die Zarin: »Oh, ganz bestimmt.« Das Gespräch wandte sich dann weniger heiklen Themen zu.

Trotz des Einflusses, den Alexandra Tolstaja und Madame Schostak bei Hof besaßen, wurde die Genehmigung, Tolstois verbotene Bücher zu drucken, nicht erteilt. Aber der Aufenthalt in Petersburg, auch wenn er nicht einmal zwei Wochen dauerte, war für Sonja ein unvergeßliches Erlebnis. Mit neuem Mut und voller Tatendrang kehrte sie Anfang März nach Moskau zurück.

Sie ließ nun einen leeren Schuppen, der an das Haus angebaut war, als Verlagsbüro einrichten. Tolstoi weigerte sich, ihr irgendwie behilflich zu sein, und so mußte Sonja sich selbst um die Korrekturen kümmern, an denen sie bis spät in die Nacht hinein arbeitete – wie einst, als sie die Werke ihres Mannes abgeschrieben hatte. Tagsüber erledigte sie die anfallenden Geschäfte.

Im Sommer reisten Sonja und die Kinder wieder nach Jasnaja Poljana; Tolstoi befand sich schon dort. Wie immer war das Haus voller Verwandter und Bekannter; trotzdem führte Sonja ihre Arbeit an der neuen Werkausgabe weiter. Die Druckfahnen wurden zwischen Moskau und Jasnaja Poljana hin- und hergeschickt, und als sie im Herbst in die Stadt zurückkehrte, setzte sie Anzeigen in die Zeitungen und schrieb die Bücher zur Subskription aus. Tolstoi ärgerte sich immer mehr. Am 16. Dezember 1885 machte er seinen Gefühlen in einem Brief an Tschertkow Luft – in einem Brief, den er übrigens nie abschickte: »Während der letzten Tage hat die Subskription und der Verkauf meiner Bücher begonnen, und zwar zu Bedingungen, die sehr zu unseren Gunsten und zu Ungunsten der Buchhändler sind. Wenn ich ausgehe, begegne ich jedes Mal einem Käufer, der mich ansieht, mich, den Schwindler, den Mann, der gegen das Eigentum schreibt und durch das Geschäft seiner Frau jede Kopeke aus den Lesern herauspreßt. Ach, wenn bloß jemand diese Schande laut und deutlich in den Zeitungen anprangern würde!«

Zwei Tage, nachdem er diesen Brief geschrieben hatte, kam er zu Sonja, die an ihrem Schreibtisch saß, und sagte ernst: »Ich bin gekommen, dir zu sagen, daß ich mich scheiden lassen will. Ich kann so nicht leben. Ich gehe nach Paris oder Amerika.«

Sonja war wie vor den Kopf gestoßen. »Was ist geschehen?«

»Nichts«, erwiderte er, »aber wenn man den Wagen mehr und mehr vollädt, steht das Pferd still und mag nicht mehr ziehen.«

Er begann, im Zimmer auf- und abzugehen und sie anzuschreien;

er warf ihr vor, sie führe ein ganz anderes Leben als er und erziehe die Kinder nicht in seinem Sinne, so daß sie seine Philosophie nicht übernähmen. Sonja saß unbeweglich da, unfähig zu sprechen, und starrte ihn nur an. Er beschimpfte sie, warf ihr Materialismus, Sinnlichkeit und Liederlichkeit vor.

»Sogar die Luft um dich herum ist vergiftet«, zischte er sie an.

Langsam und stolz erhob Sonja sich und ging an ihm vorbei in die Halle, wo vier der älteren Kinder mit verängstigten Gesichtern dem Streit gefolgt waren.

»Laß mir meinen Koffer bringen, ich will packen«, sagte sie zu Ilja. »Ich werde für ein paar Tage die Kusminskis besuchen.« Sie zitterte.

»Ich komme mit!« rief Tanja.

Da trat Tolstoi in die Halle. »Geh nicht«, befahl er, dann, mit unsicherer Stimme bittend: »Bleib.« Er zuckte und begann zu schluchzen. Als auch ihre Kinder auf sie einredeten, ließ Sonja sich erweichen und blieb. Tolstoi beruhigte sich erst Stunden später wieder, aber er entschuldigte sich nicht und zeigte auch sonst keine Reue. Die folgenden Tage ging er bedrückt und schweigsam im Haus umher. Schließlich entschloß er sich, mit Tanja aufs Land zu fahren und ein paar Freunde zu besuchen. Vor seiner Abreise schrieb er Sonja einen außergewöhnlich langen Brief; die fast unleserliche Schrift, fehlerhafte Grammatik und fehlende Wörter zeigen, wie aufgewühlt er war. Immer wieder bestand er darauf, daß sie alle seine Klagen anhören müsse, und versprach jedesmal, daß er bald auch auf ihre Probleme eingehen werde: »Das Thema bin im Augenblick *ich* – von Dir werde ich später sprechen . . . Vergiß für einmal alle Gedanken an Dich. Später werde ich über Dich, über Deine Gefühle und Deine Situation sprechen.« Aber er erfüllte dieses Versprechen nicht und brach abrupt ab, nachdem er sein eigenes Leid geklagt hatte.

»Es kann zwischen uns keine Verständigung und kein Leben in Liebe geben, bevor Du dahin kommst, wo ich jetzt bin . . . Ich habe gesagt, bis *Du* zu mir kommst, und nicht, bis ich zu Dir komme, weil das für mich unmöglich ist. Es ist unmöglich, weil die Dinge, nach denen Du Dein Leben ausrichtest, genau die sind, vor denen ich vor kurzem geflohen bin wie vor einem schrecklichen und widerwärtigen Etwas, das mich beinahe zum Selbstmord getrieben hat . . . Aber Du kannst versuchen, etwas zu erlangen, das Du bisher nicht gekannt hast . . . ein Leben, das auf Gott und auf die Mitmenschen und nicht aufs eigene Vergnügen ausgerichtet ist . . . Du veröffentlichst meine Werke mit so viel Fleiß, Du hast Dir in St. Petersburg so viel Mühe gegeben und hast meine verbotenen Artikel so eifrig verteidigt. Aber was steht denn in diesen Artikeln?«

Nachdem er seine Versuche, die Verzweiflung zu überwinden, geschildert hatte, erklärte er: »Wohin ich mich auch wende, ich leide einfach unter dem Leben, das wir führen! . . . Was also sollen wir nun tun? Es ist seltsam, überhaupt zu antworten, die Antwort ist ja so einfach. Wir müssen . . . herausfinden, woher das Hindernis stammt, und wenn wir dies herausgefunden haben, es zerstören . . . Du schreibst das Vorgefallene allem Möglichen zu – außer dem einen, daß Du unbewußt und unabsichtlich die Ursache meiner Leiden bist.«

Und er schließt mit einer Bemerkung, die das kommende Verhängnis andeutet: »Ein Kampf auf Leben oder Tod ist zwischen uns im Gange. Entweder Gottes Werke oder nicht Gottes Werke. Und insofern Gott in Dir ist . . .«

Hier brach er ab, mitten im Gedanken, mitten im Satz, und legte den Brief, ohne ihn zu unterschreiben, in einem Umschlag auf ihr Pult.

Hätte er Sonja Gelegenheit gegeben, auf diesen Ausbruch zu antworten, dann hätte sie ihm ihre eigenen Klagen entgegenhalten können. Seit ihrem achtzehnten Lebensjahr war sie nur für ihn dagewesen, hatte für ihn und sein Heim gesorgt, ihm finanzielle Sicherheit geschaffen und zwölf Kinder geboren, von denen neun noch am Leben waren. Sie hatte sich ihm gefügt, was das Familienleben, die vielen Geburten, das Stillen und die Erziehung betraf. Nun verlangte er, daß sie die Lebensweise, die er einmal für richtig gehalten hatte, aufgab und ihm in seiner eigenen Auslegung der Gebote Gottes Gefolgschaft leistete. Tolstoi behauptete immer wieder: »Eine gute Ehefrau hat die Fähigkeit, Gedanken zu absorbieren und zu assimilieren, bis sie alles durch die Augen ihres Mannes sieht.« Aber Sonja war in den dreiundzwanzig Jahren ihrer Ehe mit einem halben Dutzend Leo Nikolajewitschs verheiratet gewesen. Welchen dieser Männer sollte sie »absorbieren und assimilieren«? Sollte sie ihr Leben in blinder und unehrlicher Nachfolge und Nachahmung verbringen?

Sie sagte jedoch nichts von all dem, und als sein erster Brief eintraf, in dem er schrieb, er sei nun ruhiger, erwiderte sie: »Ich würde alles dafür geben zu wissen, wie es Dir geht. Aber es macht mir Angst, die schmerzhaften Wunden anzurühren, die nicht nur unverheilt sind, sondern, wie mir scheint, wieder angefangen haben zu bluten . . . Ich bin glücklich darüber, daß Deine zerrütteten Nerven sich fern von mir wieder beruhigt haben. Vielleicht kannst Du nun sogar ein wenig arbeiten.«

Diese sanften Worte öffneten Tolstoi wohl die Augen; er merkte, wie sehr er sie verletzt hatte. »Ich sage das nicht, um Dich zu beschwichtigen, sondern ich sehe wirklich ein, wie sehr ich Dir unrecht getan habe. Als mir das klar wurde, als ich all diesen eingebildeten Groll aus meiner Seele verbannt hatte, als meine Liebe zu Dir neu erstand . . ., da war mir wieder wohl!«

Tolstoi kehrte voll guten Willens nach Moskau zurück. Fürst Urusow wohnte jetzt auch in der Stadt, und die beiden Männer wurden noch bessere Freunde als früher. Zusammen unternahmen sie eine Reise auf die Krim; Sonja war etwas gekränkt, denn sie hatte Urusow immer eher als ihren denn als Tolstois Freund betrachtet. Sie konnte es kaum fassen, als Urusow auf dieser Reise starb, und auch Tolstoi schmerzte der Verlust sehr. Sonja aber hatte den einen Menschen verloren, der ihr, wie sie im Innersten glaubte, geistesverwandt gewesen war.

Ihr Schmerz vertiefte sich noch, als sie immer mehr spürte, wie Tschertkow sie auszustechen versuchte. Er war in diesem Jahr nach Rußland zurückgekehrt und hatte sich noch enger an Tolstoi angeschlossen. Außerdem hatte er sich in den Kopf gesetzt, den Tolstoi-Kult durch eine eigene Ausgabe von Tolstois Werken zu fördern; es bestürzte Sonja, mit welcher Selbstverständlichkeit er Anspruch auf die Arbeiten ihres Mannes erhob. Er wollte sich bestimmte Werke für ein eigenes verlegerisches Unternehmen sichern, und in seinen Bemühungen, sie zu erhalten, war er nicht zimperlich; auf Sonja nahm er dabei keine Rücksicht. Der Kampf zwischen ihnen war eröffnet – er sollte ihr ganzes Leben lang dauern.

17

Sonjas lebenssprühende Art, ihre rasche Sprechweise und ihr heiteres Lächeln ließen sie um Jahre jünger erscheinen. Mit einundvierzig, und nachdem sie zwölf Kinder geboren hatte, war sie immer noch eine schöne Frau – eine elegante Erscheinung mit dunklem Haar und glatter Haut, von ein paar Lachfältchen um die Augen abgesehen.

Die Unsicherheit, die sie einst in Gesellschaft von Literaten und Salonlöwen empfunden hatte, war verschwunden. Der Erfolg ihrer verlegerischen Tätigkeit hatte sie selbstsicher werden lassen, und die Freundschaft mit Alexandra Tolstaja und Anna Dostojewskaja hatte ihr bestätigt, daß sie sehr wohl geistreiche, interessante Menschen zu beeindrucken vermochte. Während sie die Fahnenabzüge von Tolstois Werken korrigierte, wurde ihr bewußt, wie sehr ihr eigenes literarisches Talent zu diesen Arbeiten beigetragen hatte. Dieses Vertrauen in ihre eigene Begabung wuchs, als Herausgeber von Zeitungen und Zeitschriften sie baten, Literaturkritiken zu schreiben, und Autoren sie um Rat fragten. Nie war sie untätig, und selten schlief sie mehr als fünf Stunden. Sie machte die Buchhaltung selbst, schrieb Briefe, las jede Seite, die sie veröffentlichte, selbst Korrektur und kümmerte sich um den Verkauf und die Auslieferung der Bücher. Für Routinearbeiten im Haushalt und im Verlag hatte sie einige wenige Angestellte, aber die Entscheidungen traf allein sie.

Trotz der zusätzlichen Aufgaben, die sie sich aufgebürdet hatte, stand für Sonja das Wohl ihrer Familie nach wie vor an erster Stelle. Sie mochte sich gegen die fortgesetzten Schwangerschaften aufgelehnt haben, aber war das Kind einmal da, tat sie alles, um ihm eine gute Mutter zu sein.

Serjoschka, der nun zweiundzwanzig war, zeigte große musikalische Begabung und wollte Komponist werden, doch Sonja befürchtete, es fehle ihm an der nötigen Disziplin, um sein Ziel zu erreichen. Die zwanzigjährige Tanja, die Sonja als Freundin und Verbündete betrachtete, war zwar künstlerisch begabt, dachte aber nur ans Heiraten und wollte viele Kinder. Sonja beobachtete gerührt, wie sich ihre Tochter auf die Mutterschaft vorbereitete: So bekämpfte sie ihre Gewohnheit, auf dem Bauch zu schlafen, weil sie dachte, diese Stellung sei dem Kind während der Schwangerschaft abträglich. Sie wusch ihre Brüste mit kaltem Wasser und trocknete sie mit einem rauhen Flanelltuch, um sich auf das Stillen vorzubereiten. Und doch hatte Tanja, hübsch und klug, wie sie war, noch keinen ernsthaften Verehrer gefunden.

Der neunzehnjährige Ilja bereitete Sonja die größten Sorgen. Er war von all ihren Kindern das intelligenteste und sensibelste, aber er verbrachte die Abende mit Trinken und Kartenspielen und zeigte entsprechend schlechte Schulleistungen. Ljowa, der Sechzehnjährige, glich der Mutter am meisten; er befaßte sich neuerdings eingehend mit der Philosophie seines Vaters und hatte selbst Talent zum Schreiben. Mit seiner Schwester Mascha verstand er sich besonders gut. Mascha war von allen Kindern das gesundheitlich schwächste, und sie war auch am leichtesten zu beeinflussen. Sie zeigte ebenfalls reges Interesse für die Tolstoische Philosophie, aber Sonja schrieb dies eher Ljowas Einfluß zu als Maschas aufrichtigem Wunsch, ihrem Vater nachzueifern. Der Mutter gegenüber verhielt sich das in seiner Art etwas hausbackene Mädchen eher distanziert. Diese fünf älteren Kinder bildeten eine Gruppe, die jüngeren eine andere. Andrejuschka, der älteste der vier »Kleinen«, war acht, Mischa sechs, Aljoscha vier und Sascha noch keine zwei Jahre alt. Von den Kleinen war Aljoscha der liebenswürdigste, ein Kind mit rasch wechselnden Stimmungen – bald nachdenklich und verschlossen, bald zugänglich und fröhlich –, aber er sah nicht so gut aus wie seine Brüder. Nur halb so alt wie Andrejuschka, war er doch der »Beschützer«, der Anführer der vier Kleinen. Er war so eigenwillig wie liebevoll – genau wie Sonja. Die Kinder stritten sich wie in allen Familien, er aber hielt sich aus diesen kleinlichen Zänkereien stets heraus.

Am 16. Januar 1886 wollte Aljoscha unbedingt mit Ilja spazierengehen. Es war ein kalter, stürmischer Morgen mit starkem Nordwind. Obwohl klein und nicht besonders kräftig, war Aljoscha doch ein gesundes Kind, und es gab keinen Grund, ihn im Haus zurückzuhalten. Warm eingepackt, die Hände in den Taschen, rannte er seinem Bruder nach. Weniger als eine Stunde später brachte Ilja ihn zurück; er hustete und klagte über stechende Schmerzen im Hals. Ein Arzt untersuchte ihn, fand nichts als eine leichte Entzündung und gab ihm ein mildes Medikament. Zwei Stunden später lag Aljoscha mit hohem Fieber in seinem Bettchen und phantasierte. Der Arzt wurde nochmals geholt und sah erst jetzt, daß die Abszesse, die sich an den Mandeln des Kindes gebildet hatten, aufgebrochen waren und mit ihrem Ausfluß den geschwächten Körper des Kindes vergifteten.

Sechsunddreißig Stunden lang wachte Sonja an Aljoschas Bett, nur gelegentlich auf ihrem Stuhl kurz einnickend. Plötzlich erwachte das fiebernde Kind. »Mama?« rief es leise.

»Ich bin hier, Aljoscha.« Sonja beugte sich zu ihrem Sohn hinunter, um ihn zu beruhigen.

»Papa?« fragte er.

Es war der letzte Wunsch eines sterbenden Kindes – das spürte sie. Anna Seuron stand in der Tür. »Rasch, holen Sie den Grafen«, befahl Sonja.

Anna stürzte, ohne anzuklopfen, in Tolstois Arbeitszimmer. »Aljoscha – er verlangt nach Ihnen«, keuchte sie.

Tolstoi rannte durch das Haus zum Kinderzimmer; vor der Tür blieb er einen Moment stehen, um sich zu sammeln, dann trat er ruhig ans Bett. Sonja stand ihm gegenüber auf der anderen Seite des kranken Kindes. Nachdem Aljoscha kurz zu seinem Vater aufgeblickt hatte, wandte er seine verträumten grauen Augen zur Zimmerdecke und flüsterte: »Ich sehe . . . ich sehe . . .« Ein Lächeln huschte über sein Gesicht.

»Was siehst du?« fragte Sonja leise, aber sie bekam keine Antwort. Das Lächeln erstarb, und das Kind war tot.

Sonja war untröstlich. Ihre Schuldgefühle erdrückten sie fast, denn sie war überzeugt, daß Gott sie gestraft habe, weil sie Sascha hatte abtreiben wollen. Sie hatte sich versündigt, und der kleine Aljoscha mußte deswegen sterben.

Tolstois Gelassenheit gegenüber dem großen Schmerz seiner Frau ließ sie nur noch mehr leiden. Da sie aber wirklich glaubte, für den unwiederbringlichen Verlust verantwortlich zu sein, nahm sie seine Gleichgültigkeit demütig und sogar in Liebe an.

Am Tag von Aljoschas Tod schrieb Tolstoi gleichmütig an Tschertkow: »Ich weiß nur, daß der Tod eines Kindes, der mir früher unverständlich und grausam vorgekommen wäre, nun vernünftig und gut erscheint. Dieser Todesfall hat uns alle näher zusammengebracht; wir lieben uns mehr als zuvor.« Fünf Tage danach war Sonja immer noch einem Nervenzusammenbruch nahe. Auf die Beileidsbezeugungen eines entfernten Vetters antwortete Tolstoi: »Meine Frau hat durch diesen Tod viel gelitten, und auch ich bin traurig, daß der Kleine, den ich liebte, nicht mehr bei uns ist. Aber Verzweiflung erfaßt nur die Menschen, die ihre Augen vor den Geboten, nach denen wir leben sollten, verschließen.«

Da Tolstoi schon seit längerer Zeit kirchliche Zeremonien ablehnte, wollte er auch für Aljoscha zunächst kein orthodoxes Begräbnis zulassen. Als Sonja ihren Mann nicht umstimmen konnte, wandte sie sich an ihre Mutter und bat sie um Hilfe. Die kränkliche Ljubow Alexandrowna erreichte, was ihrer Tochter nicht gelungen war: Das Kind wurde auf dem Friedhof von Nikolskoje beigesetzt. Sein kleines Grab lag neben dem des Großvaters, den es nie gekannt hatte.

Von Schuldgefühlen und Kummer gequält, widmete Sonja sich mit verstärkter Intensität ihrem Verlag. Zumal Aljoschas Tod das Ehepaar keineswegs wieder einander nähergebracht hatte, wie Tolstoi im Brief an Tschertkow behauptete.

Von der wachsenden Entfremdung zwischen ihren Eltern natürlich nicht unberührt, hatten sich die älteren Kinder in zwei Parteien gespalten. Wie Mascha folgte nun auch Tanja den Lehren ihres Vaters und begann sich innerlich von der Mutter zu entfernen. Sonja merkte, wie sich die Mädchen ihrem Vater Tag für Tag unentbehrlicher machten. Es fing damit an, daß sie kleine Botengänge für ihn erledigten, aber bald übernahmen sie auch schwierigere Aufgaben. Sie schrieben nun seine Manuskripte ab und sorgten dafür, daß die ärmeren Tolstojaner – meist Bauern und Arbeiter – alles hatten, was sie brauchten. Ljowa dagegen, der eine Zeitlang von allen Kindern der begeistertste Anhänger seines Vaters gewesen war, kritisierte nun wie Serjoschka und Ilja die »dunklen Leute«, wie Tanja Kusminskaja Tolstois ärmere Anhänger nannte. Auch die Diener fanden an den »dunklen Leuten«

oder »Finsterlingen« wenig Gefallen. Sie rochen nach Teer und Fett, verschmutzten die Parkettböden, aßen wie eine Meute gieriger Tiere und gaben nie eine Kopeke Trinkgeld. Die Dienstboten zogen die Freunde der Gräfin bei weitem vor, die sauber und wohlgenährt waren und gute Manieren besaßen. Sie fuhren in Kutschen vor, wurden manchmal sogar von einem Lakaien begleitet und gaben oft großzügige Trinkgelder.

Wenn die Familie in Moskau lebte, empfing Sonja am Samstag nachmittag Gäste. Ein Diener in Livree und weißen Handschuhen führte die eleganten Damen der Gesellschaft die Treppe hinauf in den Salon, wo Sonja ihnen in raschelnder Seide entgegenkam. Fröhliches Lachen und Geplauder erhob sich; das Parfüm der Damen mischte sich mit dem starken Aroma des Tees vom dampfenden Samowar. Am Abend kamen junge Leute, Freunde der Kinder. Tolstoi ließ sich bei diesen Gelegenheiten nicht blicken; er blieb in seinem Arbeitszimmer und empfing die »dunklen« Besucher. Diese grobgekleideten und oft schlechtriechenden Männer und Frauen mußten durch den Salon gehen, um in des Meisters »Heiligtum« zu gelangen. Sonjas elegante Freunde warfen sich verstohlene Blicke zu, wenn der Diener die Tolstojaner zu der kleinen Tür brachte, die in den Gang und von dort zu Tolstois Arbeitszimmer führte.

Ob in Moskau oder Jasnaja Poljana – die Zusammenkünfte in Tolstois Haus nahmen mit der Zeit mehr und mehr den Charakter von Erweckungsversammlungen an. Zu den berühmteren seiner ergebenen Anhänger zählten Tschertkow, der Maler Nikolai N. Gay, Pawel Iwanowitsch Birjukow und der Maler Ilja J. Repin. Bilder von Tolstoi und Artikel über ihn erschienen fast täglich in den Zeitungen und Zeitschriften. Er hatte immer noch Schwierigkeiten mit der Zensur; viele seiner Essays wurden verboten. Aber Verleger, die mit ihm sympathisierten, ließen sie heimlich drucken, und so fanden diese Artikel trotz des offiziellen Banns weite Verbreitung.

Jeden Tag kamen mindestens ein halb Dutzend Bittsteller und verlangten, Tolstoi zu sehen. Die meisten kämen, vermerkte Tanja im Frühjahr 1886 in ihrem Tagebuch, »um Geld oder Rat zu erbitten, oder einfach, um mit ihm zu reden und dann sagen zu können, sie hätten Leo Nikolajewitsch gesehen . . . Ach, die Brieflut nimmt kein Ende – meistens sind es Bettelbriefe oder Anfragen von Ratsuchenden, unter ihnen Trinker, langhaarige Nihilisten, Priester und reiche Geschäftsleute, die wissen möchten, was sie mit ihrem Geld anfangen sollen. Einmal kam ein Offizier, der, während er seine Geschichte erzählte, so laut schluchzte, daß wir im anderen Zimmer alle zu Tode erschraken. Papa ist nett zu allen, die wirklich seine Hilfe und seinen

Rat benötigen, aber er beantwortet keine Briefe; nicht einmal zwei Sekretäre könnten diese Arbeit bewältigen.« Bald darauf nahm Birjukow sich der Briefe an.

In der Zeit nach Aljoschas Beerdigung wurde das Haus mehr und mehr ein Zentrum intensiver religiöser Aktivität. »Großvater« Gay malte Bilder über Themen des neuen Testaments und erneuerte seinen Glauben unter Anleitung des »heiligen Leo Nikolajewitsch«. Birjukow erledigte die Korrespondenz, und Tschertkow brachte eine neue Anhängerin namens Anna Konstantinowna Dieterichs mit. Und für alle mußte Sonja in dem überfüllten Haus Platz finden (ihr Onkel Kostja, der schlimme finanzielle Rückschläge erlitten hatte, wohnte ebenfalls bei den Tolstois).

Sonja fand Anna Konstantinowna kein bißchen sympathischer als Tschertkow. Die beiden, die zwar in ihrer Art gleichermaßen schroff waren, sonst aber eher schlecht zusammenpaßten, wollten heiraten. Der zukünftige Bräutigam erzählte Tanja, er habe endlich eine Frau gefunden, die seine Überzeugungen teile, die ihn, wie er glaube, in seiner Arbeit unterstützen werde und die einverstanden sei, ihm Kinder zu schenken, obwohl er nicht in sie verliebt sei.

Anna Konstantinowna war eine magere, nervöse, aber hübsche junge Frau mit dunklen Locken und großen schwarzen Augen. An Tolstois Lehre glaubte sie noch leidenschaftlicher als Tschertkow; mit Ehrfurcht und Zittern trat sie stets vor den »Meister«. Sonja gegenüber zeigte die junge Frau weit weniger Ehrerbietung; schon ein paar Tage nach ihrer Ankunft überhäufte sie sie mit Vorwürfen, weil sie den Prinzipien ihres Mannes nicht folge.

Der herablassende Ton in Anna Konstantinownas Stimme erbitterte Sonja, und sie antwortete: »Ich will Ihnen aufrichtig sagen, Sie täuschen sich wie viele der anderen jungen Leute und wie diese zerzausten Nihilisten, die von überall her kommen und ihn besuchen. Er ist nicht so, wie Sie ihn sich vorstellen; ich versichere Ihnen, er ist nicht das, was er versucht zu sein. Was ändert's, wenn er Stiefel macht und Holz spaltet? Er ist und bleibt ein Graf, und all diese Einfachheit ist nichts als Verstellung . . . eine Art Spiel; er hatte schon immer einen Hang zum Ausgefallenen. Schon in seiner Jugend spielte er allerhand Streiche, um die Leute zu schockieren und ins Gerede zu kommen.«

Die beiden Frauen, die von Anfang an nicht viel füreinander übrighatten, sollten sich mit fortschreitender Zeit immer schlechter verstehen.

Sonja, die über den »Tod von Tolstois großer Kunst« denselben

Schmerz empfand wie beim Tod eines Kindes – seinen religiösen Schriften maß sie keinerlei literarischen Wert bei und weigerte sich auch, diesen »Unsinn« abzuschreiben –, stand mit ihrem Kummer nicht allein. Es gab viele in Rußland, die es beklagten, daß Tolstoi sein erzählerisches Talent derart brachliegen ließ. Immer wieder erschienen Artikel, in denen die Entwicklung des Schriftstellers bedauert wurde, und in intellektuellen Kreisen führte man bei Tee oder Kwaß endlose Diskussionen über Tolstois Torheit. Tschaikowski zum Beispiel schrieb in sein Tagebuch:

> Warum will dieser Mann nun unbedingt als *Lehrer* wirken, warum hat er *diese Manie eines Predigers*, unseren dunklen und beschränkten Geist *erleuchten* zu wollen? Früher konnte er durch die Beschreibung einer ganz einfachen, alltäglichen Szene einen unvergeßlichen Eindruck hervorrufen. Zwischen den Zeilen las man eine sehr große Liebe zu den Menschen heraus, tiefes *Mitgefühl* für ihre Hilflosigkeit, Beschränkung und Kleinheit. Man konnte darüber weinen, ohne zu wissen, warum ... Aber aus seinen neueren Schriften bläst ein kalter Wind; man spürt *Furcht* ... Der frühere Tolstoi war ein Halbgott – der gegenwärtige ist ein *Priester*. Aber Priester sind hauptsächlich *Lehrer, eine Rolle, die sie bewußt auf sich genommen haben und wozu sie sich berufen fühlen.*

Die meisten russischen Künstler und Aristokraten waren mit Tschaikowski einer Meinung. Viele dachten außerdem, Tolstoi sei dem Wahnsinn nahe, ein Mann in vorgerücktem Alter, dessen Angst vor dem Tod und der Hölle ihn zu der verzweifelten und trostlosen Überzeugung getrieben hatte, Christus, der höchste Arzt, werde seine Sterblichkeit »heilen«.

Außer einigen Erzählungen hatte Tolstoi seit fast neun Jahren kein dichterisches Werk mehr geschrieben. Gerade als es so aussah, als würde er es nie mehr tun, begann er den psychologischen Kurzroman *Der Tod des Iwan Iljitsch* zu schreiben, die Geschichte eines Mannes, der ein ganz gewöhnliches Leben geführt hatte und dessen Sünden nicht größer waren als die anderer Menschen. Im Alter von erst fünfundvierzig Jahren hört er plötzlich ein Klopfen an seiner Tür – der Tod ist gekommen, ihn zu holen. Drei Tage lang kämpft der sterbende Iwan Iljitsch verzweifelt um seine Seele. Zuletzt erkennt er klar, was richtig ist, und als er diese Gewißheit hat, »war nicht die geringste Furcht mehr vorhanden, weil auch der Tod nicht da war. Anstatt des Todes sah er ein Licht.«

Der Winter 1885/86 war ungewöhnlich hart gewesen, und die Frühjahrsernte fiel daher mager aus. Viele Dorfbewohner in Jasnaja Poljana litten unter Hunger und Krankheit. Mascha, die zu einem großen, aber nicht sehr kräftigen Mädchen herangewachsen war, erklärte sich sofort bereit, den schwergeprüften Bauern zu helfen. Krankenpflege lag ihr besonders, und so ging sie von Haus zu Haus und besuchte die Kranken. Sonja bewunderte sie zwar, war aber wenig erbaut davon, daß ihre Tochter jetzt Bauernkleidung und bäurische Lebensweise bevorzugte. So bestand Mascha darauf, ihre Wäsche selbst zu waschen, und Sonja traf sie an, wie sie sich »barfuß, mit aufgekrempelten Ärmeln . . . über die Wäsche im Teich beugte und sie mit weitausladendem Schwung spülte, dann ein Kleidungsstück nach dem anderen herausnahm, mit dem Holz flachhieb und schließlich mit kräftigen Schlägen das Wasser herauspreßte«. Aus diesen Schlägen, die über den Teich hallten, hörte Sonja den Trotz ihrer Tochter heraus; bei jedem Schlag zuckte sie zusammen.

Anfang Juni 1886, nach Ende des Sommersemesters, kam Ilja. Er hatte sich Hals über Kopf in Sofja Nikolajewna Filosofowa, eine junge Frau, die er erst seit kurzem kannte, verliebt, betrachtete sich als verlobt und träumte schon von der Hochzeit. »Verliebtheit war die allgemeine Stimmung im Haus. Ilja, Sonja [Kusminskaja], Mascha, Alcide [Anna Seurons Sohn] – sie alle . . . Ich liebe niemanden«, vertraute Tanja ihrem Tagebuch an.

Es war ein sehr heißer Sommer, so daß man das Heu rasch einbringen mußte. »Das Gras auf den Feldern war von der Sonne verdorrt und trocken und steif wie Draht«, erinnerte sich Ilja später. »Nur ganz früh am Morgen, wenn noch Tau lag, gab es der Sense leicht nach.« Deshalb standen die Bewohner von Jasnaja Poljana schon bei Tagesanbruch auf, um die notwendigen Arbeiten zu erledigen. Wenn die Sonne hoch am Himmel stand, verzettelten sie das Heu und rechten es dann zu Haufen zusammen. Erst wenn der Abendtau fiel, nahmen sie wieder die Sensen zur Hand und mähten, bis es dunkel wurde.

Tanja schrieb in ihr Tagebuch: »Ich stehe um sieben Uhr auf, nehme mein Essen mit (manchmal wird es auch aufs Feld gebracht) und komme bis acht Uhr abends nicht mehr nach Hause. Unsere Bauern, Männer wie Frauen, sind nette, fröhliche Leute; die Gegend ist herrlich, so weit das Auge reicht – vom Haus des Bauern Mitrofan den Fluß entlang bis zur Lichtung. Wir haben schon fünfzig Heuhaufen gemacht . . . Gestern haben wir das Heu eingebracht, aber ich konnte es einfach nicht auf den Wagen laden; das ist eine furchtbar schwere Arbeit, und ich hatte Angst, ich würde mir etwas verrenken.«

Sonja zog sich bei der Feldarbeit einen schmerzhaften Sonnenbrand und ein paar Sehnenzerrungen zu und mußte die nächsten Wochen mit ziemlichen Schmerzen meistens das Bett hüten. Sie hatte sich von der allgemeinen Begeisterung der Familie mitreißen lassen, fand diese Sommerbeschäftigung jetzt aber genauso verrückt wie die Bemühungen ihres Mannes, die Bauern zu dem Gelübde zu bewegen, Alkohol und Tabak in Zukunft zu meiden (er selbst rauchte und trank wie eh und je).

Unterdessen wuchs langsam, aber stetig die Feindschaft zwischen Tschertkow und Sonja. Tschertkow gewann immer größeren Einfluß auf Tolstoi; der verließ sich jetzt schon weitgehend auf ihn, fragte ihn in literarischen Belangen um seine Meinung und verbreitete mit seiner Hilfe die Tolstoische Philosophie. Da Sonja Tschertkows hervorragende organisatorische Fähigkeiten erkannte, wußte sie, daß er auf dem besten Weg war, Tolstois »Sekretär« und selbsternannter Geschäftsführer des Tolstoi-Kults zu werden. Die beiden Männer tauschten Tagebücher aus, wie dies Tolstoi und Sonja in den ersten Jahren ihrer Ehe getan hatten. Sehr persönliche Bekenntnisse füllten die Seiten ihrer umfangreichen Korrespondenz, und Tschertkow behauptete, Tolstoi stehe ihm näher als irgend jemand anderem außer Christus. In einem Brief an Tolstoi beklagte sich Tschertkow darüber, daß Sonja »mir weniger günstig gesonnen ist . . . wenn ich fort bin, als wenn ich in ihrer Gegenwart bin. Ich fürchte, das kommt daher, daß sie mir wegen meiner Bemühungen, Ihre Werke herauszugeben, Motive unterschiebt, die ich gar nicht habe.«

Tschertkow veröffentlichte Tolstois Schriften in billigen Ausgaben, die für ein paar Kopeken zu haben waren. So wurden sie auch den etwas wohlhabenderen und gebildeteren Bauern zugänglich, für die Sonjas Edition zu teuer war. Tschertkows Ausgaben, die bald weite Verbreitung fanden, warfen angeblich keinen Gewinn ab, aber Sonja war überzeugt, daß er nur von Habgier getrieben wurde. Sie beschuldigte ihn, mit Tolstois Werken umzugehen, als wären es seine eigenen, als könne er davon profitieren und darüber verfügen, wie es ihm beliebe. Tolstoi versuchte, zwischen ihnen zu vermitteln, doch keiner gab nach. Sie waren und blieben erbitterte Konkurrenten.

Sonja veröffentlichte den *Tod des Iwan Iljitsch* in jenem Sommer 1886 – das Buch wurde sofort ein Erfolg – und bereitete eine dreizehnte Auflage von Tolstois sämtlichen Werken vor, die auch Tschertkow billig herausgeben wollte. Sie nahm sich vor, ihre Ausgabe müsse zuerst erscheinen, und arbeitete verbissen daran. Aber kaum war sie wieder soweit genesen, daß sie ihren Pflichten in Haus und Verlag nachkommen konnte, da wurde Tolstoi krank. Als er für eine arme Witwe Heu auflud, verwundete er sich am Fuß. Er arbeitete

Bei den Krönungsfeierlichkeiten für Zar Nikolaus II. kam es zu
Tumulten auf der Festwiese (s. S. 298 f.), deren erschütternde
Bilanz Tausende von Toten und Verletzten war –
ein böses Omen für die Regierung des letzten Zaren.

jedoch weiter und ging in seinen offenen Sandalen durch dichtes Gebüsch und trockenen Schlamm. Die Wunde entzündete sich, und es entwickelte sich eine Wundrose. Auf Anweisung des Arztes von Tula mußte er das Bett hüten.

Doch das Fieber stieg weiter, und sein Zustand wurde ernster. Er wußte, daß sein Leben in Gefahr war, überwand deshalb sein Mißtrauen gegenüber dem ärztlichen Stand und schickte Sonja nach Moskau, Hilfe zu holen. Sie kehrte nach wenigen Tagen mit Dr. Tschirkow zurück, der eine Kanüle in das Geschwür einführte. Obwohl Sonja die Pflegeanweisungen des Arztes gewissenhaft befolgte, stieg am 4. September Tolstois Fieber wieder, und die Schmerzen wurden so unerträglich, daß er die ganze Nacht stöhnte. Der Arzt von Tula wurde geholt und stellte eine neue Wundrose fest; sollte sich diese das Bein hinaufziehen, könnte der Patient sterben. Tage voller Schmerzen folgten. Manchmal schrie Tolstoi so schrecklich, daß es nur noch Sonja bei ihm aushielt. Mehr als einmal mußte man den Arzt mitten in der Nacht holen. Anfang Oktober, nach neun Wochen Krankheit, trat endlich eine Besserung ein. Da Tolstoi aber weitere vier Wochen Bettruhe verordnet wurden, begann er, Sonja ein neues Stück zu diktieren. Als er schließlich auf ein Sofa umziehen durfte, verlangte er ein Schreibbrett, Feder und Papier und arbeitete weiter an dem Drama, das den Titel *Die Macht der Finsternis* erhielt.

Trotz der Schmerzen [schrieb Sonja am 25. Oktober in ihr Tagebuch] waren die vergangenen zwei Monate, da Leo Nikolajewitsch krank war, seltsamerweise die letzte Zeit, in der ich mich wirklich glücklich fühlte. Ich pflegte ihn Tag und Nacht. Es ist so etwas Glückliches, Natürliches – und das einzige, was ich wirklich kann –, für den Mann, den man liebt, ein *persönliches* Opfer zu bringen. Je schwieriger es war, um so glücklicher machte es mich. Nun ist er wieder auf den Beinen und fast gesund. Er hat mir deutlich zu verstehen gegeben, daß er mich nicht mehr braucht, und nun werde ich beiseite geschoben, da ich zu nichts mehr nütze bin. Und doch erwartet er von mir Unmögliches: Ich soll mein Eigentum, meine Überzeugung, die Erziehung meiner Kinder und die Sorge um ihr Wohl aufgeben – nicht einmal Leute, die von der Aufrichtigkeit seiner Lehren überzeugt sind, könnten dies tun . . .
Ich muß wahrscheinlich wieder nach Moskau gehen; ich muß doch die Familie zusammenhalten, mich um den Verlag kümmern und das Geld herbeischaffen, das Leo Nikolajewitsch mit beleidigter, gleichgültiger Miene als erster verlangt, um es unter seine Günst-

linge und seine Armen zu verteilen, die gar nicht arm sind, sondern nur unverschämter und geschickter im Betteln als andere.

Sonjas Bemühungen, die Beträge, die verschenkt wurden, einzuschränken, stießen bei Tolstoi, Tanja und Mascha auf kein Verständnis. Ja, ihre Verachtung trieb Sonja häufig in tiefste Depressionen.

Am 11. November starb in Jalta Ljubow Alexandrowna. Sie hatte dort den Winter verbringen wollen, weil sie hoffte, ein wärmeres Klima würde ihre Gesundheit wiederherstellen. Man entschied, ihre Leiche nicht nach Moskau zu überführen; sie wurde im Beisein von zweien ihrer Söhne, Sascha und Stjopa, in Jalta begraben. Sonja und die übrigen Geschwister fuhren nicht zur Beerdigung. Zehn Tage nach dem Tod ihrer Mutter kehrte Sonja mit ihrer Familie von Jasnaja Poljana nach Moskau zurück. Sie vermißte Ljubow Alexandrowna sehr, und die Depressionen, unter denen sie in Jasnaja Poljana gelitten hatte, verstärkten sich noch. »Ich habe manchmal schöne Augenblicke, in denen ich nur an den Tod denke«, schrieb sie mehrere Monate später ins Tagebuch, denn im Gegensatz zu Tolstois Todesängsten ist sie sich »der Dualität des physischen und seelischen Seins und der Unsterblichkeit von beiden bewußt«.

Sie hatte gehofft, sie würde etwas Ruhe finden, wenn sie nach Moskau zurückkehrten und Tolstoi wieder zu arbeiten anfinge. Aber die Auseinandersetzungen um Geld und um Tschertkow hörten nicht auf.

Am 9. März 1887 schrieb sie:

Letzte Woche hat er [Tolstoi] wieder angefangen, streng vegetarisch zu leben, und die Wirkung auf seine seelische Verfassung ist schon zu spüren. Heute hat er absichtlich vor mir von den Übeln des Reichtums und des Geldes geredet und auf meine Bemühungen angespielt, unsern Besitz für die Kinder zusammenzuhalten. Ich schwieg zunächst, aber schließlich verlor ich die Geduld und sagte: »Ich verkaufe die zwölfbändige Ausgabe für acht Rubel, während du früher für *Krieg und Frieden* allein zehn Rubel verlangt hast.« Da wurde er böse, erwiderte aber nichts. Seine sogenannten *Freunde*, die Neuen Christen, versuchen mit allen Mitteln, L[eo] N[ikolajewitsch] gegen mich aufzuhetzen – und manchmal gelingt es ihnen. Ich habe Tschertkows Brief gelesen, in dem er von der geistigen Harmonie zwischen ihm und seiner Frau schreibt [Tschertkow und Anna hatten im Winter geheiratet] und wo er L[eo] N[ikolajewitsch] sein Mitgefühl ausdrückt, weil ein so bedeutender Mann kein ähnliches Glück kenne und solche Harmonie

entbehren müsse – eine eindeutige Anspielung auf mich. Ich habe
es gelesen, und es hat mich verletzt, dieser grobe, schlaue, lügneri-
sche Mensch, der L[eo] N[ikolajewitsch] mit seinen Schmeiche-
leien für sich eingenommen hat, versucht nun (ich nehme an, das
ist *christlich*), das Band zu durchtrennen, das uns fast fünfundzwanzig Jahre lang so eng zusammengehalten hat! . . . Diese Beziehung zu Tschertkow muß aufhören. Sie ist völlig verlogen und
schlecht, von so einem Menschen muß man sich so fern wie nur
möglich halten.

Während Sonja sich um ihre Ehe und um ihre Kinder sorgte – sie
klagte, vor allem auf die Jungen »allen erzieherischen Einfluß verloren
zu haben« –, hatte Tolstoi wieder Schwierigkeiten mit der regierungs-
freundlichen Öffentlichkeit. Pobedonoszew schmähte *Die Macht der
Finsternis* als »Verneinung aller Ideale . . .«, als »Geringschätzung aller moralischen Gefühle . . . und einen Verstoß gegen den guten Geschmack«. Der Zar, der vorher erklärt hatte, das Stück sei »etwas
Wunderbares«, änderte wohlweislich seine Ansicht und schrieb an
den Minister: »Diesem Unfug von L. Tolstoi sollte man Einhalt gebieten. Er ist durch und durch Nihilist und Atheist. Es wäre nicht
schlecht, den Verkauf seines Dramas *Die Macht der Finsternis* zu verbieten, denn er hat schon mehr als genug von seinem gefährlichen
Zeug unter die Leute bringen können.« Aber obwohl öffentliche Auf-
führungen des Schauspiels verboten wurden, ergriffen die Behörden
keine Maßnahmen, Druck und Vertrieb des Werks zu verhindern.
Es erschien 1887 in einer billigen Ausgabe und fand große Verbreitung. Die Idee zu diesem düsteren Schauspiel kam Tolstoi durch ein
Verbrechen, das vor mehreren Jahren in Tula aufgedeckt worden war.
Bei der Hochzeit seiner Stieftochter hatte ein Bauer den versammelten
Gästen bekannt, er habe ein Kind mit der Braut gehabt, es ermordet
und dann versucht, auch seine eigene sechsjährige Tochter umzubringen. Tolstois Drama enthält schreckliche Szenen, in denen Gift, Ehe-
bruch und Kindsmord eine Rolle spielen,; er selber weinte jedesmal,
wenn er jene Passage las, wo der Bauer sein Kind tötet, indem er mit
einem Brett auf es einschlägt, bis die »Knochen krachten«.
In diesen Stück greift Tolstoi eines der für ihn charakteristischen
Themen auf: sexuelle Leidenschaft als bösartige Macht, die die Menschen zu den schlimmsten Gemeinheiten treibt und unerhörte Gewalttaten hervorbringt. Er war der unerschütterlichen Überzeugung,
daß die niedersten Instinkte der menschlichen Natur ihren Ausdruck
in der Sexualität fänden, und er wollte unbedingt, daß auch seine
Söhne diese »Wahrheit« erkannten und danach handelten. »Eine ge-

sunde Frau«, warnte er seinen Sohn Leo, »ist ein wildes Tier.« Und mehr als einmal behauptete er: »Die intelligenteste Frau ist immer noch weniger intelligent als der dümmste Mann.« Und doch war er selbst stets von Frauen umgeben gewesen, war es immer noch und wurde auch von ihnen unterstützt. Wenn er Hilfe brauchte, wandte er sich nicht an seine Söhne, sondern an Sonja und die beiden älteren Töchter.

Im Sommer 1887 beschäftigte Tolstoi sich intensiv mit einem ziemlich langen didaktischen Essay. Er nannte es zunächst: *Über das Leben und den Tod*, aber der endgültige Titel lautete dann *Über das Leben* – »denn es gibt keinen Tod, die menschliche Seele ist unsterblich«. Nachdem Sonja dieses Werk abgeschrieben und in ihrem Verlag herausgebracht hatte, übersetzte sie es ins Französische, was ihn besonders freute.

Es war für Sonja einer der unbeschwertesten Sommer seit Tolstois »Bekehrung« vor zehn Jahren. Sie war glücklich – trotz der vielen Arbeit, die sie zu bewältigen hatte. Obwohl das Haus noch nie so viele Gäste beherbergt hatte wie jetzt, standen ihr als Hauspersonal nur der Koch Nikolai, ein Dienstmädchen und der Kutscher zur Verfügung. Das Kindermädchen, die Zofe ihrer Schwester Tanja und Anna Seuron halfen jedoch, die Kinder zu betreuen. Wie immer bewohnten die Kusminskis, die nun fünf Kinder hatten, einen Flügel des Hauses. Fremde und Freunde gingen ein und aus: der bekannte Schriftsteller Nikolai S. Leskow; der brillante Jurist A. F. Koni; Tomás G. Masaryk, ein junger Doktor der Philosophie (der eines Tages Präsident der Tschechoslowakei sein würde); Wassili N. Andrejew-Burlak, ein gefeierter russischer Schauspieler, der an den Abenden aus Dostojewski vorlas; und ein junger Geiger, Juri Ljassota, der ins Haus geholt wurde, um Serjoschka Musikunterricht zu geben; Tolstois alter Freund Nikolai Strachow blieb auf einen längeren Besuch, und der Maler Ilja Repin kam, um Tolstoi zu porträtieren. Außerdem stellten sich Tag für Tag unzählige bedürftige und kranke Bauern ein, die Sonja nach einem medizinischen Hausbuch behandelte. »Es bedrückt einen«, schrieb sie, »wenn man nicht weiß, um welche Krankheit es sich handelt und wie man wirksam gegen sie vorgehen könnte. Manchmal möchte ich am liebsten alles lassen, aber wenn ich ihr rührendes Vertrauen und ihre bittenden Augen sehe, dann habe ich Mitleid, und obwohl ich vielleicht nicht das Richtige tue, verteile ich Medikamente und versuche dann, die armen Teufel zu vergessen.«

Wenn die Kusminskis in Jasnaja Poljana waren, kam Tolstois Bruder Sergej selten zu Besuch, aber seine Tochter Vera, die den Tolstois immer willkommen war, verbrachte einige Zeit bei ihnen. Sergej hatte mit großen finanziellen Problemen zu kämpfen, und Sonja verkaufte ein kleines Stück Land, um ihm etwas Geld zu verschaffen. Von den Tolstoi-Kindern war diesen Sommer nur Ilja nicht bei ihnen – er war in die Armee eingetreten, worüber sein Vater sich ärgerte und seine Mutter wunderte.

Auch Tschertkow und Anna (die ein Kind erwartete) waren nicht da, blieben aber in ständigem brieflichen Kontakt mit Tolstoi; und Isaak B. Feinermann, ein weiterer fanatischer Anhänger des Meisters, war ebenfalls nicht in Jasnaja Poljana. Sonja schien es, als sei ihr Mann ohne diese drei »Jünger« wieder »der gleiche glückliche, fröhliche Familienvater« wie früher. Sein Interesse für Musik war neu erwacht; am Abend spielte er oft Mozart, Weber und Haydn. Von Ljassota auf der Geige begleitet, trug Serjoschka, ein hervorragender Pianist, Beethovens *Kreutzersonate* vor. »Welch mächtiges Werk, das *alle* Gefühle der Welt ausdrückt!« notierte Sonja.

»Rosen und Reseda stehen auf meinem Tisch, und ein feines Essen wartet auf uns«, schrieb Sonja am 3. Juli. »Gestern abend hat Serjoschka einen Walzer gespielt, und Ljowa kam auf mich zu und sagte: ›Tanzen wir eine Runde!‹ Und das taten wir dann auch zum großen Vergnügen der jungen Leute.« Tolstoi war liebenswürdig und sie fröhlich und entspannt. Als die Tage wärmer wurden, ging sie baden und fotografierte mit einem Apparat, den sie in Moskau gekauft hatte, Tolstoi und die Kinder. Die »Jünger« machten sich im Frühsommer kaum bemerkbar. Diese idyllische Zeit bestärkte Sonja in ihrer Meinung, die Ursache für die Zwietracht zwischen ihr und Tolstoi lägen in diesen verhaßten Störenfrieden. Dann, Mitte Juli, brachen sie wieder in ihr Leben ein, und die herzliche Familienatmosphäre wurde zusehends vergiftet.

»Welch unangenehme Typen sind doch diese Anhänger von Leo Nikolajewitsch!« schrieb sie am 19. Juli. »Kein einziger vernünftiger Mensch unter ihnen! Die meisten Frauen sind überspannt. Maria Alexandrowna Schmidt ist eben weggefahren. Früher hatte sie Nonne werden wollen, aber nun ist sie eine begeisterte Anhängerin von Leo Nikolajewitschs Ideen! . . . Jedesmal, wenn sie ihn trifft oder sich von ihm verabschiedet, schluchzt sie hysterisch.« Auf die Dauer fand sie »das laute Leben hier aufreibend und erschöpfend« und sehnte sich »nach ein wenig Vertrautheit im Familienkreis und nach geordneter Arbeit und Freizeit«.

Ein Besuch jedoch freute sie über alles: Alexandra Tolstaja, die am 25. Juli in Jasnaja Poljana eintraf und zehn Tage blieb. Der alternden Aristokratin gefiel das Kommen und Gehen in Tolstois Haus gar nicht; sie stellte sich sofort auf Sonjas Seite und stritt sich des öfteren mit ihrem Vetter. Für diese Diskussionen zog sie die Morgenstunden vor und wartete darum am Frühstückstisch auf ihn. Zuerst unterhielten sie sich ganz ruhig. Er las ihr Stellen aus seinen Lieblingsdichtern vor – meist religiöse Werke, und wenn darin der Name Christus vorkam, begann seine Stimme zu zittern, und seine Augen füllten sich mit Tränen. Alexandra war über diese Gefühlsausbrüche ungehalten. War eine solche Reaktion nicht pure Heuchelei, wo er doch die Göttlichkeit des Erlösers gar nicht anerkannte? Ziemlich hitzige Auseinandersetzungen folgten, wobei beide zwar versuchten, einander nicht zu verletzen, jedoch auch keiner ein Jota von seiner Überzeugung abwich.

Vielleicht, um den Frieden wiederherzustellen, vielleicht nur, um seine geliebte, aber strenge Kritikerin zu beschäftigen, gab Tolstoi ihr nach dem Frühstück die gesamte Post des Vortags und verschwand dann in sein Arbeitszimmer. Er bekam nun Briefe aus der ganzen Welt und hatte auch im Ausland viele Anhänger, Frankreich und die Vereinigten Staaten eingeschlossen. Wenn er am Nachmittag wieder im Wohnzimmer erschien, gab sie ihm den Stoß Briefe zurück. Einmal bemerkte sie: »Welch fürchterliche Nahrung für Ihren Stolz, mein lieber Freund. Ich befürchte wirklich, daß Sie sich eines Tages in Nebukadnezar vor seiner Bekehrung verwandeln.«

Tschertkows Briefe, die Tolstois Ideen aufnahmen und weiterentwickelten, brachten Alexandra am meisten auf. Sie verurteilte den Mann in harten Worten und stand den Ansichten, die er vertrat – wie der ganzen Tolstoischen Philosophie überhaupt –, mehr als kritisch gegenüber.

Als sie sah, wieviel Arbeit Sonja zu bewältigen hatte, half sie ihr, indem sie nach Tolstois Diktat schrieb. Sie erinnerte sich später: »Er diktierte, und ich schrieb. Ganz unerwartet kamen manchmal so plumpe Sätze, daß ich mich unwillkürlich an die ›unwegsamen Moraste‹ erinnerte, wie sich Turgenjew einmal über Tolstois Stil ausgedrückt hatte, und ich konnte mich weder entschließen, diese Moraste zu durchwaten, noch das Manuskript in dieser Form dem Druck zu übergeben.« Alexandra zog dann Sascha Kusminski zu Rate und bat ihn, ihr beim Abschreiben des Werks zu helfen. »Kusminski hielt es jedoch, obwohl er mir in der Sache recht gab, für unmöglich, daß einfache Sterbliche Tolstoi zu verbessern wagten.« Seine Zurückhaltung ärgerte Alexandra, und sie bemerkte zu Tolstoi: »Wissen Sie, mein Lieber, daß ich zum Entsetzen Ihres Schwagers Ihre Prosa korrigiert habe?« Er antwortete freundlich: »Sie haben recht getan, denn mich interessiert nur die Idee; dem Stil schenke ich keine Aufmerksamkeit.«

Das entsprach allerdings nicht ganz der Wahrheit. Zwar redigierte Sonja seine Texte, korrigierte grammatikalische Fehler und machte ihn auf Widersprüche und unklare Stellen aufmerksam. Aber Tolstoi gab sich nie leicht zufrieden und überarbeitete alle seine Texte mehrere Male, wobei die letzte Version immer den unverwechselbaren Tolstoi-Stil aufweist.

Als Alexandra am 4. August wieder abreiste, sah Sonja die Freundin ungern ziehen.

Am Tag nach Alexandras Abreise kam Sonjas Bruder Stepan – den sie neun Jahre nicht mehr gesehen hatte – mit seiner Frau, einer ehemaligen Schauspielerin aus der Provinz, auf einen längeren Besuch. Stjopa war über die veränderte Persönlichkeit Tolstois zutiefst erschrocken. Aus dem einst lebensfrohen Mann war nun ein nüchterner Moralapostel geworden. Bildung prangerte er als schädlich an, und Höflichkeit hielt er für ein Zeichen von Egoismus. Er kleidete sich nicht nur wie die Bauern, sondern hatte sich auch deren Sprechweise zu eigen gemacht. Die Achtung, die er einst dem Adel entgegengebracht hatte, war vom Mitgefühl für die Bauern verdrängt worden; je tiefer ein Mensch auf der sozialen Leiter stand, um so mehr bewunderte Tolstoi ihn. Einst eher zurückhaltend, war er nun für jedermann erreichbar. Er hatte auch die Jagd aufgegeben und sich dafür körperlicher Arbeit wie Pflügen und Hüttenbauen zugewandt.

Stepan Behrs und seine Frau blieben acht Wochen in Jasnaja Poljana, aber Tolstoi gefiel sein früherer Schützling nicht mehr; er fand, der junge Mann sei nicht reifer geworden, seit sie sich das letzte Mal gesehen hatten. Keiner der beiden vermochte die frühere Zuneigung und Achtung für den anderen zurückzugewinnen. Zehn Jahre später, als Stjopa seine Erinnerungen veröffentlichte, wurden ihre Beziehungen noch gespannter; als er den Konflikt zwischen den Tolstois darstellte, ergriff er nämlich Sonjas Partei:

Sie hat seine geistigen Qualen und die allmähliche Entwicklung seiner Gedanken aus nächster Nähe miterlebt. So hatte sie denn immer wieder unter ihrem Mann zu leiden. Ungewollt hat sie Abscheu und Furcht vor seiner Lehre und ihren Folgen entwickelt. Da sie fühlte, daß sie machtlos war, sein Genie zu beeinflussen oder ihn in seiner geistigen Entwicklung zu unterstützen, wurde sie dazu getrieben, nur an ihre Kinder zu denken und sich den Forderungen ihres Mannes, die die Verteilung des Besitzes und die Erziehung der Kinder betrafen, entgegenzustellen. Der Ausspruch »zwischen zwei Feuern« kann nur annähernd beschreiben, wie sie zwischen den Ansprüchen ihres Mannes und der Unmöglichkeit . . ., diesen zu genügen, stand.

Stjopa hatte Sonjas furchtbares Dilemma erkannt. War sie in erster Linie ihrem Mann oder ihren Kindern verpflichtet? Die Familie teilte sich immer schärfer in zwei Lager: auf der einen Seite der humorlose, strenge, hart arbeitende Tolstoi in seinen schäbigen Kleidern, umgeben von seinen »Finsterlingen« und Scharen von Bettlern, auf der anderen die elegante und anspruchsvolle Sonja in der fröhlichen Gesellschaft ihrer Schwester und ihrer aristokratischen Gäste. Eine unmögliche Situation, die auch nicht besser wurde dadurch, daß die Dreiundvierzigjährige feststellen mußte, daß sie wieder mal schwanger war.

Am 23. September, dem Tag ihrer silbernen Hochzeit, gab Sonja – gegen Tolstois Willen – ein großes Fest. Sie war, nach anfänglichen Ängsten, diese Geburt vielleicht nicht zu überleben, zu der Überzeugung gelangt, daß ihr Gott durch diese erneute Schwangerschaft Gelegenheit gebe, das Böse – die versuchte Abtreibung von Sascha – wiedergutzumachen. Zum ersten Mal seit zwanzig Jahren freute sie sich darüber, ein Kind zu erwarten, und sie war sicher, daß es ein Glückskind und ein Segen für ihre Ehe sein würde.

Die Familie kehrte im Herbst nach Moskau zurück. Sonjas Schwangerschaft verlief ohne Komplikationen. Am 28. Februar 1888 fand die erste Hochzeit eines ihrer Kinder statt: Ilja heiratete Sofja Nikolajewna Filosofowa. Einen Monat später, am 31. März 1888, gebar Sonja ihr dreizehntes Kind – ihren neunten Sohn: Iwan, genannt Wanitschka. Sie litt wieder an einer Brustfissur, die das Stillen zur Qual machte. Das Kind war klein und kränklich, und sie verlangte eine Amme. Aber Tolstoi gab ihren Bitten nicht nach. Drei Wochen nach der Geburt seines Sohnes verließ er trotz der lauten Proteste seiner Frau Moskau und wanderte nach Jasnaja Poljana. »Gott gab das Kind, und Gott wird ihm Nahrung geben«, schrieb er an Sonja, nachdem er in Jasnaja Poljana angekommen war. Sie ihrerseits sandte gleich darauf einen Brief an ihre Schwester Tanja, die jetzt in St. Petersburg wohnte. »Noch nie war Ljowotschka so entsetzlich störrisch und beharrlich in seinen Verrücktheiten wie im letzten Jahr«, klagte sie. Doch sie verzichtete auf eine Amme und ertrug die Schmerzen in ihren wunden Brüsten.

18

Sonja und ihr Mann entfremdeten sich geistig und seelisch immer mehr. Was sie noch verband, war einzig ein physisches Interesse aneinander, denn auch der sechzigjährige Tolstoi besaß nach wie vor starke sexuelle Bedürfnisse. Andererseits war er von der Idee besessen, daß man, wolle man Christus wirklich nachfolgen, auf Geschlechtsverkehr ganz verzichten müsse. So hielt er es denn auch für eine echt christliche Tat, Sonja kurz nach der Mühsal einer Geburt zu verlassen. Indem er sich von seiner Frau entfernte, gab er ihr keine Gelegenheit, ihn zu verführen; und er selbst konnte sich nicht »bestialisch benehmen«. »Jeder sollte versuchen, ledig zu bleiben«, schrieb er an Tschertkow, dem er selbst nur zwei Jahre zuvor empfohlen hatte zu heiraten. »Geht er dennoch eine Ehe ein, sollte er versuchen, mit seiner Frau wie Bruder und Schwester zusammenzuleben . . . Sie werden einwenden, das würde das Ende der Menschheit bedeuten? . . . Welch ein großes Unglück! Die vorsintflutlichen Tiere sind ausgestorben, und ebenso werden die menschlichen Tiere von der Erde verschwinden . . . Ich habe für diese zweibeinigen Bestien nicht mehr Mitleid übrig als für den Ichthyosaurus.«

In dieser menschenfeindlichen Stimmung begann er eine neue Erzählung zu schreiben: *Die Kreutzersonate.* Die Idee zu dieser Geschichte kam Tolstoi, als ihm der Schauspieler Andrejew-Burlak erzählte, daß ihm ein Fremder im Zug unter Tränen all seine ehelichen Schwierigkeiten anvertraut habe. In der *Kreutzersonate* berichtet ein Mann, der seine Frau umgebracht hat, einem Fremden, der mit ihm im Eisenbahnabteil sitzt, was ihn zu diesem Verbrechen getrieben habe. Er zitiert die Bibelstelle: »Wer ein Weib ansieht, ihrer zu begehren, der hat schon mit ihr die Ehe gebrochen in seinem Herzen«, und behauptet, Christus habe damit Fleischeslust sogar innerhalb der Ehe verurteilt. Das Thema der Erzählung ist das notwendige Streben nach Keuschheit und Reinheit – nicht nur des Tuns, auch des Denkens – mit dem Endziel, die sexuelle Leidenschaft überhaupt aus dem Leben der Menschen zu verbannen.

Von März bis Mai 1888 blieb Tolstoi in Jasnaja Poljana und arbeitete an einem ersten Entwurf seines neuen Werkes. Er legte ihn beiseite, als Sonja und die Kinder im Sommer auch aufs Land kamen. Sonja war inzwischen klar geworden, daß Tolstois Religiosität nicht nur eine vorübergehende Phase sein würde. Sie hoffte nun nicht mehr auf eine Änderung der Lage, vermochte diese aber auch nicht zu akzeptieren. Dazu kam, daß sich Sonjas Einstellung zur Sexualität, die in ihrer Ehe immer eine große Rolle gespielt hatte, änderte. Tolstoi erklärte jetzt ja, sexuelle Enthaltsamkeit sei eigentlich das Wahre und Geschlechtsverkehr Sünde – die er immer wieder, wenn auch seltener als früher, beging. Sonja schloß daraus, ihr Mann schlafe nicht mehr aus Liebe, sondern nur noch aus Begierde mit ihr, was er ja selbst verächtlich fand. Sie hätte irgendeine Frau, ja eine Hure sein können. Erniedrigt und sexuell ausgebeutet, wie sie sich vorkam, wies sie daher voll Abscheu jede seiner Annäherungen zurück. Aber die Unterdrückung ihrer Sexualität verstärkte noch Sonjas Angstgefühle, Depressionen, Überreiztheit und Suizidgedanken. Erste Anzeichen dessen, was viele von Tolstois späteren Biographen als Geisteskrankheit darstellten, traten bei ihr während des Sommers 1888 auf. Sie suchte verzweifelt eine Bestätigung dafür, daß sie mit vierundvierzig und nach sechsundzwanzigjähriger Ehe immer noch eine begehrenswerte Frau sei.

Tolstoi, der zu dieser Zeit mit sich selbst im reinen war, fand die blinde Ergebenheit, die ihm seine Frau verweigerte, bei seinen älteren Töchtern, besonders bei Mascha. Er verbrachte seine Zeit mit Pflügen, Säen und Ernten, kümmerte sich um seine »Herde« und schickte seine Jünger aus, damit sie Kolonien gründeten, wo man seiner Lehre entsprechend lebte.

In vielen einsamen Gegenden Rußlands bildeten sich diese Kolonien der Tolstojaner. Tolstoi selbst hatte nie genau festgelegt, wie seine Lehre im täglichen Leben anzuwenden sei. So sahen sich die Kolonisten vor unlösbare Probleme gestellt, wenn sie eine Gemeinschaft nach seinen Prinzipien aufbauen wollten. Der Meister verurteilte Großgrundbesitz, Kapitalismus, Handel und professionelle Medizin; aber die Kolonisten mußten doch Land und Geräte kaufen oder pachten. Die Tolstojaner verzichteten gemäß Tolstois Prinzipien auf Geschlechtsverkehr, Alkohol und Tabak und hielten sich an die vorgeschriebene vegetarische Kost, was in jenen Gebieten Rußlands, wo man nicht viel anpflanzen konnte, ziemlich schwierig war. Die Kolonisten waren Leute, die »ihre gewohnte Lebensweise aufgaben, von den Orten, wo sie verwurzelt waren, wegzogen, ihre familiären Bindungen lösten und ein neues, ganz anderes Leben anfingen und den Dingen abschworen, die nach [Tolstoi] das Leben hassenswert und schlecht machten«.

Damit sie ihre anfänglichen Schwierigkeiten besser überwinden konnten und ihnen das Opfer nicht allzu schwerfiel, verschrieb Tolstoi harte körperliche Arbeit; aber die meisten seiner Anhänger waren gebildete Leute ohne handwerkliche Kenntnisse, die so ungeschickt pflügten und Häuser bauten, wie Tolstoi seine Stiefel nähte. Aber der Meister hatte keine Bedenken, daß diese Kolonien, von denen es nun schon über fünfzig gab, florieren würden. Ein russischer Schriftsteller bemerkte einmal dazu: »Er hörte so gespannt auf den Lärm in seinen eigenen Ohren, daß er nicht zur Kenntnis nahm, was andere Leute sagten!«

Die Familie war im November 1888 wieder in Moskau. Tolstoi fand kaum Zeit zum Schreiben, da er sich mit »Brotarbeit« beschäftigte, wie er es nannte: Er machte Schuhe, spaltete Holz, kümmerte sich ums Feuer, holte Wasser und reinigte sein Zimmer. Stets war das Haus voll von ernsthaften jungen Leuten, die einen Blick des Meisters erhaschen oder ein Wort aus seinem Mund hören wollten. Sonja fühlte sich durch diese Eindringlinge mehr denn je gestört. Aber ihre größte Sorge galt der Verwirrung, die Tolstoi ihrer Meinung nach in den Köpfen ihrer Kinder anrichtete. Mascha schien ihr am meisten davon betroffen. Die unnatürlich starke Anlehnung an den Vater, ihre Vorliebe für Bauernkleidung und die Zurückhaltung gegenüber der Mutter – aber eigentlich gegenüber allen in der Familie außer ihrem Vater – gaben Sonja zu denken. Die ganz besondere Beziehung zwischen Mascha und dem Vater erbitterte außerdem die Schwestern Tanja und Alexandra. (Zu dieser Zeit notierte Tolstoi in sein Tagebuch: »Ich bringe [Mascha] große Zärtlichkeit entgegen. Nur ihr. Sie entschädigt mich für die andern, könnte man sagen.«)

Obwohl die blonde Mascha die tiefliegenden dunkelgrauen Augen und ausgeprägten Wangenknochen ihres Vaters hatte, war sie ein eher unscheinbares Mädchen mit einem zu großen Mund, unregelmäßigen Zähnen, einer ziemlich dicken Nase und einer zu hohen Stirn. Aber sie war schlank und graziös, und was immer sie in Angriff nahm, gelang ihr. Als junges Mädchen war Mascha zu der Überzeugung gelangt, daß ihre Mutter, mit der sie sich nie besonders eng verbunden fühlte, ihren Bruder Ljowa vorziehe. Und so wandte sie sich langsam von ihr ab und dem Vater mehr und mehr zu, bis sie ihm sogar bei seinen literarischen Arbeiten half – was die Kluft zwischen Mutter und Tochter natürlich noch vertiefte.

In Frühling 1889 nahm Tolstoi seine Arbeit an der *Kreutzersonate* wieder auf. Ein Führer der amerikanischen Shaker-Sekte besuchte ihn in Jasnaja Poljana und sandte ihm später Traktate über diese religiöse Bewegung. Auch die Shaker predigten sexuelle Enthaltsamkeit. Am 9. April schrieb Tolstoi ins Tagebuch: »Ich lese die Schriften der Shaker. Hervorragend. Völlige sexuelle Enthaltsamkeit. Wie seltsam, daß ich sie gerade in dem Moment, da ich mich mit dieser Frage beschäftige, erhalte.« An Tschertkow schrieb er am folgenden Tag: »Ich werde dieses Problem [Begierde] nicht so rasch überwinden, denn ich bin ein schmutziger, geiler alter Mann!« Er machte sich nun mit Feuereifer an die *Kreutzersonate*. Tanja half bei der Abschrift der Erzählung mit, und das Gelesene bedrückte sie sehr. Sie vertraute ihrem Tagebuch an: »Ich fühle mich verloren, unglücklich und einsam. Ich weiß nicht, was aus mir wird oder was ich tun soll. Ich habe mich entschlossen – seitdem ich an der *Kreutzersonate* arbeite –, und zwar fest entschlossen, nicht zu heiraten. Heiraten schien früher leicht und wünschenswert, aber nun ist alles so verwirrend. Mein Wille schwankt, das heißt, ich kann nicht davon träumen, ledig zu bleiben, sollte aber auch nicht ans Gegenteil denken.« Einige Wochen später schrieb sie: »Ich werde ganz eifersüchtig, wenn ich sehe, wie nett und aufmerksam Papa zu Mascha ist (es geht ihr nicht gut). Ich fühle mich einsam und ungeliebt; mir kam sogar der Gedanke, nach draußen zu gehen und mir eine Erkältung zu holen, nur damit ich mich auch an Papas Zärtlichkeit erfreuen könnte . . . Ich denke oft an [Papas] Ableben und frage mich, was dann aus uns wird . . . Wenn man heiraten würde, könnte man sich vielleicht daran gewöhnen, ohne ihn auszukommen? Aber erstens, warum sollte man heiraten, solange er noch da ist? Und zweitens, wenn man es doch täte, hätte man furchtbare Angst, den Kontakt mit ihm zu verlieren.«

Den größten Teil der Erzählung schrieb jedoch Sonja ab; während dieser Arbeit war sie sowohl fasziniert wie auch abgestoßen von der Geschichte. Die Spannung zwischen ihr und Tolstoi wuchs. Indem er sich Sonja gegenüber schuldig fühlte, begehrte er sie auch wieder. »Der Teufel hat mich heimgesucht«, schrieb er verzweifelt. Von diesem »Teufel« der Begierde war er zwei Tage lang besessen. »Ich habe schlecht geschlafen. Es war so abscheulich – wie nach einem Verbrechen«, bekannte er. An diesem Tag konnte er seine Leidenschaft nicht länger zügeln und drängte sich Sonja auf. »Noch stärker besessen«, schrieb er. »Ich bin gefallen.« Voll Gewissensqual fragte er ein paar Tage danach: »Wenn Sonja nun schwanger wäre? Wie muß ich mich schämen, besonders vor den Kindern. Sie werden herausfinden, wann es geschah, und werden lesen, was ich schreibe [*Die Kreutzersonate*]. Es ist eine Schande; traurig.«

Im Gespräch mit einem Tolstoi-Anhänger bemerkte Sonja einige Zeit nach diesem Zwischenfall scharf: »Es ist schon recht, wenn Leo Nikolajewitsch den Leuten rät, keusch zu sein, doch wie steht's mit ihm selbst?«

Anfang November 1889 – weniger als eine Woche, nachdem die Erzählung beendet war und bevor die Zensur sie begutachtet hatte – wurden im geheimen achthundert Exemplare der *Kreutzersonate* gedruckt und in St. Petersburg vertrieben. Zwei Wochen später hatte sich diese Zahl schon vervielfacht, da das Buch sowohl in Moskau wie auch in der Provinz nachgedruckt wurde. Sein Erscheinen war eine Sensation, und die Diskussionen, die es auslöste, stürzten die Tolstois in ein wahres Inferno.

Das ganze nächste Jahr über stritten sich Tolstoi und Sonja ständig wegen dieser Erzählung. Sie erregte überall in Rußland großes Aufsehen, aber der Zar weigerte sich, eine offizielle Druckerlaubnis zu erteilen. In den Briefen zwischen Tolstoi und seiner Kusine Alexandra wurden scharfe Worte gewechselt. Auch die Kinder bezogen Stellung, wobei Ljowa und Serjoschka Sonjas Abscheu vor dem Buch teilten und Mascha es hitzig verteidigte; die übrigen standen bald auf der einen, bald auf der anderen Seite. Die Familie wurde entzweigerissen; schließlich schrieb Sonja am 20. November 1890 voll Bitterkeit:

Ljowa hat alle Beziehungen zu mir abgebrochen . . . Ich las heimlich seine Tagebücher und versuchte herauszufinden, was ich tun könnte, um uns wieder zusammenzubringen. Aber seine Tagebücher haben meine Verzweiflung nur noch verstärkt: Er hat offensichtlich herausgefunden, daß ich sie gelesen habe, denn er hält sie nun versteckt. Zu mir sagte er aber kein Wort davon.
Früher bereitete es mir Freude, seine Texte abzuschreiben. Nun gibt er alles seinen Töchtern und versteckt es beharrlich vor mir. Er macht mich rasend mit seiner Art, mich systematisch aus seinem persönlichen Leben auszuschließen. Es ist unerträglich schmerzvoll. Dieses freudlose Dasein stürzt mich manchmal in tiefste Verzweiflung. Ich würde mich dann am liebsten umbringen oder weglaufen oder mich in einen andern verlieben; alles wäre mir recht, um von einem Mann loszukommen, den ich trotz allem, ich weiß nicht warum, mein ganzes Leben lang geliebt habe – obwohl mir jetzt klar ist, daß ich ihn idealisiert habe und daß er ausschließlich von einer starken Sinnlichkeit beherrscht wird.

»Ich schreibe immer noch Ljowas Tagebuch ab«, notierte sie einige Tage später. »Ich glaube, ich habe das Entsetzen, das mich packte, als ich vor unserer Heirat Ljowas Tagebuch las, bis heute nicht überwunden; und ich bezweifle, daß die bohrende Eifersucht und die Verwirrung über all den Schmutz und die Ausschweifungen je ganz verschwunden sind . . . Aber meine Träume sind sündhaft, und ich bin sehr unruhig, jedenfalls zeitweise.«

Sonja kopierte Tolstois Tagebuch, da sie der Ansicht war, alles, was er je geschrieben habe, müsse erhalten bleiben. Ganz gleich, wie abstoßend sie etwas finden mochte (sei es eine Erzählung wie *Die Kreut-*

zersonate oder gewisse Tagebucheintragungen), fühlte sie sich verpflichtet, seinem literarischen Genius zu dienen. Aber natürlich gaben
ihr die Eintragungen, die sie nun abschrieb und mit den Stellen, die
sie vor ihrer Heirat gelesen hatte, verglich, einiges zu denken. Schon
in seiner Jugend hatte ihr Mann in jeder sexuell anziehenden Frau den
Teufel versteckt gesehen. Aber während er damals nur die »niedrige
Begierde« verurteilt hatte, verdammte er jetzt jede sexuelle Beziehung
überhaupt. Sonja schien es, daraus könne nur *eine* Schlußfolgerung
gezogen werden: Tolstoi hatte nie viel vom Geschlechtsverkehr gehalten, aber seine zutiefst sinnliche Natur hatte ihn oft dazu getrieben,
seine wahren Gefühle zu verleugnen.

Am 14. Dezember 1890 schrieb sie: »Ich habe Ljowas Tagebücher
abgeschrieben bis zu der Stelle, wo er sagt: ›Es gibt keine Liebe, es
gibt nur das körperliche Verlangen und das vernünftige Bedürfnis
nach einem Lebenspartner.‹ Wenn ich diese seine Überzeugung nur
neunundzwanzig Jahre früher erfahren hätte, dann hätte ich ihn niemals geheiratet.«

Und zwei Tage später:

[Seine] Selbstliebe wird in jedem seiner Tagebücher offenbar. Es ist
erstaunlich, wie die Menschen für ihn nur existierten, wenn er das
Gefühl hatte, sie könnten ihm etwas geben. Und die Frauen. Ich
habe mich heute bei einem schlimmen Gedanken ertappt. Ich
schreibe seine Tagebücher mit dem Eifer einer Betrunkenen ab, und
meine Trunkenheit besteht darin, daß ich mich in eine Eifersucht
gegenüber den Frauen in seinen frühen Tagebüchern hineinstei-
gere . . . Ich finde immer noch keine Ruhe und kann diese Erinnerungen nicht abschütteln. Nie . . . Es gibt in seinen Tagebüchern
noch etwas anderes, was ich merkwürdig finde. Nämlich die Tatsache, daß er neben seinen täglichen Ausschweifungen versuchte, jeden Tag *eine gute Tat zu vollbringen*. Und heute noch: Wenn er
auf der Landstraße spazierengeht, zeigt er einem Betrunkenen den
Weg, hilft ein Pferd einspannen oder einen Wagen aus dem Straßen-
graben ziehen – er bemüht sich nach wie vor um *gute Taten*.

Der Schmerz, den ihr die Tagebücher zufügten, war nicht der einzige,
den Sonja während der Weihnachtszeit 1890 zu ertragen hatte. Eine
große Gruppe der »Finsterlinge« kam nach Jasnaja Poljana; das bedeutete, daß die Festtage gemeinsam mit Leuten verbracht werden
mußten, die Sonja nicht ausstehen konnte. Nun hatte sie alle Hände
voll zu tun, denn zur Invasion der ungeliebten Jünger kamen schreckliche Schneestürme, und außerdem wurden noch die kleineren Kinder

krank. Iljas Frau gebar ein Mädchen, Anna, aber Sonjas Freude darüber wurde getrübt durch die mißliche finanzielle Lage, in der ihr Sohn sich befand. Sie hatte sich entschlossen, das Gut in Samara zu verkaufen, damit er seine Schulden bezahlen konnte. Diese Aufgabe lastete nun auch noch auf ihr, denn sie mußte alle Pläne und Abrechnungen des Gutes durchsehen, bevor sie den Verkauf tätigen konnte. Sie plante eine neue Auflage der Gesamtwerke ihres Mannes, und der dreizehnte Band sollte *Die Kreutzersonate* enthalten. Die Erzählung war von der Zensur verboten worden, aber Sonja wollte unbedingt die Druckerlaubnis bekommen, da sie eine *vollständige* Ausgabe von Tolstois Werken herauszubringen gedachte. Sie schrieb deshalb allen, die ihr dabei helfen konnten.

Diese Weihnacht war auch von der andauernden Auseinandersetzung zwischen ihr und Mascha überschattet. Im vergangenen Sommer hatte das Mädchen einen Heiratsantrag des Tolstojaners Pawel Birjukow angenommen. Birjukow schlug eine Verbindung ohne körperliche Liebe vor, in der sie ein Leben wahrer »Brüderlichkeit« führen sollten. Sonja war entsetzt darüber und wandte jedes Mittel vom vernünftigen Gespräch bis zum hysterischen Anfall an, um Mascha davon abzubringen. Obwohl auch Tolstoi nicht erfreut war, mischte er sich zu Sonjas Ärger in keiner Weise ein. Birjukow war einer der wenigen Tolstojaner, die Sonja akzeptierte, aber eine solche »Vereinbarung« schien ihr einfach untragbar.

Sonjas Tagebuch zeigt, wie sehr ihre schwierige Tochter ihr Kummer machte. Manchmal überwiegt die mütterliche Fürsorge: »Meine Mascha ist sehr mager und bedrückt.« Aber an anderen Tagen haben Eifersucht und Erbitterung die Oberhand: »Warum versuche ich, sie zurückzuhalten? Soll sie ihren Birjukow doch heiraten, dann kann ich meinen Platz an der Seite Ljowas wieder einnehmen und seine Werke abschreiben, seine Papiere und Briefe ordnen und ihm allmählich aus dieser abscheulichen Welt der ›Finsterlinge‹ heraushelfen.«

Einige Wochen später wurde die Verlobung zu Sonjas Erleichterung gelöst. Birjukow war sehr enttäuscht, denn er hätte natürlich gern die Lieblingstochter des Meisters geheiratet. Mascha schloß sich nun noch enger an ihren Vater an und ignorierte alle jungen Männer, mit denen sie zusammentraf.

Und Sonja konnte sich wieder mit dem zentralen Problem ihrer Ehe beschäftigen. »Ich fürchte mich sehr davor, schwanger zu werden, denn dann würde jedermann von dieser Schande erfahren und fröhlich den neuesten Moskauer Witz erzählen: ›*Voilà le véritable postscriptum de la Sonate de Kreutzer!*‹« Sie zog sich in die weniger gefährliche Welt romantischer Träumerei zurück, und ihre Erinnerungen kehrten zu Urusow und ihrer platonischen Liebe zurück – »diese reine, zarte Beziehung, die zweifellos mehr als nur Freundschaft war und doch nicht das geringste Gefühl von Reue hinterließ, sondern mich so viele Jahre meines Lebens glücklich machte. Aber wer braucht mich jetzt? Wer beachtet mich und liebt mich? Der kleine Wanitschka vielleicht, aber wer sonst? Und doch danke ich Gott, daß mir wenigstens das bleibt.«

Um ihm Freude zu machen, begann sie wieder Kindergeschichten zu schreiben und Kartonmarionetten zu basteln. Dadurch wurden ihre kreativen Fähigkeiten geweckt, und bald wagte sie sich auch auf literarischem Gebiet an anspruchsvollere Aufgaben.

Tolstoi hatte Ereignisse und Einzelheiten aus ihrem Familienleben in die *Kreutzersonate* aufgenommen, was Sonja fast noch mehr verletzt hatte als die Moral, die er darin vertrat. Sie war sicher, alle Welt betrachte sie nun als die »geile, schlechte« Ehefrau der Erzählung. Als es auf den Frühling zuging, machte sie sich daran, zu ihrer Verteidigung selbst eine Erzählung zu schreiben, in der die Dinge vom Standpunkt der Frau dargestellt wurden. Sonja zeigte die fertige Erzählung Anna Dostojewskaja, Serjoschka und Ljowa und las sie vor, als ihre Freunde zum Tee kamen. Obwohl sie auf ihr Werk *Wer ist schuld?* viele positive Reaktionen erhielt, entschloß Sonja sich dann doch, es nicht zu veröffentlichen. Wieder einmal hatte ihr Respekt vor Tolstois Genie und der Wunsch, alle seine Werke zu publizieren, gesiegt. Und es wäre ganz unmöglich gewesen, die *Kreutzersonate* in die neue Ausgabe aufzunehmen, wenn sie *Wer ist schuld?* veröffentlicht hätte.

Als *Die Kreutzersonate* dem Zaren vorgelegt wurde, gab er das Buch der Zarin, die es zuerst las. Die Erzählung schockierte sie, und sie bewog ihren Mann, die Veröffentlichung zu verbieten. Es war unwahrscheinlich, daß er seine Entscheidung rückgängig machen würde, aber Sonja beschloß – gegen den Willen ihres Mannes –, nach St. Petersburg zu fahren und Einspruch gegen das Verbot zu erheben. Am Abend des 28. März 1891 begleiteten Tanja und Wanitschka sie zum Bahnhof in Jasenki, und am folgenden Morgen holte sie ihr Sohn Ljowa in Moskau ab. Er war bester Laune, weil zwei Zeitschriften kürzlich einige seiner Erzählungen abgedruckt hatten. Er verdiente Geld, und die Geschichten waren gut aufgenommen worden – kein schlechter Beginn einer Schriftstellerkarriere. Ljowa war mit sich zufrieden. Er ging mit seiner Mutter essen, begleitete sie dann zur Bank, wo sie einiges zu erledigen hatte, und führte sie zum Bahnhof zurück, wo sie den Zug nach St. Petersburg nahm. Als sie am folgenden Morgen in Petersburg ankam, fuhr sie gleich zu den Kusminskis, bei denen sie wohnen wollte. Das Eis auf der Newa war stellenweise schon geborsten; der Winter war vorüber. Die Fastenzeit, die sich ihrem Ende näherte, wurde in der Hauptstadt ziemlich streng eingehalten – von Aschermittwoch bis Ostern gab es keine Soireen und keine großen gesellschaftlichen Veranstaltungen.

Die Tante des Zaren, die Großfürstin Olga Fjodorowna, war gerade gestorben, und da die Zarenfamilie in Trauer war, dauerte es einige Zeit, bis Sonja eine Audienz gewährt wurde. Doch weder dieser Todesfall noch der Aufschub, den er für Sonja bedeutete, konnte ihre Freude darüber dämpfen, wieder in St. Petersburg zu sein. Die beiden Schwestern fanden es wunderbar, miteinander einkaufen zu gehen, Freunde zu besuchen und kleine Einladungen zu geben. Und Sonja genoß es, Gräfin Tolstaja zu sein.

Sie hatte schon lange nicht mehr so strahlend ausgesehen. Ihre Augen blitzten, sie war voller Tatendrang. Alles an ihr schien lebendiger geworden zu sein: ihr Sprechen, ihr Lachen, ihre Bewegungen, ihr Gang. Im Wagen klopfte sie oft mit der Lorgnette an die Scheibe, die die Fahrgäste vom Kutscher trennte, und rief ungeduldig: »Schneller, schneller!« Tanja, die immer noch eine attraktive Frau war, aber nun wie die ältere der beiden Schwestern wirkte, beobachtete Sonja mit wachsender Sorge. Sie merkte, daß deren Nerven aufs äußerste gespannt waren. Aber sie konnte sich nicht dazu überwinden, die Schwester auf ihre Eheprobleme anzusprechen – denn natürlich hatte auch sie die *Kreutzersonate* gelesen und sich ihre Gedanken dabei gemacht.

Man entschied, Sonja solle dem Zaren einen Brief schreiben und um eine Audienz bitten. Mehrere Freunde von Alexandra Tolstaja aus Kreisen des Hofes unterstützten sie dabei. Ein Brief wurde aufgesetzt, aber Sonja war nicht ganz zufrieden damit. Ihr jüngster Bruder, Wjatscheslaw, der auch in St. Petersburg weilte, brachte einige Änderungen an, und Sonja schrieb dann eine dritte und endgültige Fassung mit Datum des 31. März 1891:

Ich habe die Kühnheit, Eure Kaiserliche Majestät untertänig zu bitten, mir zu erlauben, daß ich Ihnen ein Gesuch zugunsten meines Mannes L. N. Tolstoi unterbreite. Eurer Majestät gnädige Aufmerksamkeit wird mir gestatten, die Umstände zu erklären, die meinem Mann helfen könnten, sich wieder seiner früheren literarischen Arbeit zuzuwenden, und auch darzulegen, daß gewisse gegen seine derzeitige Tätigkeit gerichtete Behauptungen so unwahr und so schmerzlich sind, daß sie Verstand und Energie des russischen Schriftstellers unterhöhlen, dessen Gesundheit schon an sich nicht allzu gut ist, der aber vielleicht noch zum Ruhm seines Landes schaffen könnte.

Euer Kaiserlichen Majestät ergebene Dienerin
Gräfin Sonja Tolstaja

Zwölf Tage später – nachdem Alexandra Tolstaja und ihre Freundin, eine Kusine des Zaren, ihren Einfluß geltend gemacht hatten – gewährte Alexander Sonja eine Audienz. In einem eleganten schwarzen Seidenkleid und einem schwarzen Spitzenhut mit Schleier verließ sie morgens um elf Uhr fünfzehn das Haus; zu dieser Stunde war es in der Stadt noch ruhig. Die prächtige Kutsche, die sie sich für diese Gelegenheit geliehen hatte, fuhr durch beinahe leere Straßen. Im Hof des Palastes half ihr ein Lakai aus dem Wagen, und die Palastwache salutierte. Als sie die große Halle betrat, gab es zunächst ein Mißverständnis, da ihr ein Portier sagte, er wisse nichts von einer Verabredung mit dem Zaren. Doch nachdem er sich bei einem zweiten Portier erkundigt hatte, stand Sonjas Audienz nichts mehr im Wege. Sie wurde eine steile Treppe, auf der »ein sehr häßlicher, leuchtendgrüner Teppich« lag, hinaufbegleitet. Ein junger Mann in einer rot-goldenen Uniform und mit einem federgeschmückten dreieckigen Hut führte sie in das Vorzimmer des Zaren. Sonja war schon ziemlich nervös, und als der Lakai sich zurückzog, fühlte sie sich einer Ohnmacht nahe. Sie stand auf und schritt im Zimmer auf und ab. Nachdem sie hastig ihr Korsett etwas gelockert hatte, setzte sie sich wieder. Der Hofbote kam und bat sie, ihm ins Arbeitszimmer des Zaren zu folgen. Als sie Alexander dann zum ersten Mal gegenüberstand, war sie überrascht von seiner Größe und massigen Gestalt. Außerdem war er fast kahl und sein Kopf so schmal, »als wäre er leicht zusammengepreßt worden«. In seiner Haltung lag etwas Feminines, und seine Stimme war so hoch und wohlklingend, daß sie Sonja unwillkürlich an Tschertkow erinnerte.

Die Zarin war nicht zugegen. Sonja und der riesige Alexander standen einander allein gegenüber. Sie lief mit raschen Schritten auf ihn zu, verbeugte sich tief und trug dann entschlossen ihr Anliegen vor. Dabei begann sie mit einer unverschämten Lüge, indem sie behauptete, Tolstoi lege seine philosophischen Schriften beiseite, um an einem Roman zu arbeiten, der eine Fortsetzung von *Krieg und Frieden* werden sollte. Nachdem sie sich über das literarische Talent ihres Mannes unterhalten hatten, brachte Sonja die *Kreutzersonate* ins Gespräch. Sie verteidigte das Werk lebhaft und erklärte: »Leider ist die Erzählung ziemlich extrem ausgefallen, aber die Idee, die ihr zugrunde liegt, ist folgende: Das Ideal ist immer unerreichbar; wenn dieses Ideal vollkommene Keuschheit ist, kann es nur in der Ehe rein sein.« Dies war eine bewußt falsche Auslegung von Tolstois Werk, und er wäre wohl zornig geworden, hätte er sie gehört.

Sonja brachte nun ihre Bitte vor, die Zensur möge das Buch freigeben. Der Zar erwiderte, das sei nicht möglich; »es ist so geschrieben, daß nicht einmal Sie, da bin ich sicher, es Ihren Kindern zu lesen geben würden«. Im übrigen, fügte er hinzu, sei er gar nicht erfreut darüber, daß Tolstoi so viel Einfluß auf die Bauern gewonnen habe.

Sonja verteidigte Tolstoi und die Tolstojaner vehement. Der Zar sprach dann von Tschertkow und dem Einfluß, den dieser offensichtlich auf Tolstoi ausübe. Sonja war einen Augenblick lang verunsichert, dann aber erklärte sie, daß die Freundschaft zwischen ihrem Mann und Tschertkow seit dessen Heirat und besonders seit der Geburt des Kindes nicht mehr so eng sei. Dann appellierte sie an den Stolz des Zaren und fragte ihn, ob er einverstanden wäre, in Zukunft als erster die Werke ihres Mannes zu lesen. Erfreut lächelnd nahm er den Vorschlag an. Noch einmal bat Sonja ihn um die Freigabe der *Kreutzersonate*. Alexander dachte lange nach – Sonja erschien es wie eine Ewigkeit. »Wir könnten Ihnen erlauben, sie in die Gesamtausgabe seiner Werke aufzunehmen, weil sich ja nicht jedermann leisten kann, alle Bände zu kaufen; so wäre die Erzählung denn nicht allzu vielen zugänglich.« Endlich! Dann schlug er vor, sie solle noch der Zarin ihre Aufwartung machen, und Sonja stimmte mit Vergnügen zu. Zum Schluß fragte Alexander noch nach dem Befinden ihrer Kinder. Sonja erwiderte, sie seien alle wohlauf, außer Mischa, der die Windpocken habe. »Das ist nicht gefährlich. Die Hauptsache ist, daß nicht noch eine Erkältung dazukommt«, meinte der Zar.

Sonja gab ihm recht. Sie verbeugte sich, als der Zar ihr freundlich die Hand gab. Ein Diener erschien und führte sie ins Boudoir der Zarin, das ganz mit rotem Damast ausgeschlagen war. Zwei riesige goldgerahmte Spiegel hingen zwischen den Durchgängen, die das Damenzimmer mit dem Salon verbanden. Und überall standen leuchtendrote Azaleen und eine Unmenge anderer Pflanzen. Die Fenster gingen auf einen gepflasterten Hof hinaus, wo zwei Equipagen standen und einige Soldaten auf- und abmarschierten. Sonja wartete fünfzehn oder zwanzig Minuten, bis ein älterer Lakai sie in Maria Fjodorownas Empfangszimmer führte. Die beiden Frauen waren sich ja einige Jahre zuvor bei Madame Schostak schon einmal begegnet. Die Zarin war immer noch eine schlanke Frau mit leichtem Schritt; sie trug »ein schwarzes Wollkleid mit hohem Kragen, engen Ärmeln und sehr schmaler Taille . . . ihr kastanienbraunes Haar war so ordentlich frisiert, als klebe es am Kopf«. Maria Fjodorowna kam Sonja entgegen,

Leo Tolstoi und sein einflußreichster »Jünger« Wladimir Tschertkow.

gab ihr die Hand und bat sie, Platz zu nehmen. Die beiden Frauen unterhielten sich ziemlich förmlich auf französisch über Madame Schostak, die Tolstoi-Kinder und die Kinder der Zarin, die sich zur Zeit im Gatschina-Palast aufhielten. Nach fünf Minuten erhob sich Maria Fjodorowna, und das Gespräch war beendet. Sonja verließ die Gemächer der Zarin mit einer Verbeugung und wurde wieder zu ihrer Kutsche geführt.

Sonja hatte durch ihre Klugheit Alexander für sich einzunehmen gewußt; sie hatte den Kampf gewonnen, aber nicht bedingungslos: Sie hatte versprechen müssen, in der *Kreutzersonate* etwa zweihundert Textänderungen vorzunehmen. Die Erzählung wurde dadurch in einigen Passagen abgeschwächt; auch ging einiges von der offenen, realistischen Sprache verloren. Der Text, der in die dreizehnte Auflage des Gesamtwerks aufgenommen wurde, unterschied sich also ganz wesentlich vom früher verbotenerweise gedruckten. Der Raubdruck, in Hunderttausenden von Exemplaren verbreitet, hatte Tolstoi in ganz Rußland zum Tagesgespräch gemacht. Irgendwie kam dies Alexander gar nicht ungelegen, denn solange sich die Leute mit Tolstoi beschäftigten, wurden sie von wirtschaftlichen Mißständen und von der Hungersnot, die sich auszubreiten begann, abgelenkt.

Sonja kam am Sonntag, den 14. April 1891, einen Tag nach ihrer Unterredung mit dem Zaren, wieder in Moskau an. Tolstoi war in Jasnaja Poljana; so holten sie ihr Sohn Ljowa und ihr alter Freund Dimitri Djakow von der Bahn ab. Während sie im Bahnhof zusammen zu Mittag aßen, erzählte ihnen Sonja lebhaft in allen Einzelheiten von ihrer Audienz. Im Zug nach Jasnaja Poljana traf Sonja noch eine Freundin, und es wurde eine fröhliche, unterhaltsame Fahrt. Tanja und die jüngeren Kinder holten sie ab. Sonja freute sich, wieder zu Hause zu sein, und war stolz auf das, was sie erreicht hatte. Aber Tolstoi paßte ihr Vorgehen, vor allem die Unterredung mit dem Zaren, gar nicht.

Die Atmosphäre in Jasnaja Poljana wurde bald wieder zunehmend gespannt, zumal auch die »Finsterlinge« sich erneut breitmachten, und Tolstoi jetzt fanatisch die Ansicht vertrat, daß vegetarische Ernährung die einzig menschenwürdige sei. Nach einem Besuch im Schlachthaus erschreckte er die Kinder, indem er ihnen erzählte, den Stieren werde bei lebendigem Leib das Fell abgezogen. Eines Abends band er beim Essen ein Huhn an Tanja Kusminskajas Stuhl, legte eine Axt neben ihren Teller und sagte, wenn sie ein Huhn essen wolle, müsse sie es selbst töten.

Auch schliefen die Tolstois nicht mehr im selben Bett. Sonja erklärte, vor »körperlicher Intimität« ekle es sie immer stärker; sie sehne sich nach geistiger Nähe. Aber sie konnte die gelegentlichen »Angriffe« ihres Mannes, die nachts oder früh morgens erfolgten, nicht abwehren. Wann immer sie zusammen waren, fühlte sie, daß sie ihm nicht Partner, sondern nur Objekt zur Befriedigung seiner Lust war. Und da sie das wußte, vergrößerten sich ihre Schuldgefühle und ihr Selbsthaß jedesmal, wenn sie sich ihm hingab.

Es gab aber noch andere, näherliegende Gründe, warum sie es vermied, mit ihrem Mann zu schlafen: Sie dachte mit Schrecken daran, daß sie wieder schwanger werden könnte. Außerdem wurde Tolstoi, was die persönliche Sauberkeit betraf, von Jahr zu Jahr nachlässiger, und das stieß Sonja ab. »Gestern nacht war ich so wütend, daß ich nicht mehr mit ihm sprechen wollte«, schrieb sie im April. »Er hielt mich bis zwei Uhr morgens wach. Zuerst war er unten und wusch sich so lange, daß ich schon dachte, er sei krank. Für ihn ist Waschen nämlich ein Ereignis. Er hat mir gesagt, seine Füße seien vor lauter Schmutz geradezu wund geworden. Das hat mich mit Abscheu erfüllt. Dann legte er sich ins Bett und las lange Zeit. Wenn er mich nicht zu seiner Befriedigung braucht, bin ich ihm nur im Weg. Manchmal empfinde ich gegen meinen Mann – gegen seinen Körper – einen starken Widerwillen, und das ist deprimierend. Aber vor allem kann ich mich nicht an den Schmutz, den Geruch gewöhnen.«

Im Juni kam Tolstois Schwester Maria Nikolajewna, die ins Kloster gegangen war, auf Besuch. In Anbetracht ihrer bewegten Vergangenheit – Scheidung, Liebhaber, uneheliches Kind – fand Sonja ihre »Bekehrung« ein wenig übertrieben. Dann traf Ilja ein, der mal wieder in finanziellen Schwierigkeiten war; und als schließlich auch noch die Gräfin Alexandra Tolstaja kam, war die ganze Familie in Jasnaja Poljana versammelt.

Wie immer, brachte Alexandra aristokratisches Flair ins Haus. Ihr gebieterisches Wesen und die Autorität, die sie für Tolstoi offensichtlich besaß, beeindruckten die Tolstoi-Kinder. Einmal mußte sich Tolstoi mit düsterer Miene anhören, wie Alexandra ihm sowohl sein Vegetariertum als auch seine Mißachtung von Frau und Kindern vorwarf, die »nicht im geringsten zum Betteln oder zur Feldarbeit und zum Leben in einer Bauernhütte berufen« seien. Tolstoi entgegnete seufzend: »Es ist schwer für mich.« Aber Alexandra ließ nicht locker, so leichthin konnte er ihre Kritik nicht abtun. »Noch eins, mein lieber Leo. Haben Sie, statt unter dem Phantastischen, dem Unmöglichen, und ich möchte fast sagen, dem Nutzlosen zu leiden, nie ernsthaft an Ihre Verantwortung gegenüber Ihren Kindern gedacht? Sie machen auf mich alle den Eindruck, als irrten sie irgendwo zwischen Himmel und Erde. Was werden Sie ihnen anstelle des Glaubens geben, von dem Sie sie entwöhnt haben? Und sie lieben ihren Vater zu sehr, als daß sie nicht versuchten, ihm nachzufolgen.«

Trotzdem blieb Tolstoi entschlossen, seinen jüngsten Plan in die Tat umzusetzen: Er wollte sich von allen Gütern, Ländereien und von seinem persönlichen Reichtum trennen. Nichts konnte ihn mehr davon abbringen. Jeden Abend versammelte sich deshalb die Familie um den Samowar und sprach über die Aufteilung des Vermögens. Mascha war die einzige, die überhaupt nichts wollte, doch die anderen waren noch zu keiner Verständigung gekommen.

Am 21. Juli 1891 kam Tolstoi vor dem Essen herunter und erklärte, er schreibe gerade einen offenen Brief an mehrere Zeitungen, in dem er ankündigte, daß er auf die Urheberrechte an seinen späteren Werken verzichte. Sonja war empört. Ein solcher Schritt würde eine verheerende Wirkung auf den Verkauf der dreizehnten Auflage haben (eben hatte sie bei der Druckerei weitere 20000 Exemplare in Auftrag gegeben). Sie war sich auch bewußt, daß eine solche Erklärung ein Eingeständnis ihrer Meinungsverschiedenheiten wäre. Erregt nannte sie ihn »größenwahnsinnig«, und er entgegnete, sie sei »eine gierige, dumme Frau, die immer dem Geld nachrennt«. Er schrie sie an: »Laß mich in Ruhe! Laß mich in Ruhe!« und lief aus dem Haus.

Sonja war so erregt, daß sie daran dachte, sich umzubringen, und geradezu hysterisch lief sie in den nahen Wald, um sich dort in die Woronka zu stürzen. Es war recht dunkel im Wald, und als sie in eine Schlucht kam, sprang plötzlich ein Tier auf sie zu – wobei ihre kurzsichtigen Augen nicht erkennen konnten, ob es ein Hund, ein Fuchs oder ein Wolf war. Sie schrie, und das Tier lief weg; Sonja aber kehrte um, da sie der Mut verlassen hatte.

Als alle schon zu Bett gegangen waren, kam auch Tolstoi zurück. Er küßte sie und versuchte, sich mit ihr zu versöhnen. Sie sagte, er solle die Erklärung nur veröffentlichen und die Sache nicht mehr erwähnen. Er erwiderte, er könne erst handeln, wenn sie *verstehe*, warum er es tun müsse. Das, so meinte sie, werde sie nie verstehen, und so verlief auch dieses Gespräch wie so viele zuvor und danach ergebnislos. Er wollte dann mit ihr schlafen, aber sie stieß ihn zurück und sagte, sie werde nie wieder als seine Frau mit ihm leben.

Am folgenden Tag beteuerte er ihr leidenschaftlich seine Liebe – und den Plan, auf die Urheberrechte zu verzichten, verfolgte er vorerst nicht weiter. Eine Zeitlang kehrte wieder Ruhe ein in Jasnaja Poljana.

Sonja glaubte, daß die zahlreichen billigen Raubdrucke der *Kreutzersonate* den Hunger der Neugierigen gestillt hätten und ihre Gesamtausgabe, die nun im Herbst 1891 erschien, nur von denen gekauft würde, die Tolstoi als eines der großen literarischen Genies Rußlands respektierten. Doch viele Leute hatten sich gescheut, die Erzählung in einer verbotenen Ausgabe zu erwerben, und so fand nun das schmale Bändchen, das die *Kreutzersonate* und einige von Tolstois neueren Artikeln enthielt, reißenden Absatz. Das brachte Sonja Angriffe von allen Seiten ein, dabei hatte sie einfach nicht vorausgesehen, daß die Buchhändler diesen letzten Band der Gesamtausgabe separat verkaufen würden, und das noch zu einem Preis, den jeder Student sich leisten konnte.

Zar Alexanders ehemaliger Erzieher Pobedonoszew war außer sich vor Zorn und schrieb im Herbst 1891 an den Zaren:

Ich habe mich entschlossen, Eure Majestät von unangenehmen Dingen zu unterrichten. Wenn ich gewußt hätte, daß Leo Tolstois Frau um eine Audienz bei Eurer Majestät nachsuchte, hätte ich Sie gebeten, sie nicht zu empfangen. Was nun geschehen ist, war zu befürchten. Gräfin Tolstoi verließ Sie in der Annahme, ihr Mann habe in Ihnen einen Verteidiger und Rechtfertiger aller jener Ansichten, über die sich die vernünftigen und religiösen Menschen Rußlands empören. Sie haben ihr erlaubt, die *Kreutzersonate* im Rahmen der Gesamtausgabe von Tolstois Werken zu veröffentlichen. Man hätte voraussehen können, wie diese Erlaubnis ausgenützt würde . . . Man bot diesen Band separat zum Kauf an, und schon sind drei Auflagen davon erschienen. Nun befindet sich dieses Buch in den Händen von Gymnasiasten und jungen Mädchen. Als ich von Sewastopol herreiste, sah ich es im Bahnhof zum Verkauf ausliegen, und man las es im Zug. Der Buchmarkt ist vom dreizehnten Band von Tolstois Werken geradezu überschwemmt . . . Tolstoi ist mit seinen törichten Ideen ein Fanatiker, der leider Tausende von schwachen Menschen anzieht und sie in den Wahnsinn führt. Der Schaden und die Zerstörung, die er angerichtet hat, sind schwer abzuschätzen . . . Es ist nicht zu übersehen, daß in den letzten Jahren unter Graf Tolstois Einfluß die intellektuelle Unruhe im Lande sehr gewachsen ist; seltsame, pervertierte Ansichten über den Glauben, die Kirche, die Regierung und die Gesellschaft werden laut. Eine Tendenz, die absolut zu verurteilen ist, schadet sie doch der Kirche wie dem Staat. Eine Art Wahnsinn, der sich wie eine Epidemie ausbreitet, setzt sich in den Köpfen der Menschen fest.

Sonja hatte in gutem Glauben gehandelt, aber wie sollte Alexander das wissen. Er meinte nun, die Gräfin Tolstoi habe seine Güte mißbraucht, und beklagte sich bitter bei Alexandra Tolstaja. Die immer noch einflußreiche Aristokratin tat, was sie konnte, um den Zaren zu beschwichtigen, doch ohne Erfolg. Gräfin Tolstoi, behauptete er, habe ihn mutwillig betrogen. Ihre Absicht, die gesamten Werke zu veröffentlichen, sei nur ein Vorwand gewesen; ihr wirkliches Ziel habe darin bestanden, aus dem Verkauf der *Kreutzersonate* Gewinn zu ziehen. Sonjas Hoffnungen, weiterhin bei Hof empfangen zu werden, hatten sich zerschlagen.

19

Sonja war schon immer eine sinnliche Frau gewesen, doch erst als sie über vierzig war, kam ihre Sexualität voll zur Entfaltung. Ihre Tagebuchaufzeichnungen aus diesen Jahren geben Aufschluß über ihre sexuellen Bedürfnisse, Frustrationen und Phantasien. Das Schicksal wollte es, daß Sonja als Frau gerade zu der Zeit die höchsten Ansprüche stellte, als Tolstoi jedes Interesse an Zärtlichkeit und gemeinsamen intimen Stunden verloren hatte. Also suchte Sonja Zuflucht bei romantischen Romanen und Trost in keuschen Träumen von Urusow und in Phantasien von einer zweiten, *reinen* Liebe. Tanja war es gelungen, zwei Männer zu lieben – Kusminski und Sergej Nikolajewitsch –, ohne daß ihr jemand etwas hätte vorwerfen können, denn *körperlich* war sie ihrem Mann immer treu geblieben. Das Beispiel ihrer Schwester schien Sonja Mut zu machen.

Sie sehnte sich zwar nach einer romantischen, platonischen Liebe, und doch blieb sie empfänglich für Tolstois »Lust«. Sexuell fühlten sich die beiden nach wie vor stark voneinander angezogen. Nur zu gern hätte Sonja ihren romantischen Traum und ihren feurigen Liebhaber in einem einzigen Mann – ihrem Gatten – vereint gehabt. »Diesen Ausbrüchen der Leidenschaft folgt immer eine lange Zeit der Gefühlskälte«, schrieb sie am 15. August 1891, eine Woche vor ihrem vierundvierzigsten Geburtstag, ins Tagebuch. »Manchmal verlangt es mich nach herzlicher und zärtlicher Zuneigung und gegenseitiger Freundschaft; und mir scheint, es sei dafür nie zu spät, doch jedesmal, wenn ich eine herzliche, freundschaftliche Beziehung herstellen will, begegne ich diesem teilnahmslosen, erstaunten Blick und seiner Kälte, seiner schrecklichen Kälte. Seine Entschuldigung für diese Kluft zwischen uns ist immer dieselbe: ›Ich lebe als Christ, und du weigerst dich, das gleiche zu tun. . .‹ Mag sein, daß ich eine Heidin bin, aber ich liebe meine Kinder und, ach! ich liebe auch diesen kalten Christen immer noch so sehr, daß es mir das Herz bricht.«

Tolstois Schwanken zwischen Leidenschaft und Gleichgültigkeit erbitterte und verwirrte Sonja. Vielleicht hätte sie es damals sogar vorgezogen, wenn er sich ihr überhaupt nicht mehr genähert hätte; das stetige Hin und Her seiner Gefühle war ihr schier unerträglich. Sie sah in ihrem Gatten nur einen Heuchler und in sich selbst ein Lustobjekt, während Tolstois Tagebuch offenbart, daß er Sonja als seinen persönlichen Teufel betrachtete, der ihn verführte und durch seine bloße Gegenwart in ihm das Böse weckte. Im Gegensatz zu Feinermann und einigen anderen seiner Anhänger brachte er es nicht über sich, seine Familie zu verlassen und allein zu leben. Statt dessen erwartete er von Sonja, daß sie ihm jede Versuchung aus der Welt schaffte. Tat sie das nicht (oder konnte sie es nicht tun), wurde er böse und abweisend zu ihr und fühlte sich selber unglücklich.

Anfang September heiratete Sonjas Nichte Mascha Kusminskaja; die Hochzeit fand auf Jasnaja Poljana statt. Am folgenden Abend, als viele der Gäste schon wieder abgereist waren, schlug Sonja ihrem Mann einen Spaziergang vor. Als sie zusammen durch den Wald schlenderten, sprach sie über die Vorbereitungen, die für die Rückkehr der Familie nach Moskau zu treffen waren. Da sagte er ihr, daß er nicht die Absicht habe mitzukommen.

»Nun gut, das wäre also entschieden. Dann gehe ich auch nicht nach Moskau, und wir suchen neue Lehrer für die Kinder«, erwiderte Sonja sofort.

»Nein, das möchte ich nicht«, entgegnete er. »Du mußt nach Moskau fahren, damit sie das Gymnasium besuchen können.«

»Ja, aber das hieße ja Trennung!« rief sie. »Denn dann wirst du den ganzen Winter über weder mich noch die fünf Kinder sehen.«

»Ich sehe sie ohnehin nicht oft«, meinte er, »aber du könntest ab und zu herkommen.«

»Ich? Nein, nie!« schluchzte sie. Noch in der gleichen Nacht hielt sie dieses Gespräch in ihrem Tagebuch fest und bemerkte, daß ihn ihre Tränen verlegen machten.

Am folgenden Tag sagte Tolstoi ruhig: »Geh nach Moskau und nimm die Kinder mit, ich werde selbstverständlich alles tun, was du willst.«

Die finanziellen Ansprüche, die Ilja und bis zu einem gewissen Grad auch die anderen Söhne an Sonja stellten, hatten Tolstoi lange Zeit Sorge bereitet. Über ein Jahr, bevor er sich entschied, sie allein nach Moskau fahren zu lassen, hatte er im Tagebuch notiert: »Die Söhne überhäufen Sonja mit Bitten um Geld. Es wird noch schlimmer werden. Wäre es nicht besser, wenn sie wenigstens auf ihre Einkünfte aus den literarischen Werken verzichten wollte? Wie ruhig könnte sie dann sein; für meine Söhne wäre es moralisch viel gesünder, für mich eine große Freude, die Menschen hätten den Nutzen davon, und Gott wäre es wohlgefällig.«

Sonjas hartnäckige Weigerung, auf die finanzielle Sicherung der Familie zu verzichten, bildete den Hauptstreitpunkt ihrer stürmischen Auseinandersetzungen. Nach einer heftigen Auseinandersetzung im Juli schrieb Tolstoi in sein Tagebuch: »Sie versteht es nicht, und auch die Kinder verstehen es nicht, daß ... jeder Rubel aus dem Erlös der Bücher, den sie leichtsinnig ausgeben, mich verletzt und beschämt.«

Im September sprach Tolstoi erneut davon, er wolle öffentlich auf seine Rechte an allen Büchern verzichten, die er seit 1881 geschrieben hatte, mit Ausnahme von *Der Tod des Iwan Iljitsch* (die Rechte an dieser Erzählung hatte er auf Sonja übertragen). Zuerst widersetzte Sonja sich diesem ihrer Meinung nach unüberlegten und unwiderruflichen Schritt und, wie sie es nannte, seiner »Verrücktheit«. Aber schließlich gab sie nach, denn sie glaubte, ihm durch ihr Einverständnis näherzukommen.

Die Frage, wie über Tolstois Ländereien und sonstigen materiellen Besitz verfügt werden sollte, war schon vor Ostern entschieden worden. In der Karwoche waren Sergej und Ilja nach Jasnaja Poljana gekommen, und die Eltern und ihre neun Kinder hatten sich um den großen Eßtisch versammelt. Sie wünschten also, sagte Tolstoi, daß er ihnen alles überschreibe, aber er tue dies nur höchst ungern. Schließlich lehne er Privateigentum schon lange ab. Wenn er die Dokumente, die sie ihm vorlegten, unterzeichne, würde er seine Überzeugungen, die er öffentlich verkündet hatte, der Lächerlichkeit preisgeben, denn das käme ja einem Eingeständnis gleich, daß er ein System billige, in dem Privatbesitz anerkannt wird und vererbt werden kann.

Tanja schrieb in ihr Tagebuch:

Er war zu bedauern; er war wie ein zum Tode Verurteilter, der sich beeilt, seinen Hals in die Schlinge zu stecken, da er weiß, daß er ihr doch nicht entgehen kann. Und wir waren die Schlinge. Es hat mir furchtbar weh getan, daß ich ihm solche Unannehmlichkeiten bereiten mußte. Aber ich weiß, daß diese Aufteilung so viele Schwierigkeiten zwischen Mama und Ilja aus der Welt schafft, daß ich es für meine Pflicht halte mitzumachen. Ich habe Mascha beneidet, als sie ihren Anteil zurückwies, und ich habe mir große Mühe gegeben, mit mir ins reine zu kommen. Ich überlegte, wie ich mich verhalten sollte, und kam zu folgendem Schluß: Erstens habe ich kein

Recht, meinen Anteil nicht zu nehmen, denn ich weiß, daß man ihn mir trotzdem geben wird, aber in Mamas Namen; sie würde mir dann die Einkünfte zukommen lassen und sich überhaupt um die Sache kümmern. Zweitens habe ich immer noch so viele Ansprüche und habe selbst so wenig zu bieten, daß ich nur ein Mühlstein an jemandes Hals wäre. Ich muß also vor allem danach trachten, meine Ansprüche zu senken. Das Geld werde ich schon immer irgendwie loswerden. Ich komme sowieso so schlecht aus mit dem, was ich habe und möchte so oft mehr Geld, daß ich nicht daran denken kann, auf meinen Anteil zu verzichten.

Die Kinder sollten alles Land, das Tolstoi besaß, unter sich aufteilen; alles außer Grinewka, dem Gut, auf dem Ilja wohnte und das ihm von nun an auch gehören sollte, und Jasnaja Poljana, das immer an den jüngsten Sohn überging und also eines Tages an Wanitschka fallen würde. Sonja bestand darauf, daß Lose gezogen wurden: Nur so könnten die Ländereien gerecht verteilt werden. Sascha und Wanitschka übernahmen diese Aufgabe. Obwohl Mascha ihren Anteil nicht wollte, wies ihr Sonja Land in Zentralrußland und auch Geld zu, denn sie war überzeugt, das Mädchen würde eines Tages seine Meinung ändern. Sonja selbst erhielt nur die 55000 Rubel, die sie als Mitgift in die Ehe gebracht hatte, aber sie besaß ja schon die Rechte an Tolstois frühen Werken.

Am 16. September 1891 erschien in den Zeitungen ein offener Brief, in dem Tolstoi erklärte, daß alle seine Werke, die nach 1881 geschrieben wurden, in Rußland und im Ausland, auf russisch und in Übersetzungen, frei gedruckt und auf der Bühne aufgeführt werden dürften. Auch verzichtete er im voraus auf alle Rechte an zukünftigen Werken. Sonja fand diese Entscheidung höchst bedauerlich und verschmerzte sie nie ganz. Nun würde Tolstois Familie weder aus seinen künftigen Werken noch aus seinen philosophischen Schriften des letzten Jahrzehnts oder aus der *Kreutzersonate* finanziellen Gewinn ziehen können. Und jedes dieser Werke, die in Sonjas Verlag herauskamen, mußte sich künftig auf dem Markt gegen Dutzende von billigeren Ausgaben behaupten. Obwohl Sonja nie verstehen konnte, warum ihr Mann eine solche, wie sie fand, unselige und unbedachte Entscheidung getroffen hatte, war sie doch froh, als sie sah, wie er danach geradezu auflebte. Wie früher, als die älteren Kinder noch klein waren, spielte Tolstoi nun mit der siebenjährigen Sascha und dem dreijährigen Wanitschka.

Der kleine Sascha erschien Tolstoi als Respektsperson, und alles, was ihn umgab, war »besonders wichtig: sein Arbeitszimmer mit der gewölbten Decke, an der große Ringe angebracht waren ... der Schreibtisch, der große, altmodische Lehnstuhl, der so lang war, daß man sich darauf ausstrecken konnte wie auf einem Bett; und der merkwürdige Geruch, vielleicht nach Leder, vielleicht nach altem Papier, der von all diesen Dingen ausging«. Es wäre dem Kind nie eingefallen, auch nur einen Bleistift auf seinem Pult zu berühren oder gar zum Vater zu laufen, um von ihm in die Arme genommen zu werden. Aber in den Wochen nach seiner Verzichtserklärung machte es Tolstoi plötzlich wieder Spaß, am Leben der Kinder teilzunehmen. Er verließ das Arbeitszimmer früher als sonst, damit er vor dem Essen noch Zeit fand, Wanitschka auf den Schultern herumzutragen oder Sascha zuzusehen, wie sie Purzelbäume schlug. Manchmal zog er die Kleinen in einem großen Wäschekorb mit geschlossenem Deckel im Haus herum und ließ sie raten, wo sie sich gerade befanden. Die Kinder kreischten vor Vergnügen, und Sonja war glücklich. Die Tolstois lachten sogar wieder zusammen – was sie seit Jahren nicht mehr getan hatten.

Eines Abends waren alle außer Sonja, die geschäftlich in Tula zu tun hatte, im Eßzimmer versammelt. Obwohl die Suppe schon kalt wurde, bestand Tolstoi darauf, daß sie auf die »Frau des Hauses« warteten. Als sie endlich Sonjas Stimme in der Eingangshalle hörten, flüsterte Tolstoi: »Eins, zwei, drei, rasch – alle unter den Tisch!« In den wenigen Sekunden, die Sonja brauchte, um aus der Halle ins Eßzimmer zu gelangen, waren Tolstoi, die Kusminskis, die englische Gouvernante, die älteren Kinder und Sascha und Wanitschka unter dem Tisch verschwunden und verbissen sich nur mühsam das Lachen. »Aber wo sind denn alle?« frage Sonja und blickte kurzsichtig um sich. »Ich weiß es auch nicht, Exzellenz«, erwiderte der Diener, der hinter der weißbehandschuhten Hand ein Lächeln verbarg. Da erscholl lautes Gelächter unter dem Tisch, und alle krochen hervor. Sonja mußte so sehr lachen, daß ihr die Tränen über die Wangen liefen, und bemerkte: »Streiche aushecken, das hast du immer gekonnt, Ljowotschka!«

Einige Tage später forderte Tolstoi die beiden Kleinen auf, sich die Hand zu geben und mit ihm eine Kette zu bilden. Dann führte er sie auf Zehenspitzen durch die verdunkelten Zimmer und über selten benutzte Hintertreppen auf der Suche nach einem Gespenst. »Still, still!« flüsterte er. »Es könnte uns hören!« Die Kinder waren starr vor Schreck. »Schhhh!« zischte er ihnen zu, als sie sich in einen Raum schlichen, in dem die Läden geschlossen waren. »Hier drin ist es!« rief er dann. Die Kinder kreischten auf und rannten aus dem Zimmer, ihr Vater voran. Im Korridor stießen sie mit Sonja zusammen; sie drückte die Kleinen an sich und schimpfte ein bißchen mit Tolstoi. Sie tat es jedoch so sanft, daß die Vorwürfe eher wie Anerkennung klangen. Eine Art Kameradschaft begann zwischen ihnen zu entstehen, erneute Zuneigung, die ihr Leben hätte verändern können – doch die Schrecken einer Hungersnot zerstörten diesen hoffnungsvollen Neubeginn.

Als im Sommer 1891 die ersten Berichte von der Hungersnot nach Jasnaja Poljana gelangten, glaubte Tolstoi nicht, daß sie besonders schwer oder weit verbreitet sei, und er tat wenig, um den Betroffenen zu helfen. Ein Beamter aus Tula, Rajewski, Landbesitzer und Freund der Familie, bat Tolstoi um Hilfe, erhielt aber eine ziemlich schroffe Absage. Auch den Brief eines alten Freundes, des Schriftstellers Nikolai S. Leskow, der ihn um Hilfe bat, beantwortete er in ablehnender Weise:

»Hungersnot herrscht in einigen Gegenden . . . und sie wird sich noch verschärfen, aber . . . man kann sie keinesfalls dadurch abwenden, daß man Geld sammelt oder leiht, Brot kauft und es an jene verteilt, die es brauchen; denn . . . der einzig richtige Weg, Abhilfe zu schaffen, ist, die Menschen zu lehren, das Brot, das sie haben, mit den Schwachen zu teilen . . . Und solange das nicht geschieht, wird es immer Hunger geben. Hunger hat es immer gegeben, und er hat nie aufgehört: Hunger des Leibes, Hunger des Geistes, Hunger der Seele.«

Wer Geld sammle, handle aus unlauteren Motiven, erklärte Tolstoi. Die Spender seien nicht von christlicher Liebe geleitet, sondern von »Eitelkeit, Ehrgeiz und von der Furcht, das Volk könnte verbittert werden«; ihre Bemühungen würden »nur Sünde erzeugen«. Um soziale Probleme wirklich zu lösen, müßten »die Menschen möglichst viele gute Taten vollbringen . . . Eine gute Tat besteht jedoch nicht darin, daß man Hungernden Brot zu essen gibt, sondern darin, daß man sowohl die Hungernden wie die Satten liebt.« Dann riet er Leskow: »Das wirksamste Mittel gegen die Hungersnot ist, etwas zu schreiben, was die Herzen der Reichen rührt.«

Auf diesen Brief – Auszüge daraus wurden ohne Tolstois Wissen und Zustimmung in einer Zeitung abgedruckt – reagierte die Öffentlichkeit mit Empörung. Jedem, der wußte, was Hunger heißt, und versuchte, die Not zu lindern, erschien es geradezu lächerlich, den Verhungernden nicht zu helfen, bis die Satten sich aus Nächstenliebe zu teilen bereit erklärten. Um seinen Kritikern eine Antwort zu geben, entschloß Tolstoi sich, in ein von Hungersnot heimgesuchtes Gebiet zu reisen. Ende September fuhr er nach Pirogowo auf das Gut seines Bruders Sergej Nikolajewitsch. Er war vom Anblick der hungernden und seuchengeplagten Bauern entsetzt und änderte seine

Meinung sofort, indem er erklärte, für diese unglücklichen Menschen müsse man so rasch wie möglich Lebensmittel herbeischaffen. Er suchte Rajewski auf, dessen Bitten er vorher abgewiesen hatte, und schlug vor, in den Dörfern Garküchen einzurichten und Gratismahlzeiten auszugeben. Rajewski war sofort einverstanden und bat Tolstoi, ihm bei der Verwirklichung dieser Idee zu helfen und den Winter auf seinem Gut in Begitschewka zu verbringen, einem Ort in der von der Hungersnot besonders schwer betroffenen Provinz Rjasan. Tolstoi sagte zu, und Mascha und Tanja versprachen, ihn bei dieser Arbeit zu unterstützen.

Sonja, die gehofft hatte, die Familie werde während der Wintermonate in Moskau beisammen sein, war von Tolstois neuer humanitärer Mission zunächst wenig begeistert. Doch die Berichte über die Leiden der Bauern ließen auch sie nicht unberührt, und so gab sie ihre Einwilligung. Sie nahm die jüngeren Kinder nach Moskau mit, während Tolstoi, seine beiden Töchter und Vera Kusminskaja am 26. Oktober die zweitägige Reise zu Rajewskis Gut antraten.

Die russische Regierung hatte das Ausmaß und die Härte der Hungersnot nicht zur Kenntnis genommen, und Alexander III. bezeichnete die Situation nach wie vor hartnäckig als »Mißernte«, was jedoch nur für wenige Gebiete galt. Aber in Zeitungsartikeln schilderte Tolstoi alles Elend, das er antraf, und das wahre Ausmaß der Katastrophe, die sich in den russischen Landgebieten immer noch weiter ausbreitete, wurde in ganz Rußland, ja in der ganzen Welt bekannt.

Unter Tolstois Oberaufsicht wurden in weniger als einem Monat in zwanzig Dörfern dreißig Garküchen eingerichtet. Ende November starb Rajewski ganz plötzlich an einer Grippe, und Tolstoi mußte nun das gemeinsam begonnene Werk allein weiterführen. Finanzielle Unterstützung sandte Sonja aus Moskau. Sie schickte Tolstoi 750 Rubel, gab 100 Rubel dem Roten Kreuz und noch mal 300 Rubel ihrem Sohn Ljowa, als er zu seinem Vater reiste. Das Haus war ohne Tolstoi und die älteren Kinder einsam. Dann starb auch noch Dimitri Djakow, ein besonders guter Freund der Familie, nach einem schmerzhaften Leiden. Sonja ging zur Beerdigung und kam ganz verstört wieder nach Hause. Ihre Einsamkeit, die Hungersnot und Djakows schrecklicher Tod brachten sie einem Zusammenbruch nahe. Außerdem wurden alle vier jüngeren Kinder krank und lagen mit Grippe im Bett. Wenn Sonja nachts bei ihnen wachte, verfolgten sie Bilder von hungernden Müttern, die ihren sterbenden Kindern nicht helfen konnten. Sie schrieb einen Aufruf, in dem sie um Spenden bat, und versuchte, »die Herzen der Reichen zu rühren«:

Meine Familie hat sich getrennt, und einige haben sich den Hilfsaktionen für die hungernden Menschen angeschlossen . . . Ich bin gezwungen, mit den vier jüngeren Kindern in Moskau zu bleiben; alles, was ich tun kann, ist, Geld und Vorräte zu senden. Aber die Not ist sehr groß, und einzelne Menschen sind machtlos und vermögen nicht, sie zu lindern. Und doch, wenn wir an all jene denken, die in diesem Augenblick Hungers sterben, dann wird uns jede Stunde, die wir in einem gutgeheizten Haus verbringen, und jedes Stück Brot, das wir essen, zum Vorwurf. Wir leben hier alle im Luxus, und wir tun alles, damit es unseren Kindern nur ja an nichts mangelt. Könnten wir den Anblick erschöpfter, gebrochener Mütter ertragen, die zusehen müssen, wie ihre Kinder vor Hunger und Kälte sterben? Oder den Anblick alter Leute, die nichts zu essen finden? Dreizehn Rubel genügen, um einen Menschen bis zur nächsten Ernte durchzubringen . . . Wenn jeder von uns, je nach seinen Mitteln, einen, zwei, zehn oder hundert Menschen auf diese Art retten würde, wäre unser Gewissen ruhiger . . . Darum wende ich mich nun an all jene, die das Werk, das meine Familie begonnen hat, mit einem Beitrag unterstützen können und wollen.

Sonjas Aufruf wurde von mehreren russischen Zeitungen, aber auch in Frankreich, England und den Vereinigten Staaten veröffentlicht. Bis zum 12. November gingen 9000 Rubel ein. Für 3000 Rubel kaufte Sonja Roggen und Korn und sandte das Getreide zusammen mit 1273 Rubel an Tolstoi. Den Rest des Geldes behielt sie, bis er ihr mitteilen würde, was damit zu tun sei. Aber wenn sie dachte, ihre Spendenaktion würde ihm gefallen, hatte sie sich gründlich getäuscht.

Als Tolstoi am 9. November erfuhr, was Sonja unternommen hatte, schrieb er an Feinermann, der nun in einer Tolstojaner-Kolonie wohnte: »Es gibt da vieles, was nicht richtig ist: Geld von Sonja Andrejewna, überhaupt gesammeltes Geld, das Verhältnis zwischen den Hungrigen und den Spendern – der Sünde ist kein Ende, aber ich kann nicht zu Hause sitzen und schreiben. Ich fühle, daß ich Anteil nehmen, daß ich etwas tun muß. Ich weiß, ich tue nicht das Richtige, aber ich kann nicht das Richtige tun, und ich kann nicht einfach nichts tun. Ich fürchte das Lob der Menschen und frage mich stündlich: ›Sündige ich?‹«

Drei Wochen später schrieb er wieder an Feinermann: »Ich weiß selber nicht, wie ich in die Speisung der Hungernden hineingezogen worden bin . . . Welches Recht habe ich, der von ihnen gespeist wird, sie zu speisen? . . . Ich fühle, wie abscheulich und widerwärtig das ist, kann mich aber nicht einfach zurückziehen – obwohl ich es für das einzig Richtige hielte –, dazu fehlt mir die Kraft . . . Meine Frau schrieb einen Brief, der Spendenaktionen zur Folge hatte, und ich selbst merkte nicht, daß ich mich plötzlich in einer Situation befand, wo ich verteilen mußte, was die Geldsäcke auskotzten.«

Obwohl Tolstois Reaktion sie verletzte, setzte Sonja ihr Werk fort. Es gelang ihr sogar, für das Lustspiel *Die Früchte der Aufklärung* – eines der Werke, auf deren Urheberrechte Tolstoi verzichtet hatte – einen Gewinnanteil zu erhalten. Sie notierte sich ins Tagebuch: »Ich bekam Antwort vom Justizministerium. In Anbetracht der guten Sache, für die ich das Geld brauche, hat man mir versprochen, mir die Tantiemen für *Die Früchte der Aufklärung* zukommen zu lassen.«

Und wieder war Tolstoi über ihre Bemühungen wütend; doch als er und die Kinder im Januar für kurze Zeit nach Jasnaja Poljana zurückkehrten, vereinte sie alle die gemeinsame Sorge um die Opfer der Hungersnot. Sonja beschloß dann, Tolstoi nach Rjasan zu begleiten. Sie ließ die jüngeren Kinder in der Obhut Tanjas in Moskau und reiste mit ihrem Mann, mit Ljowa und Mascha zu Rajewskis Gut.

Am 16. Februar 1892, kurz nach ihrer Rückkehr nach Moskau, beschrieb Sonja diese Reise in ihrem Tagebuch:

Am 24. [Januar] reisten wir von Tula nach Klekotki, auf der langweiligen Route Sisran-Wjasma . . . Das Wetter war furchtbar – es schneite und regnete, der Himmel war bleigrau, und es herrschte ein schrecklicher Wind . . . Spät abends erreichten wir unser Ziel; Ilja . . . nahm uns in Begitschewka in Empfang. Er war in seltsamer, ängstlicher Stimmung und fürchtete sich ständig, Iwan Iwanowitsch Rajewskis Geist zu begegnen. Am folgenden Tag reiste er wieder ab, und wir blieben mit unseren Helferinnen allein. Ljowa und ich teilten ein Zimmer. Ich nahm mir die Korrespondenzen vor und versuchte, mir so gut wie möglich Klarheit über das Ganze zu verschaffen.

Dann ging ich die Garküchen inspizieren. Ich betrat eine der Hütten, wo sich etwa zehn Leute aufhielten; nach und nach kamen weitere achtunddreißig dazu. Sie waren alle in Lumpen gekleidet und sahen traurig und krank aus. Als sie eintraten, machten sie alle das Kreuzzeichen und setzten sich auf die langen Bänke zu beiden Seiten des großen Tischs. Die Frau, die die Garküche führte, reichte den Brotkorb herum, und alle nahmen ein Stück. Dann stellte sie einen großen Topf Kohlsuppe auf den Tisch. Die Suppe enthielt kein Fleisch, nur etwas Pflanzenfett. Auf der einen Seite des Tischs saßen lauter Jungen; sie waren fröhlich und guter Dinge und ließen es sich schmecken. Nach der Suppe gab es meist Kartoffeln oder

Erbsen, Hafergrütze oder Runkelrüben. Meistens gab es zwei Gerichte am Mittag und zwei am Abend.

Ich besuchte mehrere dieser Küchen und fragte mich zunächst, was die Leute eigentlich davon hielten. In der zweiten Küche, die ich besuchte, traf ich ein junges Mädchen, das blaß und krank ausschaute und mich so traurig ansah, daß ich beinahe in Tränen ausgebrochen wäre. Es muß für ein solches Mädchen wie für den alten Mann, der sie begleitete, und für viele andere sehr hart sein, Almosen anzunehmen. Geben ist seliger denn nehmen – das ist wirklich ein wahres Wort! Und ohne die Garküchen wäre alles noch viel schlimmer.

Die schwierigste Aufgabe ist, die Allerärmsten ausfindig zu machen. Oft ist es schwer zu entscheiden, wem die Küchen offenstehen sollen und wem nicht, an wen man Kleider, Holz usw. verteilen soll und an wen nicht. Am Anfang stellte ich eine Liste zusammen: Es gab sechsundachtzig Garküchen. Nun sind es schon hundert. Kürzlich fuhren Ljowa und ich an einem wunderschönen sonnigen Tag von einem Dorf zum andern. Wir erkundigten uns jeweils in der Mühle nach dem Mehlvorrat; dann gingen wir zum Lebensmittellager, um zu sehen, wie die Verteilung vor sich ging; und schließlich eröffneten wir noch eine neue Küche, und zwar in Kulikowka, einem Dorf, das ein Brand heimgesucht hatte. Wir trafen uns mit dem Dorfältesten und hießen ihn einige der älteren Bauern mitbringen. Wir fragten sie dann, welches die ärmsten Familien des Dorfes seien, und sagten ihnen, wie viele Personen aus einer Familie sich in der Küche verköstigen könnten. Dann schrieb ich alle Namen auf. Ljowa sagte ihnen, sie sollten am Dienstag die Lebensmittel holen, genau wie die anderen Leute, deren Hütten niedergebrannt waren, und schlug vor, die Frau des Dorfältesten möge bei sich zu Hause eine Küche einrichten.

Es wurde schon dunkel, als wir zurückfuhren. Auf der einen Seite ging die Sonne blutrot unter, auf der anderen der Mond auf. Wir fuhren durch die Steppe und über den Don – eine flache, eintönige Landschaft, die wenigen alten und neuen Landhäuser, herrlich gelegen am Flußufer, ausgenommen. An den Vormittagen half ich dem Schneider, aus dem Stoff, den wir bekommen hatten, Mäntel für die Bauern zu nähen; er machte dreiundzwanzig daraus. Die Dorfjugend war hocherfreut über die Mäntel und die Pelzjacken. Sie sind *warm* und *neu* – so etwas haben viele von ihnen noch nie besessen.

Sonja blieb zehn Tage in Begitschewka. Wieder zurück in Moskau, erwartete sie der Zorn Pobedonoszews, der seit einiger Zeit Innenminister war. Ein bedauerlicher Zwischenfall hatte ihn in seinem Haß auf Tolstoi noch bestärkt. Ein regierungsfeindlicher Artikel Tolstois über die Hungersnot war einem englischen Journalisten in die Hände gefallen, der ihn in seiner Heimat publizierte. Tolstoi behauptete zwar, der Artikel sei nicht zur Veröffentlichung bestimmt gewesen, aber die Ansichten, die darin vertreten wurden, waren für Pobedonoszew Grund genug, den Autor ins Gefängnis werfen zu lassen oder ihn und seine ganze Familie zu verbannen. Sonja wurde von hofnahen Kreisen gewarnt: Das Schwert werde demnächst fallen. Sie schrieb mehrere Briefe an Pobedonoszew, an seinen Untersekretär und an alle bedeutenden Zeitungen, in denen sie heftig bestritt, daß Tolstoi ein Anarchist, welcher Art auch immer, sei. Da sie keine Antwort erhielt, sandte sie einen verzweifelten Brief an Alexandra Tolstaja und flehte sie um Hilfe an. Die große Dame, deren Zuneigung zu ihrem Vetter unverändert war, bat den Zaren dringend um eine Audienz. Zu ihrer Überraschung antwortete Alexander sofort, er werde sie noch diesen Nachmittag besuchen.

Alexandra schrieb später:

Als der Zar eintrat, merkte ich sofort, daß er müde aussah und ihn irgend etwas verärgert hatte. Als er fragte, was ich ihm zu sagen habe, erwiderte ich geradeheraus: »In ein bis zwei Tagen werden Sie einen Bericht erhalten, in dem man Sie auffordert, Rußlands größtes Genie in ein Kloster zu sperren.«

Die Miene des Zaren veränderte sich sofort; Härte und Traurigkeit spiegelten seine Züge jetzt wider.

»Tolstoi?« kam es kurz.

»Sie haben es erraten, Exzellenz!« entgegnete ich.

»Er trachtet mir also nach dem Leben?« fragte der Zar.

Ich war erstaunt, aber insgeheim erleichtert: Vielleicht würde *nur das* den Zaren dazu bestimmen, die Entscheidung des Ministers zu bestätigen.

Ich erzählte dem Zaren alles, was ich vom Minister über Leos Verfehlungen erfahren hatte, und bemerkte zu meiner Freude, daß sein Gesicht allmählich den üblichen milden und sehr freundlichen Ausdruck annahm. Schon bald erhob er sich und wandte sich zum Gehen. Ich erlaubte mir nur noch ein Wort: daß es natürlich nicht der Minister wäre, gegen den sich die allgemeine Entrüstung in Rußland und im Ausland richten würde, sollte der Zar nach dessen Empfehlungen handeln.

Zwei Tage später erfuhr ich folgendes: Nachdem der Zar sich den Bericht des Ministers über das Vorgefallene und über die (angeb

lich) große Aufregung in der Öffentlichkeit angehört hatte, antwortete er, den Bericht zur Seite legend, wörtlich:
»Ich will, daß Sie Tolstoi in Ruhe lassen. Ich habe nicht vor, ihn zu einem Märtyrer zu machen und eine allgemeine Entrüstung gegen mich zu schüren. Wenn er sich schuldig gemacht hat, um so schlimmer für ihn!«

Sonja bat Tolstoi inständig, sich doch zu verteidigen; schließlich schrieb er tatsächlich eine Erklärung, die in einer Moskauer Zeitung veröffentlicht wurde. Obwohl er sich keineswegs zu rechtfertigen versuchte, stellte er doch klar, daß er kein Revolutionär sei. Durch diese Erklärung offenbar zufriedengestellt, ließ der Zar die Sache auf sich beruhen.

Während der zwei Jahre der schrecklichen Hungersnot, 1891 bis 1893, waren die Tolstois oft über längere Zeit getrennt. Tschertkow, der sich immer an Tolstois Seite hielt, nutzte diese Wochen und Monate, um seine eigene Position zu stärken – und zwar auf ziemlich hinterhältige Art. Um Sonjas Einfluß zu schwächen, versuchte er auch, sie vor ihren Kindern herabzusetzen.

Tschertkow war nun wild entschlossen, über jeden Fetzen Papier, den Tolstoi je beschrieben hatte, die Verfügungsgewalt zu erhalten. Und am wichtigsten war ihm, Tolstois Notizbücher in seinen Besitz zu bringen. Seine Motive sind nie ganz geklärt worden; er selbst behauptete immer, er werde nur von dem Wunsch geleitet, Tolstoi zu beschützen. Unablässig drang er in ihn und die Kinder, diese Privatpapiere als Dokumente von einzigartiger Bedeutung zu betrachten, die nicht vermarktet werden dürften. Es wäre eine Schande, fand er, wenn jemand (gemeint war Sonja) von diesen Aufzeichnungen über Tolstois geistige Pilgerschaft profitieren würde.

Die Tagebücher, Notizbücher und Briefe waren nicht unter den Werken gewesen, auf deren Rechte Tolstoi verzichtet hatte, und in seinem Testament hatte er sie Tanja und Mascha vermacht. Tschertkow begann nun, Tanja mit Ratschlägen zu bombardieren. Er bat sie, dafür zu sorgen, daß diese Papiere nie ihrer Mutter in die Hände fallen würden. Schließlich fragte Tanja Tolstoi, was nach seinem Tod mit diesen Schriften geschehen solle. Er antwortete, er habe nichts dagegen, wenn Tanja, Mascha und die anderen Kinder sie läsen, aber er wolle nicht, daß sie veröffentlicht würden. Tanja hielt ihm entgegen, laut Testament sei doch die Entscheidung, ob sie veröffentlicht würden oder nicht, Mascha und ihr selbst überlassen. »Und Tschertkow«, fügte er hinzu und meinte noch, niemand verstehe ihn so gut wie Tschertkow.

Tanja teilte Tolstois restlose Bewunderung für seinen »Jünger« nicht. Vor allem war ihr aufgefallen, daß Tschertkow – wie überhaupt viele Tolstojaner – Anzeichen nervlicher Zerrüttung zeigte, und sie fragte sich, warum diese Leute eigentlich so unglücklich waren. »Wie kommt das? Und warum? Wie ist es so weit gekommen?« Tanja konnte sich die Freudlosigkeit der Tolstojaner nicht erklären, dabei lag der Grund eigentlich auf der Hand: Es wollte ihnen einfach nicht gelingen, Ideal – ein Leben nach den Prinzipien des Meisters – und Realität in Einklang zu bringen. Vor allem fiel es manchen sehr schwer, das Ideal der keuschen Ehe aufrechtzuhalten: Dies »Gebot« zu befolgen, schien Tschertkow allerdings wenig Mühe zu bereiten. Seit der Geburt des Kindes kränkelte seine Frau, aber Tschertkow schien nichts zu vermissen, zumindest erwähnte er dergleichen nie in seinen Briefen. Seine Bewunderung für Tolstoi verdrängte alle anderen Gefühle. Diese völlige Ergebenheit ärgerte Tanja.

»Ich habe einen Brief von Tschertkow erhalten«, vermerkte sie im Tagebuch, »in dem er schreibt, ich solle auf zwei Dinge verzichten: auf den Besitz, der durch einen Irrtum Papas auf mich gekommen sei [die Tagebücher und Notizbücher], und auf hübsche Kleider. Außerdem rät er mir, ich solle mich einige Tage oder auch Wochen enger an Mama anschließen, und im Augenblick, da das gegenseitige Verständnis am tiefsten ist, ihr vorsichtig, doch fest und unzweideutig alles sagen, was [ich] von ihrem beharrlichen Widerstand gegen Gott in [meinem] Vater halte . . . Ich bin nicht seiner Meinung . . . und was er geschrieben hat . . . war unangenehm zu lesen.«

Sechs Monate früher hatte Sonja in ihr Tagebuch geschrieben: »Ich habe eben von Tschertkow erfahren, daß er und Oberst Trepow in St. Petersburg viele von Leo Nikolajewitschs Manuskripten in Gewahrsam haben, was unsere Kinder ruhig wissen sollen . . . Tschertkow trachtet danach, alle Manuskripte von Leo Nikolajewitsch nach Christ Church in England zu schaffen.«

Niemand weiß, wie diese Manuskripte in Tschertkows Hände gelangten. (Hatte Tolstoi sie ihm gegeben? Nichts weist darauf hin. Hatte er sie einfach gestohlen?) Nachdem sie einmal in seinem Besitz waren, beauftragte er jedenfalls Dimitri Fjodorowitsch Trepow, einen Freund der Familie Tschertkow, sie in polizeilichen Gewahrsam zu geben. Dieser Schritt deutete auch darauf hin, daß er entschlossen war, Sonja und der Familie die Verfügungsgewalt über Tolstois Werke zu entreißen. Er versicherte zu wiederholten Malen, daß die Schriften des Meisters, durch die das Tolstojanische Evangelium unter die Leute gebracht würde, nur von einem wahren Jünger richtig herausgegeben werden könnten.

War Tschertkow tatsächlich ein so eifriger und treuer Anhänger, wie er selbst behauptete? Zwar war er wirklich Vegetarier und lebte auch ziemlich bescheiden, doch verschenkte er nie sein geerbtes Vermögen. Er wohnte in einem komfortablen Haus mit Dienern und schien zeitlebens keine materiellen Sorgen zu kennen. Und obwohl er behauptete, er ziehe aus der Veröffentlichung von Tolstois Werken keinen Gewinn, konnte man sich doch nie richtig erklären, wohin die Einnahmen seines Verlags flossen. Tolstoi ließ Sonjas Kritik an Tschertkows Unternehmungen nicht gelten, aber für sie stand fest, daß Tschertkow das Geld selbst einsteckte. »Ich glaube an die Macht guter und böser Geister. Böse Geister haben sich des Menschen bemächtigt, den ich liebe«, schrieb sie am 5. November 1893 ins Tagebuch. »Wenn ich mir nur die Kraft meines Gebetes erhalten kann! Falls noch nicht alles verloren ist, möge der Herr sich unser erbarmen und jeglichen Einfluß außer dem seinen von uns fernhalten.«

*Das Schlafzimmer Sonjas in Jasnaja Poljana. In diesem Bett (links)
starb sie 1919 im Alter von fünfundsiebzig Jahren.
An den Wänden hängen Bilder, die Sonja, eine begeisterte
Fotografin, selbst aufgenommen und entwickelt hat.*

Der endlose Traum

Gibt es im Leben des Leo Nikolajewitsch – oder in dem Tanejews – irgend etwas Interessantes? Man liebt sie nicht wegen ihres äußerlichen Lebens, sondern wegen dieses *Traums*, dieses *endlosen Traums*, der aus ihrer Arbeit strömt.

Gräfin Tolstaja

20

Im September 1894 erkrankte Zar Alexander III. während eines Aufenthalts in der kaiserlichen Jagdhütte in Spala in Polen plötzlich schwer. Ein Spezialist aus Wien, der rasch herbeigerufen wurde, diagnostizierte eine Nierenentzündung. In aller Eile wurde Alexander in seine Sommerresidenz im Levadia auf der Krim gebracht; man hoffte, das milde Klima dort werde sich als heilsam erweisen. Die Zarin und der Zarewitsch Nikolaus waren an seiner Seite, als die kaiserliche Jacht »Polarstern« in Jalta vor Anker ging. Die Menge, die sich zu seiner Begrüßung versammelt hatte, erschrak angesichts seines hinfälligen Zustands: Der hünenhafte, kraftstrotzende Mann war todkrank, das konnte jeder sehen. Mehrere Tage lang tat der Zar kaum mehr, als in einem Rollstuhl sitzend auf das Meer hinauszublicken. Dann wurde er schwächer und konnte das Bett nicht mehr verlassen. Die designierte Braut des Zarewitsch, die schöne Prinzessin Alexandra von Hessen (eine Enkelin der Königin Victoria), eilte, von einem Telegramm ihres Verlobten benachrichtigt, aus Darmstadt herbei. Um der zukünftigen Zarin einen angemessenen Empfang zu bereiten, bestand Alexander darauf, daß man ihm in seine Galauniform half, und unter Aufbietung aller seiner Kräfte begrüßte er die Prinzessin in seinem Schlafzimmer, aufrecht in einem Sessel sitzend. Sie kniete vor dem todgeweihten Herrscher nieder, und dieser besiegelte, indem er ihr seinen Segen erteilte, das Verlöbnis zwischen ihr und seinem Sohn.

Nach zehn Tagen der Agonie, am 1. November 1894, starb Alexander im Alter von erst neunundvierzig Jahren, und sein sechsundzwanzigjähriger Sohn wurde die neue »Kaiserliche Majestät«, Zar Nikolaus II. Eine Vorstellung, die den jungen Mann alles andere als freute. »Ich bin nicht zum Zaren geschaffen«, sagte er. »Ich habe nie Zar werden wollen. Ich verstehe nichts vom Regieren. Ich weiß nicht mal, wie man mit den Ministern spricht.« Sein Vater hatte es in der Tat versäumt, seinen Nachfolger geziemend auf seine zukünftige Aufgabe vorzubereiten.

Nikolaus war ein Mann ohne feste Anschauungen, leicht zu beeinflussen, was ihn zu einem gefährlichen Herrscher machte. Der Vetter zweiten Grades der neuen Zarin, Kaiser Wilhelm II., meinte über ihn: »Er ist nicht treulos, doch er ist schwach. Und die Schwäche besorgt das Geschäft der Treulosigkeit.« Und der Revolutionär Leo Trotzki bemerkte später: »Dieser ›Charmeur‹ ohne Willen, ohne Ziel, ohne Phantasie war schrecklicher als alle Tyrannen der alten und neuen Geschichte.«

Nach dem Ende der Hungersnot erfreute Rußland sich eines wirtschaftlichen Aufschwungs. Ein weitgespanntes Netz von Eisenbahnverbindungen zwischen allen bedeutenderen Städten war soeben fertiggestellt worden, und die Transsibirische Eisenbahn befand sich im Bau. Rußland hatte sich zu einem der führenden Öl- und Metallproduzenten der Welt entwickelt und stellte nun seine Lokomotiven und landwirtschaftlichen Maschinen selbst her. Trotz dieser industriellen Fortschritte nahm aber die Armut der russischen Bauern noch zu, und viele unzufriedene Angehörige der Arbeiterklasse und der Mittelschichten forderten lautstark eine freie Presse und eine parlamentarische Regierung.

Tolstoi, der ja so manchen Artikel gegen Alexander III. und seine Maßnahmen geschrieben hatte, zeigte bei dessen Tod verständlicherweise keine große Trauer. In einem Brief an seinen Freund Nikolai Grot schrieb er, er empfinde nicht mehr, als er »für jeden leidenden und sterbenden Menschen mit einer so schwer belasteten Seele« empfinden würde. Und vor allem verpflichte sein Mitgefühl ihn nicht dazu, seine Ansicht über »die beklagenswerten Dinge« zu ändern, die unter der Regierung dieses Zaren getan worden seien. In den Tagebüchern und in der Korrespondenz Sonjas findet sich keine Äußerung zum Tod des Zaren. Häusliche Schwierigkeiten nahmen sie voll in Anspruch: Ihre Probleme mit Tschertkow rissen nicht ab; ihrem Sohn Ljowa, der gemütskrank geworden war, stand eine »elektrische Behandlung« bevor; und ihr Mann verhielt sich wieder einmal kalt und unnahbar.

Tolstoi war nun eine große Berühmtheit und wurde gefeiert, wohin er auch kam. Er konnte keine Straße in Moskau entlanggehen, ohne daß Passanten ihn am Ärmel zupften, und vor den Toren seines Hauses versammelten sich häufig Menschengruppen. Dieser Kundgebungen der Verehrung müde, blieb er immer öfter und länger in Jasnaja Poljana, meist in Gesellschaft Maschas, die die Aufgabe übernommen hatte, seine Manuskripte abzuschreiben. Vater und Tochter begannen, sich der Familie zu entfremden; vor allem ein Vorfall sollte für Sascha zum Inbegriff dieser Entfremdung werden:

Kinderkostümfeste waren bei der Moskauer Aristokratie gerade in Mode, und vor einer solchen Veranstaltung ließ Sonja einen Modefriseur ins Haus kommen, der Saschas Haare herrichten sollte. Unter Zuhilfenahme von viel Pomade und Puder und zahlreichen Nadeln türmte er das Haar des Mädchens zu einer ausgefallenen graugepuderten Frisur auf. Sascha fürchtete, Tolstoi werde sie nicht gehen lassen, wenn er sie in diesem Aufzug sah, und um ihm nicht über den Weg zu laufen, rannte sie vom Haus bis zu der wartenden geschlossenen Kutsche. Im Trubel des Balles dachte sie nicht mehr an ihren Vater und amüsierte sich köstlich. Bei einer Quadrille kam sie an einem der großen Fenster des Ballsaals vorbei. Auf ein Klopfen an der Scheibe hin wandte sie sich um und gewahrte durch das beschlagene Glas hindurch zwei Gestalten: Tolstoi mit seiner runden Bauernmütze und seiner Schaffelljacke und Mascha, ein Tuch um Kopf und Hals geschlungen, standen in der kalten Dunkelheit und spähten herein. Sascha war unschlüssig; sie wollte zu den beiden hinausgehen, zögerte aber, die Tanzformation zu verlassen. Ihr Partner sah sie verwirrt an, und sie merkte, daß es ungezogen und unfreundlich wäre, ihn auf dem Parkett stehenzulassen. Sie wandte sich wieder zum Fenster, um ihrem Vater und ihrer Schwester ein Zeichen zu geben, aber die beiden waren schon verschwunden.

Obgleich Sonja die Mehrzahl der Kinder bei sich in Moskau hatte, fühlte sie sich ohne Tolstoi einsam und suchte daher besonders die Nähe Wanitschkas, ihres jüngsten Kindes. Alle liebten den sechsjährigen Jungen geradezu abgöttisch, selbst Sascha, deren Platz als Nesthäkchen er eingenommen hatte. Wanitschka war eines jener seltenen Kinder, die alles zu verstehen scheinen, ohne altklug zu sein, und die Liebe, die man ihm entgegenbrachte, verstärkt an alle zurückgab. Sascha schrieb später:

»Er spürte, daß die Familie ihm mehr Liebe bezeugte als mir, und das tat ihm weh. Jede kleine Ungerechtigkeit mir gegenüber verdroß ihn. Wenn jemand ihm eine Süßigkeit schenkte und mich nicht bedachte, hieß es sofort: ›Und Sascha?‹«

Mit den goldenen Ringellöckchen, die sein zartes Gesicht mit den großen blauen Augen umrahmten, war Wanitschka von allen Angehörigen der Tolstoi-Sippe der schönste. Sein Lachen hatte einen melodischen Klang, und sein Gang wirkte fast unirdisch leicht.

Tolstoi liebte ihn innig und glaubte, daß von allen seinen Kindern Wanitschka dasjenige sei, das seine Arbeit einmal fortführen würde.

Und die Bindung zwischen Sonja und ihrem jüngsten Kind schien von Tag zu Tag enger zu werden. Wanitschka besaß ein unheimliches

Gespür für die Stimmungen und Gedanken seiner Mutter; selbst wenn sie getrennt waren, schien es, als fühle und teile er ihr Leid und ihr Glück. Sie waren jedoch selten voneinander getrennt, denn es fiel Sonja immer schwerer, ohne Wanitschka zu sein, denn nur er schenkte ihr jene Zuneigung, die sie so verzweifelt brauchte. Ihre Liebe zu ihm, die mit der Zeit geradezu monomanische Züge annahm, ließ sie fast blind werden für die Bedürfnisse ihrer anderen, auch noch kleinen Kinder. Und da Tolstoi die meiste Zeit nicht da war, hatten die Kleinen praktisch weder Vater noch Mutter. In diesem Klima der Vernachlässigung und Gleichgültigkeit wurden Mischa und Andrejuschka scheu und linkisch. Am meisten aber litt Sascha. Ihr altes Kindermädchen hatte ihr oft erzählt, daß Sonja sie eigentlich nicht hatte haben wollen, und Sascha war überzeugt, ihre Mutter hasse sie. Vergeblich bemühte sie sich, ihre Aufmerksamkeit zu gewinnen; wann immer sie zu dritt beisammen waren – Sonja, Wanitschka und Sascha –, fühlte Sascha sich überzählig. Und Sonja, ganz von Wanitschka in Anspruch genommen, merkte gar nicht, welches Leid und welchen Schaden sie ihrer kleinen Tochter zufügte.

Das Ergebnis eines solchen Übermaßes an Zuwendung wäre in den meisten Fällen wohl ein verzogenes Kind gewesen. Aber Wanitschka hatte, wie gesagt, etwas Besonderes an sich, so daß die Affenliebe Sonjas seinem Charakter wenig anhaben konnte. So bestand Wanitschka zum Beispiel Weihnachten (1894) darauf, daß Sonja zu der wie jedes Jahr veranstalteten Feier keine reichen Kinder einladen solle. Und wirklich kamen nur arme Kinder, und jedes von ihnen erhielt ein Geschenk. Wanitschka selbst bekam den Wagen, den er sich gewünscht hatte, aber noch ehe der Tag um war, hatte er ihn seinem besten Freund Igor geschenkt, dem fünfjährigen buckligen Sohn eines Dieners der Tolstois. Er hatte den unwiderstehlichen Drang, alles zu verschenken, was ihm gehörte. Häufig kam es vor, daß er eine ihm besonders liebe Sache einpackte, eine Karte dazulegte (auf der gewöhnlich stand: »Zum Andenken an Wanja«) und sie einem Mitglied der Familie oder einem Diener schenkte.

Sonja glaubte fest, Wanitschka sei ein »Engel, geschickt, um sie zu trösten«, und sie sagte ihm oft, er sei ein von Gott gesegnetes Kind. Diese Überzeugung machte es ihr besonders schwer, sich mit seinem schlechten Gesundheitszustand abzufinden, denn Wanitschka war ein kränklicher Junge; er neigte zu Fieberanfällen, Blutarmut und Bronchialbeschwerden. Doch so ganz vermochte selbst diese innige Liebe zu ihrem Kind eine Frau wie Sonja nicht zu erfüllen. Vor allem auch alarmiert durch erste Anzeichen des Älterwerdens – sie litt an Migräne und Depressionen, was die Ärzte auf das Einsetzen der

Wechseljahre zurückführten –, war sie schließlich überzeugt, daß das häufige Getrenntsein von Tolstoi und ihre Verbundenheit mit Wanitschka dazu beigetragen hatten, daß ihr Mann sich von ihr entfernt und sich immer stärker seinen »Finsterlingen« verschrieben hatte.

Der Winter 1895 war für Sonja, was das Jahr 1881 für Tolstoi gewesen war – eine Zeit tiefster Krise. Sie hatte das Gefühl, langsam, aber sicher den Verstand zu verlieren, und glaubte, die Kälte Tolstois habe ihre schlechte psychische Verfassung noch verstärkt. Sie würde gesund werden, so meinte sie, wenn es ihr gelänge, ihre Stellung als Ehefrau und engste Vertraute Tolstois wieder zu festigen. Gleichzeitig spürte sie jedoch, daß es für eine Erneuerung ihrer Beziehung zu spät war, und immer wieder dachte sie an Selbstmord.

»Es gibt doch auch glückliche alte Paare«, schrieb sie am 21. Februar 1895 in ihr Tagebuch, »die nach einem fast dreiunddreißig Jahre währenden Leben in Liebe, wie wir es führten, zu einem freundschaftlichen Verhältnis übergehen. Wie anders bei uns! Ich habe ständig diese Anfälle von Zärtlichkeit und dummer Sentimentalität. An dem Tag, als ich krank war und er mir zwei herrliche Äpfel brachte, habe ich die Kerne eingepflanzt, um eine Erinnerung an seine ungewohnte Zärtlichkeit zu besitzen. Ob ich es je erleben werde, daß diese Keime aufgehen?«

In diesem Tagebucheintrag schildert sie auch eine heftige Auseinandersetzung mit ihrem Mann über die Veröffentlichung seiner neuen Erzählung *Herr und Knecht*. Als Sonja das Werk einige Wochen zuvor abschrieb, hatte Tolstoi erwähnt, er werde es möglicherweise Ljubow Gurewitsch geben, einer jüdischen Verlegerin, die auch eine Zeitschrift herausgab. Da Tolstoi sich weigerte, die Urheberrechte zu beanspruchen, würde ihm selbst die Geschichte nichts einbringen. Die Gurewitsch dagegen konnte einen hübschen Gewinn machen, und zudem würde die Veröffentlichung des Buchs durch sie höchstwahrscheinlich den Verkauf des Ergänzungsbandes zu den Gesammelten Werken beeinträchtigen, den Sonja plante und der diese Erzählung enthalten sollte. Als eine Bekannte Sonja gegenüber bemerkte, die Gurewitsch habe »den Grafen offenbar betört, da sie . . . in einem Jahr zwei Artikel von ihm bekommen habe«, meldete sich zu allem Überfluß auch noch die Eifersucht in Sonja, und sie verlangte von Tolstoi, *Herr und Knecht* wenigstens gleichzeitig mit der Gurewitsch herausbringen zu dürfen. Als sie ihm das sagte, geriet er sofort in Rage, rannte nach oben, um sich anzuziehen und, wie er rief, das Haus für immer zu verlassen.

Der erste Gedanke war – wegen einer Frau. Ich verlor vollkommen die Beherrschung, und damit nicht er mich verlassen könne, stürzte ich selbst aus dem Haus und den Weg hinunter. Er mir nach. Er war in Unterhosen und Weste, ich im Morgenmantel. Er beschwor mich zurückzukommen, aber ich hatte nur einen einzigen Gedanken – zu sterben, so oder so. Ich weiß noch, daß ich weinte und schrie: »Sollen sie mich doch auf die Polizeiwache führen oder ins Irrenhaus stecken!« Ljowa zerrte mich zurück, und ich fiel immer wieder in den Schnee. Ich hatte nur Hausschuhe an den nackten Füßen und ein Nachthemd unter dem Morgenrock an. Ich wurde naß bis auf die Haut und holte mir eine Erkältung . . . und jetzt fühle ich mich krank und schwindlig und nicht ganz normal.

Nachdem sie ihm geholfen hatte, die Korrekturfahnen für die Gurewitsch durchzusehen, wagte sie einen erneuten Vorstoß: Sie wolle die Erzählung nur kopieren und würde sie gewiß nicht ohne seine ausdrückliche Einwilligung veröffentlichen. Aber wieder Fehlanzeige.

Eifersucht, Ärger und Verbitterung – darüber, daß er *niemals* in seinem Leben auch nur das *Geringste für mich* getan hatte – überwältigten mich. Ich warf die Korrekturabzüge auf den Tisch, zog einen leichten Pelzmantel, Mütze und Galoschen an und ging aus dem Haus. Glücklicherweise oder unglücklicherweise – ich weiß es nicht – bemerkte Mascha den Ausdruck der Verzweiflung auf meinem Gesicht und folgte mir, wenn ich sie zunächst auch nicht bemerkte.
Ich schlug die Richtung zum Jungfrauenkloster ein, wollte in einem Wäldchen oder auf den Sperlingsbergen erfrieren. Ich erinnere mich, daß der Gedanke mir gefiel, an Unterkühlung zu sterben wie Wassili Andrejitsch in eben dieser Erzählung, wegen der ich sterben würde [*Herr und Knecht*]. Ich bedauerte nichts. Ich hatte mein ganzes Leben auf eine Karte gesetzt – auf die Liebe zu meinem Mann –, und nun war das Spiel verloren, und es hatte keinen Zweck, noch länger zu leben.
Mit den Kindern fühlte ich kein Mitleid; schließlich sind *wir* es, die *sie* lieben, und nicht *sie*, die *uns* lieben; sie können also ohne mich leben. Mascha ließ mich, wie sich später herausstellte, nicht eine Sekunde lang aus den Augen, und sie war es, die mich schließlich nach Hause zurückbrachte. Meine Verzweiflung hielt noch zwei Tage lang an. Noch einmal wollte ich fort; ich nahm mir auf der Straße eine Kutsche und fuhr zum Kursker Bahnhof. Ich weiß nicht, wie die Kinder es errieten, daß ich dorthin gefahren war, aber Serjoschka und Mascha fingen mich am Bahnhof ab und brachten

mich wieder nach Hause. Ich schämte mich so, auf diese Art heimgebracht zu werden. In der Nacht war ich sehr krank (das war der 7. Februar). Meine Nerven waren überreizt, und es kam mir vor, als seien alle Menschen, die Ljowas Hand berührt hatte, dem Untergang geweiht . . . Ich wollte zu Gott beten, daß er alle Menschen vor Ljowas Einfluß schütze. Aber heute habe ich noch das Gefühl, daß meine Liebe zu ihm mich töten wird – meine Seele töten wird. Wenn ich mich von dieser Liebe befreie, werde ich gerettet sein; wenn nicht, werde ich zugrundegehen. Mein inneres Selbst hat er schon getötet, so daß ich schon nicht mehr wirklich lebe.

In jener Nacht kam er, als ich so sehr weinte, in mein Zimmer, kniete nieder und bat mich um Vergebung. Wenn er nur immer ein Fünkchen der Liebe übrig hätte, die er in diesem Augenblick für mich empfand, dann könnte ich vielleicht heute noch glücklich sein.

Da ich seelisch völlig am Ende war, rief man die Ärzte. Es war schon komisch, wie jeder Arzt seine eigene fachgerechte Therapie verschrieb. Der Nervenspezialist verordnete Brom; der Internist verschrieb eine Mischung von Vichy-Wasser und Tropfen, während der Gynäkologe Snegirjow mir wieder etwas anderes gab und dabei eine zynische Bemerkung über meine »kritische Periode« machte. Ich rührte keine der Arzneien an. Es geht mir noch nicht besser.

Nachdem ich drei Tage lang mit kaum etwas auf dem Leib in der Kälte herumgerannt bin, habe ich mir natürlich eine Erkältung geholt . . . Die Mädchen waren sehr erschrocken; Mischa brach in Tränen aus, Andrejuschka ging zu Ilja und erzählte ihm alles, Sascha und Wanja waren verwirrt, wie Kinder es sind, und Ljowa zeigte sich ziemlich besorgt – aber am meisten freute ich mich über Serjoschka; er war so freundlich und sanft und machte mir nicht die Andeutung eines Vorwurfs. Ljowa, du Christ, wie leicht fällt es dir, zu verurteilen, und wie wenig Liebe und Mitleid ist in dir! – Die ganze Geschichte war doch nichts anderes als die Folge meiner grenzenlosen Liebe zu ihm. Er sucht und sieht nur immer meine *Gehässigkeit*; wenn er doch nur begreifen würde, daß ich eine Menge verschiedener Beweggründe habe, und gerade *nicht* den der Böswilligkeit; und wie kann ich mein ruheloses und leidenschaftliches Wesen zügeln? . . .

Beide, Ljubow Gurewitsch und ich, haben die Erzählung bekommen. Aber um welchen Preis! Ich bin am Korrigieren der Fahnen, und voller Freude erkenne ich die literarische Größe des Werks.

Wanitschka hatte den Winter über an einer fiebrigen Erkrankung gelitten. Der Arzt war regelmäßig ins Haus gekommen, und das Kind wurde mit Chinin behandelt, ohne daß sich jedoch sein Zustand besserte. Tag und Nacht saß Sonja an seinem Bett, las ihm vor und sprach mit ihm. Dann plötzlich sank das Fieber, und er schien wieder wohlauf. Er ging mit den anderen ins Freie und nahm seinen Tanzunterricht wieder auf.

Sonja freilich behielt ihn angstvoll im Auge, denn sie fürchtete, seine Genesung werde nur von kurzer Dauer sein. Am 6. Februar – dem Tag vor ihrem Selbstmordversuch – hatte Wanitschka sie mit seinem Entschluß erschreckt, alle seine persönlichen Habseligkeiten zu verschenken. Er befestigte an jedem »Geschenk« ein kleines Etikett: »Für Mascha zum Andenken an Wanja«, »Für unseren Koch Semjon Nikolajewitsch von Wanja« und so weiter. Dann nahm er in seinem Zimmer die Bilder von der Wand und hängte sie im Zimmer seines Bruders Mischa auf. Die fassungslose Sonja versuchte, sein Interesse auf ein Buch zu lenken, das sie gerade las. Der Knabe stand am Fenster, starrte nachdenklich hinaus und fragte: »Mama, ist Aljoscha jetzt ein Engel?«

»Ja«, erwiderte Sonja. »Es heißt, wenn Kinder sterben, ehe sie sieben Jahre alt sind, werden sie Engel.«

»Vielleicht wäre es dann besser für mich, wenn ich sterbe, ehe ich sieben bin. Bald ist mein Geburtstag [31. März], aber vielleicht werde ich trotzdem ein Engel.«

Am 21. Februar wurde Wanitschka zu einer Routineuntersuchung in die Klinik gebracht. Wie die Ärzte feststellten, hatte sich sein Zustand sehr gebessert, und sie sagten, er könne wieder essen und tun, was ihm Spaß mache. Doch noch am selben Abend war das Fieber plötzlich wieder da. Als sein Bruder Mischa ins Zimmer kam, um nach ihm zu sehen, flüsterte Wanitschka ihm zu: »Ich weiß, daß ich dieses Mal sterben werde.«

Am Morgen war sein Fieber auf 40 Grad gestiegen. Er delirierte den ganzen Tag über, und der Arzt diagnostizierte seine Krankheit als Scharlach. Die Familie versuchte Sonja dazu zu bewegen, am Abend dieses Tages zu Bett zu gehen, aber als das fiebernde Kind um drei Uhr morgens erwachte, fand es sie an seiner Seite sitzend. »Verzeih mir, Mama, daß ich dich nicht schlafen lasse«, sagte Wanitschka leise.

»Ich habe geschlafen, mein Liebling«, versicherte Sonja ihm. »Wir wechseln uns ab.«

»Ist Tanja als nächste dran?«

»Nein, Mascha.«

»Willst du nicht Mascha holen und ins Bett gehen?« Er preßte seine trockenen Lippen auf Sonjas Mund.

»Tut dir etwas weh?« fragte sie.

»Nein, nichts«, erwiderte er.

»Aber du bist traurig?«

»Ja, ich bin einfach nur traurig«, antwortete er.

Wenige Minuten später verlor das Kind das Bewußtsein und starb noch am gleichen Abend.

»Mein lieber Wanitschka ist um elf Uhr abends gestorben«, schrieb Sonja am 23. Februar 1895 in ihr Tagebuch. »Mein Gott, und ich lebe!« Es sollte für zwei Jahre die letzte Eintragung sein, die sie machte.

Tolstoi war ebenso verzweifelt wie Sonja. Er führte sie aus Wanitschkas Zimmer in das von Tanja; dort setzte er sich mit ihr aufs Sofa, hielt sie in den Armen und streichelte ihr über den Kopf, den sie an seine Brust gelegt hatte. Mascha und Maria Nikolajewna beteten bei dem toten Kind, während das Kindermädchen schluchzend am Fuße des kleinen Bettes lag. Tanja wanderte, verwirrt und erregt, ziellos zwischen dem Kinderzimmer und anderen Räumen hin und her. Nachdem Mascha dem toten Wanitschka ein weißes Jäckchen angezogen und ihm die Haare gekämmt hatte, kehrten die Tolstois an das Bett ihres Sohnes zurück. Sonja legte dem toten Kind eine kleine Ikone auf die Brust, und Tanja zündete eine Kerze an, die sie nahe bei seinem Kopf aufstellte. Als der Lichtschein über sein regloses Gesicht flackerte, begann Sonja zu schreien und mußte aus dem Zimmer gebracht werden. Der Arzt wurde herbeigerufen und gab ihr ein Beruhigungsmittel.

Drei Tage später fand die Beerdigung statt. Als alle nach Hause zurückkehrten, brach Tolstoi zum ersten Mal zusammen und weinte. »Und ich habe immer geglaubt, von allen meinen Söhnen werde Wanitschka derjenige sein, der mein gutes Werk auf Erden weiterführt. Nun denn, es ist nicht zu ändern.« In sein Tagebuch schrieb er: »Wir haben Wanitschka begraben. Ein entsetzliches – nein, kein entsetzliches, sondern ein erhabenes seelisches Erlebnis. Ich danke dir, Vater.«

Mit gesenktem Haupt wanderte Tolstoi traurig und ruhelos durch das trostlos wirkende Haus, während sich Angehörige und Freunde – Anna Dostojewskaja, Michail Stachowitsch, die jetzt schon ältliche Baronin Mengden und der gebrechliche Onkel Kostja – um die völlig verstörte Sonja scharten, aber keiner von ihnen vermochte sie aus ihrer tiefen Depression herauszuholen. Am 27. März 1895 schrieb Tolstoi in sein Tagebuch: »Sonja leidet unverändert und kann sich nicht zu einer religiösen Betrachtungsweise aufschwingen.«

»Manchmal«, erinnerte Sascha sich, »wurde sie ein wenig ruhiger, suchte Wanitschkas Spielsachen zusammen, hantierte wieder und wieder mit ihnen, ließ von seinen Fotografien neue Abzüge machen; dann weinte sie erneut und rief, sie werde sich umbringen. ›Warum, warum, ist Gott so ungerecht? Warum, warum hat er mir Wanitschka weggenommen?‹ schluchzte sie. Und einmal stieß sie, außer sich, hervor: ›Warum – warum Wanitschka? Warum nicht Sascha?‹«

Sascha, die diese gequälte Frage hörte, lief in ihr Zimmer und schluchzte: »Herr, o Herr, warum ist Wanitschka gestorben? Warum nicht ich?«

Wäre Sonja imstande gewesen, sich ihrer jüngsten Tochter zuzuwenden, so hätte sie in ihr vielleicht eine verwandte Seele entdeckt. Aber Sonja fand nicht den Weg zum Herzen des kleinen Mädchens, konnte es nicht liebevoll in die Arme nehmen, und jener schreckliche, gedankenlose Ausruf – »Warum Wanitschka – warum nicht Sascha?« – sollte nicht nur für immer zwischen ihnen stehen, Sascha sollte ihn ihr Leben lang nicht vergessen: Noch ihre Tochter erinnerte sich im Alter von vierundneunzig Jahren daran, daß dieser Satz für ihre Mutter eine nie verheilende Wunde bedeutet hatte.

21

Nach dem Tode Wanitschkas suchte Sonja Trost in der Religion. Sie ging jeden Tag zur Kirche, in der Hoffnung, Beichte und Kommunion würden ihr inneren Frieden bringen. Täglich besuchte sie den Friedhof in Nikolskoje, wo Wanitschka und sein Bruder Aljoscha begraben lagen. Sie weinte ständig, und ihr Körper wurde von einem anhaltenden, erstickten Schluchzen geschüttelt. Ihre Trauer überschattete den ganzen Haushalt, und die Kinder und die Diener scheuten sich, ihr nahe zu kommen. Tolstoi war der einzige, der nicht um ihre Gesundheit fürchtete; er war überzeugt, ihr großer Kummer werde eine geistige Wandlung bei ihr bewirken. An seine Kusine Alexandra schrieb er:

Wir haben uns einander niemals so nahe gefühlt wie jetzt, und nie zuvor habe ich, weder bei Sonja noch bei mir selbst, ein solches Bedürfnis nach Liebe und einen solchen Abscheu vor jedem Stückchen Zwietracht und Schlechtigkeit empfunden. Nie habe ich Sonja so geliebt wie jetzt. [Wanitschka] war eines dieser Kinder, die Gott zu früh in diese Welt schickt, in eine Welt, die noch nicht bereit ist, sie aufzunehmen, wie Schwalben, die zu früh kommen und erfrieren. Und jetzt ist er von ihr genommen worden, und trotz ihres Mutterseins scheint es, daß ihr in dieser Welt nichts geblieben ist. Es wird ihr nichts anderes übrigbleiben, als in eine andere und geistige Welt emporzusteigen, in der sie zuvor nie zu Hause gewesen ist.

Er wachte zärtlich über Sonja, begierig darauf, auch noch das leiseste Anzeichen der erhofften »Erweckung« zu registrieren. Jedes entsprechende »Symptom« teilte er freudig Tschertkow mit und vertraute ihm an, wie sehr die Schönheit ihrer Seele, wie sie sich durch ihren Kummer offenbart hatte, ihn beeindrucke. Aber Sonja machte keine »geistige Ekstase« durch, an deren Ende eine neue Zweisamkeit mit ihrem Gatten stehen würde, und Tanja Kusminskaja, die gekommen war, Sonja in ihrem Kummer beizustehen, erkannte, daß Tolstoi sich vergebliche Hoffnungen machte.

Als Sonjas seelischer Zustand sich im April immer noch nicht gebessert hatte, wurde beschlossen, daß die beiden Schwestern einen kurzen Urlaub in Kiew machen sollten. Tolstoi war damit einverstanden. Er hatte mittlerweile eingesehen, daß die Deutung, die er Sonjas Kummer zunächst gegeben hatte, falsch gewesen war; nun glaubte er, daß ihre Melancholie in Selbstmitleid wurzele und sie Gott keinen Schritt näher bringen würde.

Kiew war berühmt für seine Kirchen und Klöster, aber es war nicht die Religion, sondern die Musik, die mithalf, Sonja aus ihrer tiefen Depression herauszuführen, denn der bekannte und allseits geschätzte Komponist und Pianist Sergej Iwanowitsch Tanejew trat während des Aufenthalts der Schwestern in Kiew auf. Tanejew hatte als Direktor des Moskauer Konservatoriums Serjoschka bei seinem Studium mit Rat und Tat zur Seite gestanden, und Sonja hatte ihn in Moskau bereits kennengelernt; da aber Tolstoi nichts von Konzerten hielt, hatte sie bis dahin nie Gelegenheit gehabt, eine seiner Veranstaltungen zu besuchen.

Der jetzt vierzigjährige Junggeselle Tanejew war einst ein Wunderkind gewesen, als Zehnjähriger entdeckt von Nikolai Rubinstein, einem der größten russischen Pianisten. Trotz seines zarten Alters war er ins Moskauer Konservatorium aufgenommen worden und hatte bei Tschaikowski Harmonie und bei Rubinstein Klavier studiert. Mit neunzehn feierte er sein sensationell erfolgreiches Moskauer Debüt. Tschaikowski war zu dieser Zeit Direktor des Konservatoriums und Professor für Harmonielehre, und Tanejew wurde sein Schützling und enger Freund. Als Tschaikowski sich 1878 ins Privatleben zurückzog, benannte er Tanejew als seinen Nachfolger, und nach dem Tod Rubinsteins 1881 übernahm der junge Mann auch dessen Klavierklassen. Er gehörte zu den russischen Musikvirtuosen der ersten Garnitur, galt als Meister der Tonnuancierung und als größter Interpret von Tschaikowskis Klavierwerken. Tanejews Stil war ausgesprochen romantisch, und er besaß eine große weibliche Anhängerschaft. Klein und untersetzt, war er nicht gerade ein Adonis mit seinem schütteren roten Haar, den kleinen rötlich-braunen Augen, der geröteten fleischigen Spitze seiner etwas femininen Nase, seinem wie eingeölt glänzenden, roten Gesicht und seinem spärlichen kastanienbraunen Bart. Doch wenn er am Klavier saß, wirkte sein leuchtendroter Kopf wie ein natürlicher und sehr attraktiver Ausdruck der Leidenschaftlichkeit seines Spiels.

Sonja und Tanja besuchten kurz nach ihrer Ankunft in Kiew eines seiner Konzerte. Sein Spiel erregte Sonja zutiefst, und ihr war, als würden die Klänge von Beethovens *Appassionata* ihren grenzenlosen Kummer besänftigen. Später, als die Schwestern gerade ihre Kutsche besteigen wollten, sahen sie, wie Tanejew mit Pelagia Wassiljewna – einer älteren Frau, die sein Kindermädchen gewesen war und noch immer bei ihm lebte – aus dem Konzertsaal kam. Im Nu war er von einer Schar schreiender junger Frauen umringt. Diese aufgeregten Verehrerinnen drängten sich dicht an ihn und griffen nach ihm; eine kniete nieder, um seine Galoschen zu küssen, eine andere entriß ihm das Taschentuch, mit dem er sich die Stirn abwischte, und zerpflückte es in kleine Fetzen, um es mit den Umstehenden zu teilen. Tanejew versuchte vergebens, sich loszumachen. Schließlich rief seine vom Alter gebeugte Begleiterin: »Sergej Iwanowitsch ist müde! Laßt ihn in Ruhe.«

Sonja raunte Tanja und ihrem Lakaien zu, sie müßten Tanejew helfen, und machte sich auf den Weg zu ihm. Sofort rannte der Lakai vor ihr her. »Platz für Ihre Exzellenz, Gräfin Tolstaja«, rief er barsch. Die Verehrerinnen ließen von Tanejew ab, vielleicht in Reaktion auf den Namen Tolstoi, vielleicht aber auch unter dem Eindruck der in ihrer Trauerkleidung so würdevoll wirkenden Person Sonjas. Tanejews eigene Kutsche hatte sich verspätet, und Sonja bot ihm und der mürrischen Pelagia Wassiljewna an, in der ihren mitzufahren. Als sie und Tanja mit dem gefeierten Musiker durch die nächtlichen Straßen Kiews rollten, glitzerten Tränen in Sonjas dunklen Augen, und es schien, als sei jene »geistige Ekstase«, auf die Tolstoi so inbrünstig gehofft hatte, doch noch über sie gekommen.

Überzeugt, daß sie durch die Kunst Tanejews neu geboren wurde, traf sie in Kiew nun häufig mit ihm zusammen. Tanja begleitete die beiden stets und sah in ihrer Freundschaft nichts Ungehöriges. Sie war nicht nur sicher, daß ihre Schwester über jeden Vorwurf erhaben war, sondern auch überzeugt, daß Tanejews eher feminines Wesen die Möglichkeit irgendwelcher unziemlicher Gefühle Sonja gegenüber ausschloß. Der Maestro spielte oft für die Schwestern, und manchmal saß Sonja neben ihm und ließ sich von ihm zeigen, wie eine bestimmte Passage gespielt wurde. Sonja beschloß daraufhin, ihre Klavierlektionen wieder aufzunehmen.

Zum ersten Mal seit vielen Monaten vergaß Sonja ihren Kummer. Aber sobald sie wieder in Moskau war, wurde sie erneut von Trauer übermannt. Im Juni 1895 schrieb sie an Tanja in St. Petersburg: »Nichts interessiert mich, nichts bewegt mich außer einem lebendigen, brennenden Gefühl des Schmerzes, des hoffnungslosen Kummers ohne Wanitschka.« Sie fühlte sich verzweifelt einsam. Onkel Kostja war alt und krank, Tanja war bei Mascha und ihrem Vater in Jasnaja Poljana. Ihr Gefühl des Alleinseins verstärkte sich noch, als Tanja ihr schrieb, Tolstoi verbringe jeden Nachmittag mit Tschertkow und dessen Frau, die auf ein kleines Gut in der Nähe von Jasnaja Poljana gezogen waren. Sonja besuchte in Moskau mehrmals Tanejew, und als sie drei Wochen nach ihrer Rückkehr aus Kiew nach Jasnaja Poljana aufbrach, lud sie ihn zu einem Besuch dort ein. Obgleich Tolstoi den neuen Bekannten seiner Frau höflich, aber kühl empfing, fühlte Tanejew sich geehrt, Gast des großen Dichters zu sein. In sein Tagebuch – das er übrigens in Esperanto schrieb – hielt er alle Einzelheiten seines Besuchs fest, darunter auch seine Gespräche mit Tolstoi über Kunst.

Im Juli heiratete Serjoschka Maria Konstantinowna Radschinskaja, eine Verbindung, die weder seinem Vater noch seiner Mutter sonderlich gefiel. Die neue Schwiegertochter der Tolstois, die Manja genannt wurde, war eine kühle, scharfzüngige junge Frau, und Sonja fürchtete um das zukünftige Glück ihres ältesten Sohnes.

Der August brachte einen neuen Gast nach Jasnaja Poljana: den Schriftsteller Anton Tschechow, den Sonja auf den ersten Blick mochte. Der fünfunddreißigjährige Tschechow verfügte über ein charmantes, ein wenig wehmütiges Lächeln, und oft verdunkelte ein Schatten von Traurigkeit seine ausdrucksvollen grauen Augen. Er litt an einem hartnäckigen Husten und zeigte alle Symptome einer sich entwickelnden Tuberkulose. Obgleich Tschechow aus einer armen Familie stammte (ironischerweise war sein Großvater ein Leibeigener von Tschertkows Vater gewesen), hatte er Medizin studiert und sich sein Geld mit dem Verkauf von Sketchen und Kurzgeschichten an Witzblätter verdient. 1884 schloß er seine Studien ab, hatte sich dann aber doch für ein Leben als Schriftsteller entschieden.

Im Jahr 1882 hatte Tschechow sich der Tolstoischen Philosophie zugewandt und sich von ihr sechs Jahre lang stark beeinflussen lassen. Mit der Zeit jedoch hatte er begonnen, die – wie er es sah – Arroganz Tolstois zu verabscheuen, und nach der Lektüre der *Kreutzersonate* schrieb er an einen Freund, das Buch habe etwas, das man seinem Verfasser »nicht verzeihen möchte, nämlich Tolstoi behandelt mit Kühnheit etwas, das er nicht kennt und das er aus Eigensinn nicht verstehen will. So können seine Betrachtungen über Syphilis, Erziehungshäuser, den Widerwillen der Frauen gegen den Beischlaf und so weiter nicht nur bestritten werden, sondern sie offenbaren einen ungebildeten Menschen, der sich im Laufe seines langen Lebens nicht die Mühe gemacht hat, zwei oder drei Bücher zu lesen, die von Fachleuten geschrieben wurden.«

Etwa vier Jahre später, 1894, schrieb er einem anderen Freund: »Die Philosophie Tolstois hat mich stark bewegt . . . doch auf mich wirkten nicht die Hauptthesen, die mir bereits früher bekannt waren, sondern die Art Tolstois, sich auszudrücken, seine Besonnenheit und wahrscheinlich eine Art Hypnose. Jetzt aber protestiert etwas in mir; Überlegung und Gerechtigkeit sagen mir, in der Elektrizität und im Dampf liegen mehr Menschenliebe als in der Keuschheit und in der Enthaltsamkeit vom Fleischgenuß.«

Obwohl mittlerweile also eher anti-tolstojanisch eingestellt, verehrte er nach wie vor Tolstois künstlerisches Genie und freute sich sehr, ihn kennenzulernen. Als er früh an einem herrlichen Augustmorgen des Jahres 1895 in Jasnaja Poljana eintraf, war Tolstoi gerade auf dem Weg zu einem Bad in der Woronka, und Tschechow schloß sich ihm an. »Nackt und bis zum Hals im Wasser« tauschten die beiden Männer angeregt ihre vollkommen gegensätzlichen Ansichten aus. Tschechow bemerkte später dazu: »Wenn man mit Tolstoi spricht, fühlt man sich vollständig in seiner Macht.« Und Tolstoi, der Tschechows antireligiöse Auffassungen bedauerte, war seinerseits von dem jungen Mann sehr angetan und sprach von ihm bewundernd als von »jenem Puschkin in Prosa«.

Tschechow war ein Bewunderer schöner Frauen, vor allem wenn sie auch noch intelligent waren, und so bereitete sein Besuch Sonja große Freude. Er verbrachte Stunden mit ihr im Gespräch, zum Beispiel über ihre Arbeit als Verlegerin. Sie hegte kurze Zeit die Hoffnung, er könne sich zu Tanja hingezogen fühlen, die jetzt schon einunddreißig war (zu Sonjas großem Kummer stammten Tanjas Männerbekanntschaften bislang ausschließlich aus dem Kreis der »dunklen« Jünger Tolstois). Aber die romantischen Gedanken Tschechows gingen in eine andere Richtung. Dies hinderte ihn jedoch nicht daran, sowohl von Tanja als auch von Mascha gebührend Notiz zu nehmen; so schrieb er an einen Freund:

»Die Töchter Tolstois sind sehr anziehend. Sie vergöttern ihren Vater und glauben mit fanatischer Überzeugung an ihn. Und das bedeutet, daß Tolstoi tatsächlich eine große Kraft ist, denn wäre er unaufrichtig und nicht über jeden Vorwurf erhaben, dann wären seine Töchter die ersten, die an ihm zweifeln würden, denn Töchter sind wie Spatzen: ›Man besticht sie nicht mit Spreu.‹«

Mit dem Ende des Sommers kehrte Sonjas Melancholie zurück. Tolstoi machte sich Sorgen um ihre Gesundheit und fand, ein Aufenthalt in Moskau würde ihr guttun. Später schrieb er in sein Tagebuch: »Sonja und Sascha sind soeben abgereist. Sie saß schon im Wagen, da tat sie mir plötzlich schrecklich leid; nicht weil sie wegfährt, sie selbst tut mir leid, ihre Seele. Und jetzt ist es so schlimm, daß ich die Tränen kaum zurückhalten kann. Es tut mir weh, daß sie es so schwer hat, daß sie so traurig und einsam ist. Ich bin der einzige, an den sie sich klammert, und tief im Innern fürchtet sie, daß ich sie nicht liebe, nicht so liebe, wie ich es vermag, von ganzem Herzen, und daß die Ursache dafür unsere unterschiedliche Ansicht vom Leben ist. Und sie glaubt, ich liebte sie nicht, weil sie nicht zu mir gekommen ist.« Und dann, sich sozusagen direkt an Sonja wendend: »Das darfst Du nicht glauben. Ich liebe Dich noch mehr, verstehe Dich ganz und weiß, Du konntest nicht zu mir kommen, und aus diesem Grund bist Du allein geblieben. Aber Du bist nicht allein: Ich bin bei Dir, ich liebe Dich so, wie Du bist, und werde Dich bis zu allerletzt so sehr lieben, wie ein Mensch nur lieben kann.«

Der Sommer 1895 war an sich besonders ruhig verlaufen, zumal der Kummer über den Tod ihres Kindes alle sexuellen Wünsche in Sonja vorübergehend zum Verstummen gebracht hatte und sie – zu Tolstois Freude – monatelang eine »keusche Ehe« gemäß seinen Prinzipien geführt hatten. Doch Tolstoi pflegte seit kurzem seine Tagebücher wegzuschließen. Das machte Sonja unruhig und nervös. Sie suchte und fand auch den Schlüssel und las die jüngsten Eintragungen. Bestürzt angesichts der barschen Äußerungen, die sie dort über sich fand, schrieb sie ihm am 12. Oktober:

Warum sprichst Du jedes Mal, wenn Du in Deinen Tagebüchern meinen Namen erwähnst, so schlecht von mir? Warum möchtest Du, daß alle zukünftigen Generationen und unsere Nachfahren auf meinen Namen verächtlich herabsehen als auf den einer frivolen, launenhaften Frau, die Dich unglücklich gemacht hat? Natürlich wird es deinen Ruhm mehren, wenn Du als *Opfer* dastehst. Aber wie sehr das dazu beiträgt, mich zu zerstören! Wenn Du mich einfach ausschimpfen oder selbst schlagen würdest wegen der Dinge, die ich in Deinen Augen falsch mache, ach, das wäre unendlich viel leichter für mich, das würde vorübergehen – aber dies hier bleibt ... Du hast versprochen, daß Du die bösen Worte über mich, die in Deinen Tagebüchern stehen, wegstreichen würdest. Aber Du hast es nicht getan; [hast Du] Angst, daß Dein Nachruhm ein geringerer sein wird, wenn Du nicht zeigst, daß und wie ich Dein Quälgeist und Du selbst ein Märtyrer gewesen bist, der sein Kreuz in Gestalt seiner Frau getragen hat?

Es scheint, daß dieser Brief Tolstoi rührte, denn am 13. Oktober schrieb er in sein Tagebuch:

Bei der Durchsicht des Tagebuchs fand ich eine Stelle – es gab mehrere dieser Art –, wo ich die bösen Worte widerrufe, die ich über sie geschrieben habe. Diese Worte sind in Augenblicken der Verärgerung geschrieben. Jetzt wiederhole ich nochmals für alle, denen diese Tagebücher einmal in die Hände fallen sollten: Ich war oft ärgerlich auf sie wegen ihrer raschen, unbesonnenen Art, aber wie Fet zu sagen pflegte, jeder hat die Frau, die er braucht. Sie war – und ich sehe bereits, wie – die Frau, die ich brauchte. Sie war eine ideale Gattin im heidnischen Sinne, treu, mit Familiensinn, selbstlos und voll – heidnischer – Liebe zur Familie, und die Möglichkeit christlicher Freundschaft ist in ihr angelegt. Das habe ich nach Wanitschkas Tod erkannt. Wird sie in ihr zur Entfaltung kommen? Hilf, Vater.

Während der folgenden Monate zeigte sich in den zwischen Tolstoi und Sonja gewechselten Briefen eine wiedergewonnene Zärtlichkeit und Übereinstimmung. Am 25. Oktober schrieb er ihr, er empfinde eine völlig neue Liebe für sie, »ein so heiliges, gutes Gefühl, daß ich gar nicht darüber reden sollte, doch weiß ich, daß Du es gern hörst und daß es sich dadurch, daß ich es sage, nicht ändern wird«.

Für Sonja gab es in jenem Herbst in Moskau viel zu tun. Durch die lange Trauerzeit hatte sie ihre geschäftlichen Angelegenheiten vernachlässigt und mußte nun doppelt fleißig arbeiten, um das Auskommen ihrer Familie für das nächste Jahr sicherzustellen.

Im Dezember kehrte Tanejew von einer Konzertreise nach Moskau zurück. Er und Sonja erneuerten ihre Freundschaft, und sie begann, sich intensiv der Musik zu widmen. Sie besuchte Konzerte und verbesserte unter Tanejews Anleitung ihr Klavierspiel.

Maria Nikolajewnas Tochter Lisa, die nun auch schon dreiundvierzig war, verbrachte den Winter bei Sonja in Moskau. Sie war mit dem Fürsten Leonid Dimitrijewitsch Obolenski verheiratet gewesen, einem Bruder von Tolstois altem Freund aus Prokowskoje, aber ihr Mann war 1888 gestorben. Als verarmte Witwe zurückgeblieben, brachte Lisa sich nun durch lange Besuche bei Verwandten und Freunden »über die Runden«. Sie und ihre ältere Schwester Warja hatten als junge Frauen viele Sommer bei den Tolstois auf Jasnaja Poljana verbracht, aber schon damals hatte wenig Sympathie zwischen ihr und der acht Jahre älteren Sonja bestanden. Tolstoi dagegen war von Lisa sehr angetan gewesen, die wiederum ausgesprochen eifersüchtig auf Sonja war, zumal diese stets Warja ihrer Schwester vorzog.

»Mit Tante Sonja ist eine große Veränderung vorgegangen, die niemandem gefällt«, schrieb Lisa an ihre Tochter in St. Petersburg. »Sie ist so rastlos geworden, bleibt nie zu Hause und wirft sich in letzter Zeit oft in Schale . . . sie hat begonnen, ins Theater und in Konzerte zu gehen, und ganz allgemein macht sie den Eindruck einer Person, die in erschreckendem Tempo lebt, um nur ja keine Minute zu vergeuden.«

Sonjas neue »Überdrehtheit« war für ihre Töchter – von der erwachsenen Tanja bis zur jetzt elfjährigen Sascha – schwer zu verstehen. Sie befürchteten, ihre Mutter treibe eine »Panik vor dem Altwerden und ein Wunsch, nicht als alte Frau zu erscheinen«. Sonja, die sich nicht darüber hinwegtäuschte, daß ihr Verhalten zuweilen exzentrisch war, bemerkte einmal Lisa gegenüber klarsichtig: »Ich führe ein etwas zerrissenes, ruheloses Leben, wie eine verlorene Seele, und doch kann ich nicht anders.«

Ihre Töchter waren rücksichtsvoll, behandelten sie mit nachsichtiger Großzügigkeit – wie ein Kind. Sie übten keine direkte Kritik an ihr; allerdings gab es in ihrem Verhalten auch kaum etwas, an dem man so direkt etwas hätte aussetzen können. Sascha meinte später einmal nachdenklich: »War irgend etwas falsch daran, daß Mutter sich von der Musik forttragen ließ, oder daran, daß sie ihre Zeit am liebsten mit S. I. Tanejew verbrachte, dem netten, begabten Komponisten und Pianisten?«

Gewiß fand niemand Sonjas und Tanejews Verhalten tadelnswert. Aber ihre Töchter waren der Ansicht, ihre enge Freundschaft mit einem Mann, der zehn Jahre jünger war als sie und auf einem Gebiet tätig war – der Musik –, das Tolstoi für einen Hort frivoler Lustbarkeit hielt, sei gleichbedeutend mit einem öffentlichen Bekenntnis ihrer Geringschätzung für die Weltanschauung ihres Mannes und zeuge von einem Mangel an Loyalität dem Menschen Tolstoi gegenüber.

Elegant gekleidet und von einem ganz neuen Lebensgefühl beseelt, ging Sonja zusammen mit Sascha jeden Donnerstagabend ins Konzert. Sie saßen neben Tanejew in der sechsten Reihe, und Sascha war oft schon vor Ende des ersten Programmteils eingeschlafen. Nach Beendigung des Konzerts unterhielten sich ihre Mutter und Tanejew noch eine Zeitlang, dann fuhren die drei gewöhnlich zusammen nach Hause. Im Frühling machten sie den Heimweg zu Fuß; auf diesen einstündigen Spaziergängen führten Sonja und Tanejew lebhafte Gespräche, während die todmüde Sascha hinter ihnen hertrottete.

Tanejew war nun häufiger Gast im Hause der Tolstois, auch wenn der Meister selbst in Moskau weilte. Er war ein intelligenter und witziger Gesprächspartner, und es machte ihm Freude, Sonja auf dem Klavier vorzuspielen, und so war das Haus oft von Musik erfüllt. Sonjas Freundschaft zu ihm wurde immer herzlicher, und sie gab sich in seiner Gegenwart entspannt und ungezwungen. Tolstoi und die Kinder jedoch begannen, eine Abneigung gegen Tanejew zu entwickeln, den sie als einen störenden Eindringling in ihren Familienkreis betrachteten.

Jeden Morgen pflegte der Schlitten der Tolstois mit der dunkelgrauen Stute Liva in vollem Geschirr vor der Haustür bereitzustehen. Der Kutscher Emeljanitsch, ein Koloß in seinem gefütterten Mantel, saß wartend auf dem Bock, bis Sonja, stets in schicke Pelze gehüllt und mit einer kessen Mütze aus Seehundfell auf dem Kopf, aus dem Haus schwebte. Sie fuhr dann gewöhnlich zur Jägersiedlung hinaus und kehrte mit unzähligen köstlich duftenden Backwaren aus der feinsten Moskauer Bäckerei zurück. Wenn die Kinder ihr Abendessen beendet hatten, wurde der Eßzimmertisch mit einem weißen Tuch gedeckt und darauf »verschiedene Sorten Eingemachtes, Kuchen, Früchte, Süßigkeiten, Sardellenbrötchen, hartgekochte Eier, feinster Kaviar und, auf einem Silbertablett, ein schlanker, dampfender und gurgelnder Samowar« aufgebaut. Gegen neun Uhr pflegte Tanejew mit einem vor guter Laune glühenden roten Gesicht einzutreffen. Sascha, von ihrer Mutter ins Bett geschickt, sah diesen Vorbereitungen stets verdrossen oder gar mit Tränen der Wut in den Augen zu – »all das Essen kann doch gar nicht für den allein sein!« – und konnte oft nicht einschlafen.

Wenn Sascha ihre Mutter beim Einkaufen begleitete, klopfte Sonja manchmal »mit ihrer Schildplatt-Lorgnette auf den breiten, wattierten Rücken von Emeljanitsch und sagte: ›Du wirst bei Tanejew vorbeifahren.‹« Dann erklärte sie ihrer Tochter: »Wir müssen nachsehen,

Das letzte Foto von Leo und Sonja Tolstoi, aufgenommen an
ihrem achtundvierzigsten Hochzeitstag, am 23. 10. 1910,
im Garten von Jasnaja Poljana.

wie es Sergej Iwanowitschs altem Kindermädchen geht.« Irgendein glücklicher Zufall wollte es, daß Sonja und ihre Tochter Tanejew stets zu Hause antrafen. Er spielte entweder Klavier oder trank in seinem winzigen Eßzimmer Tee, aber beim Anblick Sonjas pflegte er in seiner linkischen Art aufzuspringen und fürchterlich geschäftig zu werden – half den beiden Besucherinnen aus dem Mantel, nötigte sie, Platz zu nehmen, und bot Erfrischungen an. Schließlich redete Pelagia Wassiljewna ihm jeweils beruhigend zu und servierte Tee. Als der Frühling wärmere Tage brachte, begleitete Sascha ihre Mutter und Tanejew auf Spazierfahrten in der ländlichen Umgebung. Bei diesen fröhlichen Ausflügen gab die nach der letzten Mode gekleidete Sonja sich auf eine Art und Weise, die Tolstoi höchstwahrscheinlich als »frivol« gebrandmarkt hätte.

Der Gegensatz zwischen dem Leben, das Sonja mit Tolstoi, und dem, das sie ohne ihn führte, bedeutete für sie eine große psychische Belastung. Sie begann unter schweren Migräneanfällen zu leiden, und der Arzt erklärte, bei ihr habe die Menopause eine seit langem schon latent vorhandene nervöse Störung verstärkt. Er verordnete viel Schlaf und einige Arzneimittel, die beruhigend wirken sollten, aber nichts schien zu helfen.

»Was kann ich Dir, mein Lieber, von meinem inneren Leben erzählen?« schrieb sie im März 1896 an Tolstoi. »Ich weiß nichts darüber und traue mich nicht, mich dazu zu bekennen, weil sich nichts Gutes über die Eitelkeit sagen läßt, inmitten welcher ich mein Leben weiterlebe, um all das zu betäuben, was mich in meinem Dasein quält, und all das, was noch immer schmerzt. In der Fastenzeit, als ich betete und fastete, war ich besser dran: Jetzt aber suche ich entweder Zerstreuungen und Sensationen oder werde von einer Woge der Depression und Nervosität überrollt, und dann renne ich schnell davon – weg von zu Hause, weg von mir selbst.«

Tolstoi schrieb zurück: »Ich möchte Dir gern sagen, daß Dein Wunsch, Dich selbst zu verlieren – mag er auch noch so natürlich sein –, nicht gut ist; daß Du, falls Du Dich verlierst, die Lösung Deiner Probleme nur verdrängst, die doch dieselben bleiben und die gleichwohl gelöst werden müssen, wenn nicht in dieser Welt, dann in der nächsten, das heißt nach unserem körperlichen Tod.«

Sonja hielt sich nicht an Tolstois feierliche Empfehlung. Moskau schwelgte angesichts der bevorstehenden Krönung des Zaren in Festlichkeiten, und Sonja war entschlossen, jede Sekunde zu genießen.

22

Die Tradition forderte, daß die Krönung des neuen Zaren nach einer zwölfmonatigen Trauerzeit in Moskau, der alten Hauptstadt des Großherzogtums Rußland, und nicht etwa in dem eher westlich geprägten St. Petersburg stattfand. Die Tradition wollte es auch, daß der noch ungekrönte Zar in Moskau einen Tag vor der Krönung einzog. Nikolaus und Alexandra warteten daher außerhalb der Stadt im Petrowski-Palast auf ihren großen Auftritt und verbrachten die Tage vor der Zeremonie mit Fasten und Beten.

Nach dem Tod Alexanders III. hatten die Tolstois – wie die meisten Angehörigen der russischen Intelligenzija – gehofft, der neue Zar werde einige dringend erforderliche Reformen durchführen. In dem Manifest jedoch, das Nikolaus anläßlich seiner Thronbesteigung veröffentlichte, bekräftigte er die reaktionäre Politik seines Vaters. Tolstoi bezeichnete das Dokument zornig als »außerordentlich unanständig«, und auch Sonja hielt die Erklärung des Zaren für unerträglich; aber anders als ihr Mann weigerte sie sich nicht, der Krönung beizuwohnen.

Ganz Moskau war in Jubelstimmung. Die Häuser waren frisch getüncht und blitzblank geputzt, die Türen mit immergrünen Zweigen geschmückt, und weiß-rot-blaue russische Fahnen flatterten an fast allen Fenstern. Aus allen Ecken des Riesenreichs waren Bauern in offenen Wagen angereist. Angehörige sibirischer, kaukasischer und türkischer Völker trafen mit Zügen ein und machten die überfüllten Waggons zu einem einzigen Knäuel von scharlachroten Gewändern, wertvollen Pelzen und hohen roten Turbanen. Betrunkene Soldaten und hurra schreiende Bauern bevölkerten die Straßen der Stadt. Drei aufeinander folgende Tage waren zu Feiertagen erklärt worden, Gebühren und Steuern vorübergehend ausgesetzt und Gefangene mit geringen Strafen begnadigt worden. Bei Sonja rief alles Erinnerungen daran hervor, wie sie auf dem Kreml-Platz gestanden und sich die Krönung Zar Alexanders II. in der Uspenski-Kathedrale vorgestellt hatte. Doch nun war sie die Gräfin Tolstoi, gehörte dem Adel an und würde diesmal in der Kirche sitzen und mit eigenen Augen sehen, wie der Zar sich die Krone aufsetzte.

Die Uspenski-Kathedrale war für das Zeremoniell hell erleuchtet worden; die Goldgrund-Malereien, die ihre Wände und Decken schmückten, glitzerten im Schein Tausender flackernder Kerzen. Nikolaus trug die farbenfrohe blaugrüne Uniform der Preobojenski-Garde mit einer scharlachroten Schärpe über der Brust. An seiner Seite Alexandra, um den Hals eine schlichte Kette aus seltenen rosaroten Perlen auf einem schimmernden weiß-silbernen Gewand, um dessen Taille ein breiter karmesinroter Gürtel geschlungen war. Gefolgt von zahlreichen Dienern und Schleppenträgern, schritt das kaiserliche Paar langsam dem Krönungsthron entgegen: Für Nikolaus stand der zweihundertfünfzig Jahre alte, mit Rubinen, Saphiren, Smaragden, Perlen und 870 Diamanten verzierte Thron von Zar Alexej bereit, für Alexandra der kunstvoll geschnitzte byzantinische Elfenbeinthron.

Am Abend jenes Tages gehörte Sonja zu den siebentausend Gästen des Krönungsbanketts. Ein großer Ballsaal war gesondert für die Bauern hergerichtet worden, die einem alten Recht zufolge geladen wurden, da einer der ihren einmal einem Zaren das Leben gerettet hatte. Sie waren einfach gekleidet und wohl die einzigen Gäste, mit denen Tolstoi einverstanden gewesen wäre. Verurteilt hätte er dagegen gewiß die »aufreizenden« Roben der adligen Damen. Sonjas elegantes malvenfarbenes Seidenkleid nahm sich im Vergleich dazu eher zurückhaltend aus. Und anders als die meisten der Frauen trug sie keine auffälligen Juwelen – lediglich eine Perlenkette um den Hals und in den Ohren die kleinen Diamanten, die einst ihrer Mutter gehört hatten. Nichtsdestoweniger war sie eine auffallend schöne Frau mit ihren großen, stets ein wenig aufgerissenen Augen – ihre Lorgnette hatte sie an einem solchen Abend natürlich zu Hause gelassen. Sie verabschiedete sich früh, aber in angeregter Stimmung, und fuhr durch eine Stadt nach Hause, in der das Licht der zur Feier des Krönungstages entzündeten Leuchtfeuer die Nacht zum Tage machte. Vom Kreml herab blinkten die ersten elektrischen Lichter; kurz zuvor hatte Zarin Alexandra die neue Beleuchtung der alten Festung mittels Drücken eines in einem Rosenbukett verborgenen Knopfes eingeschaltet. Am nächsten Morgen jedoch verwandelten sich die Pracht und der Jubel der Festtage in blutigen Schrecken.

Alter Tradition zufolge gab es am Tag nach jeder Zarenkrönung für die Moskauer ein Fest. Und so hatte man auch diesmal für den 27. Mai eine große Freiluftveranstaltung angesetzt, der auch Nikolaus und Alexandra beiwohnen sollten. Sie fand auf einer Wiese statt, die sonst als Truppenübungsplatz diente. Das Gelände, obwohl ein eher unwirtlicher, von einem Netz flacher Gräben durchzogener Park, war der einzige Ort in Moskau, der die Hunderttausende, die als Gäste erwartet wurden, zu fassen vermochte; viele trafen schon vor Morgengrauen ein, um als erste in den Genuß des Freibiers und der Andenken zu kommen, die die Behörden auszugeben versprochen hatten. Als die mit Bierfässern beladenen Karren eintrafen, ging plötzlich das Gerücht durch die Menge (die zu diesem Zeitpunkt auf 500000

Personen geschätzt wurde), es gäbe nicht genug Bier für alle. Auf einmal schob sich eine große lärmende Horde in Richtung der Karren und drängte die vereinzelten Kosakenkommandos beiseite, die für die Aufrechterhaltung der Ordnung sorgen sollten. Panik kam auf. Pferde, Soldaten, Männer, Frauen und Kinder stürzten oder wurden in die Gräben gestoßen, die sich kreuz und quer über die Wiese zogen. Menschen wurden zu Boden geworfen, totgetrampelt oder so schwer verletzt, daß sie später an ihren Wunden starben. Innerhalb einer Stunde lagen Tausende von Toten auf der Wiese, und weitere Tausende stöhnten verwundet in ihrem Blut.

Sowohl die Bauern als auch die Adligen sahen in diesem schrecklichen Vorfall ein böses Vorzeichen, »ein Unheil verkündendes Omen für die Regierungszeit des neuen Zaren«. Und Nikolaus selbst schien dieses Unheil geradezu heraufzubeschwören. Denn nur wenige Stunden, nachdem mehr als dreitausend seiner Untertanen umgekommen waren, war er so unklug, auf einem vom französischen Botschafter gegebenen Ball zu erscheinen. Er tat dies auf Anraten seiner Minister, die befürchteten, ein Fernbleiben werde die Franzosen, die zu den wichtigsten Verbündeten Rußlands zählten, tief beleidigen. Aufwendige Vorbereitungen waren für diesen großen Gala-Abend getroffen worden. Die französische Regierung hatte äußerst wertvolle Gobelins und Silbergeschirr aus Paris und Versailles zur Verfügung gestellt, und 100000 Rosen waren aus Südfrankreich angeliefert worden. Aber schon bei der Ankunft der ersten Gäste zeigte sich, daß das Fest unter einem schlechten Stern stand. Alexandra, mit verweinten Augen, und Nikolaus eröffneten den Ball mit einer Quadrille. Das kaiserliche Paar verabschiedete sich bald darauf wieder, und sein Aufbruch bildete das Zeichen für das alsbaldige Ende dieses unglücklichen Empfangs.

Der Zar ließ die Opfer des tragischen Unglücks auf eigene Kosten in Einzelsärgen beisetzen (ein Massengrab wäre in einem solchen Fall das normale gewesen) und zahlte der Familie jedes Opfers Tausend Rubel. Aber während diese großzügigen Gesten bald vergessen waren, verzieh sein Volk ihm nie, daß er »in einer Zeit des Trauerns getanzt hatte«.

Ungeachtet der nationalen Tragödie gab es im privaten Kreis der Familie Tolstoi Grund zur Freude. Am 15. Mai, elf Tage vor der Krönung, heiratete Ljowa Dora Westerlund, die Tochter eines schwedischen Arztes. Sie war erst siebzehn und konnte kein Wort Russisch, aber Tanja und Mischa, die zur Trauung nach Schweden fuhren, waren von der Lebhaftigkeit und dem Liebreiz der jungen Frau geradezu bezaubert. Sonja hatte sie nicht begleitet, weil Dr. Snegirjow ihr von einer so langen Reise abgeraten hatte. Warum Tolstoi der Hochzeit seines Sohnes fernblieb, wird nirgends erwähnt.

Sonja war mit der Heirat sehr einverstanden und hielt viel von Dr. Westerlund, dem Vater der Braut. Als nämlich Ljowas Arzt mit seinem Latein am Ende war, hatte er seinem Patienten geraten, nach Schweden zu gehen und sich der Betreuung Westerlunds anzuvertrauen. Und tatsächlich hatte sich sein psychischer Zustand schon bald bemerkenswert gebessert. Zweifellos hatte die hübsche junge Arzttochter einen nicht unbeträchtlichen Anteil an seiner Genesung; Sonja erkannte das klar und war ihrer neuen Schwiegertochter dafür sehr dankbar.

Die Freude über Ljowas Heirat wurde allerdings ein wenig getrübt durch die Tatsache, daß die Ehe Serjoschkas nicht sehr glücklich schien – die Familie mutmaßte aufgrund von Andeutungen in seinen Briefen, daß das Problem im sexuellen Bereich lag. Bald nach seiner Hochzeit war Serjoschka mit seiner Braut für sechs Monate ins Ausland gereist; im Februar 1896 kehrten sie nach Moskau zurück, wo Sergej sich auf seine musikalische Laufbahn vorbereitete. Sonja wußte, daß dies für Serjoschka und seine Frau eine äußerst schwierige Zeit war, aber jede freundliche Geste, die von einem Mitglied der Familie Tolstoi kam, stieß bei Manja auf feindselige Ablehnung. Serjoschka in seinem kleinen Haus in Nikolskoje-Wjosiniskoje zog sich immer mehr zurück und tröstete sich mit seiner Musik. Tanejew stand ihm dabei mit fachmännischem Rat zur Seite.

Tanejew leitete nun viele musikalische Soireen am Konservatorium, zu denen die meisten Angehörigen der Familie Tolstoi kamen – selbst Tanja, begleitet von ihrem engen Freund Michail S. Suchotin, einem älteren Mann, der verheiratet war und sechs Töchter hatte. Sonja weigerte sich zu glauben, daß ihre ältere Tochter Suchotin attraktiv finden könne oder gar in ihn verliebt sei, in einen Mann, der, wie das Gerücht wissen wollte, seiner Frau zu keiner Zeit treu gewesen war. Tanja wollte indessen mit ihrer Mutter nicht über Suchotin diskutieren, und obwohl Sonja diese Beziehung nicht recht war, redete sie mit Tolstoi nicht darüber.

Ein weiteres mit »Liebesdingen« zusammenhängendes Problem brachte die gewohnte sommerliche Routine der Tolstois durcheinander. Tanja Kusminskis ältester Sohn Mischa hatte sich zu einem rechten Tunichtgut entwickelt und schon so einige Erfahrungen mit Bauernmädchen gesammelt. Von diesen seinen Abenteuern berichtete er seinem um einige Jahre jüngeren Vetter Mischa Tolstoi in allen Details. Sonja war überzeugt, ihr Sohn werde dadurch verdorben, und ihre Kritik an Mischa Kusminski führte zum ersten ernsthaften Streit zwischen ihr und ihrer Schwester. So kam es, daß die Kusminskis den Flügel des Landsitzes in Jasnaja Poljana, der so viele Jahre lang ihr

Sommerdomizil gewesen war, im Sommer 1896 nicht bezogen. Sonja bot die Zimmer Tanejew und der betagten Pelagia Wassiljewna an. Nachdem er durchgesetzt hatte, wenigstens eine symbolische Miete zu zahlen, zog Tanejew in Jasnaja Poljana ein.

Tolstois Einstellung zur Musik änderte sich, als er älter wurde. Die Werke der großen klassischen Komponisten, die ihn einst begeistert hatten, machten ihn nun nervös; er war zu der Überzeugung gelangt, nur die Volksmusik bringe die höchsten Werte der musikalischen Kunst zum Ausdruck. »Die Volksmusik«, erklärte er Serjoschka, »verstehen alle Menschen auf der ganzen Welt. Ein persischer Bauer wird die Lieder eines russischen Bauern verstehen und umgekehrt. Aber die prätentiösen Unaufrichtigkeiten der Großen – wie beispielsweise Richard Strauss – werden selbst die Großen nicht verstehen können.« Tolstoi mochte nur mehr einzelne Stücke von Bach, Haydn, Mozart und Chopin. Wagner konnte er nicht ausstehen, und die Oper verabscheute er – »ich kann es nicht ertragen, einen fetten, röhrenden Herrn in Trikothosen zu sehen«, klagte er einmal Serjoschka gegenüber.

Der Komponist, der zur Zeit von Tanejews Aufenthalt in Jasnaja Poljana bei Tolstoi gerade am wenigsten Kredit genoß, war Tschaikowski. Oft verließ er den Raum, wenn ein Stück von Tschaikowski gespielt wurde, und Tanja erklärte er, die Werke dieses Komponisten seien »unsinnig«.

Am 27. Mai 1896 schrieb Tolstoi in sein Tagebuch: »Tanejew bringt mich in Wut mit seinem selbstgerecht-moralischen Gehabe, seiner künstlerischen Dummheit (die eine tiefsitzende, nicht nur oberflächliche ist) und mit seiner Stellung als Zeremonienmeister im Haus.« Nach außen hin zeigte er jedoch seinen Ärger nicht und war im großen und ganzen ein freundlicher, wenn auch etwas förmlicher Gastgeber. Obwohl Tanejew kein gleichwertiger Gegner war, spielte Tolstoi mit ihm Schach, unterhielt sich mit ihm und hörte, wenn auch widerwillig, seinem Spiel zu. Letzteres ließ sich allerdings auch kaum vermeiden, denn Tanejew spielte fast jeden Abend im Salon. Doch seine Lieblingsstücke – Mozarts Rondo in As-Dur, Beethovens Sonaten (darunter auch die *Appassionata*) sowie Werke von Schubert, Schumann, Chopin, Mendelssohn, Liszt, Arenski, Wagner und natürlich Tschaikowski – waren ganz und gar nicht nach Tolstois Geschmack. Über Tolstois religiöse Anschauungen sprachen die beiden nie, und Tanejew ließ sich auch mit keinem der »Jünger« ein, vor allem Tschertkow ging er sogar auf geradezu beleidigende Weise aus dem Weg.

Seit Tanejew bei ihnen wohnte, war Sonja kaum wiederzuerkennen. Ihre Niedergeschlagenheit war wie weggeblasen; sie war gut gelaunt und fröhlich und sah jünger und anziehender aus als seit Jahren. Sie stritt sich nur mehr selten mit ihrem Mann und machte kaum mehr bittere Bemerkungen über seine Unaufmerksamkeit oder über die ständige Anwesenheit seiner Jünger. Diese Wandlung hätte Tolstoi freuen sollen, aber dem war natürlich nicht so. Niemals hat er sie ermuntert, sich ihren eigenen künstlerischen oder geistigen Neigungen hinzugeben. Was er vielmehr gefordert und erwartet hatte, war, daß sie seine Überzeugungen zu den ihren machte. Es kränkte ihn, daß ihr Kummer über den Tod Wanitschkas nicht zur Entstehung einer geistigen Einheit zwischen ihnen beiden geführt hatte, sondern mit Hilfe der Musik und eines törichten Flirts vertrieben worden war. Doch er verlangte nicht, daß Tanejew das Haus verlassen solle; vielleicht weil er glaubte, ein solches Vorgehen käme einem Eingeständnis seiner Eifersucht gleich.

Tolstois offensichtliche Mißbilligung ließ Sonja indessen kalt, sie machte keine Anstalten, ihre Bewunderung für Tanejew zu verbergen. Sie führten lange Gespräche im Salon, auf der Terrasse oder im Garten über Musik und Dichtung. Für Sonja stellte der Gedanke, daß es in ihrem Leben für eine romantische Liebe noch nicht zu spät war, einen großen Trost dar. Tanejew mochte sich der Kraft der Leidenschaft gar nicht bewußt sein, die er in Sonja geweckt hatte, auf jeden Fall tat er nichts, sie zu entmutigen.

Anfang Juli hielt sie sich zwei Wochen in Moskau auf, da sie sich um einige Verlagsangelegenheiten kümmern mußte, und kehrte dann mit mehreren neuen Kleidern und einer neckischen Frisur nach Jasnaja Poljana zurück. Die scharfzüngige Lisa Obolenskaja schrieb im September an ihre Tochter Mascha:

Tante Sonja kam am letzten Tag meines Aufenthalts nach Jasnaja Poljana zurück. Sie sah jung und fröhlich aus, war gut angezogen und schön. Zum ersten Mal fand ich sie nicht sehr angenehm. Ihr seltsames Verhältnis zu Tanejew (ich nenne es seltsam, weil ich nicht weiß, wie ich solche Gefühle von seiten einer zweiundfünfzigjährigen Frau bezeichnen soll) nahm solche Formen an, daß Leo Nikolajewitsch es schließlich nicht mehr ertrug und ihr in einer Mischung aus Eifersucht, Wut, Gekränktheit und Entrüstung eine Szene zu machen begann. Woraufhin sie in Richtung Koslowka-Bahnhof aufbrach, um sich vor den Zug zu werfen. Sie blieb die ganze Nacht fort – im Garten! – und löste ganz allgemein eine schreckliche Aufregung aus ... Ich kann verstehen, daß man vor einer solchen Mutter keinen Respekt haben kann. Das Ganze hat sich nicht erst kürzlich zugetragen, es war im Sommer . . . nach der Arbeise dieses »tönenden Sacks«, wie ich ihn nenne. All das perlte von ihr ab wie Wasser vom Gefieder einer Ente; sie war fröhlich und gesprächig wie eh und je, hat Saisonkarten für alle Konzerte gekauft und läßt sich überhaupt nichts sagen!

Tanejew muß die Peinlichkeit der Rolle erkannt haben, die er in Jasnaja Poljana spielte, denn schon im August, vier Wochen früher als ursprünglich geplant, kehrte er nach Moskau zurück. Und Sonja, die den Winter wieder in Moskau verbrachte, ging allen gegenteiligen Wünschen und Befehlen Tolstois zum Trotz weiter in Konzerte und traf Tanejew, sooft er ihr Gelegenheit dazu gab.

Tanejew hatte den Ehrgeiz, als Komponist ebenso berühmt zu werden, wie er als Interpret war; seit mehreren Jahren arbeitete er an einer Operntrilogie mit den Titel *Oresteia*. Der erste Teil war im Jahr zuvor in St. Petersburg aufgeführt worden, ohne Begeisterung zu erregen, und der zweite Teil sollte nun im Februar 1897 in der Hauptstadt Premiere haben. Sonja hatte Tolstoi nach einem fürchterlichen Streit versprochen, weder zu den Proben noch zur Uraufführung von Tanejews neuem Werk zu gehen.

Ende Januar schrieb Sonja an Tolstoi, der inzwischen wieder in Jasnaja Poljana war, sie habe sich, ihrem Versprechen zum Trotz, entschlossen, doch nach St. Petersburg zu fahren und sich Tanejews neue Oper anzuhören. Tolstoi schrieb unverzüglich zurück: »Es schmerzt entsetzlich und ist erniedrigend, ja beschämend, daß ein völlig fremder und überflüssiger und in jeder Hinsicht uninteressanter Mensch unser Leben lenkt, die letzten Jahre oder das letzte Jahr unseres Lebens vergiftet; es ist erniedrigend und qualvoll, daß man sich erkundigen muß, wann er fährt und wohin, welche Proben er veranstaltet und wann«.

Doch es war nicht nur die Eifersucht, die Tolstoi gereizt und ungerecht machte, auch sonst gab es Probleme und Spannungen in der Familie im Überfluß. Tanja hatte ihre Liebe zu dem verheirateten Michail Suchotin niemandem eingestanden. »Ich habe mein Leben ruiniert – befleckt und unwiderruflich ruiniert«, schrieb Tanja am 7. März 1897 in ihr Tagebuch. »Meine gegenwärtige Beziehung steht meinem Leben im Weg, und abgesehen davon, daß sie mir jede Möglichkeit zu einer Heirat versperrt, hinterläßt sie einen Fleck, der sich durch nichts wegwaschen läßt. Wie ich von meiner Liebe loskommen soll, weiß ich nicht. Meine Bindung an ihn ist sehr stark, ich habe mich an ihn gewöhnt, ich habe seine Seele lieben gelernt, ihre Verdorbenheit erfüllt mich mit Kummer, und jedes Zeichen, daß der göttli-

che Funke in ihm noch nicht ganz erloschen ist, läßt mich jubeln . . .
Ich schäme mich vor seiner Frau, vor seinen Kindern, obwohl er sagt,
ich könne ihnen nichts wegnehmen, und obwohl ich weiß, daß seine
Frau vor langer Zeit schon aufgehört hat, ihn zu lieben.«

In der Ehe des ältesten Tolstoi-Sohnes hatte es ja schon seit einiger
Zeit Probleme gegeben; im Januar 1897 verließ Serjoschkas Frau die
gemeinsame Wohnung für immer und kehrte in ihr Vaterhaus zurück.
Acht Monate später gebar sie einen Sohn, Sergej. Es ging das Gerücht,
sie habe sich in einen anderen Mann verliebt, und es wurde viel darüber gemunkelt, wer der Vater des Kindes sei. Serjoschka selbst
schien verblüfft und bestürzt über das abrupte Ende seiner Ehe.

Auch mehrere andere Tolstoi-Sprößlinge erwiesen sich als Sorgen-
kinder. Mischa hatte seine Prüfungen an der Universität nicht bestanden; Andrejuschka führte ein »unchristliches Leben« bei der Armee;
Ilja kam nach wie vor nicht mit seinem Geld aus und brauchte trotz
der für ihn bereits getroffenen finanziellen Regelung wieder einmal
dringend Hilfe; und Sascha war ein ausgesprochen launenhaftes junges Mädchen geworden. Am meisten Grund zur Sorge bereitete jedoch Mascha.

Es hatte sich ergeben, daß Lisa Obolenskajas Sohn Nikolai (Kolascha) den Winter 1896/97 über im Tolstoischen Haus in Moskau
wohnte. Der gutaussehende Kolascha, der sein letztes Jahr an der
Universität absolvierte, war ein arroganter und fauler Jüngling. Er
stand spät auf, besuchte selten die Vorlesungen und verbrachte seine
Tage statt dessen damit, im Haus herumzulungern, Romane zu lesen,
Zigaretten zu rauchen und auf ziemlich unverantwortliche Weise mit
Mascha zu flirten. Es war ein Schock für alle, als Mascha sich in diesen
dandyhaften Vetter verliebte. Er verkörperte all das, wovon Mascha
einst aus ganzem Herzen beteuert hatte, sie verabscheue es, und sie
wußte, daß kaum ein anderer Freier ihrem Vater unwillkommener gewesen wäre als dieser. Aber sie liebte ihn nun mal und hatte seinen
Heiratsantrag ohne Rücksprache mit Sonja oder Tolstoi angenommen.

Ganz in der Manier seiner hochmütigen Vorfahren lehnte Kolascha
es ab, für Geld zu arbeiten, und verlangte von Mascha, sie solle den
ihr zustehenden Grundbesitz und das Geld beanspruchen, das sie bisher so hartnäckig abgelehnt hatte. Mascha erwartete ein schwieriges
Leben, denn ihr Erbschaftsanteil würde zur Finanzierung von Kola-
schas extravagantem Lebensstil niemals ausreichen. Aber Mascha ließ
sich von niemandem etwas sagen, und am 3. Juni 1897 heiratete sie
ihren Vetter in Tula. Ihre Mutter und ihre Schwestern wohnten der
nüchternen Zeremonie bei, die nur auf dem Standesamt stattfand –

der Priester hatte sich geweigert, sie zu trauen, da sie blutsverwandt waren. Tolstoi war ganz erschüttert über Maschas Schritt, aber obwohl er der Hochzeit fernblieb, ließ er sich in seiner Liebe zu ihr nicht beirren. Nach außen hin schwieg er, während Sonja seinen Zorn zu spüren bekam. Drei Wochen vor Maschas Hochzeit entwarf er einen Abschiedsbrief an seine Frau:

Deine engen Beziehungen zu Tanejew sind mir nicht peinlich, sie sind mir eine fürchterliche Qual. Wenn ich unter diesen Verhältnissen weiterlebe, vergifte und verkürze ich mein Dasein. Schon seit einem Jahr kann ich nicht arbeiten und lebe nicht, sondern leide ständig. Du weißt das. Ich habe es Dir gesagt, einmal voll Erbitterung und einmal flehentlich, und in letzter Zeit habe ich überhaupt nichts mehr gesagt. Alles habe ich versucht, nichts hat geholfen: Die engen Beziehungen dauern fort und verstärken sich sogar, und ich sehe, es wird bis zum Ende so weitergehen. Ich kann das nicht mehr ertragen. Es ist offensichtlich, daß Du nicht damit aufhören kannst: Übrig bleibt nur eins – sich zu trennen; hierzu habe ich mich fest entschlossen. Aber wir müssen uns überlegen, wie wir es am besten machen. Ich glaube, es wäre das allerbeste, wenn ich ins Ausland ginge. Eines ist jedenfalls gewiß – so können wir nicht weitermachen.

Doch an Maschas Hochzeitstag war Tanejew unter den Gästen. Sonja hatte ihrem Mann nicht mitgeteilt, daß Tanejew kommen würde, und Tolstoi schäumte vor Wut. Am 4. Juni schrieb Sonja in ihr Tagebuch: »Heute morgen hatte ich mit Leo Nikolajewitsch ein bedrückendes Gespräch über Tanejew. Dieselbe unerträgliche Eifersucht! Das Weinen schnürte mir die Kehle zu. Ich schleuderte meinem Mann einige bittere Worte an den Kopf – und bedauerte es den Rest des Tages.«

Tanejew, der merkte, daß er nicht willkommen war, traf Vorkehrungen, um am folgenden Tag wieder abzureisen. Sonja war außer sich. Sie wartete den ganzen Morgen auf der Veranda, in der Hoffnung, mit ihm, ehe er wegfuhr, noch einen Kaffee trinken zu können; dann wanderte sie nervös und erregt durch den Garten zu dem kleinen Hügel, den Wanitschka so geliebt hatte. Wenn sie an Orten war, die Wanitschka häufig aufgesucht hatte, sprach sie oft mit dem toten Kind, und nun fragte sie es, ob an ihren Gefühlen Tanejew gegenüber irgend etwas Schlechtes sei. Später schrieb sie: »Es war, als zöge Wanitschka ihn von mir weg – dem Kind muß sein Vater leid getan haben, aber ich weiß, daß es mich nicht verurteilt; denn Wanitschka ist es, der mir Tanejew geschickt hat, und er wird ihn mir nicht wegnehmen.«

Als sie von ihrem Spaziergang zurückkam, war Tanejew abgefahren.

Den ganzen Juni über wurde Sonja immer wieder von depressiven Stimmungen heimgesucht. Sie stutzte die Rosenbüsche, korrigierte Fahnenabzüge, schrieb Tolstois Manuskripte ab und verbrachte Stunden damit, zu fotografieren und die Filme dann zu entwickeln und die Bilder abzuziehen. Aber mitten in diesen verzweifelten Bemühungen, auf andere Gedanken zu kommen, pflegten plötzliche Anfälle von Melancholie sie zu überwältigen. Während sie an den Fahnen für eine neue Auflage der *Kreutzersonate* arbeitete, überkam sie »wieder das gleiche niederdrückende Gefühl«: »Überall und immer sagt sein Held: *Wir* gaben uns tierischer Begierde hin, *wir* waren übersättigt, *wir*, immer *wir*. Eine Frau empfindet ganz anders, es ist ein Fehler, Gefühle, gleich welcher Art, zu verallgemeinern, gerade sexuelle Gefühle; sie sind bei einem Mann so ganz anders als bei einer echten Frau.«

Am 15. Juni traf Sonjas Schwester Lisa mit ihrer dreizehnjährigen Tochter Wetotschka ein. Lisa war schon vor fünfzehn Jahren von ihrem ersten Mann geschieden worden und hatte einen Vetter, Alexander Alexandrowitsch Behrs, geheiratet, der einen Tag später auch nach Jasnaja Poljana kam. Sonja freute sich, Lisa, die jetzt eine gutaussehende Frau von vierundfünfzig Jahren war, nach so langer Zeit wiederzusehen. Aber Lisa hatte sich wenig verändert: Nach einem gemeinsam verbrachten Tag stritten die beiden Frauen schon wieder wie früher, und Sonja bedauerte, ihrer Schwester einige ihrer Ansichten über Ehe und Religion anvertraut zu haben.

Am Sonntag, den 5. Juli, traf Tanejew zu einem achttägigen Besuch ein; Tolstoi bewahrte dem Gast gegenüber eine, wenn auch ziemlich kalte, Höflichkeit, aber Sonja gegenüber war er »reizbar, eifersüchtig und höchst unangenehm«. Tanejew, der Tolstois Abneigung spürte, spielte nur an zwei Abenden Klavier; einmal wählte er Stücke aus, von denen er glaubte, Tolstoi werde sie akzeptabel finden, das andere Mal spielte er ausschließlich für Sonja. Diesen letzten Abend schilderte sie so: »Leo Nikolajewitsch war ausgegangen . . . Ich bat Tanejew, eine Mozart-Sonate für mich zu spielen. Wir waren allein im Zimmer, und ich fühlte mich unbeschwert und glücklich. Er spielte zwei Sonaten – und spielte sie zauberhaft. Dann kam das wunderschöne Andante aus seiner eigenen Sinfonie, die ich in Moskau gehört hatte und die ich so liebe . . . Niemand auf der Welt kann spielen wie er. So vornehm und aufrichtig ist sein Spiel, verrät soviel Gefühl, Takt und Zurückhaltung; manchmal scheint es ihn wegzutragen, so daß er alles andere vergißt – und diese Augenblicke sind die allerschönsten.«

Während Tanejew zu Besuch war, unternahmen er und Sonja lange Spaziergänge, gingen zusammen schwimmen, fuhren zum Picknick in den Wald und besichtigten die nahegelegenen Kohlegruben. Sonja fotografierte bei diesen Ausflügen, und Tanejew war fast auf jedem Bild zu sehen. Als er wieder fort war, arbeitete Sonja eine Woche lang wie besessen an der Entwicklung der Filme und an den Abzügen, außerdem übte sie Klavier, so viel sie nur konnte; aber wenn sie versuchte, eines von Tanejews Stücken zu spielen, zeigte sich, daß sie dafür noch immer nicht gut genug spielte.

Aber dazusitzen und für ihren Mann einen Artikel »zum zehnten Mal« abzuschreiben, erschien ihr immer weniger als eine befriedigende Betätigung. Sie langweilte sich und befürchtete »auszutrocknen«; sie war verzweifelt auf der Suche nach einer »*unabhängigen* Arbeit«. Sonja kämpfte nun um ihre Identität, um ihr Überleben als eigenständige, selbstbewußte Frau, und was oder wer auch immer ihr dabei helfen konnte, war ihr recht als Mittel zum Zweck – warum also nicht Tanejew und seine Kunst?

23

Am 1. September 1897 schrieb Sonja in ihr Tagebuch: »Bald werde ich nach Moskau fahren, mich ans Klavier setzen, spielen und hoffen, daß Sergej Iwanowitsch kommt und mir vorspielt. Der bloße Gedanke daran verleiht mir neue Lebenskraft.« Und tatsächlich kam Tanejew und spielte für sie, und sie besuchte seine Konzerte und hatte ihn zu Gast zum Tee. Als er mit Sonja und vielen ihrer Moskauer Freunde ihren Namenstag feierte, spielte er seine Sinfonie und – widmete sie ihr.

Sonja praktizierte nunmehr offene Rebellion. Was Tolstoi über ihre »jungfräuliche Liaison« dachte, oder was die Moskauer Gesellschaft über diese Freundschaft tuschelte, schien sie nicht länger zu kümmern. Sie war glücklich, wenn sie mit Tanejew zusammen war, und sie verbrachten viele Abende im gemeinsamen Gespräch über Kunst und Musik, über Tolstois Romane – die Tanejew sehr bewunderte – und über Philosophie, und natürlich tauschten sie auch diesen oder jenen Gesellschaftsklatsch aus. Er spielte Klavier und spornte sie in ihren musikalischen Bemühungen an.

Trotz ihrer Zuneigung zu Tanejew war Sonja nicht blind für seine Unzulänglichkeiten. »Ein begabter Mensch steckt alles, was er an Verständnis und an seelischem Zartgefühl besitzt, in seine Arbeit, während seine Einstellung zum wirklichen Leben kühl und gleichgültig bleibt«, schrieb sie nach einem mit ihm verbrachten Nachmittag. »Es ist dasselbe bei meinem Mann – der ungleich begabter ist als Tanejew. Was für ein erstaunliches Verständnis der menschlichen Psyche spricht aus seinen Büchern, und welche außerordentliche Gleichgültigkeit und Verständnislosigkeit zeigt er im Familienleben.«

Sonja fuhr den ganzen Winter hindurch und bis ins Frühjahr 1898 hinein fort, sich mit Tanejew zu treffen. Als sei ihre Tätigkeit als Verlegerin nicht schon Herausforderung genug für diese dezidiert patriarchalisch strukturierte Gesellschaft. Denn ihre Verlagsarbeit wurde allgemein nach wie vor als »ungehöriges« und »schockierendes« Unternehmen betrachtet, und mit ihrer direkten Art zog sie sich den Zorn vieler Angehöriger der Intelligenzija zu – die ja fast nur aus Männern bestand.

Der bekannte Dramatiker Wladimir Nemirowitsch-Dantschenko, einer der vielen Gäste in Jasnaja Poljana, schrieb später in seinen Memoiren ganz empört: »Wie kann eine Frau es wagen – auch wenn sie zufällig die Frau, die engste Gefährtin dieses großen Mannes ist –, wie kann sie es wagen, ihm gegenüber diesen vulgären Befehlston anzuschlagen« – als Sonja nichts anderes getan hatte, als ihre Tolstoi entgegengesetzte Meinung zu vertreten. Freimütige, selbständig denkende Frauen wie Sonja wurden fast einhellig verurteilt; viele Stückeschreiber und Romanciers stellten sie als lächerlich-komische Ungeheuer dar. Tolstoi galt als bedeutendster Kopf Rußlands, und die stürmische Ehe, die er führte, war Gesprächsthema in allen Salons. Und natürlich gab man Sonja die Schuld an allem, was der arme Tolstoi »erleiden« mußte.

Sonja wußte, daß ihr Verhalten als skandalös galt, aber das hielt sie nicht davon ab, ihre geschäftlichen Interessen zu verfolgen, sich weiter mit Tanejew zu treffen und sich vor allem mit jenen Dingen zu beschäftigen, die sie von jeher interessiert hatten. So arbeitete sie sich durch musiktheoretische und philosophische Werke hindurch und las – fast ausnahmslos in der Originalsprache – die wichtigen neuen russischen, französischen, deutschen, englischen und amerikanischen Schriftsteller. Besonders liebte sie Biographien großer Komponisten und Dichter, und einmal notierte sie in ihrem Tagebuch: »Ich habe Beethovens Lebensgeschichte gelesen. Er ist einer jener genialen Menschen, für die die eigene schöpferische Kraft den Mittelpunkt der Welt darstellt, während die ganze übrige Welt für ihn nur ein Beiwerk dazu war. Beethoven hat mir ein neues Verständnis für Leo Nikolajewitschs Egoismus und seine Gleichgültigkeit gegenüber seiner Umgebung eröffnet. Die Welt ist für ihn nicht mehr als ein Umfeld für sein Genie, und er nimmt sich von ihr nur das, was er für seine Arbeit brauchen kann. Alles andere läßt er links liegen . . . Aber die Welt huldigt solchen Menschen.«

Im Juli 1898 machte Sonja Pläne für einen Besuch auf dem Landsitz ihrer Freunde, den Maslows. Als Tolstoi erfuhr, daß auch Tanejew eingeladen war, tobte er und drohte, das Haus zu verlassen und nach Finnland zu gehen. Sonja ignorierte seine Auftritte und fand Tanejews Klavierdarbietungen im Haus der Maslows »das reine Entzükken«. Sie fuhr dann nach Kiew, wo sie mit ihrer Schwester Tanja zusammentraf, und die beiden Frauen reisten gemeinsam nach Jasnaja Poljana. Bald nach ihrer Ankunft dort kam es spät abends zu einem heftigen Streit zwischen Tolstoi und Sonja.

Tolstoi beharrte darauf, daß sie sich als »ältere verheiratete Frau« schuldig gemacht habe durch ihre Gefühle für einen jüngeren Mann – egal wie edel diese auch angeblich sein mögen. »Immer und immer dasselbe!« rief Sonja aus. »Es ist einfach eine Qual! Alles was ich will, ist, daß *er* einmal im Monat herkommt, sich eine Weile hinsetzt und für mich spielt, wie irgendein guter Bekannter es tun könnte.«

Tolstoi erwiderte: »Ja, und mit diesen Worten beweist du, daß du *besondere* Gefühle für diesen Mann hegst. Schließlich gibt es keinen anderen Menschen, dessen allmonatliche Besuche dir Freude bereiten würden. Wenn du diesen einen Besuch im Monat schön findest, wieviel schöner fändest du seinen wöchentlichen oder täglichen Besuch? Du hast die besondere Natur deiner Gefühle eingestanden, und solange du nicht die Frage entscheidest, ob es gute oder schlechte Gefühle sind, wird sich nichts ändern.«

So ging es noch eine Weile hin und her, bis Sonja schließlich durchdrehte und einen hysterischen Anfall bekam. »Ich hielt sie fest. Ich weiß, daß das immer hilft. Ich küßte ihre Stirn. Sie kam eine lange Zeit nicht zu Atem. Dann begann sie zu gähnen und zu seufzen, schlief endlich ein und schläft noch immer. Ich weiß nicht, wie es mit diesem Wahnsinn noch enden soll. Ich sehe keinen Ausweg. Es ist offenkundig, daß ihr dieses Gefühl so lieb ist wie das Leben und daß sie es nicht als Unrecht erkennen will. Und solange sie es nicht als Unrecht erkennt, kann sie nicht davon loskommen und wird weiter fortfahren, die Dinge zu tun, zu denen ihre Gefühle sie drängen, Dinge, die mitzuerleben, wenn nicht für mich, dann doch für die Kinder qualvoll und beschämend ist.«

Am nächsten Tag schrieb Sonja in ihr Tagebuch: »Abends begann wieder dasselbe eifersüchtige Gerede; und wieder gab es Geschrei, Quälerei und Vorwürfe. Meine Nerven hielten das nicht aus, etwas, das in meinem Gehirn das Gleichgewicht aufrechterhält, versagte den

Dienst, und ich verlor die Beherrschung. Ich hatte einen schrecklichen nervösen Anfall, zitterte am ganzen Körper, schluchzte, phantasierte und fuhr immer wieder angstvoll auf. Ich weiß nicht mehr, was mit mir geschah, aber es endete in einer Art Betäubung.«

Diese Auseinandersetzung gab die Einstimmung für den Sommer 1898. Nur wenige Tage nach dem Streit traf Serge Diaghilew in Jasnaja Poljana ein. Der erst Sechsundzwanzigjährige – zweifellos ein brillanter Kopf – gab bereits zwei literarische Zeitschriften heraus und hatte durch eine Kritik an der Ästhetik Tolstois eine Literatur-Kontroverse eröffnet. Er war nach Jasnaja Poljana gekommen, um seine Ansichten mit dem Meister höchstpersönlich zu diskutieren.

Diaghilew war ein Dandy mit elegantem und etwas femininem Benehmen und anmaßendem Gehabe. Wenn er etwas haben wollte, pflegte er mit der einen Hand darauf zu deuten und mit den Fingern der anderen auffordernd zu schnippen. Frauen hatten keinen Reiz für ihn, dagegen aber sehr wohl Männer, vor allem solche mit Macht und mit Einfluß.

Er erschien pünktlich zum Tee, küßte Tolstoi die Hände, sagte einige amüsante Sätze und begann dann mit seinen Darlegungen. Tolstoi empfand von Anfang an eine heftige Abneigung gegen Diaghilew; er sah in ihm nicht viel mehr als einen Dilettanten und die Verkörperung all dessen, was er Tanejew zum Vorwurf machte. Zur Abendbrotzeit verabschiedete sich Diaghilew, der natürlich spürte, daß er nicht wohl gelitten war, und ließ sich nie wieder blicken. Zur Verblüffung und Bestürzung aller in Jasnaja Poljana stellte sich kaum eine Woche danach heraus, daß Tanejew, der inzwischen nicht nur in Musikerkreisen, sondern auch am Hof ein einflußreicher Mann geworden war, Diaghilew für einen Posten im Hofministerium vorgeschlagen hatte. Obwohl der Zar eine fast ebenso heftige Abneigung gegen Diaghilew hegte wie Tolstoi, vertraute er – zu Tolstois Ärger – dem Urteil Tanejews.

Noch nie hatte Tolstoi sich so einsam gefühlt. Sonja schien nur noch Augen und Ohren für Tanejew zu haben. Seine ihm einst so ergebenen älteren Töchter mußten sich nun um ihre eigene Existenz kümmern. Mascha hatte nach einer schwierigen siebenmonatigen Schwangerschaft ein totes Kind geboren und war noch nicht wieder bei Kräften. Tanja wurde vollkommen in Anspruch genommen von Suchotin, dessen Frau unlängst gestorben war, und es sah ganz so aus, als würden die beiden nach einer geziemenden Trauerzeit heiraten. Aber am schwersten und schmerzlichsten traf Tolstoi wahrscheinlich der »Verlust« von Tschertkow, der zusammen mit Birjukow aus Rußland ausgewiesen worden war, weil sie für die Duchoboren gearbeitet hatten, eine Bauernsekte, die Grundsätze ähnlich denen der Tolstojaner vertrat und einer strengen Verfolgung ausgesetzt war. Tschertkow war im Februar 1897 nach England aufgebrochen und sollte erst nach einem Jahrzehnt wieder in sein Vaterland zurückkehren.

Tschertkow blieb in den Jahren seines Exils jedoch in ständigem Briefkontakt mit Tolstoi; und da er mittlerweile immer der erste war, der Tolstois Arbeiten herausgab, hatte er alles unter Kontrolle, auch sämtliche Übersetzungen. Er und Tolstoi setzten ihre Hilfe für die verfolgten Duchoboren fort, und als diese die Erlaubnis zur Auswanderung erhielten, stellte Tschertkow Mittel aus dem Verkauf von Tolstoi-Übersetzungen zur Verfügung, um ihnen bei ihrem Neuanfang in Kanada zu helfen.

Immer mehr Anhänger, Neugierige und Schmeichler drängten sich um Tolstoi. Viele, die ihn besuchten, schrieben Artikel oder »Erinnerungen« über ihre Begegnung mit ihm. Es scheint, daß jedes Wort, das er gesprochen hat, irgendwie festgehalten worden ist. Nur ein kleiner Teil derer, die kamen, teilte wirklich seine Anschauungen, die meisten wollten nur das weltberühmte Genie mal von nahem sehen. Einfach nur als »Gast« des großen Mannes in Jasnaja Poljana gewesen zu sein, bedeutete schon eine gewisse Auszeichnung. Eingeladen waren die wenigsten dieser Besucher – Tolstoi verschloß nur niemandem seine Tür.

Doch die allgemeine Bewunderung, die ihm zuteil wurde, ersetzte ihm nicht den Verlust – wie er glaubte – der Liebe und Ergebenheit seiner »Frauen«. Seine Eifersucht richtete sich nicht nur gegen Tanejew, sondern auch Maschas gutaussehender, aber unfähiger und arroganter Ehemann war ihm ein Dorn im Auge. Und Tanjas Suchotin konnte er schon gar nicht ausstehen. Seine Söhne hatte Tolstoi niemals als seine Vertrauten betrachtet, und so blieb als einziges (weibliches) Wesen im Haus, das für sich zu gewinnen, er jetzt noch hoffen konnte, die vierzehnjährige Sascha, ein linkisches, wenig anziehendes und verzweifelt liebebedürftiges Mädchen. Tolstoi hatte sich so sehr mit seinen beiden älteren Töchtern beschäftigt, daß Sascha seiner Aufmerksamkeit ganz entgangen war; jetzt, zum ersten Mal in ihrem Leben, wandte er sich ihr zu.

Vielleicht nicht einmal bewußt tat er alles, um Sascha zu einer loyalen Tochter-Schülerin zu erziehen, eine Rolle, die er eigentlich Mascha zugedacht hatte. Damit Sascha ihm nicht auch »weggeheiratet« wurde, erinnerte er sie ständig daran, daß sie viel zu wenig attraktiv sei, um einen Mann zu finden, und daß die Ehe sowieso meist einen schlechten Einfluß auf das Leben eines Menschen habe. Gleichzeitig machte er ihr klar, daß die befriedigendste Aufgabe auf Erden darin bestehe, die Arbeit Gottes zu tun, und der größte Ruhm darin, den Mitmenschen zu dienen. Sascha war eine dankbare Schülerin; unbeholfen und unbegehrt, wie sie sich fühlte, erkannte sie nur, daß ihr Vater, dieser große Mann, den die ganze Welt verehrte, sie brauchte.

Sonja bemerkte die Bemühungen ihres Mannes, Sascha zu einer bedingungslosen Jüngerin seiner Lehren zu machen, wohl, und sie wußte, daß eine so enge Anlehnung an den Vater Sascha den Weg zu einem normalen Leben als Ehefrau und Mutter versperren würde. Aber sie unternahm zunächst nichts dagegen, und als sie Sascha schließlich helfen wollte, war es zu spät. Das Gefühl, mitschuldig an Saschas Schicksal zu sein, sollte die Mutter den Rest ihres Lebens quälen.

Sonja hielt an ihrer Freundschaft zu Tanejew fest, fuhr im Spätsommer 1898 wieder zu den Maslows, um ihm nahe zu sein, und hielt sich im Herbst länger in Moskau auf, als sie es in den Jahren zuvor getan hatte. Daher sah sie Tolstoi kaum, der in Jasnaja Poljana geblieben war und intensiv an einem neuen Roman arbeitete – seinem ersten seit neun Jahren.

Daß Tolstoi sich plötzlich wieder der erzählenden Literatur zuwandte – mit seinem Roman *Auferstehung*, den er vor zehn Jahren begonnen, dann aber liegengelassen hatte –, hatte einen höchst praktischen Grund: Tschertkow brauchte Geld, um den Duchoboren bei der Ansiedlung in Kanada helfen zu können, und hatte einer russischen Wochenzeitung bereits Vorabdruckrechte an dem teilweise fertiggestellten Roman verkauft. Im Prinzip war Tolstoi auch weiterhin entschieden dagegen, für seine Arbeit eine Bezahlung zu verlangen, aber in diesem Fall (wie in vielen anderen) verstand er es, seine Überzeugungen der Situation entsprechend zu modifizieren.

Als Sonja in Jasnaja Poljana ankam, herrschte im Haus hektische Betriebsamkeit. Jedermann war irgendwie am Abschreiben von Tolstois Manuskript beteiligt, das so schnell wie möglich druckreif gemacht werden sollte.

Auferstehung beruhte auf einer wahren Geschichte, die man Tolstoi zehn Jahre zuvor berichtet hatte. Eine Prostituierte war angeklagt und zu Unrecht verurteilt worden wegen angeblicher Beihilfe zu einem Mord. Unter den Geschworenen war ein Mann, der die angeklagte Frau wiedererkannte: Er hatte sie, damals ein junges, unschuldiges Mädchen, verführt, dann ihrem Schicksal überlassen und so ins Unglück gestürzt. In Tolstois Roman versucht dieser Geschworene, Nechljudow, sich von seiner Schuld dadurch freizukaufen, daß er durch eine Heirat und durch eine neue Stellung im Leben das Mädchen von einst wieder »auferstehen« läßt.

Es überrascht nicht, daß Tolstoi die fiktive Welt seines Romans einmal mehr auf autobiographischen Erlebnissen aufbaut. Wie sein Held, so hatte auch Tolstoi in seiner Jugend ein junges Dienstmädchen im Hause seines Vaters verführt, und die Beziehung zwischen den beiden Hauptpersonen des Romans war diesem Erlebnis sowie seiner Affäre mit Aksinja nachempfunden. Sonja fand das Buch hohl und verlogen, war aber nichtsdestoweniger glücklich, daß Tolstoi von seinen philosophischen Schriften abgekommen war, und als er in jenem Winter nach Moskau zurückkehrte, half sie ihm begeistert. Ihr Haus wurde gleichzeitig Verlagsbüro, und auf dem Eßzimmertisch stapelten sich die Manuskriptblätter und Fahnenabzüge.

Am 15. November 1899, mitten in der Hektik der letzten Wochen vor Abschluß des Romans, heiratete Tanja ihren Suchotin, der mittlerweile fast kahlköpfig und ziemlich korpulent geworden war. Obwohl sie schon fünfunddreißig war, hatte ihre Familie noch immer gehofft, sie werde eine bessere Partie machen, und man war sehr enttäuscht, daß ihre Wahl auf diesen Witwer fiel, der sechs Kinder hatte und dem Alter nach ihrem Vater näher stand als ihr selbst. Tolstoi, der zur Überraschung aller der Hochzeit beiwohnte, weinte während der Zeremonie; Sonja blieb, obschon auch nicht gerade glücklich, äußerlich ganz ruhig. Im Laufe des vergangenen Jahres hatte sie Suchotin als einen einnehmenden, fröhlichen und geistreichen Menschen kennengelernt, der Tanja wirklich verehrte. Und wenn er ihr als Schwiegersohn auch nicht besonders willkommen war, so spürte sie doch, daß Tanja, anders als die kränkliche, bedauernswerte Mascha, in ihrer Ehe glücklich sein würde.

Im Dezember 1899 beendete Tolstoi *Auferstehung*. Die Duchoboren waren allesamt in Kanada in Sicherheit, und es stand zu erwarten, daß das Leben der Tolstois sich auf seine Art wieder normalisieren würde. Allein was heißt schon »normal« in einem Haus, das einerseits von Tagesanbruch bis zur Dämmerung von Fremden überlaufen ist, und wo nun andererseits zwei so grundverschiedene Menschen allein waren miteinander; denn bis auf Sascha waren jetzt alle Kinder aus dem Haus.

Nach wie vor stand mit im Mittelpunkt von Tolstois Denken die Frage der sexuellen Moral. Am 16. Januar 1900 notierte er in sein Tagebuch:

»Das beste, was man mit dem Sexualtrieb machen kann, ist 1. ihn im eigenen Innern ganz und gar abzutöten; am nächstbesten (2) ist es, mit einer Frau zusammenzuleben, die ein keusches Wesen besitzt und deine Überzeugung teilt, mit ihr Kinder aufzuziehen und ihr zu helfen, wie sie dir hilft; am nächstschlimmsten (3) ins Bordell zu gehen, wenn einen das Verlangen plagt; 4. kurze Liebschaften mit verschiedenen Frauen zu unterhalten und mit keiner zusammenzubleiben; 5. mit einem jungen Mädchen zu schlafen und es dann sitzenzulassen; 6. noch schlimmer, mit der Frau eines anderen Mannes zu schlafen; 7. das allerschlimmste, mit einer treulosen und unmoralischen Frau zusammenleben.«

An seinen eigenen Kriterien gemessen, muß Tolstoi zu dem Schluß gekommen sein, daß seine Ehe den tiefsten Abgrund der Verworfenheit darstellte. Nachdem der Roman einmal fertiggestellt war, traten die absoluten Gegensätze in ihren Antrieben, Bedürfnissen und Überzeugungen wieder deutlich zutage. Und erneut flüchtete Sonja sich in die Musik, spielte ständig Werke, die Tolstoi als »unsinnig« verurteilte – und suchte wieder die Nähe Tanejews.

Tanejew war übrigens keineswegs der einzige zeitgenössische russische Komponist, mit dem Tolstoi wenig anzufangen wußte. Am 9. Januar 1900 kam der erst siebenundzwanzigjährige Sergej Rachmaninow – Komponist, Pianist und einer der begabtesten Schüler Tanejews – Tolstoi in Moskau besuchen. Sein Freund, der Sänger Fjodor Iwanowitsch Schaljapin, begleitete ihn, und Sonja begrüßte die beiden Männer herzlich und führte sie in den Salon.

Schaljapin schrieb später, Tolstoi habe mit einer »leicht blökenden Stimme« gesprochen, und »ein bestimmter Buchstabe kam – zweifellos weil ihm mehrere Zähne fehlten – in gelispelter Form heraus«.

Rachmaninow, überwältigt von dem Erlebnis, Tolstoi gegenüberzustehen, wisperte seinem Freund zu: »Wenn man mich zu spielen bittet, weiß ich nicht, was ich machen soll. Meine Finger sind taub.« Aber als Tolstoi ihn dann tatsächlich bat, eine seiner eigenen Kompositionen vorzutragen, tat Rachmaninow dies mit Spontaneität, Feuer und Kraft. Er war allerdings stark von Tschaikowski beeinflußt, und Tolstoi, dem seine Musik nicht zusagte, fragte ihn unvermittelt: »Sagen Sie mir, ist diese Art von Musik von irgendwelchem Interesse?« Der völlig verwirrte Rachmaninow murmelte nervös, er glaube und hoffe, das sei der Fall.

Irritiert von Tolstois abweisender Art, war Schaljapin zunächst unschlüssig, ob er singen sollte. Er hatte nur eine kurze Ausbildung genossen, verfügte jedoch über einen wunderbaren, kraftvollen, natürlichen Baß. Seit vier Jahren war er – ebenfalls erst siebenundzwanzig Jahre alt – einer der Publikumslieblinge in den Theatern und Konzertsälen Rußlands. Aufgrund seiner dürftigen musikalischen Ausbildung beschränkte sich sein Repertoire aber auf russische Opern und die Darstellung typischer nationaler Charaktere.

Schaljapin sang dann doch – zuerst ein neues Lied von Rachmaninow, *Le Destin,* dessen Melodie die Variation eines Leitmotivs aus Beethovens Fünfter Sinfonie darstellte. Rachmaninow begleitete ihn. Nach Ende der Darbietung saß Tolstoi mit finsterer Miene da, während Sonja begeistert Beifall klatschte. Sie drang in Schaljapin weiterzusingen und bat ihn um das Lied *Le Vieux Caporal,* das sie ihn im Konzert hatte vortragen hören. Dieses Lied stammte von einem Komponisten aus Tula und ähnelte in Melodie und Stimmung einem Volkslied; Applaus brach los, als das Lied zu Ende war, und Tolstoi wischte sich Tränen aus den Augen. Sonja ging zu Schaljapin, ergriff seine Hand und sagte: »Ich bin sicher, es hat ihm sehr gefallen.«

Auferstehung war im November 1899 herausgekommen, hatte ungeheure Kontroversen ausgelöst und vor allem die kirchliche Welt schockiert. Obwohl Tolstoi den vielen Änderungs- und Auslassungsforderungen des Zensors nachgekommen war, enthielt der Roman noch immer genug Passagen, die die kirchlichen Rituale der Lächerlichkeit preisgaben; und in einer der unerfreulicheren Gestalten war unschwer der Prokurator der Heiligen Synode, Pobedonostsew, wiederzuerkennen. Als dann auch noch Tschertkow in England zwei Artikel druckte, in denen Tolstoi die kirchlichen Rituale scharf angriff, und diese nach Rußland einschmuggelte, forderten Pobedonoszew und die anderen Mitglieder der Synode den Zaren wutentbrannt auf, endlich gegen Tolstoi vorzugehen. Ganz Rußland war gespannt, was nun wohl geschehen würde. Nikolaus saß in der Zwickmühle. Das Volk wußte, daß ein Machtkampf stattfand zwischen ihm und Tolstoi, und es würde denjenigen, der daraus als Sieger hervorging, als den mächtigsten Mann Rußlands betrachten.

Am Sonntag, den 24. Februar 1901, erschien im offiziellen Organ der Synode eine Verlautbarung, die die förmliche Exkommunikation Tolstois verkündete. Binnen Stunden füllten sich die Straßen Moskaus mit Tausenden aufgebrachter Bürger. Sonja und Tolstoi gingen zum Lubjanka-Platz, wo sich mehrere tausend Studenten versammelt hatten. Tolstoi wurde umlagert, von Sonjas Seite gerissen und auf den Schultern eines hochgewachsenen jungen Mannes durch die Menge getragen; dabei erhoben sich immer wieder Rufe wie: »Hoch lebe Leo Nikolajewitsch! Heil dem großen Mann! Hurra!« Schließlich zerstreute berittene Polizei die Menge.

Sonja, zutiefst getroffen von der Exkommunikation, schickte umgehend einen entrüsteten Brief an Pobedonostsew, dessen Kopie sie an drei Erzbischöfe der Heiligen Synode sandte. Darin sprach sie von ihrem eigenen unerschütterlichen Glauben an die Kirche und verteidigte leidenschaftlich ihren Mann, unter anderem indem sie darauf hinwies, daß »viele, die außerhalb der Kirche stehen, ein wahrhaftigeres christliches Leben führen als gewisse hohe kirchliche Würdenträger mit diamantenbesetzter Mitra«. Der Brief wurde zusammen mit einer Erwiderung der Heiligen Synode, in der diese ihr Exkommunikationsdekret bekräftigte, im offiziellen Kirchenblatt veröffentlicht.

Etwa einen Monat später registrierte Sonja in ihrem Tagebuch: »Kein Manuskript von Leo Nikolajewitsch hat je eine so rasche und weite Verbreitung erfahren wie dieser Brief. Er ist in alle Sprachen übersetzt worden. Das hat mich gefreut, aber ich bin davon nicht stolz geworden, Gott sei Dank! Ich habe ihn in einem Zug geschrieben, rasch und im ersten Feuer. Es war Gott, der mir befahl, es zu tun, nicht mein eigener Wille.«

Tolstoi war über Sonjas mutige Tat eher verblüfft als erfreut und schrieb an Mascha: »Der Brief, den Deine Mutter geschrieben hat, hat ihr sehr gutgetan. Es ist unmöglich, irgend etwas vorherzusehen. Bei uns Männern beeinflußt der Gedanke die Tat, aber bei Frauen, besonders bei sehr weiblichen, beeinflußt die Tat den Gedanken.«

Eine alarmierende Verschlechterung von Tolstois Gesundheitszustand brachte die Eheleute einander wieder näher. Ende Juni 1901 erlitt Tolstoi einen schweren Malaria-Anfall und war dem Tode nahe. Sonja pflegte ihn hingebungsvoll. Als sie ihm einmal eine Kompresse anlegte, brach er in Tränen aus und flüsterte: »Danke, Sonja. Glaub nur nicht, ich wäre nicht dankbar und liebte dich nicht.« Sie umarmten einander, und Sonja schrieb später in ihr Tagebuch: »Jetzt schläft mein Ljowotschka. Er lebt noch. Ich kann ihn sehen und hören und für ihn sorgen; und später? Mein Gott, wie unerträglich würde mein Kummer, wie schrecklich mein Leben ohne ihn sein.« Am 5. September, als er sich soweit erholt hatte, daß er eine Reise unternehmen konnte, brach Sonja mit ihm nach Gaspra auf, wo ihnen ein wohlhabender Freund großzügigerweise einen Landsitz zur Verfügung gestellt hatte. Sascha, Mascha und ihr Mann sowie Boulanger, ein guter Freund und Schüler Tolstois, begleiteten sie.

In Kursk, wo der Zug kurz haltmachte, drängten sich die Menschen auf den Bahnsteigen, und in Charkow umlagerten an die dreitausend Personen den Waggon. Von allen Seiten drängten sich Leute heran, die Tolstoi alles Gute wünschen wollten, spähten durch die Fenster in den Waggon und riefen: »Tolstoi! Tolstoi!« Er ließ alle Vorhänge zuziehen, und Sonja trat hinaus auf eine kleine Plattform am hinteren Ende des Wagens und erklärte den Leuten, daß Tolstoi krank war und noch der Ruhe bedürfe. Als der Zug aus dem Bahnhof fuhr, forderte die Menge mit lauten Rufen, Tolstoi solle sich am Fenster zeigen, was er schließlich auch tat. »Hurra! Werden Sie gesund! . . . Gott schütze Sie!« riefen sie und liefen neben dem Zug her, bis sie nicht mehr mit ihm Schritt halten konnten.

Ähnliche Ovationen erwarteten die Tolstois in Sewastopol, wo sie für die Nacht Zwischenstation machten. Am Morgen danach brachen sie in zwei Kutschen nach Gaspra auf, und am späten Abend trafen sie auf dem Landsitz ihres Freundes ein. Die warme Luft und der Blick von der oberen Veranda über das offene Meer besänftigten Tolstoi, dem das Haus, das alle Attribute von Wohlstand, Luxus und Prunk aufwies, zuerst mißfallen hatte. Sonja begann sofort, es für ihren Mann wohnlich zu machen, obgleich sie kaum ahnen konnte, daß sie, bedingt durch wiederholte Erkrankungen Tolstois, fast ein ganzes Jahr hier bleiben würden.

Maxim Gorki besuchte Tolstoi oft in Gaspra und diskutierte viel mit ihm über religiöse Fragen, während über Literatur kaum gesprochen wurde. Und der eingefleischte Atheist Gorki blieb nicht unberührt von der geistigen Kraft, die von diesem eher »listigen«, höchst »russischen Gott« ausging.

Ende Juni 1902 begann Tolstoi mit der Arbeit an jenem Werk, das das letzte große künstlerische Unterfangen seines Lebens sein sollte: dem Roman *Hadschi Murat*, den er erst 1904 fertigstellte und der postum 1911 veröffentlicht wurde.

Sonja freute sich zwar, ihren Mann an einem Roman arbeiten zu sehen, doch machten ihr gerade in dieser Zeit ihre eigenen seelischen Probleme schwer zu schaffen. Während sie die Druckfahnen für eine neue Ausgabe von *Anna Karenina* korrigierte, wurde sie sich ihrer inneren Zerrissenheit zutiefst bewußt:

Ich bin dem Zustand ihrer Seele Schritt für Schritt nachgegangen und habe mich selbst begriffen und mich scheußlich gefühlt. Aber ein Mensch nimmt sich nicht das Leben, um sich an einem anderen zu *rächen*; nein, man begeht Selbstmord, weil man *nicht mehr die Kraft hat zu lieben*. Zuerst ein Kampf, dann Gebet, dann Unterwerfung, dann Verzweiflung und zuletzt Hilflosigkeit und Tod; und dann sah ich plötzlich Leo Nikolajewitsch vor mir, wie er die Tränen eines alten Mannes weinte und sagte, niemand erkenne, was sich in mir abgespielt habe, und niemand habe mir geholfen. Aber welche Hilfe gibt es? Laß S. I. [Tanejew] kommen, oder laß mich ihn einladen und hilf mir, die freundschaftlichen ruhigen Beziehungen des Alters zu ihm herzustellen. Damit die Irrungen meiner Gefühle nicht auf mir lasten und mir *verziehen* werden können.

Während die Tolstois, durch den Ruhm des Dichters verhältnismäßig geschützt, im Prinzip ruhig und ungestört von der zunehmend repressiven Politik der zaristischen Regierung lebten, bildeten sich im Lande mehr und mehr revolutionäre Gruppen, die eine grundlegende Reform der russischen Gesellschaft forderten, und im Ausland riefen revolutionäre Emigrantenvereinigungen – allen voran die von London aus tätigen Bolschewiken Lenins – zum Sturz des zaristischen Regimes auf. Vielleicht in der Hoffnung, seine Untertanen im Dienst für eine patriotische Sache zu einen, begann Nikolaus im Februar 1904 einen Krieg gegen Japan um die Herrschaft über Korea.

Tatsächlich sammelte sich das russische Volk hinter Nikolaus, und im März 1904 schrieb Sonja in ihr Tagebuch: »In der Stille unseres Dorfes ruft dieser Krieg bei jedermann Aufregung und Interesse hervor. Die allgemeine Euphorie und Sympathie mit dem Zaren ist bemerkenswert.« Aber je länger der Krieg dauerte, um so häufiger kam es zu immer ernster zu nehmenden revolutionären Aktivitäten. Der antisemitische Innenminister kam bei einem Attentat ums Leben, es gab Bauernaufstände, Massenmeutereien und Studentenunruhen. Die oppositionellen Aktionen erreichten ihren Höhepunkt am 22. Januar 1905, einem bitterkalten Tag, als 120000 Petersburger Arbeiter unter Führung eines jugendlichen Priesters, Georgi Gapon, friedlich zum Winterpalast marschierten. Sie wollten Nikolaus eine Petition übergeben, in der grundlegende Reformen gefordert wurden. Hymnen und Kirchenlieder singend und ausgestattet mit Kreuzen, Ikonen, religiösen Bannern, Fahnen und Zarenbildern, bewegte sich die Menschenmenge auf die Stadtmitte zu; wie sie jedoch feststellen mußten, waren die Brücken und Boulevards von Infanterie, Kosaken und Husaren verbarrikadiert. Als Georgi Gapon seine unbewaffneten Demonstranten weitermarschieren ließ, eröffneten die Soldaten plötzlich das Feuer und schossen direkt in die herannahende Menge. Schreiend sanken Männer, Frauen und Kinder blutüberströmt auf den schnee- und eisgefrorenen Boden. Hunderte starben, und weitere Hunderte wurden schwer verwundet.

Gapon, der untertauchen konnte, nachdem er den Kosaken knapp entkommen war, gab eine öffentliche Erklärung heraus: »Nikolaus Romanow, ehemals Zar, heute Seelenmörder des russischen Reichs! Das unschuldige Blut von Arbeitern und ihren Frauen und Kindern steht für alle Zeit zwischen Dir und dem russischen Volk . . . Auf daß alles Blut, das vergossen werden muß, über Dich komme, Du Henker!« Gapon war zum Revolutionär geworden, und der Tag des Gemetzels ging als »blutiger Sonntag« in die Geschichte ein.

Am 12. August 1904 hatte der noch junge Zar Nikolaus in seinem

Tagebuch ein glückliches Ereignis inmitten dieser dunklen Zeiten festgehalten: »Ein großer, niemals zu vergessender Tag, an dem die Gnade Gottes so hörbar bei uns angeklopft hat. Alix hat um ein Uhr einem Sohn das Leben geschenkt. Das Kind hat den Namen Alexej bekommen.« Böllerschüsse donnerten, Kirchenglocken läuteten, und die kaiserliche Familie jubelte über die Geburt eines Erben. Sechs Wochen später jedoch begann das Kind zu bluten und lag todkrank darnieder, bis die Blutungen endlich zum Stillstand gebracht werden konnten. Die Ärzte mußten die schlimmsten Befürchtungen des Zarenpaares bestätigen: Der kleine Zarewitsch war ein Bluter. Seine Krankheit, von der nur der engste Familienkreis etwas erfuhr, sollte beim Untergang der Dynastie der Romanows eine bedeutende Rolle spielen.

Der einzige von Sonjas Söhnen, der in den russisch-japanischen Krieg zog, war Andrejuschka. Im Januar 1899 hatte er die Gräfin Olga Dieterichs, eine Schwägerin Tschertkows, geheiratet, aber die Ehe war nicht glücklich. Zur Zeit des Kriegsausbruchs hatte Andrejuschka gerade eine Liaison mit einer verheirateten Frau, und zur Erschütterung seines Vaters und Bestürzung seiner Mutter beschloß er, sich durch den freiwilligen Eintritt ins Heer aus der Affäre zu ziehen. Frau und Kinder zurücklassend, brach er zur Front im fernen Osten auf; Sonja und Mischa begleiteten ihn bis Tambow, wo er sich als Adjutant einem Kavallerieregiment anschließen sollte.

Aber noch ehe Andrej die Front gesehen hatte, erlitt er einen Nervenzusammenbruch und wurde entlassen. Er lehnte es ab, zu seiner Familie zurückzukehren, und richtete sich einen Junggesellenhaushalt ein.

Am 21. März 1904 starb die scheinbar unbezwingliche Alexandra Tolstaja; 86 Jahre alt war sie geworden. Am 29. Dezember 1903 hatte sie an Tolstoi den letzten Brief einer langjährigen, eindrucksvollen Korrespondenz geschrieben: »Lieber Leo, den ich seit so langer Zeit liebe, Ihr zärtlicher, freundlicher Brief war um so erfreulicher für mich, als ich aus ihm jenen sehr aufrichtigen Ton heraushörte, der in den Jugendtagen immer zwischen uns geherrscht hat. Gefreut habe ich mich auch über die ermutigenden Worte, mit denen sie unsere gemeinsame Auffassung ausgesprochen haben, daß ein Mensch selbst im hohen Alter anderen noch nützlich sein kann.«

Der Tod Alexandras stürzte Sonja in tiefe Trauer. Die stolze Gräfin war ihr nicht nur eine gute Freundin gewesen, sondern eine Frau, die sie mehr als alle andern bewundert hatte. Tolstoi dagegen trauerte nicht; je näher er selbst dem Sterben kam, desto nachdrücklicher versicherte er, es gebe ein unsterbliches Etwas, eine göttliche Manifestation, die nach dem Tod weiterlebe.

Dann starb am 23. August 1904 Sergej Nikolajewitsch nach langem, qualvollem Leiden an Zungenkrebs. »Serjoschka ist tot«, schrieb Tolstoi drei Tage später in sein Tagebuch. »Still, ohne Bewußtsein, ohne jedes ausgesprochene Bewußtsein davon, daß er dem Tod nahe war. Das ist das Geheimnis.«

Mit jedem Jahr wurde der engere Familienkreis der Tolstois kleiner, aber auch das brachte Sonja und Leo einander nicht näher. Sonja fuhr fort, sich mit Tanejew zu treffen, zumal Tolstoi dieser Freundschaft mittlerweile viel gelassener gegenüberstand. Es war schließlich Tanejew, der auf Distanz ging und Sonja immer weniger Aufmerksamkeit schenkte. Während einer Konzertpause sprach sie ihn darauf an, und Tanejew, verärgert, ließ sie einfach stehen und verließ den Saal. Den Rest des Konzerts mußte Sonja sich allein anhören. Noch am gleichen Abend schrieb sie ihm einen Brief, in dem sie ihm in zunächst bittendem, dann gebieterischem Ton aufforderte, sein Verhalten zu erklären. In seinem Antwortschreiben lehnte Tanejew es ab, sich in irgendeiner Weise zu rechtfertigen oder auch nur die Diskussion über dieses Thema fortzusetzen.

15. November 1904

Geehrte Sonja Andrejewna,

Verzeihen Sie mir gütigst, daß ich Sie heute nicht besuchen kam. Der Grund dafür ist, daß ich den Brief, den Sie mir nach Nikischs Konzert geschickt haben, noch nicht beantwortet und Ihnen die Erklärungen, die Sie so nachdrücklich fordern, noch nicht gegeben habe. Da ich meine Meinung zu den von Ihnen aufgeworfenen Fragen noch nicht zum Ausdruck gebracht habe, halte ich es nicht für richtig, Ihr Gast zu sein. Das alles war mir gestern abend im Konzert noch nicht bewußt, aber bei meiner Rückkehr nach Hause wurde es mir ganz klar. Zur Rechtfertigung meiner Säumigkeit kann ich sagen, daß ich, sobald ich Ihren Brief erhielt, Erklärungen zu formulieren begann, aber da Sie den Brief weder an Ihre Adresse in Moskau noch nach Jasnaja Poljana geschickt bekommen wollten, sah ich schließlich davon ab weiterzuschreiben. Im Moment habe ich leider keine Zeit, den Brief zu beenden. Ich bitte Sie nochmals, meine Entschuldigungen sowie die Versicherung meines höchsten Respekts und meiner Bereitschaft, stets zu Ihren Diensten zu sein, akzeptieren zu wollen.

S. Tanejew

Zwei Tage später, offenkundig nach Empfang eines weiteren Briefs von Sonja, schrieb Tanejew zurück:

Geehrte Sonja Andrejewna,
wäre es nur darum gegangen zu erklären, warum ich in der Pause den Saal verließ und warum ich meinen Platz für den nachfolgenden Teil an jemand anders abgetreten habe, dann wäre es mir ein leichtes, mich durch den Hinweis darauf zu rechtfertigen, daß, sagen wir, jedermann, der ein Konzert besucht, das uneingeschränkte Recht besitzt, in der Pause seinen Platz zu wechseln oder den Saal zu verlassen. Allein, die Fragen, die Sie in Ihrem Brief aufwerfen, beinhalten eine solche Menge von Umständen, Beziehungen und Mißverständnissen, daß ich mich nicht in der Lage sehe, Ihrem Wunsche zu entsprechen und Ihnen einfache Erklärungen zu liefern, sei es mündlich oder schriftlich. Es würde dies, wie ich fühle, eine Aufgabe sein, die Zeit zum Abwägen und zum Überdenken jeder einzelnen Formulierung und jedes Wortes erforderte. Es ist mir jedoch gegenwärtig aus verschiedenen Gründen – darunter auch materiellen – unmöglich, die Arbeit zu unterbrechen, die mich auf Tage hinaus noch beschäftigen wird. Daher bitte ich Sie nochmals, mich zu entschuldigen und die Versicherung des höchsten Respekts entgegenzunehmen von Ihrem Ihnen aufrichtig ergebenen S. Tanejew

Sonja war eine noch immer gutaussehende Frau mit einem strahlenden Lächeln, aber ihr dunkles Haar durchzogen silberne Strähnen, und sie war ziemlich dick geworden. Wie Anna Stepanowna und ihr Roman-Ebenbild, Anna Karenina, wurde Sonja von der verzweifelten Angst gepeinigt, der Mann, zu dem sie sich hingezogen fühlte, habe kein Interesse mehr an ihr und lasse sie zugunsten einer jüngeren Frau im Stich. In Wirklichkeit zog Tanejew die Gesellschaft junger Männer vor. Falls Tanejew befürchtete, Sonja wolle ihn zu einer wirklichen Liebesbeziehung drängen, blieb ihm gar nicht viel anderes übrig, als ihr die Freundschaft aufzukündigen.

Nach ihrer Auseinandersetzung sah Sonja Tanejew zu ihrem Kummer nur noch selten. Sie gab das Klavierspiel auf und wandte sich statt dessen mehr und mehr der Fotografie und der Malerei zu. Ihr Zimmer, einst erfüllt vom Duft teurer Parfums und Puder, durchzog nun der beißende Geruch frischer Farben und fotografischer Chemikalien. Jetzt wandte sie sich auch – viel zu spät natürlich – dem einzigen noch im Hause lebenden »Kind« zu, der zweiundzwanzigjährigen Sascha, die zu einer linkischen, wenig weiblich wirkenden jungen Frau herangewachsen war. Aber deren ganze Liebe gehörte dem Vater, für ihre Mutter hatte sie nur wenig Mitleid oder Verständnis übrig.

Der russisch-japanische Krieg dauerte ein Jahr. Die Russen hatten zwar gesiegt, aber wenig gewonnen, und sie zahlten für ihren »Sieg« einen hohen Preis. Der Schock des »blutigen Sonntags« war noch nicht vergessen, und die Erhebungen von 1905 waren Ausgangspunkt und Vorspiel der russischen Oktoberrevolution. Ein gut organisierter Streik legte im Oktober 1905 Eisenbahn, Post und Telegrafie in ganz Rußland lahm. In Moskau kam es zu Straßenkämpfen, und in vielen kleineren Städten bildeten Aufständische provisorische Regierungen. Der Streik wurde am 17. Oktober eingestellt, als der Zar ein Manifest veröffentlichen ließ, das eine allgemeine Amnestie verkündete, die persönlichen Freiheiten garantierte und eine gewählte Versammlung konstituierte. Aber schon bald wurde klar, daß der Zar nur leere Versprechungen gemacht hatte, und der Jubel, mit dem seine Proklamation begrüßt worden war, schlug in wütende Empörung um. Die Revolutionäre gingen auf die Straße; in Moskau und St. Petersburg gaben Studenten ihre letzte Kopeke für Revolver aus, und monatelang herrschten Chaos und Terror in ganz Rußland.

Tolstoi, der betagte Prophet, konnte sich in dieser neuen Welt kein Gehör mehr verschaffen. Nach dem »blutigen Sonntag« hatten seine Jünger begonnen, von ihm abzufallen; seine Macht über das russische Volk war im Schwinden. Konfrontiert mit den Bajonetten und Kugeln der Kosaken, war der Verzicht auf aktiven Widerstand schlechterdings unmöglich, und die Tolstojaner schlossen sich rasch den Revolutionären an. Aus seinem Exil schrieb Birjukow an Tolstoi, erklärte, das Volk wolle von seinen religiösen Schriften nichts mehr wissen, und drängte ihn, sich wieder seiner großen künstlerischen Arbeit zuzuwenden, um die Menschen daran zu erinnern, »daß es Tolstoi ist, der zu ihnen spricht«. Aber Tolstoi ließ nicht mit sich reden und fuhr fort, seine polemisch-philosophischen Artikel zu schreiben.

Im Dezember 1905 kam es in Moskau zu neuen Streiks und Aufständen, und die Ausläufer dieser Ereignisse machten sich selbst im abgeschiedenen Jasnaja Poljana bemerkbar. In der Nachbarschaft brannten Bauern Häuser nieder, und mehrere Grundbesitzer wurden ermordet. Verkehr und Wirtschaft in Tula wurden durch Streiks völlig lahmgelegt. Sonja war zu Tode erschrocken, aber Tolstoi behielt, obgleich die Gewalttaten ihn bekümmerten, die Ruhe und begrüßte höflich die Korrespondenten aus aller Welt, die nach Jasnaja Poljana geeilt waren, um seinen Kommentar zu den Ereignissen zu hören.

Anfang des Jahres 1906 lud Sonja Tanejew zum ersten Mal seit neun Jahren wieder nach Jasnaja Poljana ein. Man begegnete sich höflich, aber distanziert. Zwei Wochen später suchte Sonja Tanejew in Moskau auf, um ihm ein Album mit den Fotografien zu überreichen, die sie Jahre zuvor von ihm aufgenommen hatte. »Wir gaben uns beide zurückhaltend und unnatürlich«, schrieb sie nach dieser Begegnung. Ihre Freundschaft war zu Ende.

Wieder zurück in Jasnaja Poljana, erfuhr Sonja, daß Tschertkow die Erlaubnis erhalten hatte, für kurze Zeit nach Rußland zu kommen, um seine betagte Mutter zu besuchen. Er traf am 24. August in außerordentlich aufgeräumter Laune in Jasnaja Poljana ein und versuchte, sich bei Sonja einzuschmeicheln, indem er seine amüsantesten Anekdoten für sie aufsparte. Ohne viel Erfolg allerdings; sein schillerndes Wesen störte sogar Sascha. »Wenn jemand anderer Meinung war als er, so legte seine Stirn sich in tiefe Falten«, erinnerte Sascha sich später. »Seine großen grauen Augen blitzten, und sein ganzes Gesicht nahm einen furchterregenden Ausdruck an. Widerspruch konnte er nicht ertragen. Seine Manieren, sein Humor, sein Eigensinn und seine tyrannische Art, die Radikalität und Engstirnigkeit seiner Ansichten, die Unduldsamkeit eines Sektierers – all das wirkte zusammen und machte ihn zu einem seltsamen und schwierigen Menschen.«

Der Besuch Tschertkows belastete Sonjas und Tolstois Verhältnis noch weiter und hätte unter Umständen zu einer anhaltenden Entfremdung führen können. Aber da erkrankte Sonja plötzlich ernstlich: Dr. Snegirjow diagnostizierte einen Gebärmuttertumor. Sofortige Operation war erforderlich, und da Sonja so schwach war, daß sie nicht in ein Krankenhaus transportiert werden konnte, entschloß Snegirjow sich, den Eingriff im Haus durchzuführen, und ließ seine Ausrüstung und seine Assistenten holen. Je heftiger Sonjas Schmerzen wurden und je näher sie sich dem Tod fühlte, um so stiller und sanfter wurde sie. Sie gab sich alle erdenkliche Mühe, nicht zu stöhnen und zu schreien, um die Familie nicht noch weiter zu beunruhigen. Wenn Tolstoi an ihr Bett trat, drückte sie kraftlos seine Hand, küßte sie und sagte leise: »Ljowotschka, vergib mir, vergib mir.«

»Saschinka Liebling, ich danke dir«, flüsterte Sonja ihrer Tochter zu, die sich aufmerksam um sie kümmerte, und Sascha fühlte plötzlich jene Liebe zur Mutter, die so lange verdrängt war. »Ich war bereit, alles mir Mögliche zu tun, um ihr zu helfen, um sie zu retten«, schrieb Sascha später. »Ich blickte in ihre schönen, so hilflosen und leidensvollen Augen, und all die zersetzende, bis zum Haß gesteigerte Abneigung, die ich zuweilen empfunden hatte, erschien mir wie ein weit entfernter Alptraum.«

Unmittelbar vor Beginn der Operation bat Sonja um einen Besuch des Priesters, und Tolstoi war mit ihrer Bitte nicht nur einverstanden, sondern ging sogar selbst den Priester holen. Während der Eingriff durchgeführt wurde, verließ Tolstoi, der das Warten nicht ertragen konnte, das Haus und wanderte im Wald umher. Später schrieb er in sein Tagebuch: »Heute war die Operation. Sie soll geglückt sein. Aber sie war sehr schwierig. Morgens war sie geistig wohlauf. Wie doch der Tod besänftigt!«

Sascha spürte, daß ihr Vater eigentlich nicht gewollt hatte, »daß die Ärzte den natürlichen Verlauf ihrer Krankheit beeinflußten, daß sie den Willen Gottes aufhielten«. Sie fühlte, daß ihr Vater überzeugt war, Sonja hätte im Tod Erlösung und »Wiederauferstehung« gefunden.

Ein paar Wochen später kamen Mascha und ihr Mann nach Jasnaja Poljana, um den Winter bei der Rekonvaleszentin zu verbringen. Für Mascha waren die zurückliegenden Jahre sehr schwer gewesen; ihre Ehe war nicht glücklich, und mehrere mit Totgeburten endende Schwangerschaften hatten ihre Gesundheit zerrüttet. Der November war feucht, kalt und windig, und Mascha holte sich eine Lungenentzündung. Acht Tage lang lag sie, dem Tod nahe, in jenem Zimmer, in dem ihre Mutter 1862 bei ihrem ersten Besuch in Jasnaja Poljana geschlafen hatte. Sie wurde mit jedem Tag schwächer, verlor jedoch zu keiner Zeit das Bewußtsein. Tolstoi hielt an Maschas Bett Nachtwache, und eine Stunde, bevor sie starb, öffnete sie die Augen weit, erblickte ihren Vater und legte seine Hand auf ihre Brust. Er beugte sich über sie und zog ihre »dünne, durchsichtige Hand an seine Lippen. ›Ich sterbe‹, flüsterte sie fast unhörbar.« Sonja stand am Fenster, und Tanja, die zu ihrer schwergeprüften Familie geeilt war, stand neben ihr; Maschas Mann saß auf der Bettkante, und Sascha stand in der Tür. Schweigend harrten sie alle bei Mascha aus, bis um ein Uhr nachts der Tod eintrat.

Mascha wurde, genau wie einst Tante Toinette, durch das Dorf getragen, und jeder Bauer von Jasnaja Poljana trat vor und sprach ein Gebet für sie. Sonja stützte sich am Grab schwer auf Tolstoi, suchte Halt bei ihm, aber er wich ihr steif aus, um für sich allein zu stehen. Tanja bot ihrer Mutter den Arm, und als die Familie sich auf den Heimweg machte, trat Sascha rasch an die Seite ihres Vaters. Schweigend und ohne Zögern hakte er sich bei ihr unter, und gemeinsam verließen sie den Friedhof.

24

Im Juni 1908 konnte Tschertkow ganz nach Rußland zurückkehren, kaufte ein kleines Gut in der Nähe von Jasnaja Poljana und begann mit dem Bau eines Hauses für die wachsende Zahl seiner Mitarbeiter und Gefolgsleute. Aus dem »Tolstojanismus« war ein weitverzweigtes internationales Unternehmen geworden, und Tschertkow, der sich als »Kronprinz« betrachtete, hatte sich einen eigenen Hofstaat zugelegt, der ihm bei der Leitung dieses Unternehmens half. Er bezahlte seinen Mitarbeitern hohe Gehälter, die aus den Gewinnen bestritten wurden, die Tolstois Schriften abwarfen; selbstgenügsame Tolstojaner, die nur ihren Idealen lebten, gab es praktisch keine mehr.

Sonja wußte, daß sie das einzige Hindernis war, das Tschertkows zukünftiger »Thronbesteigung« im Wege stand, und dieses Wissen erfüllte sie mit schlimmen Vorahnungen. Es schien offenkundig, daß Tschertkow darauf aus war, nach dem Tod seines Meisters die alleinige Kontrolle über dessen Schriften, persönliche Papiere, Übersetzungen, Briefe und Tagebücher zu erlangen. Seine Gefolgschaft wuchs rasch, und schon bald waren es über dreißig Menschen, »die immerfort auf geheimnisvolle Weise damit beschäftigt waren, Tolstois Manuskripte abzuschreiben und am scheinbar endlosen ›Gewölbe‹ seiner Gedanken zu bauen«. Alle diese Leute aßen gemeinsam an einem großen Tisch, »an dessen Kopfende Tschertkow saß, eingerahmt von seiner halbinvaliden Frau und F. A. Strachow, einem ergebenen Jünger, der unter der Oberleitung Tschertkows die Fertigstellung des ›Gewölbes‹ dirigierte. Den mittleren Teil des Tisches nahmen die gelehrteren Mitarbeiter, das untere Ende die gewöhnlichen Arbeiter ein.«

Diese Drei-Klassen-Tischordnung wurde unterstrichen dadurch, daß am Kopfende eine bessere und abwechslungsreichere Kost aufgetragen wurde. Sascha war bei ihrem ersten Besuch auf Tschertkows Anwesen schockiert, als sie Leute aus der Umgebung des Hausherrn von diesen Gruppen unverblümt als der »ersten, zweiten und dritten Klasse« sprechen hörte. Sie wurde auch Zeugin eines Wortwechsels zwischen zwei Stalljungen von Tschertkow. Auf die Bemerkung des ersten: »Sieh mal einer an, Aljoscha versucht sich in die erste Klasse hineinzudrängen«, erwiderte der zweite: »Na ja, er mag eben Reiskuchen und Marmelade und Kompott! Ich schätze, er hat genug von gekochten Kartoffeln und Sonnenblumenöl!«

Sonja hatte nicht nur Tschertkows Nachbarschaft in Jasnaja Poljana zu ertragen, vielmehr mußte sie sich auch damit abfinden, daß er sie tagsüber oder abends so gut wie nie mit ihrem Mann allein ließ.

Und wenn er selbst einmal nicht abkömmlich war, dann war einer seiner Sekretäre oder ein anderer eingeschworener Tolstojaner zugegen. Tschertkow las jedes Wort, das Tolstoi schrieb, und verlangte zuweilen Änderungen, mit denen Tolstoi fast immer einverstanden war. Er folgte dem Meister mit dem Notizbuch überall hin und schrieb jede Bemerkung, jedes Gespräch auf, das er für bedeutsam hielt. Ein- oder zweimal in der Woche holte er einen englischen Fotografen, der Tolstois Begegnungen mit bekannten Besuchern im Bild festhalten und Schnappschüsse aufnehmen mußte, die den Meister in unterschiedlichen Posen und Umgebungen zeigten; beim Spaziergang an der Woronka, beim Reiten, auf den Äckern usw. Und tagein, tagaus wich Tolstois Sekretär, Nikolai N. Gusew, ein Tolstojaner und enger Vertrauter Tschertkows, nicht von des Meisters Seite. In der Nacht schloß Tolstoi sich in seinem Zimmer ein, um Sonja und jedwede Versuchung auszusperren; Gusew, der in einem kleinen Arbeitszimmer in der Nähe von Tolstois Schlafzimmer untergebracht war, sollte ihm helfen, keusch zu bleiben. Wenn Tolstoi unruhig wurde, mußte sein Sekretär aufstehen und sich zu ihm setzen.

Von allen Angehörigen der Tolstoi-Familie hatte Sascha den engsten Kontakt zu ihrem Vater, kein Wunder also, daß Gusew mit seiner bevorzugten Stellung ihre Eifersucht erregte. »Manchmal hatte ich meine Träume«, erinnerte sie sich später. »Mein Vater und ich bewohnten ein winziges Häuschen im Dorf. Vater würde morgens arbeiten, während ich die Hausarbeit machte . . . Abends schrieb ich [seine] Manuskripte ab. Aber was würde dann aus Mutter werden? . . . Sie würde sich nebenan niederlassen, mit Ärzten, Dienern und Hausmädchen.«

Mit ihren vierundzwanzig Jahren hätte Sascha an junge Männer und ans Heiraten denken sollen. Statt dessen konzentrierte sie sich ganz auf ihren Vater. Und Tolstoi sagte ihr immer wieder, was für ein Glück es sei, daß sie auf Männer nicht anziehend wirke, daß ihre Häßlichkeit sie vor einem schrecklichen Schicksal bewahrt habe; und Sascha glaubte ihm. Er ging mit düsterer Ausführlichkeit auf die Probleme ein, die in den Ehen ihrer Schwestern aufgetaucht waren, und auf die Schwierigkeiten, die sie mit Schwangerschaft und Geburt durchgemacht hatten. »Jemals zu heiraten? Mit Schaudern dachte ich daran«, entsann Sascha sich viele Jahre später. »Niemals, nicht um alles in der Welt.«

Sonja sah, was hier gespielt wurde. Sascha war im Begriff, ihren Platz einzunehmen, aber wenn es auch schwer war, sich damit abzufinden, weit stärker beunruhigte es sie, wie Tolstoi mit seinem egoistischen, besitzergreifenden Verhalten ihre Tochter aller Weiblichkeit beraubte. Gewiß war Sascha keine Schönheit, aber sie besaß fröhliche Augen, eine rasche Auffassungsgabe, viel Energie und einen starken Sinn für Loyalität. Ganz bestimmt würde sie eine vorbildliche Ehefrau und Mutter abgeben. Es kam zu erbitterten Auseinandersetzungen mit Tolstoi über Sascha, aber er tat ihre Forderung, die Tochter weniger in Beschlag zu nehmen, als neues Zeichen ihrer unvernünftigen Eifersucht und ihres »entwürdigenden Wahnsinns« ab.

Sascha belauschte viele dieser Auseinandersetzungen. Ihr Ärger über Sonja, der sich so schmerzlich mit Anwandlungen des Mitleids für die Mutter mischte, stürzte die junge Frau in ein schlimmes Gefühlschaos. Lange sollte sie ihrer Mutter den Vorwurf machen, Tolstoi Leid zugefügt und versucht zu haben, sich zwischen ihn und sie zu stellen. Erst als sie selbst älter wurde, begann sie, die Wahrheit zu erkennen, und, von Schuldgefühlen geplagt, versuchte sie, eine weitere Veröffentlichung ihrer früher geschriebenen autobiographischen Bücher zu verhindern. Diese Werke, die ein höchst negatives Bild von Sonja zeichnen, dienten den unzähligen Biographen Tolstois als Quelle und Bezugspunkt, und Sascha begann das Unrecht, das sie ihrer Mutter zugefügt hatte, tief zu bereuen.

Am 2. Juli 1908 begann Tolstoi, ein Geheimtagebuch zu führen. Schon Jahre zuvor hatte er Tschertkow widerwillig eingeräumt, Einblick in seine Tagebücher nehmen zu dürfen, und Tschertkow pflegte seitdem die Tagebucheintragungen Tolstois zu kopieren. Aber nun, da er seinen Schüler fast täglich sah, stellte Tolstoi fest, daß dieses Verfahren ihn in seiner Offenheit beeinträchtigte. Es widerstrebte ihm andererseits, das Tschertkow gegebene Wort zu brechen. Um sich dieser verzwickten Lage zu entziehen, fing Tolstoi ein zweites Tagebuch an, das er in seinem Schlafzimmer verborgen hielt. Sechzehn Tage lang hatte er dieses private Tagebuch geführt, als er im August ernstlich krank wurde, und fürchtend, daß er sterben könnte, schickte er Tschertkow das Geheimtagebuch mit der Weisung, es zu vernichten, nachdem er herauskopiert habe, was immer ihm davon erhaltenswert erscheine.

Dieses Tagebuch legt vor allem auch Zeugnis ab von Tolstois »schlechten Gefühlen«, wie er seine sexuellen Wünsche nannte. Bald (am 28. August) würde er achtzig Jahre alt sein, gesundheitlich stand es schlecht um ihn, und doch spürte er nach wie vor jenes Verlangen, das er so sehr verachtete. Am 9. Juli notierte er, Tschertkows Abschrift zufolge, in sein Geheimtagebuch:

Alle Welt schreibt meine Biographie – aber für alle Biographen gilt: Wie ich es mit dem siebenten Gebot gehalten habe, davon wird nichts darin stehen; nichts von dem schrecklichen Schmutz der Selbstbefleckung und Ärgerem mit 13, 14 Jahren und bis zum 15. und 16. Lebensjahr (kann mich nicht entsinnen, wann das Laster in den Freudenhäusern anfing). Und so weiter bis zu dem Verhältnis zu dem Bauernmädchen Aksinja – sie lebt noch –, dann die Ehe, in der ich zwar meiner Frau nicht ein einziges Mal untreu war, aber nun von gemeiner, verbrecherischer Gier auf mein Weib beherrscht wurde. Davon wird, wie üblich, nichts in den Biographien stehen. Dabei ist das sehr wichtig, weil zumindest mir dieses Laster am meisten bewußt ist, es mehr als alle anderen bekämpft werden muß.

Tolstoi vertraute Sascha an, daß er ein geheimes Tagebuch führte, aber weder zeigte er es ihr, noch erzählte er ihr, daß er es Tschertkow geschickt hatte. Sonja wußte zwar nichts von diesen heimlichen Aufzeichnungen, aber Tschertkows nahezu tägliche Besuche im Arbeitszimmer Tolstois erfüllten sie mit zunehmender Unruhe. Jedesmal, wenn er herauskam, schleppte er mit persönlichen Papieren und Manuskripten prall gefüllte Aktendeckel weg. Besorgt, ihr Mann sei im Begriff, senil zu werden, glaubte sie, er sei vielleicht nicht mehr in der Lage, die Machenschaften seines Schülers zu durchschauen oder ihnen Widerstand entgegenzusetzen. Sonja war überzeugt, daß Tschertkow die Absicht hatte, nach Tolstois Tod alles, was er von dessen Schriften in seinen Besitz gebracht hatte, zu veröffentlichen und zu verwerten.

Wie um ihre schlimmsten Befürchtungen zu bestätigen, unterstützten Tschertkow und Gusew Tolstoi in seinem langgehegten Wunsch, *alle* seine Schriften zum öffentlichen Eigentum zu erklären. Das bedeutete, daß diese Männer (mit Tolstois Einverständnis) von Sonja erwarteten, sie solle die Rechte an den Werken, die er vor 1881 geschrieben hatte, abtreten und auf alle Rechte an den bis zu seinem Tod unveröffentlicht gebliebenen Werken verzichten.

Heftige und immer erbitterter geführte Auseinandersetzungen über diese Frage häuften sich im Herbst und Winter des Jahres 1908. Tschertkow war dabei oft zugegen und hielt gewissenhaft alles in seinem Notizbuch – das er später veröffentlichte – fest. Ein Streit, den er protokollierte, ereignete sich am 4. Dezember 1908:

Sonja Andrejewna wendet sich an Leo Nikolajewitsch und versichert voller Zorn, daß die Eigentumsrechte an allen seinen geschriebenen, unveröffentlichten Werken der Familie gehören. Leo Nikolajewitsch widerspricht. Sie rennt in ihr Zimmer, holt ein kleines Tagebuch, das in ihrer Handschrift geschrieben ist, und liest ihre eigenen Aufzeichnungen vor, aus denen hervorgeht, daß Leo Nikolajewitsch nur diejenigen seiner Schriften zum öffentlichen Eigentum erklärt haben soll, die zu seinen Lebzeiten (und nach 1881) im Druck erschienen sind. Leo Nikolajewitsch beginnt, Einwände zu machen. Sie fährt ihm über den Mund. Schließlich fordert er sie in entschlossenem, gebieterischem Ton auf, ihm zuzuhören. (Sie hatte soeben erklärt, ihre Sorge gelte nicht ihr selbst, aber ihre Kinder würden schließlich Ansprüche stellen.) Leo Nikolajewitsch: »Du tust so, als seien unsere Kinder Schufte, die von mir etwas verlangen, was das Gegenteil ist von dem, was mir am meisten am Herzen liegt.« Sonja Andrejewna: »Nun, wer ein Schuft ist, weiß ich nicht, aber . . .« Leo Nikolajewitsch (sehr bestimmt): »Nein, laß mich ausreden. Geht man nach deinen Worten, dann sieht es so aus, als wollten die Kinder mir den niederträchtigsten Streich spielen. Einen niederträchtigeren Streich kann man unmöglich jemandem spielen. Du kennst die Grundsätze, deretwegen ich auf diese Rechte verzichtet habe: die Grundsätze meines Glaubens. Und was willst du? Daß diese Grundsätze sich in Heuchelei verwandeln? Ich habe dir mein Vermögen gegeben, ich habe dir meine frühen Werke gegeben, und jetzt sieht es so aus, daß ich noch mein eigenes Leben hingeben soll – die Dinge, für die ich lebe. Dabei bekomme ich täglich beleidigende Briefe, in denen ich der Heuchelei beschuldigt werde. Und jetzt verlangst du, daß ich in der Tat zum Heuchler und zum Halunken werden soll. Es ist erstaunlich, wie du mich ohne jede Notwendigkeit quälst.« Und er verließ den Raum und schlug die Tür hinter sich zu.

Der Riß ging quer durch die Familie. Ilja, Mischa, Leo und Andrejuschka standen hinter ihrer Mutter, Sascha verteidigte die Position ihres Vaters und war insofern für Tschertkow, Tolstois Sekretäre und seinen Arzt Dr. Makovický, der ebenfalls in Jasnaja Poljana lebte, eine starke Verbündete. Tanja und Serjoschka versuchten, eine neutrale Haltung einzunehmen, und bemühten sich stets, die Differenzen zwischen ihren Eltern auszuräumen.
Im März 1909 wurde Tschertkow wegen »subversiver Tätigkeit« von der Regierung gezwungen, den Bezirk Tula vorübergehend zu verlassen. Sonja war erleichtert, ihren Gegenspieler los zu sein, aber Tolstoi ertrug die Einsamkeit schlecht. »Ich vermisse Tschertkow«, notierte er am 15. April in sein Tagebuch. Seine Teilnahmslosigkeit beunruhigte Sonja, und sie schlug ihm einen Besuch bei ihrer Tochter Tanja und deren Mann in der Provinz Orel vor; begleitet wurden sie von Dr. Makovický, Gusew und dem Koch. Was Sonja freilich nicht

wußte, war, daß Tschertkow ein kleines Haus ganz in der Nähe der Suchotins bezogen hatte. Wenige Tage nach ihrer Ankunft ließ Sonja ihren Mann bei Tochter und Schwiegersohn zurück und kehrte selbst nach Jasnaja Poljana heim. Als Tolstoi kurze Zeit später erfuhr, daß Tschertkow in der Nähe wohnte, bestieg er ein Pferd und ritt allein zu seinem Freund hin. »Freudestrahlendes Wiedersehen«, vermerkte er in seinem Tagebuch und schrieb Sonja, daß er seinen Aufenthalt bei Tanja verlängern werde. Einen Monat später kam er sehr erholt nach Jasnaja Poljana zurück.

Tschertkow hatte die Tage in Orel geschickt zu nutzen gewußt. Er war zusammen mit Tolstoi ausgeritten und gewandert, und während der vielen tiefschürfenden Gespräche hatte er Tolstoi höchst behutsam nahegebracht, dieser möge doch ein geheimes Testament aufsetzen, um seine Werke vor Sonjas »geldgierigen Plänen« zu schützen. Tschertkow beklagte den Kompromiß, durch den Sonja in den Besitz der Rechte an den frühen und meistgelesenen Werken Tolstois gekommen war. Indem er unterstellte, daß Tolstois damalige Vereinbarung mit Sonja nicht rechtsgültig war, legte er dar, wie man mit einem neuen Testament sicherstellen könnte, daß die Wünsche des Meisters nach seinem Tod auch wirklich ausgeführt würden. Wenn Tolstoi einen Testamentsvollstrecker bestimme, der seine Glaubensüberzeugungen teile, so könne er sicher sein, daß alle seine Werke der Allgemeinheit gehören würden. Tschertkow vermied es, sich ausdrücklich als diesen Testamentsvollstrecker vorzuschlagen und Sonja damit auszuschalten, aber er verstand es geschickt, eben diese Lösung nahezulegen, und Tolstoi zeigte sich nicht abgeneigt.

Sonja wurde fast verrückt bei dem Gedanken, daß Tschertkow einen hinterhältigen Plan verfolgte, um sie zu verdrängen und der Armut preiszugeben. Verzweifelt drang sie in Tolstoi, ihr bei der Wahrung ihrer Rechte zu helfen, ihr eine Vollmacht zum juristischen Vorgehen gegen jeden zu erteilen, der seine frühen Werke ohne Erlaubnis druckte und veröffentlichte. Doch er weigerte sich. Sonja wurde zunehmend hysterischer. Sie versuchte, mit Sascha zu reden, da sie spürte, daß ihre Tochter ihr etwas verschwieg. In der Tat plante Sascha, zusammen mit ihrem Vater heimlich Tschertkow zu besuchen, der mittlerweile unweit von Moskau lebte, und über ein neues Testament zu reden. Auf die Vorhaltungen ihrer Mutter reagierte sie kühl und ausweichend. Sonja drohte damit, sich umzubringen, weinte, schrie und rannte aus dem Haus, aber das alles führte nur zu weiteren Streitereien und verstärkter Feindseligkeit. Tolstoi, der ebenfalls ziemlich verstört war, irrte mit einem Gewehr durchs Haus und drohte, sich zu erschießen.

Im Juli erhielt Tolstoi eine Einladung, am Achtzehnten Internationalen Friedenskongreß in Stockholm teilzunehmen. Bis dahin hatte er Ehrungen dieser Art stets ignoriert, aber diesmal sah er eine Gelegenheit, eine Rede zu halten, in der er den »Friedens«-Kongreß der Unaufrichtigkeit beschuldigen und die Auflösung aller Heere fordern konnte, und er begann sofort, ein entsprechendes Manuskript abzufassen. Sonja war entsetzt über seine Absicht, und es gelang ihr schließlich auch, ihn von seinem Vorhaben abzubringen. Die ganze Aufregung erwies sich dann allerdings sowieso als umsonst, da der Kongreß wegen eines Generalstreiks in Schweden um ein Jahr verschoben werden mußte.

Aber Sonjas Gemütszustand verschlimmerte sich trotzdem weiter. Sie sah sich, selber schutz- und hilflos, von Feinden umgeben – ihr Mann, Sascha, Makovický, Gusew und selbst ihre eigene Sekretärin, Warwara Feokritowa, die nun auch Arbeiten für Tschertkow erledigte, der sie auf seine Seite gezogen hatte, schienen an der Verschwörung gegen sie beteiligt. Alle, die ihr hätten beistehen können – ihre ältere Tochter, ihre fünf Söhne, ihre Schwester Tanja –, waren nie da, wenn sie sie brauchte. Zuweilen kleidete sie sich mit unendlicher Sorgfalt an, frisierte ihr Haar vorteilhaft und schritt dann mit nachsichtigem Lächeln, in aufrechter Haltung und mit erhobenem Kinn durchs Haus. Oft jedoch überwältigten sie Angst und paranoide Vorstellungen. Graue Haarsträhnen hingen ihr dann wirr ins Gesicht, und ihre dunklen Augen waren vom Weinen rot und geschwollen. Wie sie aussah, war ihr an solchen Tagen egal, und ihre Hand zitterte, wenn sie sich an die Kehle faßte – eine Geste, die sie immer häufiger machte, da die emotionale Anspannung ihr das Gefühl gab zu ersticken. Ihr schlechter psychischer Zustand wurde sicherlich noch verschlimmert durch Tolstois Weigerung, ihr die Rechte an seinen frühen Werken zu bestätigen. Er wußte, daß nicht Habgier, sondern Stolz ihr eigentliches Motiv war. Indem er ihr die Rechte an seinem Werk absprach, leugnete er ihre Bedeutung als Mensch und Frau und ihre Überzeugung, daß ihr als seiner Gattin eine besondere Stellung zukam.

Während dieses für alle in Jasnaja Poljana so problemreichen Sommers war zu allem Überfluß auch noch die ganze Gegend von revolutionären Jugendlichen überlaufen, und es war nur eine Frage der Zeit, wann die Polizei auch wieder auf Tolstoi aufmerksam werden würde.

Am 5. August 1909 erschien die Bezirkspolizei in Jasnaja Poljana und verhaftete Gusew wegen des Vertriebs »revolutionärer Bücher« (d. h. Tolstoischer Werke). Während Tolstoi mit Tränen in den Augen dastand, trat seine betagte Schwester Maria Nikolajewna in ihrer

Nonnentracht ans Fenster und spuckte auf die Polizeieskorte runter, die Gusew abführte. Sonja war blaß und zitterte; sie fürchtete nicht um Gusew, aber der Gedanke, daß die Polizei als nächstes vielleicht gegen Tolstoi selbst vorgehen könnte, erschreckte sie zutiefst.

Die machiavellistischen Pläne Tschertkows begannen nun Gestalt anzunehmen. Am 3. September brach Tolstoi in Begleitung Saschas, Dr. Makovickýs und eines Dieners zu einem Besuch bei Tschertkow auf. Sonja wurde die Absicht mitzufahren ausgeredet, indem man sie über den wahren Zweck der Reise täuschte. Tolstoi wollte mit Tschertkow ein neues Testament besprechen, das Sonja keine Rechte mehr an seinen Werken belassen würde. Sowohl Tolstoi als auch Sascha waren felsenfest davon überzeugt, Sonjas verlegerische Tätigkeit stelle eine Ausbeutung seines Schaffens dar, während die Veröffentlichungen, die Tschertkow besorgte, die »Erfüllung einer geheiligten Pflicht gegenüber Gott und den Menschen« sei. (Später sollte Sascha höchst unzufrieden mit der Art und Weise sein, in der Tschertkow das literarische Vermächtnis Tolstois verwaltete und, wie sie ihm dann vorwarf, den Löwenanteil der Gewinne in die eigene Tasche steckte.)

In Moskau wurde Tolstoi, der schon mehrere Jahre nicht mehr in der Stadt gewesen war, zu seiner Überraschung am Bahnhof von einer jubelnden Menschenmenge empfangen. Nach einem kurzen Aufenthalt in seinem Haus fuhr er weiter zu Tschertkows Landsitz. Tschertkows Lebensstil fand nicht uneingeschränkt Tolstois Zustimmung, gleichwohl freute er sich, von »loyalen Anhängern« umgeben zu sein, »für die jedes seiner Worte Gesetz war und die ihn verehrten wie einen lebendigen Heiligen« inmitten einer sündigen Menschheit«.

Als Sonja in der Zeitung Fotografien von Tolstoi und Tschertkow sah, ergriff sie wilde Eifersucht. Hastig packte sie ihre Koffer und nahm den nächsten Zug, um Tolstoi nachzufahren. Sie argwöhnte, daß da eine Verschwörung im Gange sei, und ließ nach ihrer Ankunft Tolstoi keinen Augenblick mehr mit Tschertkow oder mit Sascha allein. Tschertkow behandelte sie sehr unfreundlich, und Sonja verlangte von Tolstoi, er solle mit ihr nach Jasnaja Poljana zurückkehren. Als er dies ablehnte, spielte sie verrückt. Da es Tolstoi nicht gelang, sie zu beruhigen, erklärte er sich schließlich zähneknirschend bereit, am folgenden Tag mit ihr abzureisen.

Dieser Sieg hatte ihre Kräfte erschöpft, und sie verbrachte den Rest des Nachmittags auf ihrem Zimmer, wodurch sie Tolstoi und Tschertkow Gelegenheit gab, unter vier Augen zu sprechen. Von Tschertkow beraten, setzte Tolstoi ein neues Testament auf, von dem Sascha eine Reinschrift anfertigte. Darin verzichtete er erneut auf alle

Rechte an seinen Schriften, während er Sonjas Rechte an seinen vor 1881 erschienenen Werken bestätigte. Ferner bestimmte er Tschertkow zum alleinigen Verwalter seines literarischen Nachlasses. Schließlich doch nicht fähig, Sonja vollkommen zu verraten, hatte Tolstoi sich auf diesen Kompromiß eingelassen. Er und drei Zeugen unterzeichneten das Dokument. Tschertkow behielt eine Abschrift für sich, und Sascha erhielt den Auftrag, die Gültigkeit des Testaments von einem Notar in Moskau bescheinigen zu lassen.

Am Tag nach ihrer Ankunft in Moskau nutzte Sascha die erste Gelegenheit, einen Anwalt aufzusuchen. Dieser las das Testament aufmerksam durch und erklärte dann zu ihrer Enttäuschung, daß es keine Gültigkeit besitze. Es sei juristisch nicht möglich, die Rechte an einem literarischen Werk einer nicht näher bezeichneten »Allgemeinheit« zu hinterlassen. Tolstoi würde ein neues Testament aufsetzen müssen, das bestimmte Erben beim Namen nannte – und Sonja würde ein zweites Mal hintergangen werden.

Der Anwalt erhielt den Auftrag, ein neues, juristisch einwandfreies Testament aufzusetzen, und dieses Dokument wurde – ohne Wissen Sonjas – am 1. November 1909 unterzeichnet. Die nach 1881 geschriebenen Werke wurden nunmehr Sascha, Tanja und Serjoschka vermacht, mit dem Vorbehalt, daß sie sie der Allgemeinheit zur Verfügung stellten.

Ein paar Abende später, als ihr Vater sich anschickte, zu Bett zu gehen, kam Sascha an seiner Tür vorbei. Er rief sie hinein und sagte: »Ich wollte dir zu meinem Testament noch folgendes sagen: Wenn von der ersten Ausgabe meiner Werke Geld übrigbleibt, dann wäre es gut, Jasnaja Poljana Mama und deinen Brüdern abzukaufen und den Bauern zu übereignen.«

Sascha versprach, dies zu tun. Es zeichnete sich damit ab, daß Sonjas jüngste Tochter – das Kind, das sie nicht gewollt hatte, das Mädchen, das sie am liebsten anstelle ihres Wanitschka hätte sterben sehen – eines Tages das Leben ihrer Mutter in ihren Händen halten würde. Und dieses zutiefst verletzte und verbitterte Kind sollte sich nicht großmütig zeigen.

Im Januar 1910 traf Walentin Bulgakow, Tolstois neuer Sekretär, in Jasnaja Poljana ein. Der bemerkte schon bald, daß der Haushalt »einer Art Festung glich, mit heimlichen Zusammenkünften, Konferenzen usw.«. Obwohl Bulgakow ein eingeschworener Tolstojaner und ein Bekannter Tschertkows war, mochte Sonja ihn und vertraute ihm. Wie alle, die Tolstoi nahestanden, führte auch er ein Tagebuch, in dem er seine Begegnungen mit dem und seine Gedanken über den Meister festhielt. Anders aber als die meisten Jünger Tolstois war Bulgakow, auch wenn er den Meister als Propheten und Lehrer natürlich verehrte, nicht blind für seine persönlichen Schwächen. Er fühlte mit Sonja und machte sich Sorgen, als deren psychischer Zustand sich im Laufe des Frühjahrs verschlechterte.

Anfang Juni fuhr Tolstoi in Begleitung von Bulgakow, Sascha und Dr. Makovický seine Tochter Tanja besuchen, und am 19. Juni teilte er Sonja brieflich »die freudige Nachricht« mit, daß die Behörden Tschertkow die Erlaubnis zur Rückkehr nach Tula erteilt hatten. Dieser Brief war zuviel für Sonjas überreizte Nerven. Sie rannte wie wild durchs Haus, schreiend und unentwegt weinend und vor sich hinmurmelnd; drei Nächte lang irrte sie in nervöser Erregung durch die Räume. Zwei Telegramme riefen Tolstoi nach Hause zurück. Als er endlich eintraf, war Sonja zu krank und schwach, um zu seiner Begrüßung aufzustehen, und Tolstoi ging zu ihr ins Zimmer. Blaß, mit wirrem Haar und Augen, aus denen die Angst sprach, lag sie verstört und schluchzend im Bett. Er setzte sich zu ihr, nahm ihre Hand und bemühte sich eineinhalb Stunden lang, sie zu beruhigen – vergebens.

Früher an diesem Abend hatte Sonja unter der Überschrift »Memorandum vor dem Tode« eine Eintragung in ihr Tagebuch gemacht. Darin zählte sie alle ihre Symptome auf – »Würgen im Hals, stechende Herzschmerzen. Migräne, unfähig, mit dem Weinen aufzuhören« – und fuhr dann fort: »Ist es Hysterie? Ein Nervenanfall oder der Anfang des Wahnsinns? . . . Ich will die Wahrheit bekennen. Ich war unglücklich wegen dieser langen ungewohnten Trennung von Leo Nikolajewitsch. Er hegt eine abstoßende, senile Liebe zu Tschertkow (in seiner Jugend pflegte er sich in Männer zu verlieben), und er ist dessen Willen und homosexuellen Machenschaften vollständig verfallen. Leo Nikolajewitschs intimer Umgang mit Tschertkow macht mich wahnsinnig eifersüchtig; ich fühle, daß Tschertkow mir alles genommen hat, wofür ich achtundvierzig Jahre lang gelebt habe.« Im folgenden entwarf sie dann komplizierte Pläne für einen Selbstmord mit Gift. Sie beschrieb ihren Sarg – »Ein gewölbter Deckel, bezogen mit rosenrotem oder weißem Brokat« – und notierte: »Wie riesig meine Nase wirken wird, wenn sie im Tode hochsteht.« Den Schluß des Eintrags bildet ein hysterisches »Schneller! schneller! Es wird zu spät sein . . . Ich habe das Opium getrunken . . . Er kommt.«

Sie hatte keine tödliche Dosis genommen, aber ihre häufigen Halluzinationen und wahnhaften Träume legen die Vermutung nahe, daß sie in der Tat Opium nahm und in dieser Zeit ziemlich häufig unter dem Einfluß dieses Rauschmittels stand. Sie gestand sogar Goldenweiser gegenüber ein – der berühmte Pianist war ein guter Freund der Tolstois –, sie fürchte, verrückt zu werden, könne aber nichts dagegen tun. Ganz offensichtlich war sie eine schwerkranke Frau, aber nichtsdestoweniger beharrten in Jasnaja Poljana alle außer Bulgakow darauf, in ihr einfach einen überspannten Hausdrachen zu sehen. Ihre Söhne und Tanja erkannten das Ausmaß ihrer Krankheit, aber sie waren nur gelegentlich zu Besuch da, und keiner ihrer Söhne hatte irgendwelchen Einfluß auf Tolstoi oder Sascha.

Am 1. Juli zeigte sich Tschertkow erstmals seit langer Zeit wieder in Jasnaja Poljana. Sonja forderte ihn – in einem Gespräch unter vier Augen – auf, sämtliche Tagebücher Tolstois zurückzugeben. Tschertkow, der Sonja gegenüber zu diesem Zeitpunkt nicht einmal mehr höflich war, beschuldigte sie, sie habe vor, jede Eintragung verschwinden zu lassen, die für sie oder ihre Familie nicht schmeichelhaft sei. »Haben Sie Angst, daß ich Sie mit Hilfe der Tagebücher Leo Nikolajewitschs *bloßstellen* will?« höhnte er. »Das steht schon lange in meiner Macht, und ich verfüge über genügend Einfluß, Sie und Ihre Familie in den Schmutz zu ziehen, und wenn ich es nicht getan habe, dann nur aus Liebe zu Leo Nikolajewitsch.« Dann drehte Tschertkow sich um und verließ das Zimmer mit den verächtlichen Worten: »Wenn ich eine solche Frau hätte, so hätte ich mich schon längst erschossen oder wäre nach Amerika geflohen.«

Der Kampf um die Verfügungsgewalt über Tolstois Tagebücher wurde noch zwei Wochen lang mit wachsender Verbissenheit fortgeführt.

Bulgakow erkannte ziemlich rasch, daß Sonja dabei auf verlorenem Posten stand. »Es ist mir klar«, schrieb er in sein Tagebuch, »daß es Zeiten gibt, in denen [Sonja] als eine kranke und alte Frau mit mehr Rücksicht behandelt werden sollte, als Tschertkow und Alexandra Lwowna [Sascha] sie an den Tag legen. Beide . . . leiden in dieser Hinsicht an einer Art Blindheit. Ersterer hat es auf die moralische Zerstörung der Gattin Tolstois abgesehen, um die Kontrolle über seine Manuskripte zu erlangen. Letztere steckt entweder mit jenem unter einer Decke, oder sie widmet sich in typisch weiblicher Opposition gegenüber der Mutter diesem Kampf mit so etwas wie sportlichem Ehrgeiz.«

Aber es waren nicht nur Tschertkow und Sascha, die gegen Sonja arbeiteten; ihre Sekretärin Warja, die sie als Freundin und Vertraute betrachtete, war zu Tschertkow übergelaufen, berichtete ihm detailliert über alles, was Sonja tat oder sagte, und versorgte ihn mit einer Kopie von allem, was Sonja schrieb.

Sonja wandte sich in ihrer Verzweiflung an Tolstoi selbst und bat ihn, Tschertkow die Tagebücher wegzunehmen. Sie erinnerte ihn daran, daß diese Aufzeichnungen intime und ausführliche Schilderungen aus den achtundvierzig Jahren ihrer Ehe enthielten, und versuchte, ihm klarzumachen, daß er nicht das moralische Recht habe, diese Dinge einem Außenstehenden zu geben. Sie beharrte darauf, Tschertkow habe die Absicht, nach Tolstois Tod die Tagebücher in ihrer Gesamtheit zu veröffentlichen und damit ihr und den Kindern großes Leid zuzufügen. Es kam zu vielen stürmischen Szenen, aber Tolstoi blieb unerschütterlich bei seinem Nein.

Schließlich versuchte Sonja sogar, Bulgakow als Vermittler zwischen sich und Tschertkow zu gewinnen. Und der sensible junge Mann, der tiefstes Mitleid mit ihr hatte, versprach ihr, mit Tschertkow zu sprechen.

Später am selben Tag schrieb Bulgakow in sein Tagebuch:

Ich trug Sonja Andrejewnas Bitte vor, und sofort geriet Wladimir Grigorjewitsch [Tschertkow] in heftige Erregung. »Soll das etwa bedeuten«, polterte er los, indem er mich mit seinen großen, hellen, ruhelosen Augen fixierte, »daß Sie ihr gesagt haben, wo die Tagebücher sind?«

Und bei diesen Worten schnitt Wladimir Gregorjewitsch zu meiner höchsten Verblüffung eine häßliche Grimasse und streckte mir die Zunge heraus. Ich starrte ihn an und fühlte mich gräßlich, weil er mich in eine so alberne Lage gebracht hatte. Ich wußte nicht, ob ich mich selbst gedemütigt fühlen oder Mitleid mit diesem Manne empfinden sollte, der sich selbst so erniedrigte . . . Ich nahm mich zusammen und entgegnete, von seiner Posse keine Notiz nehmend: »Nein, ich konnte ihr gar nichts sagen, weil ich nicht weiß, wo die Tagebücher sind.«

»Oh, das ist ja wunderbar!« rief Tschertkow aus, indem er von seinem Sitz aufsprang. »Bitte, gehen Sie jetzt«, sagte er und öffnete die Tür zum Gang . . .

Die Tür schlug hinter mir zu, und ich hörte den Riegel einrasten. Wie erschlagen von dem Empfang, der mir zuteil geworden, ging ich durch den Korridor . . .

Natürlich weigerte Tschertkow sich, die Tagebücher herauszurücken, und als Sonja davon erfuhr, gab sie die Sache offensichtlich verloren. Zwei Tage lang blieb sie auf ihrem Zimmer und weigerte sich zu essen. Zum ersten Mal machte Tolstoi sich wirklich Sorgen um sie und entschloß sich, Zugeständnisse zu machen, um sie zu besänftigen. In einem Brief, den Warja ihr übergab, schrieb er:

1. Mein jetziges Tagebuch gebe ich niemandem, ich behalte es selbst.

2. Die alten Tagebücher werde ich mir von Tschertkow geben lassen und irgendwo, wahrscheinlich in einer Bank, deponieren.

3. Falls Dich der Gedanke beunruhigt, meine Tagebücher, das heißt jene Passagen, in denen ich unter dem Eindruck des Augenblicks über unsere Meinungsverschiedenheiten und Konflikte schreibe, könnten von künftigen, Dir nicht wohlgesonnenen Biographen mißbraucht werden – ganz abgesehen davon, daß doch derartige Äußerungen vorübergehender Empfindungen in meinen wie auch in Deinen Tagebüchern niemals eine richtige Vorstellung von unseren wirklichen Beziehungen geben können –, bin ich von Herzen gern bereit, diese Gelegenheit wahrzunehmen, um in meinem Tagebuch oder einfach gleich in diesem Brief mein Verhältnis zu Dir und mein Urteil über Dein Leben darzulegen.

So wie ich Dich von Jugend an liebte, habe ich, ungeachtet verschiedener Ursachen für eine Abkühlung meiner Gefühle, nie aufgehört, Dich zu lieben, und liebe Dich noch. Ursachen für eine solche Abkühlung waren (ich spreche nicht vom Abbruch unserer ehelichen Beziehungen – dieser Abbruch hat nur trügerischen Äußerungen einer nicht wirklichen Liebe ein Ende bereiten können) erstens zu suchen in meiner immer stärkeren Abkehr von den Interessen des weltlichen Lebens und meinem Abscheu gegen dieses, während Du Dich von ihm nicht trennen wolltest und konntest, denn in Deiner Seele wohnen nicht jene Wesenskräfte, die mich zu meinen Überzeugungen führten, was sehr natürlich ist und wofür ich Dich nicht tadle. Das zum ersten.

Zweitens (vergib mir, wenn das, was ich nun sage, Dir unangenehm ist, doch was jetzt zwischen uns geschieht, ist so wichtig, daß wir uns nicht scheuen dürfen, die ganze Wahrheit auszusprechen und anzuhören), zweitens bist Du in den letzten Jahren immer reizbarer, despotischer und unbeherrschter geworden. Die Entwicklung dieser Charakterzüge mußte einfach zu einer Abkühlung nicht eigentlich meiner Gefühle, aber ihrer Äußerung führen. Das zum zweiten.

Drittens. Die wichtigste und verhängnisvollste Ursache – für die weder Du noch ich die Schuld tragen – besteht in unserer völlig entgegengesetzten Auffassung vom Sinn und Ziel des Lebens. Alles in unseren Lebensauffassungen war direkt entgegengesetzt: sowohl die Lebensweise wie die Einstellung zu den Menschen, als auch die Mittel zum Leben – das Eigentum, das ich für eine Sünde ansehe, Du aber als notwendige Voraussetzung zum Leben. Um mich nicht von Dir trennen zu müssen, habe ich mich in meiner Lebensweise Bedingungen unterworfen, die schwer auf mir lasten. Du jedoch hast dies als Zugeständnisse an Deine Ansichten betrachtet, und unser gegenseitiges Mißverstehen nahm immer mehr zu. Es gab auch noch andere Gründe für eine Abkühlung, an denen wir beide Schuld tragen, doch will ich von diesen nicht sprechen, denn sie gehören nicht zur Sache. Auf alle Fälle habe ich ungeachtet aller Mißverständnisse, die es gegeben hat, nie aufgehört, Dich zu lieben und zu achten.

Meine Beurteilung Deines Lebens mit mir ist folgende: Ich, ein sittlich verdorbener, sexuell höchst lasterhafter Mensch, habe, als ich schon nicht mehr der Jüngste war, Dich geheiratet, ein reines, gutes, kluges Mädchen von achtzehn Jahren, und trotz dieser meiner schmutzigen und lasterhaften Vergangenheit hast Du nahezu fünfzig Jahre mit mir gelebt, mich geliebt, in einem arbeitsreichen und schweren Leben Kinder geboren, genährt und erzogen, die Kinder und mich versorgt und bist nicht den Versuchungen erlegen, denen in Deiner Lage jede kräftige, gesunde und schöne Frau so leicht hätte zum Opfer fallen können. Vielmehr hast Du so gelebt, daß ich Dir nichts vorzuwerfen habe. Daß Du mir auf meinem besonderen geistigen Weg nicht gefolgt bist, dafür kann ich Dich nicht tadeln und tue es nicht, denn das geistige Leben eines jeden ist ein Geheimnis zwischen ihm und Gott, und niemand kann von ihm etwas anderes verlangen. Und wenn ich Forderungen an Dich gestellt habe, war dies mein Fehler und meine Schuld.

So lautet die wahrheitsgetreue Darstellung meines Verhältnisses zu Dir sowie mein Urteil über Dich. Was nun in den Tagebüchern gefunden werden kann, so weiß ich nur, irgend etwas Schroffes oder etwas, das dem widerspräche, was ich gerade schreibe, wird man dort nicht finden.

Soviel also zur Frage, was Dich hinsichtlich der Tagebücher beunruhigen könnte und nicht beunruhigen darf.

4. Falls Dich im Augenblick meine Beziehungen zu Tschertkow bedrücken, bin ich bereit, mich nicht mehr mit ihm zu treffen, obwohl ich sagen muß, es wäre mir peinlich nicht so sehr meinetwegen wie seinetwegen, denn ich weiß, wie sehr ihn das kränken würde. Doch wenn Du es willst, tue ich es.

Jetzt 5. Wenn Du diese meine Bedingungen für ein gutes Leben in Frieden nicht annimmst, ziehe ich mein Versprechen zurück, Dich nicht zu verlassen. Dann gehe ich fort. Gehe fort, aber wahrscheinlich nicht zu Tschertkow. Ich will es sogar zur unabdingbaren Voraussetzung machen, daß er nicht in meiner Nähe leben soll, doch fort gehe ich dann unbedingt, denn weiter so zu leben, wie wir es jetzt tun, ist unmöglich.

... Denke in aller Ruhe hierüber nach, liebe Freundin, gehorche Deinem Herzen und Deinem Empfinden, und Du wirst alles so entscheiden, wie es entschieden werden muß. Was mich betrifft, so ist zu sagen, daß ich alles so beschlossen habe und daß ich anders *nicht kann, nicht kann.* Höre auf, Liebste, nicht so sehr andere wie Dich selbst zu quälen, denn Du leidest hundertmal mehr als alle anderen. Das ist alles. Leo Tolstoi
Am 14. Juli morgens.

Auf Weisung von Tolstoi gingen dann Sascha und Warja zu Tschertkow, um die Tagebücher – einen hohen, schweren Stapel – zurückzuholen. Ohne daß ihr Vater davon wußte, wurden von Sascha, Tschertkow, dessen Sekretär Alexej Sergejenko und dem Ehepaar Goldenweiser in aller Eile jene Abschnitte kopiert, von denen Sascha glaubte, ihre Mutter werde sie vielleicht vernichten. Mehrere Stunden später stand Tschertkow »mit gespielter Feierlichkeit ... auf der Veranda, machte mit einem Packen von Briefen dreimal das Kreuzzeichen über [Sascha] und übergab ihr dann [die Briefe]. Es fiel ihm nicht leicht, sich von ihnen zu trennen.«

Sonja stand ungeduldig wartend auf der Veranda von Jasnaja Poljana, als Sascha und Warja von ihrer Mission heimkehrten. Sie riß das große Paket mit solcher Heftigkeit an sich, daß die Tagebücher zu Boden fielen. Tanja, die von den Leiden ihrer Mutter gehört hatte, war nach Jasnaja Poljana geeilt, und noch am selben Nachmittag fuhren sie und Sonja zusammen nach Tula und deponierten die heiß umkämpften Tagebücher in der Staatsbank; sie erteilten Weisung, sie nur an Tolstoi selbst oder aber kraft dessen Vollmacht an Tanjas Ehemann Suchotin herauszugeben.

Tanja war erschrocken über den desolaten Gemütszustand ihrer Mutter. Es hatte den Anschein, als verstehe Sonja nicht alles, was man ihr sagte, sie wirkte verwirrt, und nach einer Unterredung mit Tolstoi kam man überein, aus Moskau zwei Ärzte, darunter den bedeutenden Psychiater G. I. Rossolimo, kommen zu lassen, um sie zu untersuchen.

Nachdem die Ärzte sich mehrere Stunden lang mit Sonja beschäftigt hatten, erklärten sie, sie befinde sich in einem Zustand nervlicher Zerrüttung und leide, bedingt durch die Wechseljahre, unter schweren Depressionen. Bezeichnenderweise war Tolstoi anderer Meinung; er und auch Sascha waren weiterhin überzeugt, Sonja »quäle nur sich selbst und alle anderen«, indem sie sich gehenlasse. Die Ärzte reisten ab, ohne etwas zur Besserung von Sonjas Zustand getan zu haben.

Weniger als eine Woche später kam Tschertkow zu Besuch nach Jasnaja Poljana; die Familie und die Gäste versammelten sich zum Tee auf der Terrasse. »Der Samowar stand fröhlich brodelnd auf dem Tisch, die Schüssel voll Himbeeren hob sich wie ein leuchtendroter Fleck vom weißen Tischtuch ab, aber die Menschen, die am Tisch saßen, sahen aus, als seien sie dabei, eine Gefängnisstrafe abzusitzen, und rührten ihren Tee kaum an.«

Sonja wurde das Gefühl nicht los, »etwas Schreckliches und nicht Wiedergutzumachendes habe sich ereignet«, und diese Überzeugung erwies sich als zutreffend. Am Morgen dieses Tages hatte Tschertkow drei Emissäre – Alexej Sergejenko, Goldenweiser und Anatol Radinski, einen gutaussehenden Jüngling, für den Tschertkow eine besondere Schwäche hatte – mit einem neu erarbeiteten Testament zu Tolstoi geschickt, damit er es unterschreibe. Sascha und Tolstoi hatten sich mit diesen drei »Zeugen« im Wald nahe dem Dorf Grumond getroffen, und dort hatte Tolstoi, auf einem Baumstumpf sitzend, das Testament unterschrieben, das alle seine Schriften – einschließlich der vor 1881 entstandenen (!) – zum Besitz der Allgemeinheit erklärt. Darüber hinaus unterzeichnete er ein von Tschertkow aufgesetztes, vom Testament getrenntes Dokument, das Sascha zur nominellen Vollstreckerin, Tschertkow jedoch zum faktischen Verwalter seines literarischen Nachlasses machte.

Es war geschehen. Der Schritt, den Sonja so sehr gefürchtet hatte, war getan. Die literarischen Rechte an Tolstois frühen Werken, um deren Erhaltung für sich selbst und ihre Familie sie so leidenschaftlich gekämpft hatte, waren ihr genommen.

25

Am 23. September 1910 feierten die Tolstois ihren achtundvierzigsten Hochzeitstag, und Tolstoi erfüllte Sonja die Bitte, sich mit ihr zusammen von Bulgakow fotografieren zu lassen. Sascha war eifersüchtig und wütend. Sie wollte nicht, daß die Welt ein Bild sah, daß ihre Mutter – in einem weißen Seidenkleid wie eine »Vestalin« – zusammen mit ihrem Vater zeigte, wie sie sich besitzergreifend bei ihm untergehakt hatte.

Ein nicht lange zurückliegender Vorfall hatte ihre Abneigung gegen die Mutter noch verschärft. In einem ihrer verzweifelten Augenblicke hatte Sonja in Tolstois Arbeitszimmer zwei Fotografien, die dort hingen, zerrissen – eine, die Tschertkow mit Ilja, und eine, die Sascha mit Tolstoi zeigte – und sie durch Porträtaufnahmen von sich selbst und Tolstois Vater ersetzt. Als Sascha nun zusehen mußte, wie ihre Eltern sich auf dem sonnigen Rasen von Jasnaja Poljana fotografieren ließen, packte sie unbändiger Zorn; sie rannte in Warjas kleines Büro und heulte vor Wut. Als Tolstoi ins Haus kam, hörte er sie, öffnete die Tür und fragte: »Sascha, was rufst du da?«

Sascha fuhr herum; die Ehrerbietung vergessend, die sie ihrem Vater gegenüber gewöhnlich zeigte, herrschte sie ihn an, es sei falsch von ihm, sich mit ihrer Mutter fotografieren zu lassen; es sei falsch von ihm, Sonja zu versprechen, er werde sich nicht wieder mit Tschertkow fotografieren lassen, und es sei falsch von ihm, »die Interessen eines Freundes und einer Tochter einer hirnlosen Frau zu opfern und zuzulassen, daß sie Fotografien aus seinem Arbeitszimmer entfernte«.

Tolstoi schüttelte nur den Kopf und sagte: »Du bist ihr sehr ähnlich!«

Sonjas Argwohn, daß Tolstoi ein neues Testament unterschrieben habe, wuchs im gleichen Maße wie ihre Eifersucht und ihr Haß auf Tschertkow. Überzeugt, daß ihr Gatte eine unmoralische Liaison mit seinem Schüler pflegte, schrieb sie Tolstoi einen abenteuerlich wirren Brief; darin beschuldigte sie ihn homosexueller Handlungen und zitierte einen Abschnitt aus seinem frühesten Tagebuch, in dem er sich über seine Liebe zu Männern ausgelassen hatte. Leidenschaftlich ging sie mit seiner Freundschaft zu Tschertkow ins Gericht; sie verlangte, er solle ihm nicht mehr schreiben, und warf ihm vor: »Du führst immer eine heimliche Liebeskorrespondenz.« Sooft sie ihn das Haus allein verlassen sah, ging sie ihm nach, überzeugt, daß er auf dem Weg zu einem Rendezvous mit Tschertkow sei. Schreckliche Träume suchten Sonja heim, und in einer Nacht sprang sie aus dem Bett, weil sie sicher war, gehört zu haben, wie Tschertkow und Tolstoi es in ihrem Schlafzimmer miteinander trieben. Tolstoi war irritiert, wenn sie von diesen Alpträumen erzählte, entsetzt aber war er über ihre Forderung, sie müßten ihre ehelichen Beziehungen wieder aufnehmen. Diese letzte »Zudringlichkeit« Sonjas veranlaßte ihn, seine Flucht von Jasnaja Poljana vorzubereiten. Er zog Sascha ins Vertrauen und beauftragte sie, Tschertkow über seine Pläne zu informieren.

In der Nacht zum 28. Oktober wurde Sonja wieder von quälenden Alpträumen über Tolstois angebliche sexuelle Beziehungen zu Tschertkow geplagt. Sie glaubte, Tschertkows schrilles Lachen zu hören, und ging auf den Korridor hinaus. Das Haus war dunkel und still; alles schlief. Die Feuer waren ausgegangen, und sie zitterte in der klammen Kälte. Als sie aus Tolstois Zimmer keinen Laut hörte, erkannte sie, daß sie wieder einmal Opfer eines gräßlichen Traums geworden war. Doch plötzlich überfiel sie ein neuer Gedanke: Vielleicht waren diese schrecklichen Träume eine Botschaft, womöglich von Wanitschka; vielleicht wollte er sie auf diese Weise vor dem Bösen warnen, das in diesem Haus stattgefunden hatte. Wie sie so in ihrem Nachthemd, das dichte graue Haar lose über die Schultern hängend, in der Kälte stand, kam Sonja zu der festen Überzeugung, daß Tolstoi ein neues Testament gemacht hatte und daß sie es noch in dieser Nacht finden müsse. Sie stahl sich in sein Arbeitszimmer. Nebenan erwachte ihr Mann in seinem Schlafzimmer.

»Wurde munter und hörte ... das Öffnen von Türen und Schritte«, schrieb er am folgenden Morgen in sein Tagebuch. »[Ich] sah durch die Ritzen [der Tür] im Arbeitszimmer Licht und hörte Rascheln. Wahrscheinlich suchte Sonja Andrejewna etwas und las ... Wieder Schritte, die Tür wurde vorsichtig geöffnet, und sie ging durchs Zimmer ... Ich wollte einschlafen und konnte es nicht, wälzte mich etwa eine Stunde im Bett hin und her, zündete dann eine Kerze an und setzte mich auf. Die Tür öffnete sich, und herein kam Sonja Andrejewna, fragte ›nach dem Befinden‹ und wunderte sich über das Licht bei mir. Meine Abscheu und meine Empörung wuchsen, ich bekam Atemnot, zählte meinen Puls: 97. Es hielt mich nicht länger im Bett, und ich faßte den endgültigen Entschluß fortzugehen.«

Sonja ließ ihn allein und fiel in einen erschöpften Schlaf. In dieser Nacht hörte sie im Haus keine Schritte oder Geräusche mehr. Tolstoi aber stand auf und schrieb ihr einen Brief, in dem er erklärte:

Meine Abreise wird Dich kränken, das bedaure ich sehr, aber versteh mich und glaub mir, daß ich nicht anders zu handeln vermag: Meine Stellung in diesem Hause ist untragbar geworden. Von allem anderen abgesehen, kann ich nicht länger in diesen Verhältnissen des Luxus leben, in denen ich bisher lebte, und tue nun das, was Greise meines Alters tun: Sie verlassen ihre weltliche Existenz, um in Einsamkeit und Frieden ihre letzten Tage zu verbringen.
Ich bitte Dich, mich zu verstehen und mir nicht zu folgen, selbst wenn Du den Ort meines Aufenthaltes erfährst. Dein Kommen würde meinen Entschluß nicht ändern. Ich danke Dir für Dein redliches achtundvierzigjähriges Leben mit mir und bitte Dich, mir alles zu verzeihen, was ich Dir angetan habe, wie auch ich Dir alles vergebe, woran Du vor mir Schuld tragen könntest. Ich rate Dir,

Dich mit der neuen Lage, in die Dich meine Abreise versetzt, abzufinden und kein böses Gefühl gegen mich zu hegen. Wenn Du mir irgendwelche Nachrichten zukommen lassen willst, gib sie Sascha. Sie wird wissen, wo ich bin, denn sie hat mir versprochen, es keinem Menschen zu sagen.

Noch in Morgenmantel und Pantoffeln nahm Tolstoi seine Kerze und weckte Dr. Makovický. »Ich habe mich entschlossen fortzugehen«, sagte er. »Sie müssen mit mir kommen. Ich gehe jetzt nach oben, und Sie müssen mir helfen, nur dürfen Sie Sonja Andrejewna nicht wekken. Wir nehmen nicht viel mit – nur das Notwendigste. Sascha wird in ein paar Tagen nachkommen und mitbringen, was wir sonst noch brauchen.« Tolstoi kehrte in sein Zimmer zurück, zog sich an, weckte dann Sascha, und sie packten zusammen seine Sachen ein. Das einzige Ziel, das Tolstoi zu diesem Zeitpunkt vorschwebte, war das Kloster seiner Schwester Maria Nikolajewna in der Provinz Kaluga. Makovický unternahm keinen Versuch, seinen Patienten, einen zweiundachtzigjährigen Mann, der mehrere Schlaganfälle hinter sich hatte, an diesem feuchten, kalten Morgen von einer Flucht ins Ungewisse abzuhalten.

Die Sonne war gerade aufgegangen, als Sascha und Warja der Kutsche nachblickten, die mit Tolstoi und Makovický nach Schtschokino abfuhr. Dort mußten die beiden eine Stunde lang im ungeheizten Bahnhofsgebäude warten, bis schließlich der Zug kam. Steifgefroren stiegen sie ein. Der Dampf der Lokomotive und der Morgennebel schlugen sich auf den Fensterscheiben nieder, als der Zug sich langsam in Bewegung setzte. Tolstoi sollte Jasnaja Poljana nie mehr wiedersehen; er fuhr gen Süden – auf denselben Schienen, auf denen Anna Stepanowa den Tod gefunden hatte.

Sonja fuhr an diesem Morgen um elf Uhr aus dem Schlaf auf und ging sofort in Tolstois Zimmer. Als sie ihn dort nicht antraf, eilte sie in die Bibliothek; am oberen Treppenabsatz traf sie auf Sascha, Bulgakow und Warja.

»Wo ist Papa?« rief sie, auf Sascha zustürzend.

»Er ist fort.«

»Was soll das heißen – fort? . . . Wann?«

»Heute nacht.«

»Unmöglich, meine liebe Sascha«, meinte Sonja ruhig.

»Es ist die Wahrheit.«

Sonja packte Sascha an den Schultern, die Augen jetzt voller Angst. »Ist er für immer fortgegangen?«

»Wahrscheinlich.«

»Allein?« verlangte sie zu wissen.

»Nein, mit Duschan [Makovický]«, erwiderte Sascha kühl.

»Liebling, Sascha, meine Liebe«, flehte Sonja und ergriff die großen, kräftigen Hände ihrer Tochter. »Sag mir, wohin ist er gefahren?«

»Ich weiß es nicht«, antwortete Sascha und entzog sich ihrer Mutter. »Er hat mir nichts gesagt, er hat mir nur diesen Brief für dich gegeben.«

»Mein Gott!« flüsterte Sonja und riß in wilder Hast das Kuvert auf. Sie las nur die ersten Worte – »Meine Abreise wird Dich kränken« – und schrie auf: »Mein Gott, mein Gott. Was tut er mir an?« Den Brief von sich schleudernd, stürzte sie davon.

Einige Augenblicke später eilte Semjon Nikolajewitsch herbei und rief, die Gräfin habe das Haus verlassen und laufe in Richtung des Teichs. »Gehen Sie ihr nach, Sie haben Stiefel an!« wies Sascha Bulgakow an, während sie selbst weglief, um sich ihre Galoschen überzuziehen.

Bulgakow hetzte durch den Garten. Hinter ihm kamen Semjon Nikolajewitsch, der Diener Wanja, mehrere andere Angestellte und zuletzt Sascha. Bulgakow sah Sonja für einen Moment, aber dann verschwand sie gleich wieder im Gebüsch. Er hatte gerade den Teich erreicht, als Sascha mit raschelnden Röcken an ihm vorbeieilte. Unmittelbar am Wasser stehend, warf Sonja einen Blick zurück, sah ihre Verfolger und lief rasch den schmalen Weg zu der kleinen Brücke entlang. Dort rutschte sie aus und stürzte mit einem Schrei auf die hölzernen Planken. Einen Augenblick lang lag sie bewegungslos da; dann kroch sie zum Rand des Stegs und ließ sich in das eisige Wasser fallen. Der Teich war tief und hatte in der Mitte einen tückischen Strudel. Als Sonja im Wasser versank, sprangen Sascha und Bulgakow hinterher. Es gelang ihnen, sie aus den gefährlichen Strömungen herauszuhalten, und mit Hilfe Wanjas zogen sie sie aus dem Wasser. Dann wurde die leise schluchzende Sonja zum Haus zurückgeführt, wo die Haushälterin sie nach oben brachte und ihr trockene Kleider anzog. Anschließend kam Sonja zur Bestürzung aller wieder herunter und befahl Wanja, nach Schtschokino zu fahren und den Bahnhofsvorsteher zu fragen, welches Reiseziel Tolstoi angegeben habe.

Sascha schickte ihrem Vater ein Telegramm, in dem sie ihm alles schilderte, was sich nach seiner Abreise zugetragen hatte. Außerdem schickte sie Telegramme an Serjoschka, Ilja, Tanja, Andrejuschka und Mischa (Ljowa befand sich in Schweden), in denen sie die Empfänger bat, rasch nach Jasnaja Poljana zu kommen; am folgenden Morgen hatte sich die ganze Familie um Sonja versammelt. Sonja hatte vom Bahnhofsvorsteher erfahren, daß Tolstoi Fahrkarten nach Belew gekauft hatte, und daraus geschlossen, daß er nach Optina Pustin unterwegs war, um im dortigen Kloster seine Schwester Maria Nikolajewna aufzusuchen.

Noch während die Familienmitglieder nach und nach eintrafen, erhielt Sascha einen Brief von ihrem Vater:

... Sascha, meine liebe Freundin. Es ist schwer, und ich fühle zwangsläufig eine große Last auf mir. Das Wichtigste ist, nicht zu sündigen, und hierin liegt die Schwierigkeit. Natürlich habe ich gesündigt und werde sündigen, aber ich hoffe, von nun an weniger. Vor allem wünsche ich das ganz besonders Dir, zumal ich weiß, Dir ist eine schreckliche Aufgabe zugefallen, welche die Kräfte Deiner Jugend übersteigt. Ich habe nichts entschieden und will nichts entscheiden. Ich versuche nur, das zu tun, was ich tun muß, und nichts, was ich nicht zu tun brauche ... Ich hoffe sehr auf Tanjas und Serjoschkas guten Einfluß. Das Wichtigste ist: Sie müssen begreifen und versuchen, ihr klarzumachen, daß dieses heimliche Beobachten und Belauschen, die ewigen Vorwürfe, das Verfügen über mich, wie es ihr gerade einfällt, die ewige Kontrolle, der deutlich gezeigte Haß gegen den Menschen, der mir am *aller*nächsten steht und den ich am notwendigsten brauche, und damit einhergehend der unverhüllte Haß gegen mich und die Vortäuschung von Liebe – daß ein solches Leben für mich nicht etwa unerfreulich, sondern einfach unzumutbar ist, und wenn jemand ins Wasser gehen müßte, dann keinesfalls sie, sondern ich; laß sie wissen, daß ich mir nur eines wünsche: Befreiung von ihr, von dieser Lüge, Heuchelei und Bosheit, die ihr ganzes Wesen durchdrungen hat. Natürlich können sie ihr das nicht klarmachen, aber sie können ihr klarmachen, daß all ihre Handlungen, die mich betreffen, keineswegs Liebe erkennen lassen, sondern gleichsam das unverkennbare Ziel haben, mich umzubringen, was sie auch erreichen wird, denn ich hoffe, beim dritten Anfall, der mir droht, werde ich sie wie mich selbst aus dieser entsetzlichen Lage erlösen, in der wir gelebt haben und in die ich nicht zurückkehren will. Du siehst, meine Liebe, wie schlecht ich bin. Ich verhehle es Dir nicht. Dich lasse ich noch nicht kommen, werde es aber tun, sobald es möglich ist, und zwar sehr bald. Schreibe, wie es Dir gesundheitlich geht. Ich küsse Dich.   L. T.

Ohne den Ruf des Vaters abzuwarten, reiste Sascha unverzüglich mit Warja Feokritowa ab. Sie traf Tolstoi am Morgen des 30. Oktober

im Kloster, und nachdem sie ihm gesagt hatte, Sonja habe herausgefunden, wo er sich aufhalte, bat sie ihn, zusammen mit ihr das Kloster
zu verlassen. Tolstoi zögerte jedoch fortzufahren, und Sascha spürte,
daß »Papa es bereut, von zu Hause weggegangen zu sein«. Trotzdem
drang sie auf Abreise; noch am gleichen Nachmittag wurden Pläne
geschmiedet, nach Bulgarien oder, falls sich dies als unmöglich erweisen sollte, in den Kaukasus zu fahren. Saschas Befürchtung, Sonja
könne ihnen nachreisen, war grundlos. Seit Tolstoi fort war, hatte sie
nichts mehr zu sich genommen und war viel zu schwach, um das Haus
zu verlassen. Ihre Kinder fürchteten um ihr Leben und teilten das dem
Vater auch mit.

Ilja schrieb:

Lieber Papa: . . . Sascha wird Dir erzählen, was geschehen ist,
nachdem Du fort warst . . ., aber ich fürchte, ihre Darstellung wird
ziemlich einseitig sein, und daher möchte ich Dir ebenfalls schreiben . . . Unnötig zu sagen, daß wir niemandem die Schuld geben
wollen und es auch nicht können. Zuallererst müssen wir alles tun,
was wir können, um Mama am Leben zu erhalten und soweit wie
möglich zu beruhigen . . . Sie sagt immer wieder, es gebe nichts
mehr, für das es sich zu leben lohne, und ihr Zustand ist so kläglich,
daß keiner von uns mit ihr sprechen kann, ohne daß ihm die Tränen
kommen . . . Ihr Leben ist bestimmt in großer Gefahr. Man muß
entweder einen gewaltsamen Tod oder ein langsames Dahinsiechen
vor Kummer und Pein befürchten. Das ist meine Überzeugung,
und ich meine, wir müssen Dir das um der Wahrheit willen sagen.
Ich weiß, wie qualvoll das Leben für Dich hier gewesen ist . . ., aber
Du hast dieses Leben als Dein Kreuz betrachtet . . . Es tut mir leid,
daß Du dieses Kreuz nicht bis zum Ende getragen hast. Du weißt,
daß Du zweiundachtzig bist und Mama siebenundsechzig Jahre alt
ist. Ihr habt beide Euer Leben gelebt und solltet sterben, wie es sich
gehört . . . Ich beschwöre Dich nicht, unverzüglich hierher zurückzukehren, denn ich weiß, das kannst Du nicht. Aber um Mamas Seelenfrieden willen . . . schreibe ihr, gib ihr die Möglichkeit,
ihre Nerven zu erholen, und dann laß es kommen, wie Gott es bestimmen möge!

Andrej schrieb:

Lieber Papa: Tanja, Sergej, Ilja, Michail und ich sind hier versammelt, und von welcher Seite wir die Angelegenheit auch betrachten,
wir kommen nur auf einen einzigen Ausweg, um Mama vor dem

Selbstmord zu bewahren . . .: Indem wir sie unter die ständige Aufsicht hierzu bezahlter Personen stellen. Sie wird sich dem natürlich mit all ihrer Kraft widersetzen, und in bin überzeugt, sie wird sich niemals damit abfinden. Wir Brüder befinden uns gegenwärtig in einer unmöglichen Lage, denn wir können unsere Familien und unsere Arbeit nicht im Stich lassen, um auf Dauer bei unserer Mutter zu bleiben. Ich weiß, daß Du Dich mittlerweile entschlossen hast, nicht zurückzukehren, aber es ist meine Gewissenspflicht, Dir vorzuhalten, daß Du mit dieser endgültigen Entscheidung unsere Mutter tötest.

Tanja schrieb:

Lieber, teurer Papenka: . . . Wie jedermann sonst, mußt auch Du so handeln, wie Du es nach bestem Gewissen vermagst und wie Du es für notwendig erachtest. Ich werde Dich niemals verurteilen. Von Mama will ich nur sagen, daß ihr Zustand bemitleidenswert und ergreifend ist.

Der einzige Brief, der Tolstoi Freude bereitete, kam von Sergej:

Lieber Papa . . . Ich glaube, daß Mama nervenkrank und in vieler Hinsicht unzurechnungsfähig ist und daß es für Dich dringend geboten war, Dich von ihr zu trennen (vielleicht hättest Du es schon vor längerer Zeit tun sollen), so schmerzhaft das für Euch beide auch ist. Ich finde auch, daß selbst wenn Mama etwas zustoßen sollte, was ich nicht erwarte, Du Dir keine Vorwürfe machen solltest. Die Lage war verzweifelt, und ich glaube, Du hast den richtigen Ausweg gewählt. Verzeih mir meine offenen Worte.

Sonja selbst schickte Tolstoi einen Brief, in dem sie um seine Rückkehr oder wenigstens um eine Begegnung bat. Er schrieb am 31. Oktober zurück, es sei ihm »vollkommen unmöglich«, sie wiederzusehen; sein Brief endete mit den Worten: »Leb wohl, liebe Sonja. Gott helfe Dir! Das Leben ist kein Spaß, und wir haben kein Recht, es nach unserem Gutdünken wegzuwerfen. Unvernünftig wäre es auch, das Leben nach der Zeit zu messen. Vielleicht sind die Monate, die wir noch zu leben haben, wichtiger als alle bisher durchlebten Jahre, und wir müssen trachten, sie gut zu leben. L. T.«
Die Kinder hatten Bedenken, Sonja allein zu lassen, und beschlossen, sich fachärztlicher Hilfe zu versichern. Serjoschka fuhr nach Moskau und bat Dr. Rastajajew, einen bekannten Spezialisten für

Nerven- und Gemütskrankheiten, sich um Sonja zu kümmern. Zusammen mit einer Schwester und einem jungen Medizinstudenten traf der Arzt am 31. Oktober in Jasnaja Poljana ein. Ihre Anwesenheit erschreckte indessen Sonja; sie setzte ihren Hungerstreik fort und weigerte sich beharrlich, irgend etwas zu tun, das sie ihr sagten. Tags darauf gelang es jedoch dem Studenten, sie umzustimmen. Er machte ihr klar, daß sie bei Kräften sein müsse für den Fall, daß ihr Mann krank würde und sie brauchte, und so begann sie schließlich wieder zu essen.

Am 1. November schrieb Tolstoi in sein Tagebuch: »Sascha und ich befürchteten, man könne uns aufspüren, und wir fuhren ab [in Richtung Kaukasus].« Zur Irreführung Sonjas war der ausgeklügelte Plan ersonnen worden, eine im Kreis führende Reiseroute zu wählen – ein törichtes Vorhaben, denn Tolstoi war viel zu berühmt und bekannt, als daß er seine Wege hätte geheimhalten können. In der Tat wurde seine Flucht aus Jasnaja Poljana schon als internationale Nachricht gehandelt, und aus der ganzen Welt strömten Reporter in die Gegend. Polizeiagenten waren ihm auf den Fersen – einer fuhr sogar im selben Eisenbahnwaggon mit, als Tolstoi das Kloster verließ. Dazu kam, daß Tolstoi von seinen Mitreisenden immer sofort erkannt und in Gespräche verwickelt wurde.

Es war ein kalter und windiger Tag, und am Himmel braute sich ein Sturm zusammen. Die Reiseroute, die sie gewählt hatten, machte mehrmaliges Umsteigen erforderlich, und man verbrachte so manche Stunde wartend in ungeheizten Bahnhofsgebäuden. In Astapowo, ihrem dritten Umsteigebahnhof, bekam Tolstoi schließlich hohes Fieber und Schüttelfrost. Der Bahnhofsvorsteher bot ihm seine Wohnung an, und Makovický brachte ihn mit Saschas Hilfe zu Bett.

Am frühen Morgen des 2. November erhielt Sonja von einem russischen Reporter ein Telegramm, aus dem sie erfuhr, daß Tolstoi an Lungenentzündung erkrankt war, und in dem sie um ein persönliches Interview gebeten wurde. Sogleich stand ihr Entschluß fest, nach Astapowo zu fahren. Die Kinder versuchten zwar, sie von dem Vorhaben abzubringen, aber als sie sahen, daß sie sich durch nichts würde aufhalten lassen, einigten sie sich zögernd, sie zu begleiten.

Die Behörden in Tula stellten einen Zug bereit, und am selben Nachmittag noch brachen Sonja, Ilja, Andrej, Mischa, Tanja, Dr. Rastajajew und die Krankenschwester nach Astapowo auf. Die ohnehin heikle Reise wurde noch strapaziöser, weil Sonja völlig hysterisch reagierte auf einen Zeitungsartikel, in dem stand, daß Tschertkow bereits in Astapowo war. (Es traf sie tief, als sie später erfuhr, daß Tolstoi nach ihm geschickt hatte.) In Tula stieß Dr. Semenowski zur Familie.

Als Sonja und ihre Mitreisenden am 3. November in Astapowo eintrafen, wurden sie von Serjoschka und einem Dr. Nikitin abgeholt – und zwei Tage später fand sich noch ein Dr. Berkenheim als weiterer medizinischer Betreuer der Tolstoi-Familie ein. Dr. Rastajajew fuhr nach Moskau zurück und schickte Serjoschka eine kurze Beurteilung über Sonjas seelischen Zustand: »Sonja Andrejewna leidet an einer psychopathischen neuropsychischen Hysterie, und ihr Leiden kann sich unter dem Einfluß gewisser Umstände so sehr verschärfen, daß man es als *zeitweilige* und vorübergehende Geisteskrankheit bezeichnen kann.« Während er einerseits nicht glaubte, daß Sonjas Selbstmorddrohungen die Familie allzusehr beunruhigen sollten, riet er andererseits dazu, Sonja in dieser schwierigen Zeit unter dauernder medizinischer Überwachung zu lassen.

Der Eisenbahnwaggon, in dem Sonja gereist war, wurde auf ein Nebengleis rangiert, und sie und ihre Kinder sowie die Ärzte wohnten während ihres Aufenthalts in Astapowo darin. Als Sonja und die Ihren ankamen, wurde als erstes ein Familienrat abgehalten, und man beschloß, Tolstoi nichts von Sonjas Anwesenheit zu sagen. Sie wandte sich daraufhin ab, ihre Schultern zuckten, aber einen Augenblick später sah sie ihren Kindern ins Gesicht und erklärte mit schwacher, zitternder Stimme, sie sei mit diesem Beschluß einverstanden, denn sie wolle schließlich nicht Tolstois Tod heraufbeschwören.

Tanja hatte ein kleines Kopfkissen mitgebracht, das sie einmal für ihren Vater gemacht hatte, und dieses gab sie jetzt Makovický für den Kranken mit. Tolstoi verlor immer wieder das Bewußtsein, aber er erkannte das Kopfkissen und fragte, wer es gebracht habe. Als Makovický eingestand, daß Tanja in Astapowo war, sagte Tolstoi, er wolle sie sehen. Sobald sie das enge, mit Besuchern überfüllte Krankenzimmer betrat, fragte er: »Wer ist bei [Sonja]?«

»Andrej und Mischa«, antwortete sie mit Bedacht – das war nicht gelogen, aber sie verriet ihm damit auch nicht, daß Sonja in Astapowo war.

»Mischa auch?«

»Sie sind sich alle ziemlich einig, sie nicht zu dir zu lassen, solange du das nicht wünschst.«

»Was macht sie? Womit beschäftigt sie sich?«

»Vielleicht wäre es besser für dich, nicht zu sprechen, Papenka. Du regst dich nur auf.«

Mit brechender Stimme verlangte er: »Sag es mir, sag es mir! Was kann wichtiger für mich sein als das? . . . Ist sie wohlauf?«

Tanja versicherte ihm noch einmal, daß es ihrer Mutter gutgehe, daß sie warte, von ihm zu sich gerufen zu werden, und daß sie nicht kommen werde, ehe er nach ihr verlange. Tolstoi schwieg, und Tanja verließ ihn und kehrte zu ihrer Mutter zurück. Sonja fragte immer wieder nach Tolstois Befinden, nach Tanjas Gespräch mit ihm und nach den Leuten, die bei ihm waren. Sie verlor die Fassung, als Tanja sagte, daß Tschertkow tatsächlich da sei, wurde aber wieder ruhiger, als Tanja die Worte ihres Vaters wiederholte: »Was kann wichtiger für mich sein als das?« Sonja war sich sicher, daß er sie eigentlich sehen wollte und daß nur Tschertkow und Sascha ihn davon abhielten, sie zu sich zu rufen. Kurze Zeit später erhielt sie ein Telegramm von Tolstoi (das nach Jasnaja Poljana adressiert war). Es lautete: »Wegen der Schwäche meines Herzens wäre eine Begegnung verhängnisvoll, wogegen es mir im übrigen besser geht. L. T.« (Dieses Telegramm geriet irgendwie in die Hände eines Reporters und wurde abgedruckt.)

Außer sich vor Kummer und Verzweiflung wanderte Sonja an den Geleisen auf und ab; die Ärzte, die Krankenschwestern und ihre Kinder versuchten mit allen Mitteln, sie vor der Menge abzuschirmen, die sich herandrängte. Fotografen verfolgten sie und kletterten auf die Schultern von Neugierigen, um Sonja besser sehen zu können. Das laute Surren der Wochenschaukameras dröhnte ihr ständig in den Ohren. Reporter zogen sie am Arm, und die verzweifelte und verwirrte Sonja unterhielt sich zum Entsetzen der Familie mit ihnen. Einmal entwischte sie ihren »Bewachern« und eilte zum Häuschen des Bahnhofsvorstehers – nur um von Sascha am Eintritt gehindert zu werden. Sie empfand ihre Lage als unerträglich erniedrigend und bat Sascha, sie in den kleinen Flur des Häuschens zu lassen, damit es für die Kameraleute, die sie filmten, so aussah, als besuche sie ihren Mann. Das erlaubte Sascha schließlich, aber die Tür zu Tolstois Krankenzimmer und zu dem danebenliegenden Raum blieben sorgfältig bewacht. In den folgenden Tagen und Nächten tauchte Sonja immer wieder in dem feuchten Hausflur auf oder streifte um das kleine Häuschen herum, bemüht, durch die geschlossenen Fenster einen Blick auf ihren sterbenden Mann werfen zu können. Die Bulletins der Ärzte verhießen Schlimmes: Mit Tolstoi ging es zu Ende.

Am Abend des 6. November begann Tolstoi, seine Hand langsam über die Brust zu schieben und zupfte dann an der Bettdecke – ein Ritual, das die Bauern »sich bereitmachen« nannten. Ein- oder zweimal bewegte er seine Hand in rascher Bewegung über das Bettuch, als schriebe er. Um zwei Uhr morgens war er in tiefe Bewußtlosigkeit gesunken. Sein Atem ging regelmäßig, aber Makovický wußte, daß er nicht mehr lange zu leben hatte. Tschertkow saß am Kopfende des Bettes, Serjoschka ihm gegenüber. Tanja, Sascha, Warja, Andrej und Mischa warteten im Zimmer nebenan und blickten alle paar Minuten, wenn einer der Ärzte den Raum passierte, erschrocken auf. Gegen drei Uhr morgens maß Makovický den Puls des Kranken und stellte fest, daß der Herzschlag rasch schwächer wurde. Einer der Ärzte bestand darauf, Sonja zu rufen; er sagte, keiner hätte das Recht, einer Gattin zu verbieten, ihren Mann vor seinem Tod noch einmal zu sehen. Mischa und Andrej gingen Sonja holen. Wie sie in dem winzigen zugigen Flur stand und große Tränen ihr die bleichen Wangen hinabrollten, sah sie aus wie ein verirrtes Kind. Sie hakte sich bei ihren Söhnen unter, zog beide eng an sich und ging mit ihnen an Sascha und Tanja und den Ärzten vorbei. Tschertkow war, als er Sonja kommen hörte, in der kleinen Küche verschwunden.

Der Raum wurde von einer einzigen Kerze erleuchtet, die an Tolstois Bett brannte. Sonja blieb einen Augenblick in der Tür stehen; dann ging sie auf Zehenspitzen, als habe sie Angst, ihn zu wecken, hinüber an seine Seite, küßte ihn sanft auf die Stirn und sank neben dem Bett auf die Knie. »Vergib mir! Vergib mir«, flehte sie leise. Tolstois Atem schien zu stocken, und Sonja beugte sich näher zu ihm, sicher, daß er sich ihrer Gegenwart bewußt war. Einer der Ärzte sagte dann leise, es wär am besten für sie, jetzt wieder zu gehen, denn er befürchtete, der sterbende Mann könnte das Bewußtsein wiedererlangen und sie plötzlich vor sich sehen. Sonja raffte ihren Rock, damit er nicht raschelte, und ging langsam aus dem Zimmer, sie weigerte sich jedoch, in ihren Waggon zurückzukehren, und blieb mit Tanja im Flur.

Um halb sechs Uhr morgens kam Serjoschka zur Tür. Sonja trat sogleich auf ihn zu – sie wußte, daß das Ende nahte – und ging mit Serjoschka ins Krankenzimmer. Tschertkow war fort, und die Kinder Tolstois standen um das Bett des Sterbenden. Mischa und Andrej traten zur Seite, Sonja kniete sich neben das Bett und murmelte: »Ich habe niemals jemanden geliebt außer dir.« Tolstois schwache Atemzüge setzten aus; dann atmete er noch einmal ein wenig, um schließlich mit einem letzten leichten Röcheln sein Leben auszuhauchen. Makovický trat neben Sonja und drückte Tolstoi die Augen zu. Sonja stand auf, beugte sich leise weinend über ihren toten Mann und legte den Kopf auf seine Brust. Nicht einmal Sascha versuchte, sie daran zu hindern.

SECHSTER TEIL

1910–1920

Eine Seele, getaucht in Dunkelheit

Oh, diese schrecklichen schlaflosen Nächte, in denen
meine Seele in Dunkelheit getaucht ist.

Gräfin Tolstaja

26

Während Sonja am Kopfende von Tolstois Totenbett auf dem zuvor von Tschertkow eingenommenen Stuhl saß, beachtete sie nicht die feierliche Prozession von mehr als tausend Menschen, die sich langsam durch das Häuschen des Stationsvorstehers schob, um dem Dichter die letzte Ehre zu erweisen. Schweigend und trockenen Auges saß sie da, den Kopf traurig hin- und herwendend und die Hände bald faltend, bald lösend. Den ganzen Tag über blieb sie so sitzen, sah mit ungläubigem Ausdruck in den Augen zu, wie der Maler Leonid Pasternak Totenzeichnungen anfertigte und der Bildhauer Merkurow eine Totenmaske abnahm. Nur einmal sprach sie. Als die Ärzte fragten, ob sie erlaube, daß man Tolstois Schädel für Studienzwecke öffnete, antwortete sie mit einem scharfen und bestimmten: »Nein!« Sie wandte die Augen ab, als ein Medizinstudent Formalin in den Körper des Toten spritzte. Am Abend konnten ihre Söhne sie endlich dazu bewegen, in ihren Eisenbahnwaggon zurückzukehren.

Zwei weitere Waggons standen nun auf dem Nebengleis. Einer davon, mit Tannenzweigen geschmückt, war für den Transport der Leiche Tolstois bestimmt, der andere diente Journalisten, Fotografen und Kameraleuten als Arbeitsraum. Am späten Abend trugen die vier Brüder den Sarg mit der Leiche ihres Vaters zum Waggon. Den Bahnsteig säumte eine Menge von Trauernden, deren Fackeln die kalte, dunkle Nacht erhellten. Als der Zug langsam aus dem Bahnhof rollte, der später Tolstois Namen tragen sollte, rannten die Menschen schreiend und weinend neben ihm her. Sonja saß angespannt und verkrampft da, den Blick starr nach vorn gerichtet, als versuche sie sich der Vorwärtsbewegung der Lokomotive zu widersetzen. Die vereisten Fenster spiegelten matt das flackernde Licht der Kerosinlampen wider. Sonja gegenüber saßen Tanja und die Krankenschwester, ihre Söhne hatten auf der anderen Seite des Mittelgangs Platz genommen, während Sascha und Dr. Makovický es vorgezogen hatten, sich in einiger Entfernung von der Familie zu halten.

Etwa zehn Minuten, nachdem die Heimreise begonnen hatte, bekreuzigte Sonja sich und murmelte: »Herr, vergib mir alles« – das waren die letzten Worte Anna Kareninas . . . Dann lehnte sie sich in ihrem Sitz zurück und verharrte den Rest der Fahrt über in einem tranceartigen Zustand.

Am 8. November um sieben Uhr morgens fuhr der Zug in den kleinen Bahnhof bei Jasnaja Poljana ein. Als Serjoschka und Ljowa Sonja aus dem Waggon halfen, fuhr sie zurück, erschreckt von der riesigen Menschenmenge, die auf dem schmalen Bahnsteig versammelt war. Nahezu viertausend Menschen hatten sich an dem kalten, grauen Morgen hier eingefunden: Freunde und Bekannte, Bauern aus Jasnaja Poljana, aus der näheren Umgebung und aus Tula; Schüler und Anhänger von Tolstoi waren sogar aus Moskau angereist. Und noch Tausende andere wären gekommen, aber die Regierung hatte der Eisenbahnverwaltung untersagt, Sonderzüge einzusetzen. Über den Köpfen der Menge wehten Trauerfahnen, und als der Sarg aus dem Zug gehoben wurde, stimmten Tausende den Trauergesang an: »Ewig sei dein Andenken«.

Sonja ging, gestützt von Tanja und Sascha, hinter dem Sarg und führte die Prozession an, die sich die Straße entlang zum Haus bewegte. Tschertkow hatte Sascha angewiesen, den Sarg nicht ins Haus bringen zu lassen, sondern lediglich ungeöffnet kurze Zeit am Eingangstor stehenzulassen, ehe er in die Erde gesenkt wurde. Die Söhne bestanden jedoch darauf, daß ihre Mutter die endgültige Entscheidung hierüber traf, und widerstrebend ging Sascha zu Sonja und fragte sie, wie verfahren werden solle. »Viele Menschen, die deinen Vater geliebt haben, werden ihn noch einmal sehen wollen«, sagte Sonja sanft.

Serjoschka eilte mit Semjon Nikolajewitsch voraus, um die Tür zu Tolstois altem Arbeitszimmer aus den Angeln zu heben, damit der Sarg in diesen Raum gebracht werden konnte. Als der Trauerzug das Haus erreichte, ging Sonja auf ihr Zimmer, kam aber bald wieder herunter und setzte sich neben die Leiche ihres Mannes. Dort blieb sie bis zum späten Nachmittag, während die ganze Zeit über Trauergäste, von der Eingangshalle kommend und durch die Gartentür hinausgehend, am Sarg vorbeidefilierten. Unmittelbar bevor der Sarg zugemacht wurde, stand Sonja noch einmal mehrere Minuten lang davor und betrachtete Tolstoi mit ausdruckslosem Blick. Sie flüsterte ein paar Worte, und Serjoschka hatte, obwohl er es nicht deutlich hörte, den Eindruck, sie habe gefragt: »Wo bist du?« Ihr ältester Sohn zog sie sanft vom Sarg weg, als dieser verschlossen wurde.

Sie folgte dem Sarg, der, wieder von den Söhnen Tolstois, zu jener

Stelle im nahen Wald getragen wurde, wo angeblich der grüne Stock vergraben war . . . Vor den Augen der schweigenden Menge wurde der Sarg in die Erde gesenkt. Am Himmel türmten sich Gewitterwolken, und ein scharfer Wind zwang Sonja immer wieder, den Kopf zur Seite zu drehen. Sie weinte nicht, sondern bewahrte, wie Serjoschka bemerkte, »Ruhe und Zurückhaltung«. Sie war die erste, die auf der hartgefrorenen Erde niederkniete, und unverzüglich folgte die ganze große Trauergemeinde ihrem Beispiel. Lediglich ein Polizist blieb stehen; aber als der Zuruf aus der Menge ertönte: »Auf die Knie!«, kniete auch er nieder. Vertreter der Heiligen Synode hatten darauf gedrängt, daß beim Begräbnis ein Priester zugegen sei, aber Sonja und die Familie waren in ihrer Ablehnung dieses Ansinnens fest geblieben. Tolstoi wurde, wie es seinem Wunsch entsprach, ohne kirchliches Zeremoniell begraben.

Ein düsterer, kalter Herbstabend brach an, noch immer hing das Gewitter in der Luft. Als die Menge sich zerstreute, ergriff Sonja Serjoschkas Arm und wandte sich von dem inzwischen schon blätterbedeckten Grabhügel aus frischer Erde ab. »Ich danke Gott, daß Tschertkow nicht dabeigewesen ist«, sagte sie.

Tolstois Tod hatte auch im öffentlichen Leben Reaktionen ausgelöst. In St. Petersburg war es zu Studentendemonstrationen gekommen, rote und schwarze Fahnen wurden geschwenkt, und junge Männer und Frauen zogen zum Newski-Prospekt, wütende Parolen gegen die orthodoxe Kirche skandierend, in der fälschlichen Annahme, Tolstoi sei wegen seiner Exkommunikation ein kirchliches Begräbnis verweigert worden. Polizei und Kosaken mußten aufgeboten werden, um die Menge unter Säbel-Einsatz und Androhung von Gewehrfeuer zu zerstreuen. In Odessa kam es im Gefolge von Tumulten, die sich unter dem Eindruck von Tolstois Begräbnis verschärft hatten, zu Feuergefechten zwischen Studenten und Polizei.

Sonja wußte nichts von diesen Geschehnissen. Sie hatte sich in ihr Zimmer zurückgezogen, und die Zeitungen wurden ihr vorenthalten, um ihr die Sensationsberichte zu ersparen, die über Tolstois »Flucht« vor ihr und über seinen Tod und sein Begräbnis geschrieben wurden.

In den zwei Tagen nach Tolstois Beerdigung weigerte Sonja sich, etwas zu essen, sie saß nur im Dunkeln, die Hände wieder abwechselnd faltend und lösend und den Kopf hin- und herbewegend. Von Zeit zu Zeit murmelte sie zusammenhanglose Sätze, lehnte es jedoch ab, mit jemandem zu sprechen. Am Morgen des 12. November betrat Sascha das Zimmer und zog die Vorhänge zurück, um das Tageslicht reinzulassen. Sonja blickte erschrocken auf und verfiel in einen unkontrollierbaren Schüttelkrampf. Sascha, die glaubte, ihre Mutter habe sich erkältet, wollte ihr eine Decke um die Schultern legen; aber als sie sich zu ihr beugte, schnellte Sonja von ihrem Stuhl hoch und stieß einen schauerlichen Schrei aus. Und nun brach all das Schluchzen, das sie bis jetzt zurückgehalten hatte, wie eine Urgewalt aus ihr hervor. Es dauerte Stunden, bis sie zu weinen aufhörte, und immer noch weigerte sie sich zu essen. Sie war unfähig zu schlafen, und es sah so aus, als liefe sie Gefahr, vor Kummer zu sterben. Ihre Schwester Tanja kam aus St. Petersburg, und Sonja brach in ihren Armen zusammen.

Fast zwei Wochen lang verharrte sie in einer Art Delirium. Tanja wachte die ganze Zeit über an ihrem Bett, und endlich begann Sonjas Zustand sich zu bessern. Am 25. November trug sie in ihr Tagebuch zwei Worte ein: »Schlaflose Nächte.« Am 27. schrieb sie: »Bin aufgestanden.« Weitere bruchstückhafte Eintragungen folgten, wie zum Beispiel: »Leichter, wenn Menschen um mich sind. Schreckliche Angst vor der Einsamkeit. Keine Zukunft« (28. November). »Düster und schrecklich ist das Leben, das vor mir liegt« (30. November). »Meine Schwester ist fort. Ich weinte untröstlich« (8. Dezember). »Der Wind hat aufgefrischt. Schrieb an Maslowa, Tanejew [der einen Beileidsbrief geschickt hatte], Andrej und Leo« (10. Dezember). »Habe die Sachen meines Mannes weggeräumt, um sie vor Motten zu schützen ... Es ist eine Qual weiterzuleben« (11. Dezember).

Das Verhältnis zwischen Sascha und ihrer Mutter war aufgrund von Saschas Beteiligung an Tolstois Flucht mehr als gespannt, und mit ihrer Schwester und ihren Brüdern war Sascha wegen Tolstois Testament zerstritten. Nicht einmal eine Woche nach dem Tod ihres Vaters zog sie zusammen mit Warwara, Sonjas ehemaliger Sekretärin, von Jasnaja Poljana auf ein kleines benachbartes Gut, Teljatinki, das ihr bei der Aufteilung von Tolstois Besitzungen zugesprochen worden war. Vor mehreren Jahren hatte sie die Hälfte des Guts an Tschertkow verkauft, und auf diesem Grund und Boden hatte Tschertkow sich sein Haus gebaut. Die beiden »Verschwörer« wohnten nun also nur zweihundert Meter entfernt voneinander und brauchten keine »Geheimtreffen« mehr zu verabreden oder sich zu sorgen, Sonja könnte dies oder jenes merken.

Mochte Sascha sie auch verlassen haben, so war Sonja doch nicht allein in Jasnaja Poljana. Die Krankenschwester war bei ihr geblieben, Tanja Suchotina kam mit ihrer kleinen Tochter Tanitschka (»meine beiden geliebten Tanitschkas«) häufig zu Besuch, und fast täglich trafen enge Freunde von Tolstoi ein, um Sonja ihre Aufwartung zu machen und das Grab des Dichters zu besuchen. Aber in den einsamen Nachtstunden wurde Sonja von einem Gefühl der Schuld an den

Selbstquälereien ihres Mannes gepeinigt. »Oh, diese schrecklichen schlaflosen Nächte«, schrieb sie am 13. Dezember in ihr Tagebuch. »Allein mit meinen Gedanken und von meinem Gewissen gemartert! Die vollkommene Dunkelheit dieser Winternächte, und meine Seele in Dunkelheit getaucht!«

Anfang Dezember kam Goldenweiser nach Jasnaja Poljana. Er ging in Tolstois Schlafzimmer, um dort einige Zeit schweigend zu sitzen, und als er herauskam, wartete Sonja auf ihn. »Nie werde ich ihr Gesicht und ihre ganze Haltung vergessen!« schrieb er. »Mit bebender, stockender Stimme begann sie zu sprechen: ›Was war nur mit mir? Was war nur mit mir? Wie konnte ich nur so handeln? Wenn Sie wüßten, Alexander Borissowitsch, was ich leide! Diese entsetzlichen Nächte! Wie konnte ich nur so verblendet sein? Ach, ich bin es ja, die ihn getötet hat!‹«

Der Strom der Besucher riß nicht ab, obwohl mittlerweile Schnee gefallen war und klirrender Frost herrschte. Immer wieder kamen Gruppen von Bauern, die am Grab knieten und frische Tannenzweige darauflegten. Aber auch Zeitungskorrespondenten aus Moskau, Österreich und dem Kaukasus reisten an und hörten nicht auf mit ihren neugierigen Fragen.

Als Andrej und Ilja kamen, fanden höchst unerfreuliche Gespräche über die triste finanzielle Lage der beiden statt. Sie hatten beim Tod ihres Vaters nichts geerbt, und Sonja war jetzt auch nicht mehr in der Lage, sie zu unterstützen. Tolstoi hatte ja kraft seines Testaments Sascha und Tschertkow als Verwalter seiner gesamten literarischen Rechte sowie seiner unveröffentlichten Werke eingesetzt und Sascha angewiesen, ihrer Mutter Jasnaja Poljana abzukaufen und den Bauern zu übergeben. Aber die Abwicklung dieser Transaktion würde ein Jahr oder länger dauern, und bis dahin hatte Sonja keine Einkünfte aus dem Gut ihres Mannes. Ihr blieben nur die mageren Reste der Mitgift, die sie vor so vielen Jahren in die Ehe gebracht hatte. Tolstoi hatte niemals wertvolle Antiquitäten oder Kunstwerke besessen, noch hatte er Sonja teure Juwelen geschenkt. Seine Bibliothek, seine privaten Papiere befanden sich in Tschertkows Händen, und entsprechend den testamentarischen Bestimmungen besaß ihr Verlag keinerlei Rechte mehr an den Werken Tolstois – es war ihr nicht einmal gestattet, die noch vorrätigen Bücher zu verkaufen –, und in einem oder zwei Jahren würde ihr nicht einmal mehr Jasnaja Poljana gehören.

Wovor Sonja sich gefürchtet hatte, war in der Tat Wirklichkeit geworden. Aber das Schlimmste war, daß ihre Kinder ihr die Schuld an den Ungerechtigkeiten des väterlichen Testaments gaben.

Ilja hatte während seines Besuchs eine heftige Auseinandersetzung mit Sascha und Tschertkow in Teljatinki; er kam voller Wut nach Hause, und als er kurze Zeit später abfuhr, ließ er eine völlig verstörte Sonja zurück. »Mein Sohn Ilja ist abgereist«, schrieb sie in ihr Tagebuch. »Er ist bei Sascha und Tschertkow gewesen, von dem wir mehr und mehr merken, daß er schlecht ist. Er ist ein böser und hinterlistiger Mensch. Ich war das Grab fotografieren ... Am Abend die Fotografien entwickelt ... Ihre Schönheit macht mich noch niedergeschlagener.«

Nach all den Jahren des Mißtrauens und der bitteren Vorwürfe, in denen Sonja am Rande des Wahnsinns gelebt hatte, schien sie nun die Kraft gefunden zu haben, den Dingen ihren Lauf zu lassen. Am 31. Dezember 1910 hörte sie für immer auf, Eintragungen in ihr Tagebuch zu machen. Es schien, als bedeute ihr der Fortgang der Tage und Nächte ohne Tolstoi nichts mehr. Wichtig war das Vergangene, wichtig war alles, was mit der Erinnerung an Tolstoi zu tun hatte. Sonja blieb allein mit ihrer Schuld und dem verzweifelten Wunsch, weiterleben zu wollen, um diese Schuld zu sühnen. Nie verließ sie Jasnaja Poljana, und sie sorgte dafür, daß im Haus und in seiner näheren Umgebung alles so blieb, wie es zu Tolstois Lebzeiten gewesen war. Auch wenn Frost und eisiger Wind herrschten, versäumte sie selten ihren täglichen Besuch an seinem Grab. Dort pflegte sie mit gesenktem Haupt zu stehen und leise, zärtliche Wort zu flüstern, wie sie es an seinem Totenbett getan hatte. »Ich habe dich geliebt bis zuletzt. Ich liebe dich noch heute«, sagte sie immer wieder, hoffend, er könne sie irgendwie hören.

Sie behielt ihren gewohnten Tagesablauf bei und arbeitete während bestimmter Stunden an ihrer Autobiographie. Sie achtete darauf, stets gut frisiert und gepflegt angezogen zu sein, und im Haus hielt sie mit der ihr eigenen Disziplin auf Ordnung. Verschwunden waren ihre hysterischen, leidenschaftlichen Ausbrüche, die ihre Familie, ihre Ärzte und ihre Gäste so erschreckt hatten.

Freilich hielten nun einige von denen, die ihr nicht wohlwollten, ihre Ruhe und ihren Gleichmut für ein neues tragisches Symptom eines seelischen Zusammenbruchs und sahen darin einen vollständigen Rückzug aus einer freudlosen Realität. Niemand – am allerwenigsten Sascha – konnte verstehen, wie gefaßt sie die endgültige Regelung der Besitzverhältnisse von Jasnaja Poljana hinnahm.

Am 26. Februar 1913 kaufte Sascha ihrer Mutter das Gut für 400000 Rubel ab. (Sie hatte, um dieses Geld aufzubringen, dem Drucker Iwan D. Sytin die Rechte an Tolstois Werken verkauft, und zwar hatte er ihr 120000 Rubel für die Rechte an Tolstois nachgelassenen

Werken und 280000 Rubel für eine Exklusivlizenz zur Herausgabe einer vollständigen Werkausgabe gezahlt.) Am 26. März 1913 ging der langgehegte Wunsch ihres Vaters in Erfüllung: Mehr als zwei Drittel des Grund und Bodens von Jasnaja Poljana, darunter die schönen Wälder, wurden den Bauern übereignet. Sonja behielt von den 730 Hektar des Gutes nur noch 220. Im Jahr zuvor hatte Sascha das Moskauer Stadthaus der Tolstois samt Einrichtung für 125000 Rubel an die Moskauer Stadtverwaltung verkauft, mit der Bitte, es als Tolstoi-Museum und -bibliothek zu nutzen.

Sonja teilte das Geld, das sie von Sascha erhielt, gleichmäßig unter den Angehörigen ihrer Familie auf. Schwiegertöchter und Enkelkinder eingerechnet, umfaßte die Tolstoi-Sippe 38 Mitglieder, von denen jedes ungefähr 10000 Rubel erhielt, wobei das für die Enkelkinder bestimmte Geld bis zu ihrer Volljährigkeit treuhänderisch verwaltet wurde. Damit erfüllte Sonja sich doch noch ihren Lebenswunsch: eine gewisse Vorsorge für die Zukunft ihrer Kinder zu treffen. Damit hatte sie aber auch fast alles fortgegeben, was sie besaß, doch eine Pension, die der Zar ihr ausgesetzt hatte, ermöglichte es ihr, in Jasnaja Poljana ein ruhiges, angenehmes Leben zu führen.

Sonja war zwar glücklich darüber, daß der Verkauf der Ländereien ihren Kindern einen finanziellen Rückhalt gab, aber die Verwüstung, die die Bauern bald anrichteten, erbitterte sie. Innerhalb weniger Monate hatten sie einen großen Teil des Waldgebiets durch umfangreiche Rodungen zerstört. Der Lärm der Äxte und die lautstarken, erbitterten Auseinandersetzungen zwischen den Bauern und dem Händler, an den sie das Holz verkauften, erzürnten Sonja und bestärkten sie in ihrer Entschlossenheit, dafür zu sorgen, daß wenigstens das häusliche Leben in Jasnaja Poljana, solange sie dort Herrin war, so weiterlief wie eh und je. Ihre vier persönlichen Bediensteten blieben bei ihr; das Frühstück wurde um die Mittagszeit serviert, und um sechs Uhr abends gab es ein Essen mit vier Gängen; dabei trugen die Diener ihre gewohnten weißen Baumwollhandschuhe. Und immer noch war das Haus oft erfüllt von Kinderlachen.

Sascha war in den Jahren nach Tolstois Tod von ihren Pflichten als Testamentsvollstreckerin ziemlich in Anspruch genommen. Ihre Beziehung zu den Geschwistern war von gegenseitiger Verbitterung geprägt. Da Tschertkow mit ihr zusammen Tolstois literarischen Nachlaß verwaltete, war sie gezwungen, eng mit ihm zusammenzuarbeiten, und dabei schwand mit der Zeit die respektvolle Zuneigung, die sie ihm entgegengebracht hatte. Fünfundsechzig Jahre später sollte Sascha eingestehen:

[Tschertkow hat] mich mit seiner oft sinnlosen Halsstarrigkeit und seiner dummen diktatorischen Art immer wieder deprimiert. Ich war erst sechsundzwanzig [als mein Vater starb] und hatte wenig Erfahrung, und so fiel es mir nicht leicht, mich gegen ihn durchzusetzen, wenn er meiner Ansicht nach im Unrecht war . . . Tschertkow verfügte nicht über die geringste Anpassungsfähigkeit, er war vollkommen unfähig, sich nach Umständen und Möglichkeiten zu richten. Sein Benehmen, sein Handeln, sein Denken – alles wies in ein und dieselbe Richtung und duldete keinen Kompromiß. Tschertkow besaß kein Feingefühl; in ihm war keine Wärme. Seine Einstellung anderen Menschen gegenüber kleidete sich stets in die Form eines strengen Urteils . . . und nie bemerkte er den armen Teufel, der mit einem törichten Grinsen vor der Tür stand und um eine Kopeke bettelte . . . für mich war Tschertkow ermüdend; er deprimierte mich.

Auch in Saschas Verhältnis zur Tolstoi-Gemeinde begannen sich mit der Zeit Verärgerung und Enttäuschung einzuschleichen. »Ich spürte bei ihnen einen Mangel an Ehrlichkeit, eine gezwungene Zurückhaltung, eine Unnatürlichkeit«, sagte sie später. »Einmal [noch vor dem Tod meines Vaters] las mein kleiner sechsjähriger Neffe in Tschertkows Haus eine Bekanntmachung: ›Heute um acht Uhr abends Vortrag über die geistige Ehe.‹ Das Kind fragte unsere Köchin: ›Annuschka, was ist eine geistige Ehe?‹ Anuschka, eine robuste, schwer arbeitende Frau, die diesen Nichtstuern Tag für Tag ihr Essen kochte, winkte nur ab. ›Sie haben nichts anderes zu tun, deswegen erfinden sie Narreteien. Heute geistige Ehe – morgen geistige Kinder.‹«
Sascha gelangte in der Tat zu der Überzeugung, daß die Tolstojaner »Nichtstuer« waren, und sie gestand später, daß sie sich vor ihnen ekelte. »Dreckig, nach ungewaschenen Kleidern riechend; sie töteten alle Lebensfreude und liefen ständig mit ihrem düsteren Fastengesicht herum, als fürchteten sie, durch ein unangebrachtes Lächeln oder ein fröhliches Lied ihre Vollkommenheit zu beeinträchtigen.« Allerdings löste sich das Problem der Tolstojaner schon bald von allein: Obwohl Tschertkow sich alle Mühe gab, sie an sich zu binden, akzeptierten sie ihn nicht als Führer, und die Bewegung zerstreute sich.
Saschas Leben war leer geworden. Ihre Tätigkeit im Zusammenhang mit dem Gut ihres Vaters war beendet; von ihren Geschwistern hatte sie sich entfremdet; die enge Freundschaft zu Tschertkow war abgekühlt; und gegen die Anhänger ihres Vaters hatte sie eine Abneigung entwickelt. Sie wandte sich den Dingen zu, die sie später »meine kleinkarierten Interessen« nennen sollte: Sie arbeitete mit den Bauern

zusammen, um die Übergabe des Landes an sie zu erleichtern, und versuchte mit Hilfe eines Agronomen, ihnen bei der Verbesserung der Anbau- und Zuchtmethoden behilflich zu sein. Sie hielt eine Herde Zuchtvieh, lieferte Milch an das Krankenhaus von Tula und kaufte einige Vollblutpferde. Warwara Feokritowa lebte bei ihr, und zwischen den beiden Frauen schien eine besonders enge Bindung zu bestehen. Häufig besuchte Sascha ihre Mutter; aber diese seltsamen Zusammenkünfte beschränkten sich auf den oberflächlichsten Informations- und Meinungsaustausch. Obgleich Sascha von früh bis spät irgend etwas tat, schien ihr das Leben durch die Finger zu rinnen. Ihr Vater, ihr Licht, ihr Gott war tot. Sonja konnte mit ihren Enkelkindern spaßen und Trost in ihrem täglichen Besuch am Grabe Tolstois finden, aber Sascha blieb untröstlich. Viele Jahre später bemerkte sie dazu: »Als [mein Vater noch] bei mir war, hatte ich keine eigenen Interessen; alles, was ernst und echt war, drehte sich um ihn. Und als er starb, blieb eine gähnende Leere zurück, die ich nicht zu füllen wußte.«

Und dann, von einem Tag auf den anderen, wurden sie alle aus ihrem alltäglichen Kummer gerissen, in dem sie das Heraufziehen der Kriegsstimmung in ganz Europa, besonders in Deutschland, kaum wahrgenommen hatten.

Am 28. Juli 1914 begann der Erste Weltkrieg mit der Kriegserklärung Österreichs an Serbien. Der Zar ordnete die volle Mobilmachung der russischen Streitkräfte an. Am 2. August trat Rußland in den Krieg ein, nachdem seine militärischen Führer zu der Überzeugung gelangt waren – und auch Nikolaus zu derselben gebracht hatten –, daß das nationale Interesse Rußlands ein Eintreten für Serbien unbedingt erfordere.

Die Kriegserklärung löste eine Welle des Patriotismus aus. Auf einmal war der Zar ein Held, und Tausende versammelten sich vor dem Winterpalast, um ihm zuzujubeln. Einen dramatischen und flüchtigen Augenblick lang wurde Nikolaus von seinen Untertanen geliebt. Selbst in Sascha regten sich patriotische Gefühle. Das Heer requirierte Saschas Pferde, die Bauern tauschten ihre Pflüge gegen Gewehre ein, und Jasnaja Poljana und Teljatinki wurden menschenleer. Sascha erklärte, sie könne nicht mit »gefalteten Händen« sitzen bleiben, und beschloß, als Krankenschwester an die Front zu gehen. Obwohl Sonja mit dem Plan ihrer Tochter nicht einverstanden war, ließ diese sich nicht umstimmen und fuhr an die Front.

Für Sonja besaß der Krieg, besaßen die Not und Verwüstung, die er Rußland bringen sollte, offensichtlich kaum Bedeutung. Sie lebte jetzt ganz in der Vergangenheit, und selbst der Tod Tanejews am 6. Juni 1915 löste keinerlei heftige Reaktion in ihr aus. Sie ging auch nicht zu seinem Begräbnis.

Sascha kehrte im Sommer 1915 nach Hause zurück, um sich von einem schweren Malariaanfall zu erholen, den sie sich während des Dienstes an der türkischen Front geholt hatte. Ihr Leben war indessen einsam. Warwara war nach Moskau gezogen, Tanja Kusminskaja, mittlerweile Witwe, wohnte in Jasnaja Poljana bei Sonja, Tanja und der jungen Tanitschka (auch Suchotin war gestorben). Sascha erschrak, als sie sah, wie sehr ihre Mutter gealtert war. Ihre Sehkraft hatte weiter nachgelassen, und sie konnte weder schreiben noch lesen; kaum etwas interessierte sie noch, und sie verbrachte ihre Tage dösend im Sessel. Sascha blieb nur drei Tage und kehrte dann wieder an die Front zurück.

Der Krieg lief schlecht für Rußland. Deutsche und Bulgaren hatten die russischen Streitkräfte mit vereinten Kräften aus Serbien zurückgedrängt, und der Zar hörte auf einen Ratgeber, der mittlerweile zum bestgehaßten Mann Rußlands geworden war: Rasputin, der das uneingeschränkte Vertrauen der Zarin besaß, da sie glaubte, daß nur er etwas gegen die Krankheit des Zarewitsch auszurichten vermochte. In ganz Rußland breitete sich Unmut aus, und an der Front wurde offen über Revolution gesprochen. Am Abend des 29. November 1916 wurde Rasputin von einer Gruppe patriotischer Adliger, die entschlossen waren, seine Macht über die Geschicke Rußlands zu brechen, ins Haus des Fürsten Jussupow (eines Vetters des Zaren) gelockt und brutal ermordet. Aber sein Tod konnte das russische Volk nicht besänftigen, und seine aristokratischen Mörder sollten bald von der Revolution hinweggefegt werden.

Denn der Mord an Rasputin führte allerorts zu einem Aufflammen revolutionärer Aktivitäten, und bis zum Februar 1917 herrschten chaotische Zustände im Land. In St. Petersburg zogen wilde Horden durch die Straßen und forderten den Tod der Zarin Alexandra. Ein Polizeiregiment meuterte und tötete einen befehlshabenden Offizier, statt, wie dieser angeordnet hatte, in die Menge zu feuern. Nikolaus wurde von seinen Beratern gedrängt abzudanken. Kurze Zeit später versperrten ihm, als er den Palast verlassen wollte, sechs seiner eigenen Soldaten den Weg. Die kaiserliche Familie stand unter Arrest.

Nachdem der Zar zur Abdankung gezwungen worden war, bildete sich eine provisorische Regierung. Die Februar-Revolution hatte die zaristische Herrschaft beendet, aber das war erst der Anfang der russischen Revolution. Mitte April kehrte Lenin, der Führer der Bolschewiken, der die vergangenen zehn Jahre im Exil verbracht hatte, nach St. Petersburg zurück; er wurde am Finnischen Bahnhof von einer riesigen jubelnden Menschenmenge und einer Blaskapelle empfangen. Die kaiserliche Familie wurde in Zarskoje Selo gefangengehalten. Im Juli bot England ihr politisches Asyl an, und Kerenski, der jetzt an der Spitze der provisorischen Regierung stand, erklärte sich bereit, die erforderlichen Vorkehrungen zu treffen; dann aber zog der britische Premierminister sein Angebot unvermittelt zurück. Gleichwohl hofften Nikolaus und Alexandra weiter. Man behandelte sie anständig und gestattete ihnen zu korrespondieren, und sie wußten, daß es in Rußland noch die Weiße Armee jener Kaisertreuen gab, die sich nicht mit der Revolution abfinden wollten.

Den Sommer über kam es überall im Land zu bürgerkriegsähnlichen Kämpfen. Die Strecke zwischen Moskau und Jasnaja Poljana war von verwüsteten Häusern, eingestürzten Mauern und verkohlten Feldern gesäumt. Auf vielen Dächern wehten behelfsmäßige rote Fahnen, Gefolgschaft zu den Bolschewiken signalisierend. Fast jedes Haus im Bezirk war geplündert und angezündet worden. Es gingen Gerüchte, auch Jasnaja Poljana solle zerstört werden – nicht von den Bauern des Dorfes, sondern von Bauern aus einer anderen Gegend.

Der Diener Ilja Wassiljewitsch brachte der in ihrem Schaukelstuhl dösenden Sonja die Nachricht, daß sich eine Horde von Plünderern im Anmarsch befinde: »Was sollen wir tun? Was sollen wir tun?« In der Tat schien ihre Lage hoffnungslos. Sonja war fast blind, eine alte, vielleicht schon leicht senile Frau. Aber etwas von ihrer alten Energie kehrte nun zurück, als sie sich langsam aus ihrem Stuhl erhob und Ilja befahl, er solle die Bauern von Jasnaja Poljana anweisen, sich zu bewaffnen.

»Womit?« fragte dieser, denn er wußte, daß alle vorhandenen Waffen längst von der Armee requiriert worden waren.

»Mistgabeln und Äxte, wenn sie nichts anderes haben«, versetzte Sonja gelassen.

Ilja Wassiljewitsch ging, um den Auftrag auszuführen, und Sonja hieß ihre Tochter Tanja, die Mitglieder des Haushalts zusammenzurufen. Nachdem sie diese aufgefordert hatte, rasch alle Hinterlassenschaften Tolstois und ein paar persönliche Habseligkeiten zusammenzupacken, wandte sie sich an Tanja und sagte: »Telegrafiere Kerenski. Teile ihm mit, daß die Familie von Leo Tolstoi Soldaten zum Schutz seines Hauses und seiner Papiere braucht.«

Tanja hielt dieses Ansinnen für die Verrücktheit einer alten Frau. Allein, in Ton und Haltung ihrer Mutter lag soviel Bestimmtheit, daß sie das Telegramm doch abschickte. Kisten mit Tolstois Büchern und Papieren wurden in den Salon getragen, und die drei Frauen – Sonja,

Tanja und Tanitschka (Tanja Kusminskaja war nach St. Petersburg gefahren, um ihre Söhne zu besuchen) – saßen da und erwarteten die Ankunft des plündernden Mobs. Sie hatten sich mit Messern und Hämmern bewaffnet, um damit nötigenfalls um ihr Leben zu kämpfen.

Die Diener klagten und beteten, und ihre Angst wuchs mit jeder Stunde. »Hört auf zu wimmern!« herrschte Sonja sie einmal an. »Kerenski wird seine Männer schon schicken.«

Der aufgehende Mond schien schwach durch die Fenster in den Salon. Die Bewohner des Hauses saßen ohne Kerzenlicht im Dunkeln, in der Hoffnung, die Marodeure würden, wenn sie das Haus finster sahen, annehmen, es sei bereits verlassen und von den Bauern des Dorfes geplündert worden. Plötzlich waren in der Ferne laute Schreie, das Klappern von Hufen und das Wiehern von Pferden zu hören. Die drei Frauen rückten enger zusammen. Der Lärm hielt beinahe eine Stunde lang an, dann trat eine unerträgliche Stille ein. Sonja bestand darauf, daß niemand sich bewegte und eine Lampe oder Kerze anzündete, und so brachten sie etwa eine Viertelstunde in Dunkelheit und bedrückender Furcht zu. Dann waren Schritte auf der Veranda und ein Klopfen an der Tür zu hören. Ein flackernder Lichtschein fiel in den Raum, als Semjon Nikolajewitsch eintrat. Im ersten Augenblick erkannte niemand den alten Koch. Seine einst prallen Wangen waren unrasiert, seine Kleider abgerissen, und sein rundlicher Bauch war verschwunden. Er hatte Jasnaja Poljana Anfang des Jahres verlassen, um selbständig ein Stück Land zu bewirtschaften, wohnte jedoch noch im Dorf. In aller Eile erzählte er den Frauen, die Bauern von Jasnaja Poljana hätten die Plünderer am Tor mit Mistgabeln und Äxten aufgehalten. Daraufhin habe die Horde sich auf den Weg zum nächsten Gut gemacht, so daß sie jetzt sicher seien.

Kerenski, der ein alter Bewunderer von Tolstoi war, schickte tatsächlich eine Hundertschaft Soldaten, die Jasnaja Poljana während des stürmischen Sommers bewachten, und so blieben Sonja und die Ihren ungeschoren. Im November 1917 flauten die Kämpfe ab, wenn auch das Plündern und Brandschatzen weiterging.

Als Sascha im Oktober in Jasnaja Poljana eintraf, mußte sie feststellen, daß ihr Anwesen in Teljatinki zu Regierungseigentum erklärt und von Angehörigen des Dorfsowjets mit Beschlag belegt worden war. Auch ihre Pferde, Kühe, Maschinen und Geräte, Möbel, ja sogar Kleidung und Geschirr hatten sie in Besitz genommen. Ihre Mutter hatte ihr versichert, sie habe etwas Gold gerettet und werde für die Ihren in Jasnaja Poljana sorgen können. Das Abendessen – gewöhnlich nicht viel mehr als Runkelrüben – wurde nach wie vor um sechs Uhr serviert, und Ilja Wassiljewitsch trug es in sorgfältig gestopften weißen Handschuhen auf. Es gab keine Gäste, und im Haus herrschte eine ungewohnte Stille, aber Sonja beklagte sich nur darüber, daß sie nicht mehr lesen und schreiben konnte.

Anfang 1918 brach in Rußland eine Hungersnot aus, aber in Jasnaja Poljana wurde das Mahl – »gekochte Winterrüben, kein Fleisch, einige kleine, sehr kleine Stücke Schwarzbrot, aus einer Mischung von Mehl und Weizenstreu gebacken« – noch immer von einem weiß behandschuhten Ilja Wassiljewitsch aufgetragen. Sonja bestand darauf, daß der Tisch mit einem weißen Damasttuch gedeckt, daß das Silber poliert und die besten Teller genommen wurden. Dank der Fürsprache Kerenskis war ihr persönlicher Besitz niemals beschlagnahmt worden. Der Flügel, an dem Tanejew gespielt hatte, stand noch immer im Salon, und des abends pflegte Sonja darauf zu spielen und Tanja Kusminskaja dazu mit einer »süßen, brüchigen Stimme« zu singen, »deren Echo aus der alten Eingangshalle zurücktönte«.

Gegen Ende des Jahres 1918 wurde Jasnaja Poljana von der Regierung übernommen mit der Absicht, es in eine landwirtschaftliche Genossenschaft umzuwandeln, und in Tula wurde eine Jasnaja-Poljana-Gesellschaft gegründet. Ihr gehörten die wenigen Intellektuellen an, die noch in der Umgebung weilten, und ihre Aufgabe bestand darin, Ausbildungsstätten für die auf dem Boden von Jasnaja Poljana arbeitenden Bauern einzurichten. Der von der Regierung eingesetzte Vorsitzende war ein Schriftsteller, den Tolstoi gekannt und nicht gemocht hatte – keiner von denen, die die Kriegsjahre in Jasnaja Poljana überlebten, konnte sich später an seinen Namen erinnern –, aber Sonja war ihm, obwohl er auch ihr nicht sonderlich gefiel, dankbar für das, was er von der Regierung an Lebensmitteln, Kleidung, Seife und anderen notwendigen Dingen für sie, ihre Familie und die 150 Dorfbewohner loszueisen verstand.

Tschertkow hatte sich in Moskau niedergelassen, um dort die Herausgabe der gesammelten Werke Tolstois im Auftrag der Sowjetregierung vorzubereiten. Als Sascha bei einem Besuch zu Hause sah, wie ihre Mutter, ihre Schwester und ihre Tante im kalten Novemberwind Arbeiten ausführten, die der Herr Vorsitzende offenbar angeordnet hatte – zum Beispiel Fensterputzen –, kehrte sie zornerfüllt nach Moskau zurück und suchte sofort den Volkskommissar für Erziehung auf. Vorsichtig setzte sie zu einem kleinen Vortrag über Jasnaja Poljana und seine Bedeutung für die russische Nation an, den sie mit den Worten schloß: »Ich finde, aus Tolstois Gut sollte keine sowjetische Musterfarm werden, sondern ein Museum – wie aus dem Geburtshaus Goethes –, und den gegenwärtigen Vorsitzenden würde ich ablösen.« Zu Saschas Verblüffung stimmte ihr der Kommissar sofort zu; sie kehrte darauf nach Jasnaja Poljana zurück und setzte den Vorsitzenden ab.

Jetzt war Sascha Herrin in Sonjas Haus, und damit gestaltete sich für Sonja das Leben in Jasnaja Poljana in mancher Hinsicht leichter, andererseits mußte sie selbst die geringfügigsten Dinge, die sie benötigte, von ihrer Tochter erbitten. Sie beklagte sich jedoch nie, sondern wurde nur noch stiller und in sich gekehrter. Nahezu blind, saß sie an den meisten Tagen, in Träume versunken, in ihrem Sessel. Ihr größtes Glück waren ihre Enkelkinder, und wenn Ilja oder Mischa oder Leo mit ihren Familien zu Besuch kamen, pflegte sie plötzlich wieder lebhaft zu werden, mit ihnen durch den Garten zu spazieren und ihnen die Geschichten zu erzählen, die sie so viele Jahre zuvor geschrieben hatte – »Die Skelettpuppen« und »Wie der Hund Tax gerettet wurde«.

Am 1. November 1919 traf Sascha Anstalten, mit dem Nachtzug nach Moskau zu fahren. Es war eine kalte Neumondnacht, ein stürmischer Wind riß an den Fensterläden und ließ die Fenster erzittern. Feuerholz war äußerst kostbar, und Sonja, die eine Erkältung in den Knochen fühlte, war früh schlafen gegangen und unter die wärmende Bettdecke geschlüpft. Sascha packte ihre Reisetasche und ging dann hinauf, um im Wohnzimmer mit Tanja Kusminskaja Tee zu trinken. In ein Tuch und eine Decke gehüllt, saß die alte Dame mit abgetragenen gelben Handschuhen am Tisch und legte eine Patience.

»Liebste Tante, lies mir aus den Karten«, bat Sascha, um sich die Zeit bis zur Abfahrt zu vertreiben.

Nachdem die Patience gelegt war, schob Tanja die Karten zusammen, mischte sie und forderte Sascha auf, mit der linken Hand abzuheben und die Karten aufzufächern. Die alte Frau starrte dann auf die Karten hinab, die aufgedeckt vor ihr lagen. Ein Blick plötzlichen Begreifens huschte über ihre dunklen Augen, und sie erschauerte. Dann schob sie die Karten mit einer raschen Handbewegung zusammen und sagte: »Schlimm, sehr schlimm.«

Sascha bat sie zu sagen, was sie gesehen hatte, aber ihre Tante lehnte es hartnäckig ab. Sascha ließ nicht locker. »Also gut«, seufzte Tanja schließlich, »wenn es sein muß. Krankheit und Tod einer nahen Verwandten. Du wirst heute abend nicht fahren.«

Sascha bat, noch einmal abheben zu dürfen, und deckte die Pik-sieben auf, die für Krankheit stand. »Noch einmal, Tante«, drängte sie. Dieses Mal kam das Pik-As – Tod. Tanja erbleichte und lehnte sich schaudernd in ihren Sessel zurück. Dann rötete sich ihr Gesicht, und sie rief wütend aus: »Unsinn! Bist du verrückt? Laß das!« Mit nervös tastenden Fingern zog sie die Stola enger um ihre Schultern, stand dann zaghaft auf und begann, den Teetisch zu decken. Als sie das Geschirr zur Hand nahm, zitterten ihre Hände so, daß die Tassen auf den Untertassen klirrten. Dann ging sie, um sich zu erkundigen, ob ihre Mutter auch Tee haben wollte.

Der schwache Lichtschein einer Kerosinlampe, die auf dem Schreibtisch stand, beleuchtete das Bett, in dem Sonja mit angezogenen Beinen und dem Gesicht zur Wand lag. »Was ist mit dir, Mama?« rief Sascha besorgt.

Sonja murmelte: »Mir ist . . . sehr kalt . . . bitte deck mich zu.«

Sascha berührte ihre Mutter und stellte fest, das Sonjas Haut fieberheiß war. Als sie sich auf ein Geräusch hin umwandte, sah sie Tanja Kusminskaja in der Tür stehen, das hagere, erschlaffte Gesicht zu einem verlorenen, entsetzten Ausdruck erstarrt. Sie flößten Sonja Tee und Wein ein und weckten Tanja Suchotina auf. Die Frauen waren sich einig, daß Sonja sehr krank war, und schickten Ilja Wassiljewitsch den Arzt holen. Der erklärte dann, er könne wenig tun, Sonja habe eine Lungenentzündung in fortgeschrittenem Stadium. Drei Tage litt sie unsäglich, aber sie beklagte sich nicht und nahm diè Krankheit und die Schmerzen ergeben hin. Am dritten Abend wollte sie mit ihren beiden Töchtern sprechen.

»Denkst du an Vater?« fragte Tanja, um ihrer Mutter beim Ordnen der Gedanken zu helfen.

»Die ganze Zeit . . . die ganze Zeit. Tanja . . . es quält mich, daß ich mit ihm nicht besser ausgekommen bin, aber . . . bevor ich sterbe, Tanja . . . möchte ich dir sagen . . . ich habe nie, nie jemand anders geliebt als ihn.«

Am nächsten Morgen konnte sie nicht mehr sprechen, doch sie öffnete die Augen weit und nickte, um ihren Angehörigen zu zeigen, daß sie sie erkannte. Als ihre Schwester an ihr Bett trat und ihre Hand in ihre eigenen, zierlichen und zitternden Hände nahm, bot Sonja all ihre Kraft auf und erwiderte den Händedruck. Nur wenige Augenblicke später starb sie. Es war der 4. November 1919. Sie war fünfundsiebzig Jahre alt geworden, hatte vier Zaren, mehrere Kriege, Hungersnöte, Revolutionen, die Geburt von dreizehn Kindern und den Tod von sieben von ihnen erlebt. Sie hatte achtundvierzig Jahre ihres Lebens mit einem Mann verbracht, an dessen Namen sich die Menschen bestimmt ebenso lange erinnern würden wie an den eines jeden Zaren, den sie miterlebt hatte, oder an die Revolutionäre, die die Zaren abgelöst hatten.

Sonjas Begräbnis fand im engsten Familienkreis statt; sie wurde auf dem Kotschakowo-Friedhof neben Mascha beerdigt. Man begrub sie in einem abgetragenen Flanellschlafrock. In ihrer riesigen, eisenbeschlagenen Truhe lagen viele sehr schöne Kleider – aber Lebensmittel waren knapp, und für diese Kleider konnte man auf dem Schwarzen Markt mindestens vierzig Pfund Mehl und vielleicht zehn Pfund Roggen einhandeln. Nach dem Begräbnis wurde Sonjas Garderobe zu einem Bündel geschnürt, Sascha verstaute es unter dem Sitz eines Schlittens und fuhr damit, von einem ihrer Neffen begleitet, zu einem jenseits von Jasnaja Poljana gelegenen Dorf.

Der Mond schien, als sie zurückkehrten, und gelbes Licht leuchtete aus den Fenstern der Bauernhütten, an denen sie vorüberfuhren. Säcke voll Mehl und Korn lagen auf dem Boden des Schlittens, und dazu eine dicke Schwarte Speck. Sie würden den Winter über genug zu essen haben – Sonja, die Ernährerin des Hauses Tolstoi, hatte dafür gesorgt.

Die Familie Behrs

Ljubow Alexandrowna Islawina (1828–1886), Sonja Tolstois Mutter.
Andrej Gustavowitsch (1808–1868), Sonjas Vater, kaiserl. Hofarzt.
Ihre Kinder:
Elisabeth (Lisa) Andrejewna Behrs (1843–1919), verheiratet mit Gabriel Emilianowitsch Paulenko, nach ihrer Scheidung von ihm verheiratet mit ihrem Vetter Alexander Alexandrowitsch Behrs.
Sonja [auch Sofja] Andrejewna Behrs (1844–1919), verheiratet mit Leo Nikolajewitsch Graf Tolstoi.
Alexander (Sascha) Andrejewitsch Behrs (1845–1918), Vizegouverneur der Provinz Orel.
Tatjana (Tanja) Andrejewna Behrs (1846–1925), verheiratet mit Alexander Michailowitsch Kusminski.
Peter (Petja) Andrejewitsch Behrs (1849–1910).
Wladimir (Wlodni) Andrejewitsch Behrs (1853–1874).
Stepan (Stjopa) Andrejewitsch Behrs (1855–1909).
Wjatscheslaw (Slawatschka) Andrejewitsch Behrs (1861–1907).

Die Familie Tolstoi

Leo Nikolajewitsch Graf Tolstoi (1828–1910), verheiratet seit 1862 mit Sonja Andrejewna Behrs.
Ihre Kinder:
Sergej (Serjoschka) Lwowitsch (1863–1947), machte sich als Volksmusikkundler, Lehrer und Virtuose einen Namen; komponierte (vor allem Lieder) und vertonte Gedichte von Puschkin, Alexej Konstantinowitsch Tolstoi, Fet und Tjutschew. Zwischen 1917 und 1928 gab er viele mit Beifall aufgenommene öffentliche Konzerte. 1928/29 lehrte er Musikethnographie am Moskauer Konservatorium. Dieser

wohl erfolgreichtste Sohn von Sonja und Leo verließ als einziges der Tolstoi-Kinder Rußland nach der Revolution nicht. Er war zweimal verheiratet, und obwohl in späteren Lebensjahren fast blind und taub (außerdem verlor er bei einem Unfall ein Bein), blieb er bis zu seinem Tod aktiv. So machte er sich auch vor allem um das Werk seines Vaters verdient, indem er für die Einrichtung und Erhaltung des Jasnaja-Poljana-Museums weitgehend selbst verantwortlich zeichnete und bei der Ausgabe letzter Hand der Werke seines Vaters (Jubiläumsausgabe) als Berater fungierte (in diesem Zusammenhang gab er auch Tolstois *Zwei Husaren* heraus). Außerdem bereitete er die Veröffentlichung der Tagebücher seiner Mutter vor, schrieb eine Einführung dazu und besorgte die Anmerkungen zur Ausgabe aus dem Jahr 1910 (die auch Tagebucheintragungen aus Tolstois letztem Lebensjahr enthält). Sein eigenes Buch über seinen Vater (»Tolstoi in der Erinnerung seines Sohnes«) erschien erst 1961 postum.

Tatjana (Tanja) Lwowna (1864–1950), heiratete 1899 Michail Sergejewitsch Suchotin; nach 1918 Aufseherin des Jasnaja-Poljana-Museums; emigrierte dann nach Frankreich und zog später nach Rom, wo sie ein Tolstoi-Museum einrichtete.

Tanja schrieb mehrere Erinnerungsbücher: »Freunde und Gäste in Jasnaja Poljana« (Moskau 1923), »Über den Tod meines Vaters« und »Die Gründe für seinen Weggang von zu Hause« (Paris 1928), »Das Haus Tolstoi: Tagebücher« (London 1950) und, als einziges auch in deutscher Übersetzung vorliegend, *Ein Leben mit meinem Vater*.

Tanja starb 1950 in Rom. Von ihren drei Kindern lebt noch – in Rom – ihre Tochter Tatjana Michailowna.

Ilja (Iljuscha) Lwowitsch (1866–1933), bekleidete verschiedene Stellungen in der öffentlichen Verwaltung; versuchte dann – erfolglos –, eine eigene Zeitung zu gründen und arbeitete danach vorübergehend als Kriegsberichterstatter auf dem Balkan. 1916 emigrierte er in die Vereinigten Staaten, kehrte jedoch 1918 als Mitglied einer Gesandtschaft von Präsident Theodore Roosevelt nach Rußland zurück. Seine Frau Sofja Nikolajewna, von der er seit Jahren getrennt lebte, ließ sich in dieser Zeit von ihm scheiden. Voll Bitterkeit kehrte er in die Vereinigten Staaten zurück, wo er als Vertragskolumnist mehrerer Zeitungen über Rußland und die russisch-amerikanischen Beziehungen schrieb und Vorträge über das Werk und die Philosophie seines Vaters hielt.

Ende der zwanziger Jahre nahm ihn Hollywood unter Vertrag als Berater für die Verfilmung von Tolstois *Anna Karenina* und *Auferste-*

hung. Unter dem Pseudonym Ilja Dubroksi schrieb er Erzählungen. Eine davon, »Ein Lump weniger«, wurde gedruckt und zeigt Iljas bemerkenswertes, aber nicht genutztes Talent.

Während der Wirtschaftskrise konnte er seinen Lebensunterhalt nicht mehr verdienen und starb völlig verarmt in einem New Yorker Krankenhaus. Von seinen fünf Kindern lebt noch seine Tochter Vera Tolstoi – 1898 geboren, 1949 nach Amerika ausgewandert –, und zwar in New Smyrna Beach in Florida.

Leo (Ljowa) Lwowitsch (1869–1945), schrieb Erzählungen, darunter, als Entgegnung auf Tolstois *Kreutzersonate. Ein Präludium Chopins* und zahlreiche Stücke und Artikel sowie seine Memoiren »Die Wahrheit über meinen Vater« (1924). Er arbeitete für verschiedene Zeitschriftenredaktionen.

1918 verließ er Rußland und ging nach Schweden, der Heimat seiner Frau Dora Westerlund. Nach Aufenthalten in Amerika, Italien und Frankreich kehrte er nach Schweden zurück, wo er 1945 starb.

Maria (Mascha) Lwowna (1871–1906).

Peter (Petja) Lwowitsch (1872–73).

Nikolai (Nikolenka) Lwowitsch (1874–75).

Warwara Lwowna (1875–75).

Andrej (Andrejuschka) Lwowitsch (1877–1916).

Michail (Mischa) Lwowitsch (1879–1944), emigrierte nach dem Tod seiner Mutter nach Frankreich und lebte dort bis 1935; dann ließ er sich in Marokko nieder. Er heiratete Alexandra Wladimirowna Glebow.

Einer seiner Söhne, Dr. Sergej Michailowitsch Tolstoi, lebt in Paris. Ein anderer, Wladimir Michailowitsch Tolstoi, lebt mit seiner Frau Olga in Upper Nyack, New York. Die beiden arbeiten für die Tolstoi-Stiftung im benachbarten Valley Cottage. Weitere Kinder Mischas sind Iwan, Tatjana, Alexandra, Peter und Sophie (die, außer Sophie, alle noch leben).

Alexej (Aljoscha) Lwowitsch (1881–86).

Alexandra (Sascha) Lwowna (1884–1979), schrieb drei Erinnerungsbücher – *Wanderer in Ketten. Der Roman meines Elternhauses; Tolstoi, Flucht und Tod* sowie »Ich arbeitete für die Sowjets«.

Sie emigrierte von Rußland nach Japan, ehe sie sich in den dreißiger Jahren in den Vereinigten Staaten niederließ, wo sie die Tolstoi-Stiftung in Valley Cottage im Staate New York gründete. Sie hat nie geheiratet.

Iwan (Wanitschka) Lwowitsch (1888–1895).

Ferner:

Alexandra Andrejewna Gräfin Tolstaja (1817–1918), Tolstois Kusine.
Tatjana Alexandrowna Ergolskaja (Tante Toinette) – (1795–1874), Tolstois Kusine.
Pelagia Iljitschna Juschkowa (Tante Pelagia) – (1798–1875), Tolstois Tante.

DANK

Mein ganz besonderer Dank gilt der Tolstoi-Stiftung und den noch lebenden Mitgliedern der Familie Tolstoi für ihre Hilfe und Kooperationsbereitschaft. Man gestattete mir Einblick in noch unveröffentlichtes Material und unterstützte meine Recherchen auf das großzügigste. Vor allem danke ich in diesem Zusammenhang Frau Alexandra Lwowna Tolstaja (Sascha), ihrer langjährigen besten Freundin, Frau Tatjana Schaufuss, sowie ihrer Sekretärin und literarischen Assistentin Frau Prof. Catherine Wolkonsky, die mir die Möglichkeit gab, noch unveröffentliche Manuskripte und Erinnerungen von Frau Tolstaja für meine Arbeit mit heranzuziehen. Außerdem verbrachten die drei Damen viele Stunden mit mir, um mir Wahrheit und Legende so vieler Berichte über die Tolstois darzulegen. Darüber hinaus verschafften sie mir ein freundliches Entree bei der Tolstoi-Stiftung in Valley Cottage, New York. Alle Mitglieder der »Tolstoi-Kolonie« begegneten mir offen, freundlich und hilfsbereit. Ich durfte die gesamte russische Bibliothek der Stiftung so oft und so lange benutzen, wie ich wollte, wurde als Gast zu Tisch gebeten und konnte mir ein Bild von ihrer Arbeit in Hospital, Kirche und Heim machen. Außerdem hatte ich Gelegenheit, mit all denen zu sprechen, die noch unter dem Zar und während der Revolutionsjahre in Rußland gelebt hatten.

Mein Dank gilt auch Herrn Wladimir M. Tolstoi (Sonjas Enkel, Mischas Sohn) und Frau Olga Tolstaja (W. M. Tolstois Frau), die Valley Cottage und die Tolstoi-Stiftung leiten. Man empfing mich im Hause und sprach offen über Tolstoische Familienangelegenheiten.

Weitere Mitglieder der Tolstoi-Familie, die so freundlich waren, mir Einblick in ihre Bücher, Briefe, Erinnerungen und Manuskripte zu geben, waren: Vera I. Tolstaja (Sonjas Enkelin, Iljuschas Tochter); Dr. Sergej M. Tolstoi (Sonjas Enkel, Mischas jüngster Sohn); seine reizende Gattin Collette Tolstaja sowie Antonia Behrs (Sonjas Nichte). Dem Ehepaar Dr. Sergej Tolstoi gegenüber habe ich noch eine besondere Dankesschuld für ihre Freundschaft und Hilfe sowie für die Erlaubnis, Sonjas Kindererzählungen einzusehen und Dr. Tolstois noch unveröffentlichte Erinnerungen an seine Vorfahren zu studieren.

Mein Dank gilt auch dem BBC-Produzenten Jonathan Stedall; Nigel Pope, ebenfalls bei der BBC; dem Verleger Henry S. Evans; Debora Lott vom Verlag Little and Brown; Sadie Ayand von *Novosti* und *Soviet Weekly*; und Angela Johnson von der Society for Cultural Relations with the USSR.

Ich danke Catherine Sadler, die mir bei meinen Interviews und Recherchen in den USA assistierte; Marcelle Garfield, die mir in Großbritannien manchen Weg ebnete; Pamela Davidson, die mir bei den Übersetzungen aus dem Russischen half; Debbie Campbell von A. P. Watt; meinem unschätzbaren New Yorker Assistenten James Robbins, der mir bei allen Schreibarbeiten unermüdlich zur Seite stand; Linda Olsen, die das fertige Manuskript tippte; Kathleen Howard, die die schwierige Aufgabe der Endredaktion besorgte; Rebecca Head, die für alle meine Zweifel und Fragen stets ein offenes Ohr hatte; Sophie Sorkin; Vincent Virga; Joan Sanger und Michael Korda, meinen engagierten Herausgebern; und Hilary Rubinstein und Monica McCall, meinen Freunden und Agenten, die stets an dieses Projekt glaubten.

Ich bin dankbar den Angestellten aller jener Bibliotheken, in denen ich gearbeitet habe, allen voran denen im Britischen Museum und in der Slawischen Abteilung der New York Public Library; außerdem den Angestellten der russischen Agenturen und Archive, die mir bei der Beseitigung so mancher Schwierigkeiten halfen, die im Zuge meiner Forschungen auftauchten.

Und Steve, der mit Sonja, den Tolstois und mir tagein, tagaus lebte und mich immer wieder liebevoll ermunterte, meine zutiefst empfundene Dankbarkeit.

LITERATURVERZEICHNIS

Zu der in diesem Buch angewandten Zitierweise von Tagebüchern, Notizbüchern und Briefen ist anzumerken, daß die angegebenen Daten meist dem in Rußland bis 1918 geltenden Julianischen Kalender folgen, dementsprechend auch die zitierten Personen ihre Aufzeichnungen datiert haben. Bis 1900 »hinkte« der Julianische Kalender 12 Tage hinter dem in der westlichen Welt gebräuchlichen Gregorianischen Kalender her. Von 1900 bis 1918 waren es 13 Tage. Ab 1918 übernahm man auch in Rußland den Gregorianischen Kalender.

Adams, Arthur E., *Imperial Russia After 1861*, Boston 1965.

Ascher, Abraham/Hrsg. v. Newsweek Books, *The Kremlin*, New York 1972.

Asquith, Cynthia, *Ein Leben mit Tolstoj. Die Ehe der Gräfin Sofja mit Leo Tolstoj*, München 1962.

Bakunin, Michail, *M. B.s Beichte aus der Peter-Pauls-Festung an Zar Nikolaus I. . . .*, hrsg. v. Kurt Kersten, Frankf. a. M. 1973.

Behrs, Stepan, *Recollections of Count Leo Tolstoy*, London 1893.

Birjukow, Pawel I., *Leo Tolstoy: His Life and Work*, New York 1911.

– , *Tolstoy's Love Letters*, Richmond (England) 1923.

Bulgakow, Valentin, The Last Year of Lev Tolstoy, New York 1971.

Cowles, Virginia, *The Russian Dagger*, New York 1969.

Drohla, Gisela, *Tolstojs letzte Jahre*, Frankf. a. M. 1963.

Ferguson, Alan D./Alfred Levin (Hrsg.), *Essays in Russian History*, Hamden (Conn.) 1964.

Field, Daniel, *Rebels in the Name of the Tsar*, New York 1976.

Florinsky, Michael T., *Russia: A History*, New York 1953.

Footman, David, *The Alexander Conspiracy*, London 1944.

Frank, Joseph, *Dostoevsky: The Seeds of Revolt*, Princeton 1976.

Goldenweiser, Alexander, *Leo Tolstoi. Gedanken und Erinnerungen . . . Aufzeichnungen aus 15 Jahren*, Bern 1943.
Gorki, Maxim, *Erinnerungen an Tolstoi*, München 1920 u. ö.
Grabbe, Paul, *Windows on the River Neva*, New York 1977.

Kropotkin, Peter, *Memoiren eines Revolutionärs*, Frankf. a. M. 1972.
Kusminskaja, Tatjana Andrejewna, *Tanja. Ihr Leben und ihre Freundschaft mit Lew Tolstoi – erzählt von ihr selbst*, Weimar 1970.

Laffitte, Sophie, *Anton Tschechow in Selbstzeugnissen*, Rowohlt Monographien 38, Reinbek 1960

Mann, Thomas, »Goethe und Tolstoi«, in: Th. M., *Werke*, Bd. 1 der »Schriften und Reden zur Literatur, Kunst und Philosophie«, Frankf. a. M. 1968, S. 132 ff.
Massie, Robert K., *Nikolaus und Alexandra. Die letzten Romanows und das Ende des zaristischen Rußland*, Frankf. a. M. 1968.
Maude, Aylmer, *Family Views of Tolstoy*, Boston 1962.
– , *The Life of Tolstoy*, London 1929/30.
– , *Tolstoy and His Problems*, London 1902.
Miller, Wright, *Russian as People*, New York 1960.
– , *Who Are the Russians?*, New York 1973.
Mochulsky, Konstantin, *Dostoevsky: His Life and Work*, Princeton 1967.
Mosse, Werner E., *Alexander II. and the Modernization of Russia*, London 1958.

Nazaroff, Alexander, *The Land of the Russian People*, New York 1944.

Oliva, L. Jay (Hrsg.), *Russia and the West from Peter to Khrushchev*, Boston 1965.

Pares, Bernard, *A History of Russia*, London 1944.
Polner, Tichon, *Leo Tolstoj und seine Frau. Die Geschichte einer Liebe*, Berlin 1928.
Porché, François, *Leo Tolstoj. Die Wahrheit über sein Leben*, Düsseldorf 1954.

Rachmanowa, Alja, *Ssonja Tolstoj. Tragödie einer Liebe*, Stuttgart 1953.

Robinson, Geroid Tanquary, *Rural Russia Under the Old Regime*, New York 1932.
Rolland, Romain, *Das Leben Tolstois*, Frankf. a. M. 1922.

Salisbury, Harrison E., *Black Night White Snow: Russia's Revolutions*, New York 1978.
Schaljapin, Fedor, *Ohne Maske. Erinnerungen*, Berlin 1933.
Seton-Watson, Hugh, *The Decline of Imperial Russia*, 1855–1914, New York 1952.
Seuron, Anna, *Graf Leo Tolstoi.- Intimes aus seinem Leben*, Hrsg. v. Eugen Zabel, Berlin 1895.
Simmons, Ernest J., *Leo Tolstoy*, Boston 1946.
Stadling, Jonas/Eill Reason, *In the Land of Tolstoi*, London 1897.
Stavrou, Theofanis George (Hrsg.), *Russia Under the Last Tsar*, Minneapolis 1969.

Tolstoi, Alexandra L., *Wanderer in Ketten. Der Roman meines Elternhauses*, Berlin 1932.
– , *Leo Tolstois letzte Tage. Erinnerungen seiner Tochter*, Hamburg 1953 (Auszug aus *Wanderer in Ketten*).
Tolstoi, Ilja, *Reminiscences of Tolstoy*, New York 1914; Nachdruck unter dem Titel *Tolstoy, My Father*, Chicago 1971.
Tolstoi, Leo L., *The Truth About My Father*, London 1924.
Tolstoi, Leo N., *ABC Book*, London 1928–37.
– , Das epische Gesamtwerk in acht Einzelbänden (darin: *Auferstehung, Die Kosaken, Kreutzersonate, Anna Karenina, Krieg und Frieden, Volkserzählungen/Jugenderinnerungen, Macht der Finsternis und andere Dramen, Tagebücher* 1847–1910), München 1955 ff.
– , *Der Tod des Iwan Iljitsch*, Erzählung, Frankf. a. M. 1979.
– , *Briefe*. Bd. I: 1844–1885; Bd. II: 1886–1910, Berlin (DDR) 1971.
– , *Briefe an seine Frau*, Hrsg. v. Dimitrij Umanskij, Berlin/Wien/Leipzig 1925.
– , *Briefwechsel mit der Gräfin A. A. Tolstoi*. Mit den Erinnerungen der Gräfin A. A. Tolstoi an L. N. Tolstoi, Hrsg. v. Ludwig Berndl. Neue, vermehrte Ausgabe, Zürich/Leipzig 1926.
– , *Ein Briefwechsel mit russischen Dichtern und Schriftstellern*, ausgew. u. übers. v. Alexander Schmidt, Hamburg/München 1964.
– , *Vater und Tochter. T.s Briefwechsel mit Maria*, Hrsg. v. Paul Birokoff, Zürich 1927.
Tolstoi, Sergej L., *Tolstoy Remembered by His Son*, New York 1961.
Tolstoi (Tolstaja), Sonja (Sofja) Andrejewna, *Meine Ehe mit Leo Tolstoi*, Leipzig/Wien 1928.

–, *Tagebücher* 1862–1897, Königstein/Ts. 1982.
–, *Tagebücher* 1898–1910, Königstein/Ts. 1983.
Tolstoi, Tatjana, *The Tolstoy Home: Diaries*, London 1950.
–, *Ein Leben mit meinem Vater. Erinnerungen an Leo Tolstoi*, Köln 1978.
Troyat, Henri, *Tolstoi oder Die Flucht in die Wahrheit*, Wien/Düsseldorf 1966.
Trotzki, Leo, *Oktoberrevolution* 1977, Bad Salzuflen 1976.
Tschechow, Anton, *Briefe in 5 Bänden*, hrsg. u. übers. v. Peter Urban, München 1979.
Tschertkow, Wladimir, *The Last Days of Tolstoy*, London 1922.
Wilson, Colin, *Rasputin and the Fall of the Romanows*, Secaucus (N. J.) 1964.
Wilson, Edmund, *A Window on Russia*, New York 1972.

Archiv-Material

Maschinengeschriebenes Manuskript von Dr. D. P. Makovickýs Jasnaja-Poljana-Aufzeichnungen über Leo Tolstois letztes Jahr und seinen Tod (Tolstoi-Museum, Moskau).
Das Tolstoi-Museum in Moskau besitzt außerdem zahlreiche Manuskripte und Korrespondenz-Originale sowie Briefe der Gräfin Tolstoi, die bisher noch nicht veröffentlicht wurden.
Im Jasnaja-Poljana-Archiv in Tula liegen Briefe und Papiere Tolstois sowie Erinnerungen der Bauern aus der Gegend an die Tolstoi-Familie.
Einmaliges Filmmaterial über Tolstois Reise und seine letzten Tage, Tod und Begräbnis sind im Russischen Filmarchiv in Moskau zu finden.

Bildquellennachweis

S. 6: Bilderdienst Süddeutscher Verlag, München.
S. 12, 170 u. 295: Bildarchiv Preußischer Kulturbesitz, Berlin (West).
Vorsatz, S. 93, 120, 157 u. 255: Ullstein Bilderdienst, Berlin (West).
Die übrigen Abbildungen stammen aus dem Archiv des Originalverlages.

383